자주 이기는
프레젠테이션

입찰 수주를 위한 전략적 제안
프레젠테이션의 모든 것

자주 이기는 프레젠테이션

SHIPLEY WINNING PRESENTATION

휴넷 엔터프라이즈사업부 대표 김용기 | 쉬플리세일즈컨설팅팀

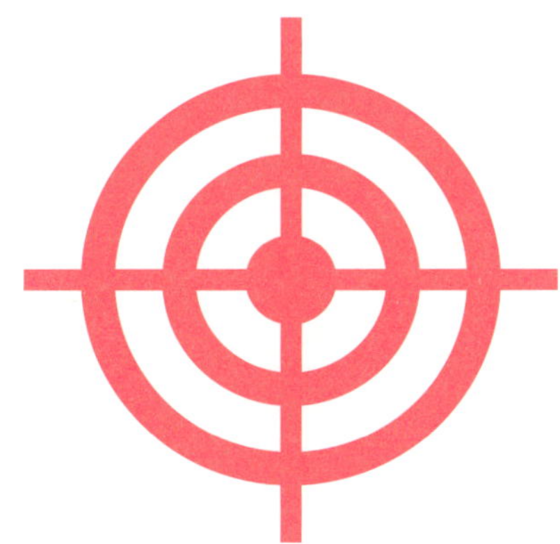

Shipley Korea
hunet

추천사

한 번 공부를 잘하는 학생은 꾸준히 공부를 잘하는 경향이 있습니다. 신입사원 때 일을 잘하는 직원은 지속적으로 핵심인재 자리를 지킬 가능성이 높습니다. 바로 이들이 공부 잘하는 법, 일 잘하는 법을 터득하고 있기 때문입니다. 제안 프레젠테이션에서 높은 승률을 유지하는 것 역시 마찬가지 원리가 적용될 수 있을 것입니다.

나날이 경쟁이 치열해지고 있습니다. 수주 경쟁의 영역 역시 나날이 확장되고 있습니다. 수주 경쟁에서의 승패, 승률이 곧 기업의 성패, 조직의 생존을 결정한다 할 수 있을 정도로 그 중요성도 점차 커지고 있습니다. 개인 차원에서도 제안서 작성과 프레젠테이션 스킬은 다른 어떤 비즈니스 스킬보다 개인의 경쟁력을 좌우하는 결정적 스킬로 자리매김하고 있습니다.

95%에 이르는 수주 성공률을 자랑하는, 세계 최고의 제안 컨설팅 회사 쉬플리의 명성은 이미 널리 알려져 있습니다. 제가 대표를 맡고 있는 휴넷은 쉬플리코리아 김용기 대표로부터 전 사원 특강과 영업 관련 직원 심화 교육을 받았고, 결과적으로 직원 역량 향상과 실제 수주 경쟁에서 승리하는 효과를 거둔 바 있습니다. 그때 이후로 쉬플리코리아와 김용기 대표의 팬이 되었습니다.

김용기 대표가 저술한 〈자주 이기는 프레젠테이션〉을 꼼꼼히 읽어 보았습니다. 한마디로 명불허전, 세계 최강 쉬플리의 탁월한 노하우와 김용기 대표의 다양한 실전 경험에서 얻은 street smart 지식이 어우러진 글자 그대로 자주 이기는 프레젠테이션 매뉴얼이라 할 수 있습니다.

추천사

이 책의 특장점은 다음과 같습니다.

첫째, 제안 프레젠테이션의 A to Z가 매우 구체적이고, 매우 실용적으로 총망라되어 있다는 점입니다. 제안 프레젠테이션의 목적은 승리입니다. 이 책을 순서대로, 즉 – 일정 계획– 제안 전략 수립– 제안 슬라이드 작성– 디자인 – 리허설– 최종발표까지, 그대로 따라 하기만 해도 제안 승률을 크게 높일 수 있다는 확신이 들 정도로 실용서로써 제 기능을 다하고 있습니다. 구체적이면서도 군더더기 하나 없는 핵심만 정리한 것도 책의 활용도를 크게 높이고 있습니다.

둘째, 구체적인 매뉴얼과 더불어 쉽게 구할 수 없는 다양한 Tip과 Tool을 제공함으로써 책의 활용도가 매우 큽니다. 흐름 자체가 매뉴얼 북 형태로 구성되어 있을 뿐만 아니라, 실전에서 그대로 활용할 수 있는 매우 구체적인 Tip과 결코 쉽게 구할 수 없는 구체적인 Tool들이 총망라되어 있습니다. 내용 중 '프레젠테이션 자료는 최소한 발표 3일 전에는 수정하지 말라', '평가자는 전문가가 아니다', '발표 순서에 따라 설명 방식을 변경하라(후순위 발표일수록 사업에 대한 설명은 과감하게 생략하고, 나의 차별화 요소에 집중하라)', '질의·응답 슬라이드를 미리 준비하라' 'One slide per One message', 'One sentence per One person', '고객은 감성적으로 결정하고 논리적으로 합리화한다'. 'fact는 인식되고 story는 공감된다' 같은 Tip들은 제안 승률을 높이는 데 직접적으로 기여할 수 있는 매우 유용한 도구가 될 수 있을 것입니다.

또한 'PT 플래너', '이슈 분석표를 통한 고객조직 분석', '준거평정법을 사용한 본론 내용 결정', '경쟁사 비교표', '스토리 개발 Tool', '프레젠테이션 리뷰 프로세스', '슬라이드 디자인 리뷰 체크 리스트', '프레젠테이션 평가 시트',

'질의·응답 세션에서의 3S 기법' 등 제안서 작성 실무에 그대로 활용할 수 있는 매우 실용적인 Tool을 확보할 수 있는 것도 이 책에서 얻을 수 있는 큰 효용이라 할 수 있습니다.

제안 경쟁 프레젠테이션은 결과로 말합니다. 프레젠테이션 스킬 업은 물론이고, 실제 제안 경쟁에서의 승률을 높여 '제안의 명승부사'가 되는 데 있어 이 책은 최고의 매뉴얼, 최선의 투자가 될 것입니다. 수주 영업을 하는 분들뿐만 아니라, 기획, 마케팅은 물론 보다 나은 미래를 꿈꾸는 모든 직장인에게 이 책을 권해 드립니다.

조영탁 휴넷 대표이사

제안 노하우에 대해서 세계 최고임을 인정받는 쉬플리가 한국에 진출한 지 5년이 지났다. 한국 시장에서도 그 명성에 걸맞게 성공적인 제안 프로젝트로 승승장구하는 쉬플리코리아가 프레젠테이션 노하우를 일반에게 공개하였다.

배송된 두 묶음의 원고를 읽고선 머리가 탁 트이는 느낌을 받았다. 그간 시중의 수많은 프레젠테이션 서적에서도 채울 수 없었던 결핍이 해소되는 순간이었다. 혹자는 스티브 잡스의 열정을 논하고, 혹자는 가르 레이놀즈의 일본식 젠Zen 스타일을 논하고, 또 다른 혹자는 깨알 같은 기법을 논하지만, 쉬플리의 프레젠테이션은 냉철하게 이기는 길만을 제시한다.

쉬플리의 이기는 길, 그것은 제안 전략을 바탕으로 한 탄탄한 프로세스의 실행이다. 전략이 부재한 프레젠테이션은 그저 쇼윈도에서 최고급 양복을 걸친 마네킹과 같을 뿐이다. 쉬플리는 3P에 적합한 전략 구상을 통해 이기는 프레젠테이션에 대한 확신을 공유한다. 이뿐 아니라 논리 및 스토리 개발로부터 디자인, 리허설까지 프로세스에 대한 디테일도 놓치지 않는다. 지식을 넘어 실무에서 범하게 되는 다양한 오류를 최소화할 수 있는 서식(체크리스트)을 보며, '역시 쉬플리답다'라는 생각을 하게 되었다.

만일 당신이 이 책을 읽고 나면 결코 남들에겐 추천하고 싶지 않을 것이다. 왜냐하면 승리의 노하우를 들켜버린 느낌, 또 다른 강한 경쟁자를 만든 느낌이 들기 때문일 것이다. 나만의 비밀노트로만 간직하고픈 소중한 지식과 경험을 공개한 쉬플리코리아의 김용기 대표와 컨설턴트 여러분의 결단에 아낌없는 박수를 보낸다.

이승일 대한프레젠테이션협회 회장/파워PT 대표

역사를 배우는 이유는 무엇인가? 매우 성공적이었던 일, 아예 기억에 지워버리고 싶은 일, 그렇지만 다 지나간 일을 우린 왜 곱씹으면서 돌아보는 것일까? 결국 되돌아보면서 다가올 미래에 활용하고자 함이 아닐까!

제안이라는 하나의 격전을 치르고 나면 수주 혹은 실주를 경험하지만, 수주든 실주든 그 나름의 의미가 있는데, 그 경험은 옛 추억으로 아련히 사라진다. 그리고 다음 제안서를 만들고 프레젠테이션을 하게 되면 또 다시 같은 실수를 저지르거나, 모든 걸 새롭게 시작해야 하는 고통을 겪는다.

이러한 실수와 고통으로부터 벗어나고 싶다면 〈자주 이기는 프레젠테이션〉을 〈삼국지〉 나 〈손자병법〉처럼 옆에 두고 전략서와 실무지침서로 활용하라. 그러면, 제갈공명을 제안팀에 영입한 것이나 다름없을 것이다. 이론과 사례의 적절한 조화가 이 책의 가장 큰 매력이다. 이제 당신도 동료들 앞에서 기죽지 않고 프레젠테이션 할 수 있고, 치열한 경쟁 프레젠테이션에서 멋진 발표로 사업 수주의 일등공신이 될 수 있다.

제안 현장에서 오랫동안 일한 사람으로서 정말로 갖고 싶었던 책이다.

이성희 LG엔시스 전문 위원(前 기술 부문장)

제안 프레젠테이션에 관한 고객의 인식을 파악하기 위해 설문조사를 진행하는 것을 보고, 이 책에 관심을 갖게 되었다. 진정한 고객의 시각으로, 고객의 입장에서, 고객에게 필요한 프레젠테이션 지침서를 만들고자 한다는 생각이 들어 서점에서 하루 빨리 만나볼 수 있길 기다리고 기다렸다.

이 책은 처음부터 순서대로 읽어도 좋고, 중간 중간 필요한 부분만 발췌하여 읽어도 좋을 책이다. 각각의 섹션들이 모두 전문적이고 완결성을 갖고 있기 때문이다. 자신에게 부족하다고 생각하는 섹션은 표시해두고 책상 위, 손닿는 위치에 두고 틈틈이 반복하여 읽기를 권한다.

전민현 LIG 넥스원 연구개발본부 ISR연구센터 센터장

경쟁 입찰에서 제안 프레젠테이션이 중요함에도 불구하고. 빽빽한 정보와 화려한 스킬(디자인)을 슬라이드에 담고 자랑스럽게 보고 읽는 내레이터 역할만 수행하여 결국 사업 수주를 실패하는 오류를 범하는 사례를 목격했다.

전작 〈최강 입찰 제안서〉에서 고객 핵심 이슈 반영 등 차별화된 제안서 작성 전략을 배웠다면, 쉬플리코리아 실전 전문가들이 이번에 집필한 〈자

주 이기는 프레젠테이션〉에서는 평가자에게 신뢰감을 주는 성공적인 프레젠테이션 방법을 알기 쉽게 구체적으로 제시하고 있다. 내가 무엇이 부족해서 실패했는지 혼자 고민만 하지 말고 지금 당장 이 책을 읽어 보라. 그러면 지금부터는 100% 수주 성공만이 당신을 기다릴 것이다.

이승종 현대로템 중기국내영업팀 팀장

1년에 평균 5~6건의 국내외 제안 입찰을 준비하면서 항상 갈구했던 것은 전략적이고 체계적인 프레젠테이션 Tool과 방법론이었다.

오랜 세월, 수많은 시행착오를 거쳐 검증된 나만의 방법론을 고집해왔고 승률도 좋았지만 준비과정 속엔 늘 2%가 부족했다.

〈자주 이기는 프레젠테이션〉에는 나에게 부족한 그 2%가 숨겨져 있다. 가장 강력하게 추천하는 것은 고객 이슈 발굴 Process, PT 플래너, 제안 전략의 4가지 목표, 그리고 스토리라인 개발 Process와 Tool이다.

이는 경험적, 추상적으로만 알고 있었던 것과 중요하지만 쉽게 간과할 수 있는 사항을 주관과 편견을 철저히 배제시키고 전략적 관점에서 치밀하게 프레젠테이션을 준비할 수 있는 비법을 제공해 준다. 이것이 이 책이 가지고 있는 최대 차별화 요소이며 제안 입찰의 승률을 배가시킬 수 있는 핵심 성공요인이라 확신한다.

제안 입찰 수주 성공률 95%에 빛나는 쉬플리코리아 김용기 대표의 열정과 노력, 집념에 다시 한 번 아낌없는 찬사를 보낸다.

이광철 범한판토스 차장

한국 제안 시장에 쉬플리가 준 영향력이 단연 최고라는 것은 그 누구도 부인할 수 없는 사실이다. 이제 그 힘을 프레젠테이션 분야에서도 확인해 볼 수 있는 책이 나왔다. 실전에서만 느낄 수 있는 땀과 고민이 배어 있는, 내공이 느껴지는 책이다. 프레젠테이션은 실전이다. 제안 프로세스에서 막바지에 이르렀기 때문이고 또한, 평가자와 직접 만나는 시간이기 때문이다. 실전에서의 실수는 실패이다. 실수를 줄이고, 실패하지 않는 프레젠테이션을 꿈꾸는, 프레젠테이션을 실무로 하는 모든 직장인들에게 당장 권하고 싶은 책이다.

경쟁 프레젠테이션의 리얼한 고민과 해결책을 얻고 싶은 분들에게 적극 추천하고 싶다.

김현 한국 IBM 제안 전략팀 실장

개정판 서문을 작성하려고, 책의 1판 인쇄일을 찾아보니 2013년 10월입니다.

저희는 그동안 많은 공개 세미나와 인하우스 교육, 그리고 고객들의 세일즈 프레젠테이션 문의에 이 책으로 답해왔습니다.

8년, 그동안 많은 일들이 있었습니다.

한국 사회는 점점 더 투명해져서 로비와 커넥션으로 큰 사업을 수주하는 사례는 눈에 띄게 줄어들고 있습니다("없어졌다"라고 말할 수는 없습니다만…).

2020년 1월에는 코로나(Covid-19)가 터져서 2년 동안 전 지구를 숨 막히게 하고 있습니다.

당연하면서도 놀랍게도 세일즈의 방법론이 바뀌고, 프레젠테이션 형태가 변하고, 경쟁의 방법들이 바뀌고 있습니다.

비대면 세일즈(Virtual Selling)가 일반화되면서 기업들은 이에 적응하지 못한 사람, 프로세스, 방법론 때문에 당황을 하고 있습니다(적응한 조직과 적응하지 못한 조직 간에 차별화가 빠르게 진행되고 있습니다).

프레젠테이션 자료가 더욱 중요해졌고, 화면상에서 발표를 전달력 있게 하기 위해서는 주의력을 집중하고, 유지하기 위한 세밀하고 구체적인 기법·준비가 필요해졌습니다.

저는 이 책을 두껍게 만드는 것. 그래서 불편함을 감수하는 것, 비싸지는 것을 마다하지 않았습니다.

세상에는 수백 종류의 잘 요약되고 간편한 PT 책이 있습니다.

저희의 역할은 또 하나의 그런 종류의 책을 만드는 것이 아닙니다.

세일즈를 할 때, 어떤 사업을 수주하려 할 때, 경쟁에서 이기는 프레젠테이션을 하고 싶을 때 언제든지 찾아보고 적용할 수 있는 백과사전(Reference Book)을 만들고 싶었습니다.

- 영업에서 전략은 어떻게 개발하는지
- 전략을 어떻게 목차(스토리라인)에 반영하는지
- 스토리라인은 어떻게 개발하는지
- 각 슬라이드의 내용은 어떻게 개발하는지
- 이쁜 비주얼이 아니라 잘 전달되는 비주얼은 어떻게 만드는지
- 내용은 어떻게 잘 전달하는지를 빠짐없이 다루려고 노력했습니다.

기네스북에 오를 만큼 책이 두꺼워졌지만 이것은 쉬플리 팀의 '집단지성'이 아니고는 만들 수 없는 책이라는 사실을 말씀드리고 싶습니다.

그럼에도 우리의 부족함이 늘 있기에 저희는 5년이 넘으면 이렇게 한 번씩 업그레이드 작업을 계속하고자 합니다.

이 책은 그 결과물입니다.

이 책은 이번에 개정이 되면서 이렇게 내용이 변경되었습니다.

- 2021년 현재까지의 수주경쟁 시장에서 필요한 PT와 관련된 지식, 도구, 노하우

- 기업 현장의 쉬플리 PT 컨설턴트가 개정판 집필을 주도하여 실제 사례 삽입
- 포스트 코로나 시대에 비대면 온라인 평가에 대한 스킬 및 방법론(심플하며 가독성 높은 슬라이드 작성법, 비대면 상황에서의 발성법 및 발음 등)
- 기타 최신 수주영업의 변화하는 트렌드와 프레젠테이션 상황에의 적용 등

혹여 개선한 내용이 불필요하신 분은 이 책을 별도로 구매하지 않으시는 것이 좋겠습니다(너무 비쌉니다).

이 책의 개선을 위해서 집필에 참여한 쉬플리세일즈컨설팅팀의 여러 컨설턴트들에게 감사의 말씀을 전합니다.

세상에 여러 어려움이 우리를 후퇴시키는 것 같아도 우리는 늘 앞으로 나아갑니다. 어렵게 나아가느냐, 쉽게 나아가느냐 그 차이만 있을 뿐입니다.

쉬플리팀도 그러합니다.

프롤로그

이 책은 '경쟁 프레젠테이션'에서 이겨야 하는 운명을 지닌 승부사들을 위하여 만들었습니다.

쉬플리 컨설팅의 두번째 결과물을 내놓게 되어 감격스럽습니다.
지난 5년 동안 쉬플리의 제안컨설팅을 통해서 고객의 가장 많은 요청은 '수주하는 프레젠테이션'이었습니다. 이 책은 그 요구에 대한 응답입니다.

'PT에서 졌다'는 고객의 표현은 매우 복합적입니다.
그 뜻은 때로 다음을 의미합니다.

- 솔루션에서 졌다.
- 제안 전략에서 졌다.
- 고객의 이슈 이해에 실패했다.
- 고객의 의사결정 프로세스나 방법을 몰랐다.
- 프레젠테이션 슬라이드 작성에서 졌다.
- 스피치나 프레젠테이션 스킬에서 졌다.

우리는 쉬플리 고객의 다양한 프레젠테이션 훈련의 요구에 초점을 맞추어 이 책을 기획하였습니다. 이 책에서는 경쟁 프레젠테이션에서 이기기 위한 모든 분야를 다루려고 노력하였습니다.
전략적 제안서 작성Written Communication은 전략적 제안 프레젠테이션Verbal

Communication으로 완성되기 때문입니다.

　　우리는 이 책을 이렇게 만들었습니다.

　　첫째, 집단적 글쓰기를 하였습니다. 쉬플리 코리아 내의 제안 전략 전문가, 제안서 컨설턴트, 프레젠테이션 코치, 그래픽 디자인 컨설턴트들이 모여서 작성하였습니다. 그 이유는 첫째로, 쉬플리 코리아 내의 전문성을 이 책 한 곳에 극대화하기 위함이고, 둘째로, 개인의 경험 위주로 쓴 책이 범할 수 있는 주관적 오류를 최소화하기 위함입니다.

　　둘째, 이 책은 프레젠테이션에 대한 실무적인 도움을 주기 위해 백과사전 형태의 Reference book으로 만들었습니다. 처음부터 끝까지 읽기에는 방대한 내용입니다만 프레젠테이션을 준비하거나 연습할 때 궁금한 점들을 바로 찾아서 적용할 수 있도록 만든 실용서입니다.

　　셋째, 수주를 위한 경쟁 프레젠테이션에 적용하는 원리들만을 제시하였습니다. 물론, 경쟁 프레젠테이션은 비즈니스 프레젠테이션의 꽃이라 할 만큼 최고 수준의 난이도를 자랑합니다. 따라서, 대부분의 원리들은 비즈니스 프레젠테이션에 적용할 수 있을 것입니다.

성공을 빕니다.

You Win!

김용기 대표저자 휴넷 엔터프라이즈사업부 대표

목차

Chapter 01.

제안 프레젠테이션

Chapter 02.

프레젠테이션 전략

제안 프레젠테이션

1.1

제안 이해

기업들은 나날이 치열해지는 입찰 경쟁에서 승리(수주)하기 위해 많은 투자와 노력을 하고 있다. 하지만 입찰과 제안의 중요성을 깨닫지 못한다면 기업의 투자와 노력은 헛수고가 될 수 있다. 입찰 경쟁에서 승리하기 위한 첫 번째 단계는 제안이 무엇인가를 정확히 이해하는 것이다.

입찰 제안은 전 산업으로 확대되는 추세

입찰 제안이라는 공식적 구매 프로세스가 확대되는 데에는 이유가 있다.

첫째, 기업은 구매와 판매를 가치사슬Value Chain로 연결해 부가가치를 창출한다. 따라서 그 가치를 효과적으로 창출하기 위해서는 판매를 관리하는 것만큼 구매를 관리하는 일도 중요하다. 그 결과 구매부서의 역할이 점점 커지고 있다. 구매부서의 역할이 중요해질수록 구매부서는 비용을 낮추거나 구매를 투명하게 진행하기 위해 공식적인 입찰 제안 절차를 밟는 것을 선호한다.

둘째, 입찰 제안은 전 산업으로 확장되고 있다. 불과 몇 년 전까지만 해도

입찰 제안서 작성과 제안 프레젠테이션이 중요한 산업은 시스템 통합_{SI: System Integration} 업체와 플랜트, 방위산업 정도에 한정돼 있었다. 그러나 최근에는 컨설팅, 교육산업뿐만 아니라 회계 및 법률 서비스, 급식, 물류·유통업 등 전 산업으로 확장되고 있는 추세이다.

셋째, 입찰 제안의 확장은 글로벌 추세이다. 국가 간에 자유무역협정_{FTA}이 체결되어 8만 달러(한화 약 1억 원) 이상은 수의계약_{Handshake Deal}을 금지하는 조항이 작동된다.

프레젠테이션 역량은 모든 비즈니스맨이 가져야 할 필수 요소

속칭 뜨고 있는 사람들을 보면 말을 잘하는 혹은 발표를 잘하는 이들이다. 스티브 잡스의 프레젠테이션부터 시작해 TED로 이어지는 일련의 수준 높은 프레젠테이션을 보면서 발표에 대한 기준 자체가 상향 평준화됐다. 요즘 직장인들은 이전에 한국 직장인들이 가지고 있던 발표에 대한 두려움을 먼 얘기로 느낀다. 학교교육에서부터 발표를 많이 시키고 적극적인 의사 표현을 장려하기 때문이다. 회사에서도 발표와 제안 역량이 우수한 인재의 기준이 되고 있으므로 여러분의 프레젠테이션 역량을 개발한다면, 그것은 여러분에게 가장 소중한 자산이 될 것이다.

제안 프레젠테이션은 무엇을 요구하는가?

하지만 이러한 발표 역량과 제안 프레젠테이션 역량은 조금 다르다. 발표 역량은 본인의 생각이나 제품에 대한 설명을 잘하면 된다. 하지만 제안 프레젠테이션은 설득의 과정이다. 설명을 잘하는 것과 세일즈를 위한 설득은 접근 방법 자체가 다르다.

[표 1-1] 입찰프레젠테이션과 제안프레젠테이션

구분	일반 프레젠테이션	제안 프레젠테이션
발표자의 목적	내용의 전달	세일즈 또는 수주
청중의 목적	이해와 공감	평가
실행의 차이점	귀납적인 내용 구성 (사실+마무리)	연역적인 내용 구성 (주장+근거)

SHIPLEY TIP

입찰 제안은 모든 산업으로 확대되고 있다

쉬플리에서 매월 진행하는 '제안 전략 공개 세미나'에 대형 로펌에서 온 참여자가 있었다. 흥미로운 것은 이분이 10년 동안 모 IT 기업에서 제안서를 쓴 경력 때문에 로펌에 채용됐다는 점이다.

최근 기업이 법률·회계 자문 및 컨설팅 업체를 선정하는 방식이 변하고 있다. 과거 담당 임원의 인적 네트워크를 활용해 선정하던 방식에서 공식적인 입찰 프로세스로 대체되는 추세이기 때문이다. 이렇게 되니 입찰 제안이나 제안서, 제안 프레젠테이션에 문외한인 변호사들이 적잖이 당황할 수밖에 없었고, 이를 해결하기 위해 로펌에서는 제안서 작성 조직을 만들어 급히 이분을 전문가로 영입한 것이다.

이 사례는 입찰 제안 프로세스가 얼마나 광범위하게 다양한 산업으로 퍼져나가고 있는지를 단적으로 보여준다. 수년 전까지만 해도 방위산업, 대형 IT 산업 종사자가 아닌 일반인에게는 '입찰 제안'이란 단어조차 생소했다. 그러나 오늘날 교육, 유통, 운송, 금융업 등 그 분야가 확대되고 있다.

- 국내 1위 외식업체: 모 종합병원 푸드코트 운영권 계약이 제안서와 PT로 이루어짐(약 3년간 1,000억 원 규모 매출 예상).
- 대형 물류회사 국제 해외 속달 국제입찰: 우정사업부에서 제공하는 EMS_{Express Mail Service} 사업(560억 원 규모의 국제입찰)에 국내 물류 기업뿐만 아니라 글로벌 기업이 제안서로 경쟁함.
- 대형 글로벌 회계 컨설팅 회사: 대기업과 계약하는 국내 빅_{Big} 4 회계 컨설팅 회사는 항상 제안서와 프레젠테이션으로 경쟁함.

1.2

입찰 제안 프레젠테이션 이해

성공적인 제안 전문가는 상담자, 컨설턴트이자 우수한 품질의 솔루션을 제공해 고객의 문제를 해결해주는 문제 해결자이다. 그리고 프레젠테이션을 통해 고객에게 이러한 역할의 전문성을 잘 알린다.

왜 프레젠테이션이 중요한가?

오늘날 제안의 성공을 위해서는 프레젠테이션 기술이 그 무엇보다 중요해졌다. 그 이유는 다음과 같다.

- 제품과 서비스 자체의 차별화가 점점 어렵다.
- 고객들은 제품과 가격을 넘어서 구매를 통해 얻게 될 효용이 무엇인지에 관심이 있다.
- 프레젠테이션을 통한 사업 수주는 비즈니스의 성공뿐 아니라 심지어 조직의 생존에까지 절대적인 영향력을 끼치고 있다.

- 고객은 신뢰할 수 있는 솔루션 제공자를 찾고 있다.

이와 같은 이슈들 때문에 제안 전문가들은 고객에게 어떻게 정보를 제공해야 하는지에 대한 전문지식을 갖춰야 한다. 우선 고객 앞에서 제안 프레젠테이션을 할 수 있는 기회를 얻었다면, 이것은 다음과 같은 점에서 굉장한 행운이다.

- 고객의 니즈에 대해 여러분이 제시할 솔루션과 고객이 얻게 될 효용에 대해 설득할 수 있는 중요한 기회이다.
- 제안서를 통해서는 전달하기 어려운 솔루션의 장점을 직접 설명해 고객의 관심을 집중시킬 수 있다.
- 현장에서 제기되는 고객의 질문과 우려에 대해 명쾌하게 답할 수 있다.

> "오늘날 품질이란 고객의 마음속, 즉 고객이 인식하고 있는 품질을 말한다. 이것은 제품과 서비스의 품질뿐만 아니라 사후 서비스, 의사소통의 품질을 포괄한다. 좋은 아이디어가 있다 하더라도 그것을 정확히 전달하지 못한다면 아무 소용이 없다. 의사소통 능력이 모든 것을 결정한다고 해도 과언이 아니다."
>
> — 리 아이아코카Lee Iacocca 자서전에서

1.3

반드시 이기는
제안 프레젠테이션의 요소

제안 프레젠테이션에서 이기는 방법은 단순하다. 문제는 이러한 방법을 아느냐 모르느냐가 아니라 정말 그렇게 하여 실행에 옮기고 있느냐이다.

반드시 이기는 제안 PT

① 차별화된 내용

② 논리적 설득, 정서적 신뢰감 확보

③ 슬라이드가 아니라 발표자가 주인공

④ 화면이 아니라 청중

④ 질의응답을 지배

1.3.1 차별화된 내용을 담아라

내용에서 지고 프레젠테이션을 잘해서 수주하는 경우는 없다. 차별화된 전략과 내용을 개발하는 데 집중하고, 그 후에 차별화된 커뮤니케이션을 하는 것이 수주하는 제안 PT의 원리다. 다음 쪽 그래프에서 알 수 있듯이 제안 프레젠테이션에 결정적인 영향력이 있는 것은 고객의 이슈 파악, 전략, 차별화 요소 제시, 고객의 효용 제시 등으로 차별화된 내용(53%)이었다(차별화된 내용 개발은 《자주이기는제안서》 또는 이 책의 2장 프레젠테이션 전략 참조).

SHIPLEY TIP

고객들의 호소, "PT에서 졌어요"

많은 고객이 PT에서 졌으니 PT 훈련을 시켜달라고 한다. 그러나 실제 그 면에 들어가 보면 PT에서 진 것이 아니라 PT의 내용, 전략, 솔루션에 졌던 경우가 많다. 그래서 설령 PT 교육(슬라이드 만드는 법, 말하는 법, 행동하는 법)을 한다고 하더라도 그들의 문제는 해결되지 않는다. 그것은 마치 위가 아픈데 배가 아프다고 말하는 것과 같은 이치다. 배가 아프다고 배에 빨간 약을 바를 것인가? 배의 피부가 아니라 위를 치료해줘야 한다.

쉬플리코리아 설문조사

Q : 실주의 원인이 무엇이라고 생각하시나요?

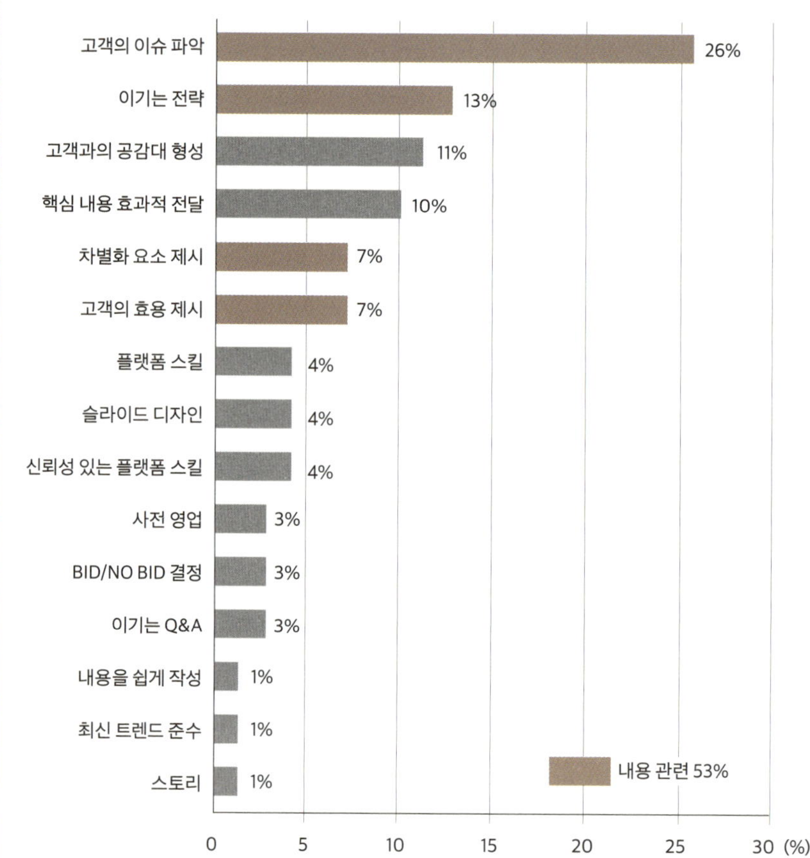

입찰 경쟁 PT, 제안 발표 경험이 있는 IT, 방산, 물류, 회계, 건설, F&B 산업의 제안팀 대상의 설문조사 결과 실주의 주 원인은 고객 이슈 파악 실패, 이기는 전략 개발 실패 고객과의 공감대 형성 실패 순으로 나타났다. 특히 중요한 것은 내용과 관련된 요소 가 53%에 달한다는 점이다.

1.3.2 논리적 설득과 정서적 신뢰감을 확보하라

PT는 논리적으로 설득적Logically Persuasive이면 충분한 것이 아니라 정서적 신뢰감Emotionally Credible을 확보하는 것이 중요하다. 이 말의 의미는 논리뿐만 아니라 평가자의 정서를 공략해야 한다는 뜻이다. 그것은 단지 논리적으로 설득적이면 되는 제안서를 만드는 것보다 몇 배는 어렵다는 뜻이기도 하다.

제안서와 PT의 가장 큰 차이는 무엇일까? 바로 제안서는 일방적 커뮤니케이션Oneway Communication인 데 반해 PT는 쌍방향 커뮤니케이션Two-way Communication이라는 것이다. 발표자가 평가위원을 만나 본인의 제안에 대해 이야기하고 질문을 주고받는 자리다. 그렇기에 평가자에게 정서적인 신뢰감을 형성할 수 있는 좋은 기회이기도 하다.

최근 몇 년 공공조직이든 사기업이든 대부분의 고객은 실제 프로젝트를 수행할 매니저가 프레젠테이션을 할 것을 요청한다. 왜냐하면 그 솔루션을 적용하는 사람의 능력을 포함해 정서적 신뢰감이 구매 결정에 중요한 요소이기 때문이다.

> "Buyers buy their hearts and justify their head."
> — 레인그룹Rain Group 회장, 마이크 슐츠Mike Schultz의 《The Role of Emotion in Business Sales》 중에서

1.3.3 슬라이드가 아닌 발표자가 주인공이다

내가 만나는 대부분의 전문가는 발표를 할 때 빽빽이 써놓은 슬라이드의 기술적인 정보를 그대로 읽는다. 이것은 프레젠테이션을 하는 프레젠터가 아니라 주어진 원고를 그대로 보고 읽는 내레이터Narrator이다.

그대로 읽는 방식으로 PT를 하게 되면 평가자들은 고개를 떨어뜨리고 더 이상 발표를 보지 않게 된다. 왜냐하면 발표자가 읽고 있는 내용이 제안서와 요약서에도 동일하게 있기 때문이다. 저자는 제안서에 주도권을 뺏겨버린 발표자(내레이터)에게 주도권을 되찾아 주는 것이 무대 연습Platform Skill의 핵심이라고 생각한다.

내레이터의 특징은 첫째, 서 있는 위치가 슬라이드 옆으로 고정돼 있다는 것이다. 이들은 빽빽한 내용으로 채워진 슬라이드를 읽기 위해 슬라이드 옆을 벗어날 수 없다. 둘째, 이들의 시선은 청중을 보지 못한다. 내용이 많기에 슬라이드를 보고 읽기에도 시간이 바쁘다. 슬라이드가 아니라 발표자가

누가 이기는가?

저자는 오랫동안 조달청뿐 아니라 KOTRA 등 다수의 공공기관에서 평가위원으로 활동하면서 이기는 제안의 원리를 평가위원 입장에서 이해할 수 있었다. 평가자 입장에서 특정 사업자에게 더 높은 점수를 주게 하는 가장 중요한 포인트는 바로 '기억에 남는 PTImpressive PT'이다. 기억에 남는 PT는 두 가지 특징이 있는데, 내용이 기억에 남아야 하고, 전달력이 좋아야 한다. 전달력의 핵심은 청중을 바라보면서 청중과 눈빛과 언어로 소통하는 것이다. 즉, 전달력의 핵심은 일방적 전달이 아니라 쌍방향 커뮤니케이션이다.

주인공이 되기 위해서는 발표 자료를 충분히 숙지해 평가자와 커뮤니케이션을 해야 한다.

1.3.4 화면이 아니라 청중을 봐라

PT를 할 때는 청중을 바라봐야 한다. 지극히 상식적인 일이지만 실제로는 쉽지 않다. 전문적이거나 기술적인 지식을 전달해야 하는 대부분의 제안 PT에서 발표자가 내용을 정확히 숙지하지 못했을 경우에 슬라이드 내용을 보는 데 대부분의 시간을 쏟기 때문이다. 바람직한 프레젠테이션의 3T 공식은 순간적으로 Touch(슬라이드를 확인하고), Turn(청중으로 몸을 돌려서), Talk(이야기하는 것)이다. Touch와 Turn은 시간 배분을 할 때 20 % 이하여야 하고, 대부분의 시간(80% 이상)은 청중을 바라보면서 Talk해야 한다.

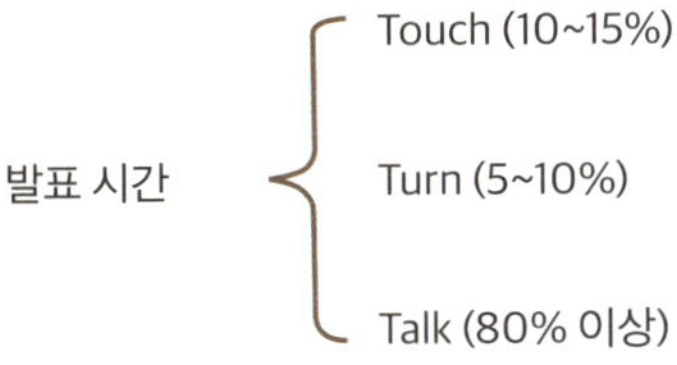

프랑스 파리대학교와 핀란드 탐페레대학교 공동 연구진은 상대방에게 자신의 메시지Message를 각인시키길 원한다면 아이 콘택트Eye Contact를 하는 것이 가장 효과적이라고 주장했다.

과거 한 연구에서는 아이 콘택트로 두 사람이 마주 보는 것이 일종의 흥분과 호기심 등을 자아내면서, 이 과정에서 주고받는 정보를 더욱 잘 기억한다고 주장한 바 있다.

파리대학교 연구진은 여기에서 더 나아가 두 사람이 마주 보며 이야기할 경우, 이때 나누

> 는 정보가 자기 자신에게 매우 중요한 정보라고 인식하는 경향이 강하다고 주장했다. 즉, 마주 보는 행위가 타인에게 비춰지는 자신의 모습에 대해 생각하게 만든다는 것이다. 연구팀의 컨티 교수는 "직접 눈을 마주 보는 것은 스스로의 행동에 대해 더욱 인식하게 만들며, 이러한 과정은 기억과 의사결정, 지각능력 등의 강화에 큰 영향을 미친다"고 설명했다.
>
> – 《의식과 인지 저널》, Conty L, George N, Hietanen JK(2016), Watching Eyes effects: When others meet the self.

청중과 커뮤니케이션을 하기 위해서는 다음의 몇 가지 전제 조건이 필요하다.

① 충분한 사전 리허설을 통해 내용 숙지가 정확히 돼 있어야 한다.

② 슬라이드는 전체 내용이 아니라 핵심만을 강력하게 보여주어야 한다.

③ 내용을 확인하는 키노트를 사용할 수 있어야 한다.

따라서 청중과 커뮤니케이션하는 프레젠테이션은 성공의 핵심 요소이지만, 이를 위해서는 상당히 전문적인 준비와 스킬이 필요하다. 이것이 이 책을 집필한 강력한 동기였다.

1.3.5 질의응답을 지배하라

고객(평가자)에게 질의응답은 프레젠테이션 자체보다 더 중요하다. 이렇게 말하는 이유는 질의응답이 변수가 많아서 변별력이 더 높기 때문이다. 질의응답에 대응하는 원리는 다음과 같다.

① 프레젠테이션 때 질문 사항을 공식적으로 요구하거나 비공식적으로 유도해 예측 가능한 질문을 하게 함으로써 질의응답 시간의 불확실성을 최소화한다.

② 예상 질의에 대한 답변을 슬라이드로 준비해 질의하는 순간에 이를 찾아서 순식간에 보여줌으로써 신뢰도를 높인다.

③ 적대적인 평가자에게 대응하는 전략을 사전에 준비해서 당황하지 않고 대응한다.

이에 대한 상세 기법은 5장에서 자세히 다룰 것이다.

PT와 질의응답이 중요하다는 점을 정확히 이해해야 한다

평가자에게 영향력이 큰 순서는 [그림 1-1]과 같다.

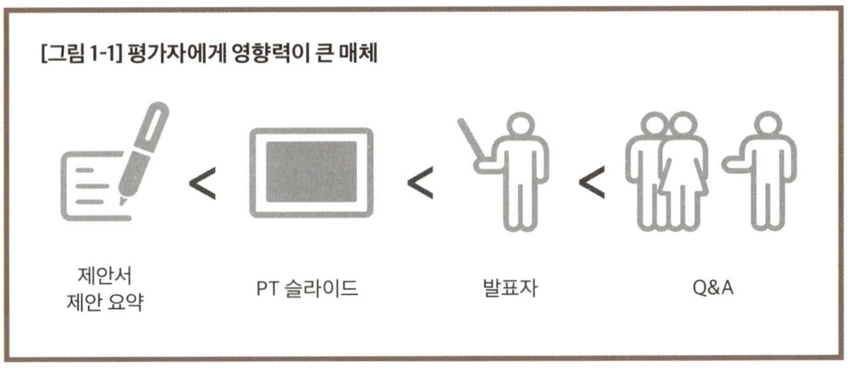

(1) 제안서 또는 제안 요약보다 PT 슬라이드의 영향력이 더 크다

제안서를 제출하고 프레젠테이션을 하는 경우라면 PT 슬라이드는 제안서나 제안 요약Executive Summary보다 당신의 전략을 더 잘 표현할 수 있는 도구이다.

제안 요약에서 당신의 메시지를 강조하기란 참 어렵다. 그림을 삽입한다거나 글씨를 크게 하거나 굵게 강조하는 정도가 고작일 것이다. 그러나 PT 슬라이드는 과감한 생략과 비주얼Visual화가 가능하다. 애니메이션 효과를 통해 얼마든지 메시지를 효과적으로 강조할 수 있다.

(2) 발표자가 핵심이다

PT 슬라이드가 중요함에도 불구하고, 핵심은 PT 슬라이드가 아니라 발표자임을 명심하라. PT 슬라이드의 정식 이름은 '시각 보조자료Visual Aid'이다. 당신이 주인공이고 PT 슬라이드는 그것을 보조하는 도구이다. 당신이 제스처로 강렬하게 의지를 표현할 때 PT 슬라이드는 애니메이션 등으로 당신을 지원할 것이다. 실패하는 PT의 대부분은 PT 슬라이드가 주인공이고 발표자는 보조가 되어 PT를 그대로 읽기만 하는 경우이다.

(3) 질의응답이 승부처다

앞서 설명했듯이 PT가 중요함에도 불구하고 승부처는 질의응답이다. PT가 잘 준비된 쇼Show에 가깝다면, 질의응답은 커뮤니케이션이다. 무엇이 더 어려울까? 당연히 질의응답이 더 어렵다. 왜냐하면 질의응답은 변수가 많기 때문이다. 그래서 결과적으로 각자 준비한 PT에서는 큰 차이가 안 나지만 질의응답 부분에서는 변별력이 커진다. PT에서는 애매하거나 불리한 것을 숨기거나 무시할 수 있지만 질의응답에서는 피해갈 수 없다. 여기에서 대체로 '분명한 성공'과 '분명한 실패'가 판가름 난다. 또한 특정 평가자의 질문에 '성공'하거나 '실패'했을 경우 이는 암암리에 다른 평가자의 평가에 강력한 영향력을 끼친다.

1.4

성공하는 프레젠테이션 준비

지금까지 이기는 원리에 대해 이해했다면, 이렇게 이기기 위해 어떻게 프레젠테이션을 준비해야 하는지 이해해야 한다. 차별화된 준비만이 차별화된 결과를 낳는다.

성공하는 프레젠테이션을 위해

① 경쟁자보다 먼저 준비 시작

② 최소한 발표 3일 전에는 수정하지 않음

③ 슬라이드는 전체가 아니라 핵심과 일부분만 전달

④ 충분한 실전 리허설

⑤ Q&A 슬라이드 준비와 질의응답 준비

1.4.1 경쟁자보다 먼저 준비를 시작하라

가장 중요한 것은 준비를 먼저 시작해야 한다는 점이다. 대체로 제안 프레젠테이션은 제안 전문가가 아니라 기술 전문가가 한다는 점을 고려하면 경쟁자와 우리는 모두 프레젠테이션에서는 아마추어이다. 아마추어끼리 경쟁에서 가장 중요한 것은 물리적 시간을 확보해서 충분히 연습을 하는 것이다.

15년간 애플의 소프트웨어 엔지니어였던 켄 코시엔다Ken Kocienda는 한 인터뷰에서 스티브 잡스의 발표 능력에 대한 비밀을 공개했다.

'발표 연습을 일찍 시작하라.'

코시엔다가 소개한 스티브 잡스의 발표 준비 프로세스의 1단계는 발표 연습을 일찍 시작하는 것이다. 스티브잡스는 발표 자료가 완성되기를 기다리지 않았다고 한다. 발표 자료가 완성되기 훨씬 이전부터 작성 완료된 만큼의 장표만 가지고도 연습을 했다고 한다. 3주 혹은 한 달 전부터 잡스는 애플 발표장에 직접 가서 연습을 했고 직접 발표 연습을 하는 과정에서 내용 기획을 더 업그레이드시키기도 하고 구성을 더 견고하게 하기도 했다고 한다. 그는 또한 "스티브 잡스의 성공적인 프레젠터로서의 가장 큰 비결은 바로 이것이다. 스티브 잡스는 정말 많이 연습했다. 그는 발표 자료를 완전히 자기 것으로 만들 때까지 200번 이상 끊임없이 연습했다"라고 언급했다.

– 《Creative Selection: Inside Apple's Design Process During the Golden Age of Steve Jobs》의 저자
켄 코시엔다(휴먼인터페이스 담당 디자이너)와의 인터뷰에서

> **SHIPLEY TIP**
>
> ### 이기려면 먼저 출발하라
>
> 달리기를 할 때 상당히 기량이 뛰어난 사람도 먼저 출발한 사람을 추월하기란 매우 어려운 일이다. 제안 PT는 대체로 제안서 제출이 끝나고 나서 요약서 중심으로 재구성해서 발표를 하는 것으로 이해하는 것이 일반적인 견해이다.
>
> 실제 현장에서 관찰하면 제안서를 제출할 때쯤 되면 모두 정신적·육체적으로 지쳐 있다. 그러므로 하루 이틀 쉬어야 하고, 만약 일주일 후에 제안 발표가 있다면 실제 물리적으로 준비할 수 있는 시간은 불과 4~5일밖에 되지 않아서 내용도 잘 구조화되지 않고 연습도 제대로 하지 않은 프레젠테이션을 하는 경우가 대부분이다.
>
> 따라서 이기기 위해서는 제안서 제출 이전에 제안서 요약본의 주요 내용이 완성되면 제안 PM(발표자)은 PT 슬라이드 개발에 바로 들어가라. 그래서 적어도 3일 전에는 더 이상 슬라이드를 개선하지 않을 만큼 품질을 높이고, 남은 시간에는 연습에 집중하라.

1.4.2 최소한 발표 3일 전에는 수정하지 말라

앞에서 이기는 PT는 청중을 바라보면서 하는 것이라고 했다. 그러기 위해서는 프레젠테이션의 내용을 충분히 숙지해야 하고, 이를 위해서는 충분한 연습을 하는 것이 반드시 필요하다.

이것이 가능하려면 슬라이드에 대한 이해가 필요하다. 앞에서 말했듯이 슬라이드는 나의 프레젠테이션을 효과적으로 보조하는 역할이므로 슬라이드 자체가 승부처라는 고정관념에서 벗어나야 한다. 몇 개의 오타나 잘못된 단어가 수주 여부를 결정하지는 않는다. 가장 어리석은 것은 발표일 새벽까지 슬라이드를 고쳐가면서 연습 시간을 모두 낭비하는 경우이다. 이것은 사실 현장에서 너무나 많이 일어나고 있는 일이다.

또한 내용을 계속 수정할수록 내용에 대한 이해도는 떨어지고, 내용에 대한 이해도가 떨어질수록 제안 내용을 빠짐없이 슬라이드에 삽입하게 됨으로써 슬라이드는 텍스트Text로 가득 차게 되며, 발표자는 원래 의도와는 달리 내용을 읽고 소화하기에 급급하게 되는 것이다.

필자는 20년 이상 수도 없이 많은 프레젠테이션과 강의를 해왔지만 단 한 번도 완벽한 슬라이드를 본 적이 없다. 항상 불완전했다. 이 점을 이해하는 것이 중요하다. 당신의 슬라이드가 완벽해서 수주하는 것이 아니라 당신의 프레젠테이션이 탁월해서 수주하는 것이다.

완벽한 슬라이드가 아니라 탁월한 프레젠테이션을 준비하라.

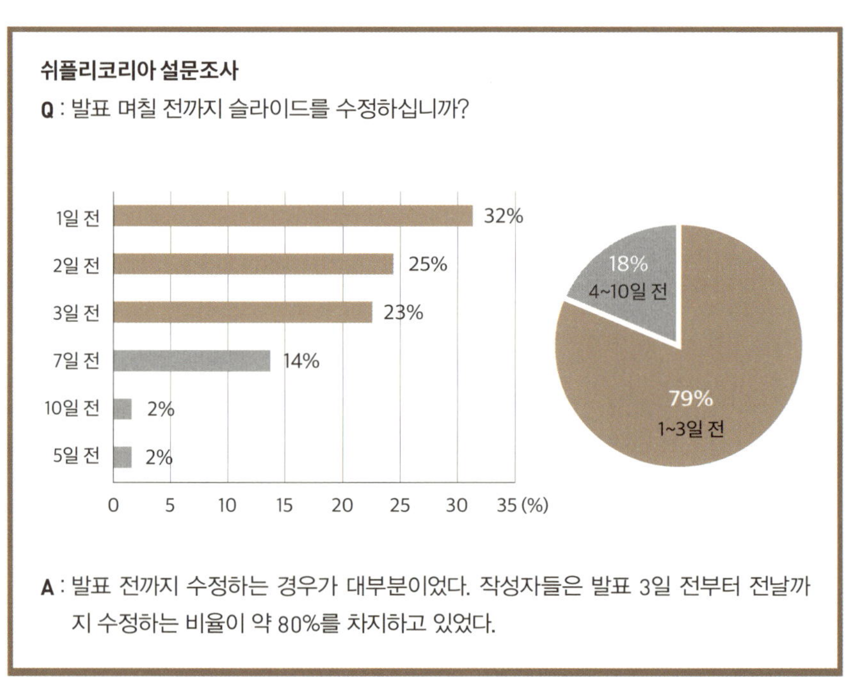

A : 발표 전까지 수정하는 경우가 대부분이었다. 작성자들은 발표 3일 전부터 전날까지 수정하는 비율이 약 80%를 차지하고 있었다.

1.4.3 충분한 실전 연습을 하라

슬라이드를 수정하는 데 낭비되는 시간을 줄이고, 자신의 프레젠테이션을 탁월하게 하는 데 집중하라. 실전 연습은 3단계로 하고, 많이 하라.

① 1단계는 혼자 스크립트를 읽어보면서 내용을 정확히 숙지한다.
② 2단계는 무대 위에서 슬라이드를 사용하면서 혼자 또는 한두 명의 청중 앞에서 해본다. 핵심은 시간의 적정성 체크이다.
③ 마지막 3단계는 실제 환경과 가장 유사하게 해본다. 특히 가상의 평가위원을 유사하게 두고 질의응답까지 해본다.

연습을 할 때 또 하나 중요한 것은 많이 해보는 것이다. 컨설팅을 할 때 보면 실제로 10번도 연습을 못 하고, 허겁지겁 프레젠테이션에 임하는 경우가 대부분이었다. 사업의 규모나 중요성에 따라 다르지만 정말 중요한 사업이라면 매우 단순하게 50번 혹은 100번을 목표로 단어 하나하나가 자연스럽게 입에 붙을 때까지 연습하라.

단계별 리허설

1단계: 스크립트 리허설(스크립트 리딩)

2단계: 반복연습

  – 동료 리뷰 받기 Peer Feedback

  – 시간관리, 1~2명 청중 필요

3단계: 최종 리허설

  – 실제 환경과 가장 유사한 환경에서 연습

쉬플리코리아 설문조사

Q : 발표 전 몇 번 연습하십니까?, 연습은 어떤 방법으로 하십니까?

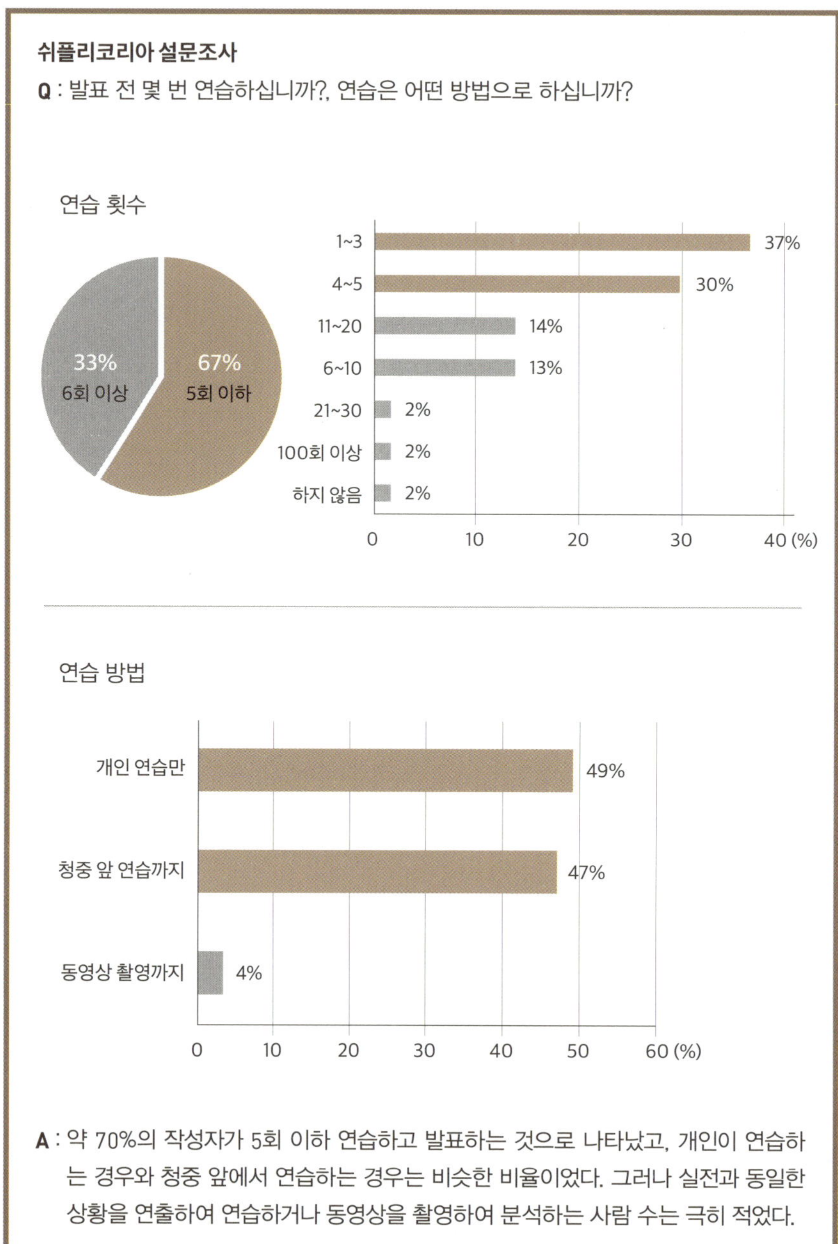

A : 약 70%의 작성자가 5회 이하 연습하고 발표하는 것으로 나타났고, 개인이 연습하는 경우와 청중 앞에서 연습하는 경우는 비슷한 비율이었다. 그러나 실전과 동일한 상황을 연출하여 연습하거나 동영상을 촬영하여 분석하는 사람 수는 극히 적었다.

1.4.4 질의응답 슬라이드 준비와 리허설을 하라

질의응답 슬라이드를 준비하라. 5장에서 서술하겠지만 우리의 핵심 차별화 요소나 약점, 경쟁자의 핵심 차별화 요소 또는 고객의 핵심 이슈의 관점에서 생각해보면 체계적으로 예상 질문을 준비할 수 있다.

질의응답 리허설도 하라. 질문에 대응하는 표준 방식 훈련과 적대적 평가자의 질문에 대응하는 훈련을 하라. 또한 예상 질문이 나왔을 때 관련 슬라이드를 빠르게 스크린에 띄우는 훈련도 컴퓨터 오퍼레이터와 실제로 여러 번 해봐야 한다.

PT와 질의응답은 공공발주, 특히 조달 평가에서 더 중요하다

PT와 질의응답은 모든 제안에서 중요하지만 사기업보다 평가위원단이 구성된 '공공발주'에서, 공공발주 중에서도 발주처의 영향력보다 평가위원의 영향력이 더 큰 '조달청을 통한 공공발주'에서 더욱 중요하다. 이는 영업사원들이 사전 영업을 통해 고객(발주처)과 좋은 관계를 형성하고 고객(발주처)의 니즈를 잘 파악했다고 해도 정작 평가위원들은 이와는 다른 관점에서 프로젝트를 볼 가능성이 크기 때문이다. 또한 평가위원들은 대체로 사업에 대한 이해력·관심도가 낮으므로 질문에 대해 효과적으로 응답한다면 현장에서 발표 '전문가로 포지셔닝'이 되어 높은 점수를 얻게 될 가능성이 커진다.

1.5

평가자 이해

제안서와 마찬가지로 제안 PT도 평가를 받는다. "지피지기 백전불패"라는 《손자병법》의 말은 모든 비즈니스 분야에 정말 잘 들어맞는다. 제안 PT에서도 마찬가지다. 평가자의 성향을 분석해 평가자에게 맞는 제안 프레젠테이션을 하는 것이 무엇보다 중요하다.

1.5.1 평가위원은 전문가가 아니다

평가자는 비전문가이거나 부분 전문가이다. 평가자가 각자의 전공 분야에 대해서는 전문가일지 몰라도 그 프로젝트에 대해 세일즈 조직만큼 전체적인 내용을 이해하는 전문가는 없다. 평가자에 대한 이해가 중요한 이유는 평가자의 비전문성을 이해해야 제안서를 어떻게 쓸지를 알게 되기 때문이다. 아무리 전문적이고 기술적인 제안 PT라고 하더라도 비전문가나 부분 전문가인 평가위원이 이해할 수 있도록 커뮤니케이션을 해야 한다. 제안서든 PT든 대학의 논문처럼 제안을 해서는 절대 안 된다.

조달청 평가의 경우 관련 학과 교수님 등의 평가위원 풀Pool에서 무작위로 선정된 평가위원이 참석하는 경우가 많다(이하 조달청 평가를 조달 패키지라 부른다). 대부분의 평가위원들이 해당 사업에 대한 이해도가 높지 않으므로 평가위원들의 평가에 결정적인 요소는 제안서보다 PT이며 더욱 중요한 부분은 질의응답이다.

대부분의 사업자가 사업 초기에 범하는 큰 실수는 조달 평가에 그 분야의 최고 전문가들이 들어올 것이라는 생각에서 시작된다.

조달 패키지의 평가위원은 어떻게 선발되는가?

- 업계별 평가자 풀이 있다.
- 평가자 풀은 그 사업에 대해 평가할 수 있는 것으로 파악되는 공무원, 대학교수, 연구기관 종사자 등으로 구성된다.
- 평가자는 2~3배수로 추천되어 ARS로 평가 전일 오후 2시 또는 저녁 6시에 평가 참여를 요청해 결정한다.
- 평가자의 자격은 그 분야 종사 15년 이상 또는 그 분야 석·박사 학위 소지자이다.

공공기관 정보사업 사업자 평가에 비전문가 '바글'

서울 소재 사립대에서 정보기술ιτ을 가르치는 박 교수는 최근 한 공기업으로부터 문자메시지를 받았다. 다음 날 진행되는 정보 시스템 구축 사업자 선정 평가에 참여해달라는 내용이었다. 당일 선약이 있었던 박 교수는 정중하게 거절했다. 며칠 후 박 교수는 평가위원으로 사업과 무관한 행정학과 교수가 참여했다는 소식을 전해 들었다.

행정·공공기관이 정보 시스템 구축·운영사업을 추진하는 과정에서 진행하는 사업자 선정을 위한 평가 방식에 문제가 많다는 목소리가 높다. 박 교수 사례처럼 해당 기관이 평가 하루 전 의뢰 문자를 보내 선착순으로 평가위원회를 구성하는 경우가 허다하기 때문이다. 공정경쟁을 위한 보안유지 차원의 조치라지만 일정상 이유 등으로 참여가 저조해 비전문가들이 평가위원으로 선정되는 사례가 빈번하다. 비전문가들이 평가에 참여하면서 결국 손해를 보는 것은 중소기업이라는 게 업계 주장이다. 인지도가 낮은 중소기업이 한 번의 발표로 비전문가에게 자사 경쟁력을 이해시키는 게 어렵다는 설명이다. 자금력 있는 중견·대기업들은 평소 평가위원 후보군에 직간접 로비 활동을 벌이지만 중소기업은 여력이 없어 불리하다는 목소리도 나온다.

(중략)

업계 한 관계자는 "비전문가들이 평가에 참가해 질문꺼리를 찾지 못해 헤매다가 터무니없는 얘기만 하고 나오는 경우도 적지 않다"며 "전문가 풀이 어떻게 구성된 건지 의문"이라고 말했다. 업계는 평가위원 선정 여부에 대한 보안 정책을 강화해 전문가 참여를 늘리고 제안서 평가 시간을 연장해야 한다고 주장했다. 전문가 풀 확대와 평가 횟수의 확대, 공무원이 평가과정 전반을 관리하는 책임제 도입 등을 해결 방안으로 제시했다. 김상욱 충북대학교 경영정보학과 교수는 "사업 특성에 따른 전문가 풀을 제대로 구성해 이 중에서 평가위원을 선정해야 한다"며 "지금 방식으로는 제대로 된 평가도, 공정경쟁 확립도 어렵다"고 말했다.

(하략)

유선일 기자
— 2013. 5. 8. ETN News.com에서 인용함

1.5.2 발주처와 평가위원은 이해관계가 다르다

고객이 조달청에 의뢰하는 경우든, 발주처에서 자체적으로 진행하는 사업이든 평가위원에 대한 발주처의 영향력(장악력)을 파악하라. 자신이 발주한 사업이 매우 중요해서 적극적으로 영향력을 행사하려는 경우도 있고, '투명성'이 이슈가 되는 프로젝트일 때는 평가위원회의 독립성과 자율성을 존중하며 뒤로 물러서는 경우도 있기 때문이다.

영향력을 행사하면서도 불편하게 조달청을 통해 구매하는 이유는 법적인 근거이기 때문이며 투명성 확보를 목적으로 하는 경우도 많다. 의외로 많은 공공조직이 투명성 확보를 위해 영향력 행사를 포기하는데, 이런 경우에 해당 발주처는 더 이상 여러분이 관심을 갖고 분석해야 할 고객이 아니다. 발주처는 구매 프로세스에서 제안요청서 RFP 발행 이외에는 아무런 영향력을 행사하지 않기 때문이다.

조달 패키지의 평가위원은 어떤 생각을 하는가?

(1) 평가가 뒤탈 없이 끝나면 좋겠다.
평가 근거가 명확한 제안에 더 좋은 점수를 준다. 근거 없이 점수를 주지 않는다. 이 말은 "근거 없이 주장하지 말라 _No Claim, No Proof_"라는 제안 PT의 원리와 정확히 일치한다.

(2) 발주처가 선호하는 업체를 알면 그 업체에 좋은 점수를 주겠다.
결과적으로 발주처가 본인을 초빙한 것이므로 평가자는 발주처의 대리인임을 잘 알고 있다. 발주처가 사업을 잘할 수 있도록 지원하는 것이 본질적으로 자신의 역할이라고 이해한다. 따라서 발주처가 우리 솔루션을 선호하는 것이 분명한 경우에는 다양한 방법으로 발주처가 자신의 니즈와 선호하는 솔루션을 말하게 하라.

(3) 내가 선호하는 업체를 적절히 표 나지 않게 지원해야겠다.

내가 선호하는 업체가 있더라도 표 나게 하는 것은 평가자 스스로를 위험에 빠뜨리게 한다. 평가위원들은 잠정적으로 선호하는 업체가 있더라도 현장에서 제안서나 PT의 수준이 너무 낮으면 자신이 그 업체를 지지하는 것을 두려워한다. 심지어는 선호하는 업체를 포기하고, 자신의 입장을 바꾼다. 그래서 조달에서는 끝까지 최선을 다해 PT를 하는 것이 매우 의미가 있다.

1.5.3 평가자는 사업을 모른다

앞에서 이야기했듯이 조달 평가는 항상 우리의 예상에서 훨씬 벗어난 비전문가나 부분 전문가가 평가위원으로 참여한다는 점을 이해하고, 이에 맞는 전략을 세워야 한다.

'초등학생 족집게 과외' 하듯이 설명하라

비전문가들은 사업을 잘 이해시켜주면 그것 자체로 그 업체에 호감을 갖게 되고, 높은 점수를 준다. 왜냐하면 평가자 스스로가 사업을 잘 이해할 경우 발표자가 사업을 잘 이해하고 있다고 신뢰하게 되기 때문이다.

순서에 따라 설명 방식을 변경하라

초등학생 족집게 과외 하듯이 하더라도 내 순서가 두 번째 이후일 때는 설명 방식을 바꾸어야 한다. 앞에서 설명했던 사업에 대해 귀한 시간을 써가면서 평가자를 지루하게 할 필요는 전혀 없다. 후반부로 갈수록 사업에 대한 설명은 과감하게 생략하고, 나의 차별화 요소(경쟁자에게 없으면서 고객에게 중요한 부분)를 알기 쉽게 설명하는 데 집중하라.

1.5.4 조달 패키지의 평가는 순식간에 끝난다

우리가 프레젠테이션을 할 때 또 하나 이해할 것은 평가가 순식간에 끝난다는 점이다. 특히 제안서 평가는 거의 의미가 없을 만큼 순간적으로 끝난다. IT 조달 패키지를 예로 들면 대형 사업이라고 해봐야 몇 개의 업체든 3시간 안에 평가가 순식간에 끝난다. 기껏해야 업체당 30분 내외의 제안서 평가 시간이 허락되므로 제안 PT의 중요성과 영향력이 얼마나 절대적인지 가늠할 수 있을 것이다.

조달 패키지의 평가위원은 어떻게 평가하는가?

- **평가 보수: 20만 원 내외**

보수를 굳이 이야기하는 것은 과연 누가 참석할 것인가에 대한 생각의 단초를 제공하기 때문이다. 분명한 것은 그 분야의 진짜 전문가를 초청하기에는 적은 돈이라는 것이다.

- **누가 참석할까?**

(1) 보수와 상관없이 이해관계가 있다.

그 사업이 결정되고 진행되는 데 자신의 이해관계가 얽혀 있는 경우이다. 그보다 더 흔한 경우는 특정 업체가 조달 평가위원 대상임을 알고, 좋은 평가를 청탁한 경우이다(물론 이는 합법적·비합법적 방법으로 나뉜다).

(2) 보수와 상관없이 관심이 있다.

그 프로젝트가 특정 기술이나 신기술을 도입해 전문가로서 그 프로젝트와 기술에 관심을 가지는 경우이다. 많지는 않은 것으로 보이지만, 특정 사업들에 일부 있다.

(3) 큰돈은 아니어도 보수가 의미가 있다.

전문가이지만 이런 보수를 전문적으로 챙기는 것도 의미가 있고, 여러 사업에 관련할 수 있는 기회가 있다는 점에서 적극적이신 분들이 일부 있다.

• **시간표**

대형 사업이 아닌 경우 대부분의 조달 패키지 평가는 다음과 같이 이루어진다.
- 9시: 평가 오리엔테이션
- 10~12시: 제안서 평가
- 13~16시: 업체 프레젠테이션
- 16~17시: 최종 평가 및 마무리

굳이 시간표를 언급한 이유는 실제 평가를 해보면 얼마나 평가가 순식간에 끝나는지 가늠해봐야 하기 때문이다. 예를 들어 4개의 업체가 몇 백 페이지 제안서를 제출했다면 업체당 그 제안서를 제대로 들여다볼 시간은 30분이 채 안 된다는 사실이다. 평가의 수준이 낮아질 수밖에 없는 결정적인 대목이다.

제안서 평가 시간은 얼마나 될까?

평가위원이 제안서를 평가할 수 있는 시간은 매우 부족하다. 정부에서 명시한 제안서 검토 시간은 제안서 사전 배포가 이뤄지지 않을 경우 사업 규모에 따라 90~180분까지 검토 시간이 주어진다. 10억 원 미만 사업의 평가위원으로 선정될 경우 90분의 제안서 검토와 약 15분의 발표만 듣고 점수를 매겨야 하는 상황이다. 비전문가는 물론 전문가에게도 부족한 시간이다.

공공·행정기관 정보 시스템 구축·운영사업 제안서 검토 시간

(자료: 행정안전부)

사업 규모	제안서 검토 시간
10 억 원 미만	60분 이상
10억 원 이상 50억 원 미만	90분 이상
50억 원 이상 200억 원 미만	120분 이상

※ 제안서 평가를 위해 평가위원에게 제안서를 사전 배포하지 않는 경우 입찰 참가업체의 제안서 발표 이전에 다음 각 호의 추정 가격을 기준으로 평가위원에게 제안서 검토 시간을 부여해야 함. 입찰 참가 업체 수 등을 고려해 검토 시간을 추가할 수 있음.

협상에 의한 계약 제안서 평가 세부 기준: 제10조(평가 방법)

(자료: 조달청)

사업 규모	제안서 검토 시간
10억 원 미만	60분 이상
10억 원 이상 50억 원 미만	90분 이상
50억 원 이상	120분 이상

※ 평가 시 운용의 효율성, 업체 수, 평가 내용의 난이도 등을 감안해 평가위원회에서 평가 시간을 조정할 수 있다.

한국의 조달 평가를 개선하자

필자는 쉬플리코리아 대표로서 여러 국가기관의 평가 요청에 시간이 가능할 때마다 열심히 참여하려고 한다. 그런데 공공조직의 여러 평가를 경험할수록 염려되고 걱정되는 장면을 많이 접하게 된다. 한국의 조달 평가는 '높은 투명성'과 '낮은 평가 수준'으로 정의된다. 조달사업에 참여해보면 '짧은 시간에 비전문가들이' 순식간에 평가를 끝내버리기 때문에 예상과는 전혀 다른 엉뚱한 결과가 속출한다.

그래서 개선점을 다음과 같이 제시한다.

(1) 평가 수준을 높여야 한다

평가 수준이 낮은 이유는 그 분야의 전문가가 제대로 참여하지 못하고 있는 것과 공정성에만 초점을 둔 평가의 프로세스와 방법에 있다.

1) 그 분야의 전문가가 평가

각계에서 그 프로젝트를 가장 잘 평가할 수 있는 전문가가 평가해야 한다. 이 상식이 지켜지기 어려운 이유는 특정 분야의 전문가는 한정돼 있어서 커넥션에 의해 사업이 평가될 것에 대한 공무원들의 두려움 때문이다.

심지어 대부분 군사업의 경우에는 해당 사업을 가장 잘 아는 방위사업청 내의 사업팀은 평가에 참여할 수 없게 규정을 만들어놓았다. 비전문가에게 평가를 맡기는 것을 정당화해서는 안 된다. 비전문가가 평가하는데 평가의 질이 높아질 수 없다.

2) 발주자의 의도가 적극적으로 반영된 평가

발주자의 의도가 정확히 평가자에게 전달돼야 한다. 그런 의미에서 평가의 구체적 지침을 제공하는 발주자의 모두 발언은 절대적으로 필요하다. 그런데 이것 역시 특정 업체를 밀어줄 수 있다는 공무원들의 두려움 때문에 못 하는 경우가 많다. 모두 발언을 못 하게 할 것이 아니라 모두 발언의 방법과 절차를 정교화해서 평가자들이 사업의 의미와 과제를 잘 알아야 제대로 된 평가를 할 수 있다

3) 평가의 내용, 규모에 적합한 물리적 시간 확보

평가의 투명성을 위해 실제 평가 시간은 자꾸 짧아지고 있다. 시간이 길어지거나, 며칠에 걸쳐서 평가가 진행될수록 평가의 불법적인 개입 가능성이 많을 것이라는 두려움 때문이다. 한국 조달 평가에 있어서 업체가 제출한 제안서를 차분히 읽어본다는 것은 거의 불가능한 일이다. 따라서 제안요약서 정도를 놓고 빠르게 평가표의 평가 요소들을 찾아서 평가하거나 전체적인 인상으로 평가를 한다. 평가의 중요성에 걸맞은 시간 확보와 전문가에 대한 평가 보수 등 물리적 환경이 평가의 질을 중심으로 제고돼야 한다.

(2) 지속적으로 투명성을 높이기 위한 활동을 해야 한다

투명성을 위해 평가의 질을 포기하는 어리석은 짓을 그만해야 한다. 필자는 이것이 한국의 교육 문제에 대한 해결 방식의 어리석음과 똑같다고 본다. 한국 교육의 문제는 가치관, 관점, 문화의 문제이다. 이것은 시스템을 바꾸어서 이루어지는 것이 아니다. 그러나 지난 몇 십 년간 한국의 교육정책자 들은 문화와 가치관에 대한 접근 없이 시스템과 기능만을 만지작거렸다. 도대체 무엇이 개선됐는가?

투명성은 다음과 같은 방법으로 개선해야 한다.

1) 실제 사례를 공론화해 음지에서 평가자 매수와 커미션을 당연시하는 일부 사업자, 대학교수, 결탁한 행정조직들이 더 이상 음성적으로 활동할 수 없게 하라.

2) 문화 운동을 하라. 평가자 들이 못하도록 하지 말고, 안 하도록 하라. 그들이 정당화했던 여러 논리의 부당성을 공론화하는 이데올로기를 개발하라.

필자는 미국에 본사를 두고 있는 회사의 대표로서 미국의 평가 문화와 수준에 대해 우리가 배워야 할 점이 많다고 생각한다. 그런데 우리의 평가 시스템 대부분은 미국에서 왔음에도 한국에서는 전혀 다른 부작용들이 생기고 있다. 시스템이나 프로세스가 문제가 아

니라 문화와 가치관이 문제이다. 개개인이 평가를 올바르게 하려는 노력, 전문가들의 전문성이 가급적 평가에 정확히 반영되어 공정하게 평가돼야 한다고 생각하는 조직의 믿음. 이런 준거 문화와 가치관을 파괴하는 일부 세력에 대한 단호한 조치와 사회적 합의를 배워야 한다.

1.5.5 특성에 따라 평가자는 구분된다

평가자는 영향력 정도에 따라 의사결정자와 실무자, 사용자로, 성향에 따라 분석적 평가자와 통합적 평가자로 구분할 수 있다. 이렇게 평가자를 구분하고 분석해 공략하는 것은 입찰 제안에서 성공하기 위해 꼭 숙지해야 하는 과정이다.

평가자는 평가 중간에 평가표에 점수를 적어나가는 '분석형'과 팔짱을 낀 채 당신의 발표를 듣고 몇 가지 질문을 한 후에 종합적으로 평가해 등수를 먼저 정하는 '통합형'으로 나뉜다.

이들의 점수 평가 방법은 사뭇 다르다. 분석적 평가자가 각 섹션별로 점수를 매긴 후 이를 합산한다면, 통합적 평가자는 프레젠테이션을 듣고 나면 등수(순위)를 먼저 정한 이후에 이들의 대략적인 점수를 매기고 이를 각 섹션별로 배분할 것이다. 이기려면 이 두 부류의 평가자들을 모두 만족시켜야 한다.

프로젝트를 쉽게 이해시키고 우리의 차별화 포인트를 정확히 강조한다면 '통합형' 평가자에게 좋은 점수를 얻을 것이고, 평가표 순서대로 평가기준에 적합한 프레젠테이션 내용을 제시한다면 '분석형' 평가자에게 좋은 점수를 얻을 것이다. 물론 프로젝트와 평가위원회 구성 성격에 따라서 이들의 배분은 다르므로 이를 감안해 각 사업마다 구체적인 전략을 다르게 수립해야 한다.

[표 1-2] 분석적 평가자와 통합적 평가자의 차이

	분석적 평가자	통합적 평가자
평가자	실무자, 엔지니어	의사결정자, 사용자 비전문가
접근 방법	평가 항목별 요구 사항 충족	전체 전략 제시 논리와 감성의 균형

[그림 1-2] 통합적 평가자와 분석적 평가자

두 부류의 평가방식이 다름을 고려하여 모두를 포괄하여 설득할 수 있도록 전략을 수립하여야 한다.

평가표

평가 항목	비중	평가	평가 근거
사업 전략의 현실성, 혁신성, 창의성	15	10	
업체 역량	30	25	
PM 및 수행조직의 전문성	40	30	
신기술 도입	5	2	
수행기간 준수	10	9	
총계	100	76	

평가표를 항목별로 먼저 작성하는 분석적 평가자와 입찰자의 순위와 평가표의 총계 점수를 먼저 결정하는 통합적 평가자가 있다. 통합적·분석적 평가자 분석은 수주영업 단계에서도 활용된다.

1.5.6 평가자는 선택적으로 지각한다

고객이 정보를 처리하는 방법

프레젠테이션을 통해 전달된 정보를 고객은 어떤 방식으로 받아들이고 해석할까? 이 과정을 이해해야만 여러분이 원하는 반응을 고객으로부터 이끌어낼 수 있다.

우리는 정보의 홍수 속에 살고 있다. 매일 3,000권의 책이 출간되고, 10억 페이지 이상의 비즈니스 문서가 만들어지고 있으며, 300개의 새로운 내용을 담은 CD가 생산되고 있다. 매주 10만 개의 정기간행물이 쏟아져 나온다. 매월 4,000개의 새로운 데이터베이스가 생성되고 있다. 우리는 고객이 매일 접하는 엄청난 양의 정보와 경쟁해서 차별화된 내용으로 고객의 관심을 끌 수 있어야 한다.

선택적 지각Selective Attention의 이해

우리의 지각은 선택적으로 주위 환경의 극히 일부에만 집중할 수 있으며 그 지속 시간도 극히 짧다. 심리학자들이 성인을 대상으로 측정한 평균 집중력 지속 시간은 5~8초였으며 최대 30초에 그쳤다. 인간 지각 프로세스의 중요한 점은 자신이 수집하는 정보를 필터링해 분류한다는 것이다.

발표자가 염두에 두어야 할 사항

우리의 말은 순식간에 허공으로 사라진다. 더군다나 고객들은 자신들이 필요하거나 흥미로운 부분만을 선택적으로 지각한다는 사실을 생각하면 프레젠테이션은 얼마나 도전적인 과제인가를 이해할 수 있다. 효율적인 말하기의 목표는 단순히 고객의 관심을 집중시키는 것뿐 아니라 그 관심을 계속적이고 반복적으로 지속시키는 것이다.

선택적 지각을 끌어내는 4가지 방법

간단한 실험을 통해 사람들은 어떤 정보를 더 잘 지각하는지 알 수 있다.

아래 숫자를 아주 짧게 1~2초만 보라. 그리고 눈을 돌려라.

7	12	6	5	41	55
3	8	14	1	2	17
4	9	11	23	29	0

그리고 자신이 기억나는 번호를 생각해보라. 어떤 번호가 가장 잘 인지됐는가?

물론 개인적 차이가 있을 수 있으나 순서는 14번, 7번, 0번 정도이다. 14번은 압도적으로 많은 사람들이 지각한다. 왜냐하면 의도적으로 시각적인 강조를 했기 때문이다 그다음에 가장 많이 기억하는 번호는 7번이다. 짧은 시간일수록 처음 정보를 먼저 기억하기 때문이다. 마지막으로 일부 사람들은 순차적으로 정보를 다 인지하지는 못하지만 마지막 부분까지 정보를 인지하려고 노력하기 때문에 마지막 정보 '0번'을 기억하는 경우가 있다.

이것이 사람이 정보를 인지하는 전형적인 방법이다. 이렇게 선택적 지각을 의도적·조작적으로 이끌어내는 원리가 있는데 이를 필자는 4대 효과라 한다.

(1) 최초 효과

처음으로 얻게 되는 인상은 더 강하다. 일상생활에서도 우리가 사람을 만났을 때 첫인상으로 그 사람을 과장해서 평가하듯이 최초에 얻는 정보가 더 강렬하다. 첫 미팅, 첫 시험, 첫 출근 무엇이든 처음 해보는 것은 우리에게 강렬하다. 20번째 미팅, 35일째 출근을 기억하기는 쉽지 않다. 프레젠테이션에서 오프닝이 중요한 이유이다.

(2) 최근 효과

처음에 얻게 되는 정보만큼 마지막에 얻는 정보도 더 강렬하다. 최근에 얻은 정보일수록 생생하기 때문이다. 20번째 미팅, 35일째 출근을 기억하기는 쉽지 않지만 최근에 했던 미팅, 어제 했던 출근은 상대적으로 기억하기가 수월하다. 프레젠테이션에서 클로징이 중요한 이유이다. 이를 최근 효과(또는 최종 효과)라고 한다.

(3) 강조 효과

강조 효과는 정보 제공자가 강조하는 것을 더 잘 기억한다는 것이다. 강조의 방법에는 두 가지가 있다. 반복과 매체의 다양화이다. 매체의 다양화라 함은 말로만 하는 것보다 말로 하면서 시각 정보를 제공하는 것을 말한다.

(4) 시각 효과

시각적으로 강조하는 것이 더 기억에 남는다. 뇌과학자들은 텍스트로 제공하는 정보는 시각적 상상력Imagination에 여지를 주지만, 시각적인 정보는 청중의 임의적인 상상력을 제한해 훨씬 확정적이고 강력한 정보를 준다고 말한다.

> **SHIPLEY TIP**
>
> **고객이 선택적으로 지각하는 것이 아니라 판매자가 선택적으로 주입하는 것이다**
>
> 고객은 자신이 원하는 정보를 선택적으로 지각한다고 하지만, 마케팅에서 고객의 선택적 지각은 판매자의 의도에 따라 결정된다고 본다.
>
> 대형 슈퍼마켓에 라면을 사러 갔다고 가정해보자. 물론 꼭 먹어야 하는 라면이 있는 것은 아니지만, 평소에 나는 N사의 S라면을 즐겨 먹는다. 그런데 어느 날 그 라면이 진열대의 가장 아래 칸에 있고, 꺼내기 편한 가슴 높이의 판매대에는 경쟁사의 라면이 있는 게 아닌가? 그렇다면 나는 어떤 라면을 사게 될 것인가? 학자들은 라면 같은 품목의 경우 심하게는 70%가 자신의 결정을 바꾸어 손이 가기 쉬운 품목을 선택하는 경향이 있다고 말한다.
>
> 우리는 우리의 지각대로 구매를 하는 것이 아니라 마케터의 주문대로 구매 결정을 하고 있는 것이다.

1.6

일정 관리

1.6.1 기획과 수정을 위한 시간을 확보하라

프레젠테이션을 준비하기 위해서는 전체 일정을 관리해야 한다. 그 기본 요령은 다음과 같다.

일정 관리의 핵심은 기획과 수정을 위한 시간을 우선적으로 확보하는 것이다. 만약 기획 시간을 확보하지 못하면 전략적 초점이 불분명하고 고객의 공식적인 요구 조건을 정확히 반영하지 못한다. 그러면 결과적으로 고객의 니즈와 솔루션이 일치하지 않는 프레젠테이션이 될 가능성이 높다.

프레젠테이션을 수정하고 연습할 시간을 확보하지 못한다면 당연히 실수가 많아질 것이다. 좋은 프레젠테이션은 수정Amending을 많이 하고 개정Revision은 적게 하는 제안서이다. 여기서의 수정은 실수나 사소한 오류를 줄이고 없애는 작업이고, 개정은 제안서의 전략·방향·솔루션을 바꾸는 것이다. 그 때문에 개정을 많이 하는 제안 작업은 그때마다 프레젠테이션이나 프레젠테이션 슬라이드를 다시 만드는 것과 다르지 않다. 그러므로 기획 시간을 확보해 개정을 최소화하고, 수정 시간을 확보해 실수를 줄여 품질 높은 프레젠테이션을 만들어야 한다.

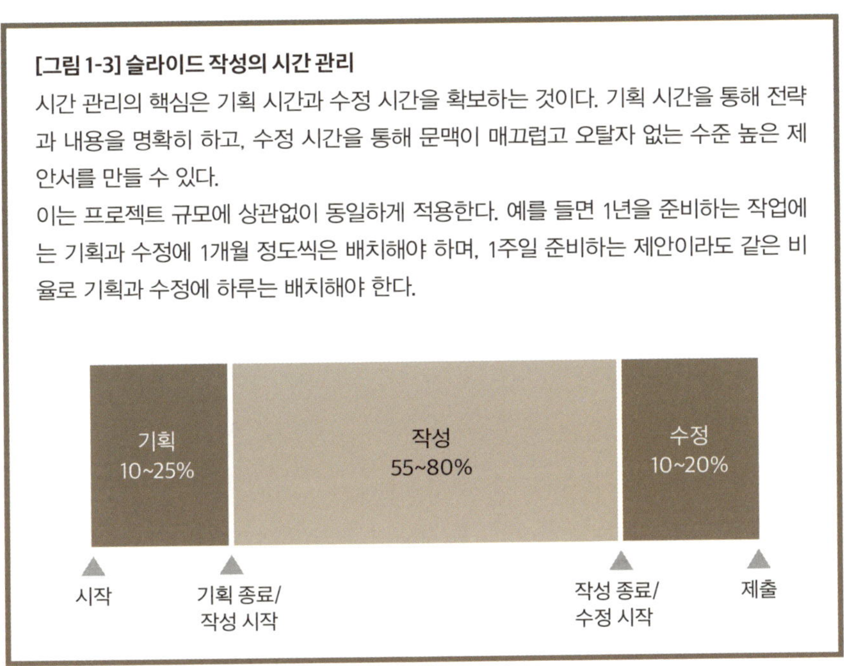

1.6.2 리허설 시간을 확보하라

프레젠테이션에 자신이 없을수록 사람들은 슬라이드 작성에 의존한다. 자신을 믿지 못하기 때문이다. 그러나 주인공은 슬라이드가 아니라 발표자 자신이라는 점을 잊지 말자. 완벽해야 할 것은 슬라이드가 아니라 발표이다.

실전과 동일한 리허설을 통해 발표의 완성도를 높여라.

프레젠테이션 리허설에서 가장 중요한 것은 리허설 시간을 확보하는 일이다. 리허설을 충분히 못 하는 가장 큰 이유는 대체로 시간이 부족하기 때문이다.

1.6.3 슬라이드 작성 시간을 제한하라

슬라이드의 설득력이 아니라 프레젠테이션의 설득력을 향상시켜야 한다. 슬라이드는 발표자의 설명력을 높이는 보조 수단이다. 슬라이드를 한없이 개선하는 어리석음을 범해서는 안 된다. 슬라이드는 프로젝트가 중요할 경우 3일 전, 아무리 작은 프로젝트라고 하더라도 1일 전부터는 수정하지 않는다. 불완전한 부분은 발표자가 스크립트로 커버한다. 그래야만 발표자가 슬라이드의 순서와 내용을 명확히 숙지해서 프레젠테이션에 자신감을 가질 수 있다. 제스처, 목소리 톤, 열정, 태도를 통해 설득력을 높여라. 가장 효과적인 도구는 발표자 자신이라는 점을 분명히 이해해야 한다.

1.6.4 제안서 때문에 PT 준비 일정을 미루지 말라

실패하는 프레젠테이션의 악순환

실패의 가장 큰 원인은 일정을 잘 관리하지 못한 데 있다. 대체로 일정 관리에 실패한 경우를 보면 제안서 제출할 때쯤 며칠 밤을 꼬박 새운 후라, 다음

주에 있는 프레젠테이션을 준비할 여력이 없다.

하루 이틀 휴식을 취하고 돌아오면 이미 발표 자료를 만드는 물리적 시간이 부족한 경우가 대부분이다. 그 결과 발표 전날 새벽까지 자료 작성에 시간을 모두 쏟아붓고 정작 그 내용을 숙지할 시간은 없어진다. 내용을 숙지할 시간이 없을수록 모든 내용을 슬라이드에 표현해야만 보고 읽을 수 있으므로 슬라이드는 평가위원이 보기 좋게 만드는 것이 아니라 발표자 자신이 읽으면서 발표할 수 있도록 만드는 결과를 초래한다.

결국 내용을 숙지하지 못한 발표자는 깨알같이 상세하게 써진 글씨를 읽어 내려가며 지루한 프레젠테이션을 진행한다. 대체로 기술적·전문적 내용일수록 이런 경향이 많아져서 경쟁자 역시 이런 식으로 최악의 프레젠테이션을 하고도 사업을 수주하는 경우가 있다. 가끔 이런 방법으로 사업 수주에 성공하다 보면 자신의 발표 자료와 프레젠테이션에 대한 문제의식이 더 이상 발전하지 못한다.

제안 전략이 완성되면 바로 PT 슬라이드 개발에 착수하라

일반적으로 제안서 완료 후에 프레젠테이션의 슬라이드 개발에 착수하는 경우가 많다. 그러나 프레젠테이션은 제한된 시간 내에 핵심 사항만 발표해야 하므로 핵심 이슈, 전략, 솔루션 정도만 개발돼도 슬라이드 개발에 착수할 수 있다. 그러므로 제안서의 주요 내용, 요약본 정도가 완성되면 1명을 슬라이드 개발에 바로 배치한다면 프레젠테이션 준비 일정을 더욱 확보할 수 있다. 이때 제안의 주요 내용을 알고 있는 제안 PM이나 발표자가 개발하는 것이 효율적이다.

일정 관리가 중요하다는 것은 잘 알면서도 이상적인 이야기라고 하는 사람도 있을 것이다. 그러나 이것은 이상적인 이야기가 아니라 충분히 현실적인 이야기다. 제대로 된 프로세스를 모르고 훈련이 안 돼 있어 그렇다.

필자가 진행했던 프로젝트 중 한 출판사의 대표님은 쉬플리의 프로세스를 가장 잘 이해하고 따라주셨다. 전략 개발 단계부터 제안서 작성은 실무자에게 전격 위임하고 본인은 PT 기획에 적극 참여하셨다. 발표 한 달 전에는 디자인이 되지 않은 초안 형태의 PT 발표본을 완성했고 스크립트를 녹음해 항상 귀에 꽂고 다니셨다. 본인이 직접 기획에 참여해 내용을 완벽히 숙지했고 남들보다 먼저 연습을 시작해 발표에 대한 두려움도 없었다. 필자와 3번의 사업을 진행하는 동안 항상 이렇게 해왔고 교과서 업계 신규 사업자로서 어려운 상황임에도 불구하고 매번 수주를 했다.

프레젠테이션 전략

2.1

제안 전략의 중요성

전략이란 판매자의 입장에서 '최고의 솔루션The Best Solution'을 제공하는 것이 아니라 고객의 입장에서 '최적의 솔루션The Optimized Solution'을 제공받을 수 있다는 확신을 갖게 하는 것을 말한다. 고객이 동일한 하드웨어를 요구하더라도 그 요구의 배경과 의도를 이해하는 정도에 따라서 제안의 질과 내용이 크게 달라진다. 예를 들면 고객이 그 하드웨어에 어떤 소프트웨어를 사용할지 예측해 예상되는 문제점과 대안을 제시할 수 있다.

비전문가인 평가위원일수록 전략적 초점이 명확한 메시지 전달이 더욱 중요하다. 왜냐하면 대학교수 같은 전문직 종사자들은 반드시 특정한 관점을 가지고 사물을 보기 때문이다. 그들은 초점이 불분명하고 알아들을 수 없는 기술적인 내용으로 가득 찬 제안서에 좋은 점수를 주지 않는다. 따라서 제안 내용에서 강조하고자 하는 것과 주장하고자 하는 것이 무엇인지가 분명하게 드러나지 않는다면 평가자를 만족시키기는 어렵다.

좋은 제안 전략은 고객의 니즈로부터 나온다. 즉, 고객이 무엇을 필요로 하고 이것을 어떻게 제공할지를 결정하는 것이 전략 기술서이다. 전략에 기반해 작성된 제안서는 고객 니즈 중심의 제안, 고객의 문제를 해결하는 제안 프레젠테이션이다. 이것이 제안 프레젠테이션이 담아야 할 핵심 내용이다. 전략이 없는 제안 프레젠테이션은 어떤 것일까? 그것은 솔루션 중심의 제안이다. '우리의 솔루션이 얼마나 좋은가'만 보여주는 제안 프레젠테이션은 대체로 상품의 카탈로그와 유사한 수준이다.

형식보다 내용이 먼저다

첫째, "이왕이면 다홍치마"라고 하면서 내용과 형식의 중요성을 비슷하게 보는 것은 대단히 위험한 발상이다. 과거 대부분의 제안서가 형식적 측면에서 지나치게 경쟁하다 보니 더 이상 형식과 외양으로는 차별화가 어려워졌다. 실제 제안서 및 제안 프레젠테이션을 통해 오더를 수주하는 대부분의 기업 (SI , 방위산업, 대형 IT , 대형 물류산업 등)들은 자체에 제안서와 프레젠테이션 자료를 만들어주는 전문 그래픽 디자이너를 두고 있거나 외부에 아웃소싱하고 있다. 그뿐만 아니라 최근의 그래픽 트렌드를 거의 실시간으로 공유하고 있기에 이를 통해 제안서를 차별화하는 것은 거의 불가능하다. 그럼에도 대부분의 시간을 '좋은 디자인'과 '색감'을 고르는 데 소비하는 제안 프레젠테이션 작성자들이 지금도 많은 것이 현실이다.

둘째, 형식은 내용을 잘 지원해야 한다. 강조해야 할 핵심 메시지를 잘 지지해주는 것이 제안 프레젠테이션의 템플릿, 디자인, 슬라이드의 역할이다. 그러나 제안 프레젠테이션에 대한 몰이해로 인해 겉만 화려하고 멋진 제안 프레젠테이션을 양산하고 있다. 잘못 강조된 화려한 제안 프레젠테이션은 제안자가 강조하고자 하는 핵심 메시지를 흐리고, 평가자로 하여금 반감을 사게 하는 경우가 있음을 직시해야 한다.

내용을 개발하고 형식을 결정하라. 이기는 프레젠테이션 전략은 무엇인가?

경쟁력 있는 제안 프레젠테이션을 작성할 때 가장 큰 문제는 잘못된 순서에 있다. 대부분의 제안 프레젠테이션 작성자는 자신의 의도(전략)를 먼저 결정하고 제안 프레젠테이션을 작성하는 것이 아니라 기존의 제안 프레젠테이션을 짜깁기하면서 완성한다. 그러니 자신의 의도대로 제안 프레젠테이션을 작성하기도 어렵고, 내용상 진일보된 제안 프레젠테이션을 도출하기도 불가능하다. 왜 그런가?

첫째, 무엇보다도 전략을 수립하고 이를 어떻게 제안 프레젠테이션에 구현해야 하는지에 대한 프로세스와 툴이 없다. 전략을 목차와 섹션 기획서(스토리보드storyboard)에 구체화하고 목업Mock-up으로 구현해야 한다. 유감스럽지만 우리의 컨설팅 경험으로는 국내 굴지의 대기업 PM 들도 대부분 전략을 수립하고, 이에 입각한 제안 프레젠테이션을 완성하는 역량을 갖추고 있지 못한 경우가 허다하다.

둘째, 기존의 제안 프레젠테이션을 짜깁기하는 것이 더 빠르다고 생각한다. 사실 이것이 제안서 작성자들의 가장 큰 착각이다. 최근 우리나라 조달청에서 발주하는 프로젝트들은 2~3주의 짧은 제안 기간을 주므로 그들은 그 짧은 기간 안에 전략을 수립하는 것이 불가능하다고 말한다. 그러니 우선 각 섹션별로 제안 프레젠테이션을 나누어 쓰고, 나중에 전략을 세우자고 한다.

이기는 전략은 3P 분석을 통해 전략을 구상하고, 고객의 이슈로부터 출발한 핵심 이슈를 충족하기 위한 우리의 핵심 차별화 요소를 규명해 프레젠테이션에 담아내며, 상황에 맞는 프레젠테이션 운영을 통해 이기는 것이다.

이기는 프레젠테이션 전략

- 프레젠테이션의 환경(3P – 대상, 공간, 목적)에 적합해야 한다.
- 전략 개발의 원칙과 프로세스를 준수한다.
- 제안 전략의 4가지 목표를 달성한다.
- 전술 적정성 검증을 통해 효과적인 전술을 도출한다.

2.2

프레젠테이션 환경 분석, 3P

2.2.1 대상 people

제안 프레젠테이션은 기본적으로 평가를 받아 선택되기 위한 것이다. 누구를 대상으로 프레젠테이션을 하는지 분석하는 것은 모든 프레젠테이션에서 기본적인 요소이다. 제안 프레젠테이션에서는 특히 대상이 평가자라는 것을 기본 전제로 평가자는 누구이며, 어떤 의사결정을 통해 선택하는지를 이해하는 것이 중요하다.

사기업이 고객일 때는 실무자와 함께 의사결정자를 공략하라

사기업은 의사결정에 실무자, 관리자, 경영자가 참여한다. 문제는 이들의 이슈와 관심사가 각각 다르다는 사실이다. 의사결정에 영향을 미치는 고객들의 이슈와 관심사가 각각 무엇인지 파악하는 것은 매우 중요하다. 지위가 높을수록 만날 기회가 적어서 그들의 니즈를 알기 어렵기 때문이다. 이를 극복하는 가장 현실적인 방법은 담당자와 함께 경영자의 관심을 예측하고 준비하는 것이다.

[표 2-1] 대상별 이슈와 관심사의 차이

사용자	실무자	관리자	경영자
편리성	개선점	효용, 내부평가	목표와 전략의 부합

특히 주의해야 할 점은 실무자의 관점을 경영자의 관점과 혼동해서는 안 된다는 것이다. 많은 실무자들은 본인이 상당한 영향력과 의사결정력이 있다고 말하지만 실제로는 그렇지 않은 경우가 많다. 반면 경영자는 상대적으로 만나기 어렵지만 의사결정력이 높다는 점에 유의하라. 정보가 없더라도 그 회사의 경영자가 이 프로젝트에 대해 어떤 종류의 관심을 가질 것인지 예측해야 한다. 가장 효과적인 방법은 담당자와 함께 경영자의 관심을 예상하고 준비하는 것이다.

또 하나 중요한 점은 영향자Influencer의 중요성을 간과해서는 안 된다는 것이다. 영향자란 의사결정자가 의사결정을 할 때 의견을 묻는 사람을 말한다. 예산과 관련해 CFO(최고재무책임자), 기술의 타당성과 관련해 CTO(최고기술책임자), 사용자의 이해를 대변하는 현장 매니저 정도가 통상적인 영향자이다. 그런데 영업대표 입장에서는 수주를 하게 할 수는 없지만 실주하게 할 수 있는 사람Vetoer은 모두 영향자라고 할 수 있다.

고객의 의사결정은 집단적이다

설령 의사결정자가 특정 업체를 선호한다고 해서 CFO가 비용의 이슈를 제기한다든지, CTO가 기술적 위험을 제기한다면 CEO가 의사결정자라고 해서 이를 무시할 수는 없는 일이다. 그러므로 수주를 하기 위해서는 의사결정자뿐만 아니라 영향자들의 의견도 존중하고 관리해야 한다. 수주영업이 B2C 영업과 결정적으로 다른 점이다.

공공조직이 발주자일 때 평가위원회에 대한 발주자의 영향력을 확인하라

공공조직의 사업은 조달청이 직접 진행하는 사업(조달 패키지)과 그렇지 않은 사업으로 구분되어 통상 조달, 비조달로 구분된다. 중요한 점은 PT 전략이 발주처의 영향력에 따라 달라져야 한다는 것이다. 발주조직의 영향력이 강할수록 끝까지 영업력을 발휘하고, 그 결과 얻게 된 고객의 핵심 이슈(RFP에 공식적으로 언급돼 있든 아니든 중요한 고객의 모든 이슈)를 해결하는 제안을 해야 한다.

만약 발주처의 영향력이 없는 프로젝트라면 평가위원들과 어떻게 커뮤니케이션할지를 고민하는 것이 PT 전략의 핵심이다. 커뮤니케이션의 핵심은 '어떻게 비전문가에게 전문적인 내용을 쉽게 전달할 것인가?'이다. 어떤 이들은 평가위원들 대부분이 대학교수나 기술자이므로 전문가라고 말하지만 그것은 매우 위험한 발상이다. 평가자는 '비전문가'나 '부분 전문가'가 대부분임을 명심하라.

예를 들어 특정 하드웨어를 연구하는 교수가 '국립대학의 온라인방송 시스템 구축 프로젝트'의 평가자라면 그는 그 프로젝트에 대해 문외한일 가능성이 매우 높다. 이런 대상에게 하는 프레젠테이션은 '초등학생 족집게 과외' 하듯이 해야 한다. 즉, 이 프로젝트가 무엇이고 특정 이슈가 왜 중요하고 그 이슈를 우리가 어떻게 잘 해결할 수 있는지 쉽게 설명해주어야 한다는 것이다.

분석적인 평가자와 통합적인 평가자, 모두를 만족시켜라

평가자는 크게 두 부류로 나눌 수 있다(1장 '1.5.5 특성에 따라 평가자는 구분된다' 참조). 이들의 점수 평가 방법은 사뭇 다르다. 프로젝트를 쉽게 이해시키고 우리의 차별화 포인트를 정확히 강조한다면 '통합형' 평가자에게 좋은 점수를 얻을 것이고, 평가표 순서대로 평가 기준에 적합한 프레젠테이션 내용을 제시한다면 '분석형' 평가자에게 좋은 점수를 얻을 것이다. 물론 프로젝트와 평가위원회 구성 성격에 따라서 이들의 배분은 다르므로 이를 감안해 매 사업마다 구체적인 전략을 다르게 수립해야 한다.

전략적 균형을 유지하라

통상적으로 평가위원은 전문가, 행정가, 사용자의 세 가지 입장을 가진 그룹으로 나누어진다. 전략의 성공 여부는 자신의 사업에 따라서 상이한 관심을 가지고 있는 그룹들의 관심들을 얼마나 빠짐없이, 정확히 충족시키느냐에 달려 있다.

예를 들면 국방사업에는 소요군, 방위사업청, 국방과학연구소 등이 참여한다. 문제는 이들의 관심사는 대체로 자신이 속한 조직의 이해와 관점 내에서 결정된다는 것이다. 소요군이 무기의 활용성이나 작전운용 개념을 중요하게 생각해서 현장의 무기체계와 어떻게 효율적으로 결합할지에 관심을 갖는다면 방위사업청은 양산 가격이나 일정 관리, 수출 등에, 국방과학연구소는 이 기술의 확보 여부에 더 큰 관심을 갖는다. 따라서 특정 분야만을 잘못 강조하다 보면 다른 분야를 소홀히 하고 있다는 느낌을 주어 골고루 높은 점수를 얻는 데 실패한다.

[표 2-2] 평가 그룹별 관심 이슈

평가 그룹	관심 이슈	평가 그룹 사례(무기체계의 경우)
전문가	• 적용 기술이 얼마나 검증되었는가? • 신기술은 어떤 것을 적용했는가?	국방과학연구소, 방위사업청, 국방기술품질원의 연구원
행정가	• 위험 관리, 일정 관리, 비용 관리 등	방위사업청의 행정가
사용자	• 매우 다양함 • 사용의 편의성, 사업 목적의 달성 여부	소요군

이성과 감성의 균형을 유지하라

논리나 감성 중 한 가지만으로 수주하기는 어렵다. 논리와 감성을 적절히 조합할 수 있을 때 고객의 신뢰를 얻을 수 있고, 이는 수주 성공의 기초가 된다. 논리에 너무 의존한다면 고객은 지루함을 느낄 것이다. 마찬가지로 감성에만 의존한다면 고객은 여러분이 무언가를 숨기고 있다고 생각할 것이다. 어느 경우든 신뢰를 잃는 것은 마찬가지다. 제안 프레젠테이션에서 논리와 감성에 대한 균형감각을 유지한다면 효과적으로 고객을 설득할 뿐 아니라 신뢰를 얻게 될 것이다.

(1) 논리적 설득

고객의 이슈는 고객이 해결하고 싶은 과제이며 크게 두 가지 범주로 구분된다.

- 동기Motivation: 고객이 비전을 달성하기 위해서 스스로 창출한 이슈
- 문제Problems: 현재 비즈니스 수행을 위해 극복해야 할 장애 요인

동기란 고객이 스스로 문제를 만들기 때문에 '창출형 문제'라고 할 수 있는데, 이는 조직의 긍정적인 측면이다. 예를 들어 고객이 어떤 문제가 있어서가 아니라 도전적이고 높은 목표를 달성하고 싶은데 통상적인 방법으로는 그 목표를 달성할 수 없어서 솔루션을 필요로 하는 경우이다. 이에 반해 문제란 현재 비즈니스를 수행하는 데 발생하는 문제점들을 말하는 것으로 부정적인 측면을 말한다.

수주 영업에서 기업들의 이슈는 다음이 대표적이다.

- 이익의 증가   - 매출의 증가   - 비용의 감소
- 안정성의 향상   - 리스크 제거   - 품질의 향   - 생산성 향상

고객의 이슈를 분석할 때 놓치지 않아야 할 것은 고객의 이슈 중에는 고객이 공식적으로 말하지 않는 이슈Unstated Requirements들이 있다는 점이다. 고객에게는 말하지 않는 이슈와 말하지 못하는 이슈가 있다. 예를 들면 개인적인 편견Bias, 내부 의사결정 구조Politics, 개인적 이슈Personal Risk 등이 그것이다. 그 프로젝트와 관련된 사람의 개인적인 이슈, 때로는 불법적인 이슈들까지도 고객의 구매 결정에 영향을 미치고 있다면 그것은 고객의 이슈이다.

(2) 정서적 신뢰감

제안 프레젠테이션을 하는 발표자들이 가장 크게 착각하고 있는 점은 제안 프레젠테이션이 대단히 논리적이고 전문적인 작업이라고 생각하는 것이다.

한편으로는 사실이지만 평가자도 인간이라는 점을 늘 잊어서는 안 된다. 그들은 논리적 이해를 중요하게 생각하는 만큼 정서적 공감도 중요시한다.

때로 분석적인 잣대로 점수를 주지만 제안서의 이미지와 발표자의 신뢰감에 점수를 주기도 한다. 따라서 프레젠테이션을 준비하고 진행할 때 늘 이 점을 망각하지 말아야 한다. 논리적인 연결고리와 분석적인 시각이 중요한만큼 아래의 이슈들도 중요하다.

- 평가위원이 지루하지는 않은가?
- 우리의 프레젠테이션에서 감성을 자극하는 내용이 있는가?
- 우리의 프레젠테이션이 유치하지는 않은가?
- 충분히 진지하고 감동이 있는가?

(3) 고객의 구매단계 파악을 통한 정서적 접근

고객의 구매 단계별로 우리가 성취해야 할 현실적인 목표를 결정하라. 고객들은 구매단계의 반복적인 사이클을 통해 구매를 한다. 고객의 주요 구매 단계는 다음과 같다.

[그림 2-1] 고객의 주요 구매 단계

	1단계	2단계	3단계	4단계
단계	니즈 정의 Nees Define	솔루션 검토 Alternative Review	구매 결정 Purchase Decision	구매 Contract
예시	배가 아프다 → 췌장에 염증	약(진통제) 산책/운동	약 구매 선택	약국에서 약 구매
	A 솔루션 필요성 인식	입찰 절차	사업자 선정 (평가)	계약서 작성

복잡한 솔루션일수록 단계별로 분명한 목표를 설정하고, 이 목표를 달성

하기 위한 설득이 필요하다. 고객을 설득하기 전에 우리는 다음과 같은 질문을 통해 스스로 준비 상태를 점검할 필요가 있다.

- 고객이 이번 단계에서 달성하고자 하는 목표가 무엇인가?
- 이 단계에서 고객의 목표 달성을 통해 우리가 이루어야 할 것들은 무엇인가?
- 프로젝트가 단계별로 진행되기 위해 각 단계에서 고객이 관심을 보일 효용(동기, 핵심 이슈 등)은 무엇인가?

세일즈 전체 프로세스에서는 고객과 협력해 정보 습득, 래포Rapport(공감대, 친밀감) 형성, 가정의 검증, 단계별 진행 상황 점검을 하라. 이런 과정에서 고객은 자신의 정보를 더 쉽게 공개하기 때문에 신뢰와 신용을 쌓을 수 있다. 고객과의 협력이 중요한 이유이다. 지속적인 협력은 결과적으로 정서적 유대감을 형성하게 한다. 결국 고객은 자기가 좋아하는 판매자를 선택하게 될 것이다.

(4) 스토리텔링을 통한 정서적 접근

수십 장 되는 슬라이드를 청중이 한 장 한 장 다 기억한다는 것은 쉽지 않다. 슬라이드는 첫 장부터 마지막 장까지 일관된 흐름으로 구성되어 청중들에게 특정한 느낌으로 포지셔닝돼야 한다. 스토리텔링이란 정보를 이야기로 만들어 정보 전달뿐만 아니라 정서적 공감까지 확보하는 것이다.

이를 위해 스토리텔링이 필요하다. 스토리텔링을 통해 전달되는 스토리는 청중들이 일반 정보에 비해 6배 오래 기억할 수 있게 한다. 그 강도가 6배라고 이해해도 된다.

청중은 도입, 본론, 마무리의 구성을 거치면서 감성적 공감과 논리적 분석을 하게 된다. 이를 통해 하나의 주제로 청중들의 기억 속에 각인될 수 있어야 한다.

뒤에서 우리는 평가자의 정서를 어떻게 다룰 것인가를 스토리텔링 관점과 감성 슬라이드라는 방법으로 구체적으로 말할 것이다

2.2.2 시공간(TPO: Time, Place, Occasion)

시간Time

(1) 오전과 오후는 다르다

아침 9시에 프레젠테이션을 한다면 당신의 목소리는 다소 가라앉아 있을 것이다. 하지만 평가자들은 가장 환기돼 있는 상태로, 의미 있고 중요한 당신의 이야기를 귀담아들으려 할 것이다. 그러나 점심 식사 후에 시작되는 프레젠테이션은 대체로 집중력이 떨어진다. 이 점을 이해하고 대비해야 한다.

오전에는 본론으로 빠르게 들어가서 문제를 진지하고 분석적으로 다루는 것이 효과적일 것이다. 느릿느릿하게 일상사를 이야기한다든지, 불편한 유머나 부적절한 예시를 하는 것은 각성돼 있는 평가위원을 오히려 불편하게 할 수 있다.

오후에는 평가자를 배려하는 측면에서 간단한 유머나 예시를 통해 분위기를 환기시킬 필요가 있다. 또한 너무 지나치게 세밀한 기술적 정보를 제공하면 평가자가 정보를 수용하는 데 어려움을 가질 가능성이 많다.

(2) 순서에 따른 전략이 필요하다

만약 당신이 첫 번째 PT 순서라면 이 프로젝트를 평가자가 이해할 수 있도록 배경 설명을 해야 당신의 논리를 설득할 수 있다. 하지만 만약 당신이 네 번째 순서인데 다른 팀들과 똑같이 배경 설명을 하고 있다면 평가자들은 매우 지루해할 것이다.

[표 2-3] 순서에 따른 장단점

순서	장점	단점
먼저 할 때	경쟁자 공략에 유리하다.	평가자의 프로젝트 이해도 부족
나중에 할 때	자사의 강점을 충분히 설명할 수 있는 시간적 여력이 있음	경쟁자 공격에 노출됨

※ 대체로 경쟁열위에 있다면 먼저, 경쟁우위에 있다면 나중에 하는 것이 유리하다.

우리가 주목해야 할 점은 주요 경쟁자의 순서이다. 만약 경쟁자보다 앞서서 한다면 경쟁자를 공략하기에 유리한 위치를 선점한다는 장점이 있다. 하지만 프로젝트를 이해시키는 데 많은 시간을 사용해야 하므로 우리의 차별화 포인트를 충분히 설명하는 데 시간을 할애하지 못한다는 단점이 있다.

반대로 경쟁자보다 나중에 하면 이미 평가위원들이 프로젝트를 이해하고 있기 때문에 자신의 차별화 요소를 설득하는 데 시간을 활용할 수 있지만 자칫 잘못하면 경쟁자가 깔아놓은 전략적 함정에 걸러들 위험이 있다.

그러므로 순서에 따른 전략을 별도로 수립해야 한다. PT를 경쟁자보다 먼저 한다면 평가자에게 사업을 정확히 이해시켜서 우리가 사업을 잘 이해하고 있다는 점을 알려라. 그리고 나머지 시간에는 적극적이고 전략적으로 경쟁자를 공략하라. PT를 경쟁자보다 나중에 한다면 평가위원을 학습시키는 것을 과감히 생략하고, 당신의 차별화 요소를 부각시키는 데 시간을 쏟되 경쟁자의 공략을 예측하고 적극적으로 대처해야 한다.

대체로 우리가 경쟁 열위(2등 이하)에 있다면 PT를 먼저 하는 것이 유리하다. 왜냐하면 우리의 차별화 요소가 많지 않으므로 사업에 대한 충실한 설명을 통해 평가위원들의 신뢰감을 확보하고 경쟁자의 약점을 먼저 공략하는 것이 전략적으로 유리하기 때문이다. 반대로 우리가 경쟁우위(1등)에 있다면 나중에 하는 것이 유리하다. 프로젝트에 대한 설명을 생략하고 우리 솔루션의 차별화 요소 중심으로 PT를 전개할 수 있기 때문이다.

[표 2-4] PT 순서에 따른 경쟁전략 수립

경쟁자보다 먼저	• 사업의 개념, 전문적 내용을 쉽게 설명하여 전문가임을 증명하라. • 경쟁자를 적극 공략하라.
경쟁자보다 나중에	• 자사의 전략, 차별화 요소 중심으로 발표하라. • 사업의 일반적 설명은 최소화하라. • 경쟁자의 예상되는 공략에 적극 대응하라.

장소 Place

실제 프레젠테이션할 장소를 사전에 확인하라. 프레젠테이션 장소가 좁고 평가자와의 거리가 가까운 일반 회의실 같은 곳에서 프레젠테이션을 한다면 정서적 접근을 하기에 조금 더 유리하다. 평가자와의 거리가 먼 커다란 대형 강의실 같은 곳에서 프레젠테이션을 한다면 조금 더 격식을 갖춰야 할 필요가 있다. 장소를 점검하고 명확하게 동선을 확인해서 PT 전략에 반영해야 하기 때문이다. 실제로 장소를 미리 확인하지 못해서 빔 프로젝터와 연단 사이에 갇혀 굉장히 부자연스럽게 발표하는 경우가 종종 발생한다.

프레젠테이션 디자인과 관련된 부분이기도 하지만 어두운 장소라면 슬라이드 화면을 어두운 계열로 만드는 것이 전달에 효과적이고 밝은 공간일 경우 슬라이드를 밝게 만드는 것이 효과적이다.

만약 사전에 확인이 불가능하다면 충분히 시간적 여유를 두고 먼저 도착하라. 장소를 확인해야 하는 또 하나의 중요한 이유는 그것이 단순하지만 심리적 안정감을 주기 때문이다. 예측한 것보다 거리가 먼 장소는 발표자를 불안하게 하여 프레젠테이션에 부정적으로 작용할 수 있다.

상황Occasion

기자재 사용을 확인하라. 필자의 인터뷰에 따르면 발표자들이 가장 자주 당황하는 경우는 기자재 오류이다. 확인해야 할 사항은 다음과 같다.

- 마이크 사용 여부(반드시 테스트해서 사용을 하는 것이 좋을지, 무선이 있는지 확인하라. 가능하면 무선 마이크가 유리하다.)
- 빔 프로젝트 해상도 체크(빔 프로젝트는 항상 컴퓨터 모니터와 갭이 발생한다. 그 갭이 클 경우 발표자를 당황시키기도 하므로 반드시 테스트를 통해 확인하라.)
- 컴퓨터 작동 여부 체크(고객 조직의 컴퓨터인 경우에는 글꼴, 파일 호환, 애니메이션 진행 속도, 영상 재생, 리모컨 작동 등을 반드시 현장에서 확인해야 한다.)

2.2.3 목적Purpose

모든 제안 프레젠테이션은 '설명'과 '설득'이라는 두 가지 목적을 가지고 있다. 특히 이해시키지 않고 설득할 수 없음을 기억하라. 복잡하고 기술적 전문성 수준이 높은 제안일수록 일단 쉽게 설명해 평가자를 이해시키는 것이 중요하다.

설득이란 고객이 다른 업체가 아니라 왜 우리와 사업을 해야 하는지를 이해하게 하는 것이다. 제안은 기술적 정보의 설명뿐만 아니라 우리를 선택해야 하는 이유를 설득하는 세일즈 활동임을 이해하라.

[표 2-5] 목적에 따른 프레젠테이션의 차이

기술 설명회	제안 프레젠테이션
기술적 정보 설명 Explanation	기술적 정보 설명 + 우리 솔루션의 차별점 설득 Explanation + Persuasion

2.3

제안 전략 개발

전략은 이기기 위해 필요한 무기다

여기에서 이야기하는 전략은 학문적 배경을 바탕으로 한 논리적이고 체계적인 설명이 아니라 전쟁을 많이 해본 전사戰士가 경험적으로 추천하는 무기다. 우리가 알고 있는 가장 강력한 제안 전략은 '고객의 니즈를 파악해 경쟁자보다 더 차별화된 솔루션을 제시하는 것'이다. 전략을 어떻게 수립하는지에 대한 개괄적인 설명은 다음과 같다.

먼저 고객의 이슈Issue를 분석해서 이를 기준으로 경쟁사와 우리의 솔루션Solution을 비교하고, 그 결과 찾아낸 우리의 장단점과 경쟁사의 장단점을 효과적으로 강조하거나 극복한다. 그 대상이 고객Client, 경쟁사Competitor, 자사Company이므로 3C 분석이라 통칭하기도 한다.

[그림 2-2] 전략 개발의 3단계

전략 개발은 다음 3단계로 이루어진다

- Step1 고객 이슈 분석으로 핵심 이슈 도출하기
- Step2 경쟁사 비교로 핵심 차별화 요소 도출하기
- Step3 자사의 핵심 차별화 요소를 강조하고, 경쟁자의 핵심 차별화 요소를 극복하기

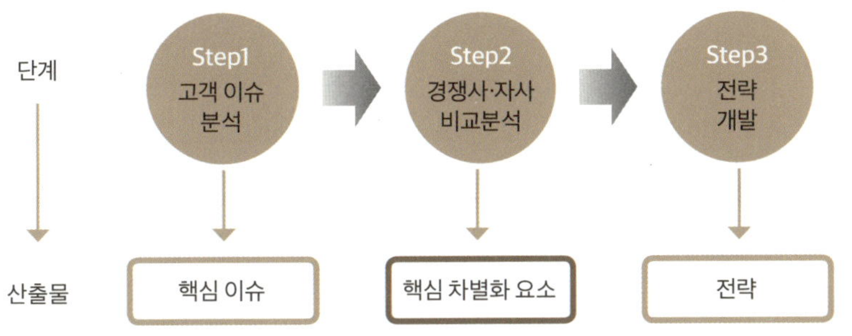

여기에서 중요한 것은 단계별 산출물이다. 고객 분석을 통해서 고객의 핵심 이슈를 추출하고 그것을 기준으로 경쟁사와 자사를 비교분석하고, 그 결과 알게 된 경쟁사와 자사의 핵심 차별화 요소를 중심으로 전략을 개발하는 프로세스이다.

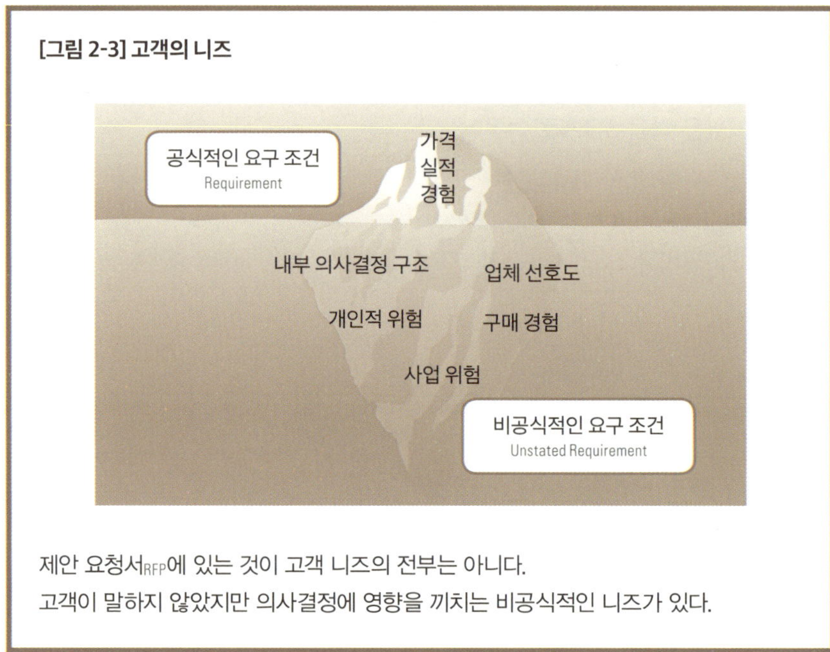

2.3.1 Step1 고객 이슈 분석으로 핵심 이슈 도출하기

전략은 고객에서 출발한다

전략의 출발점이 되는 고객의 니즈는 [그림 2-3]에서 보듯이 공식적인 니즈Stated Requirements in RFP와 비공식적인 니즈Unstated-Requirements로 나뉜다.

전략을 세울 때는 고객의 모든 니즈를 파악하고, 그 중요성을 가늠해 어디에 초점을 둘 것인지 분명히 해야 한다. 여기에서 중요한 것은 고객의 공식적 요구와 밝히지 않은 비공식적 요구의 차이점을 명확히 이해하는 것이다.

고객의 이슈를 발굴하는 프로세스는 [그림 2-4]와 같다.

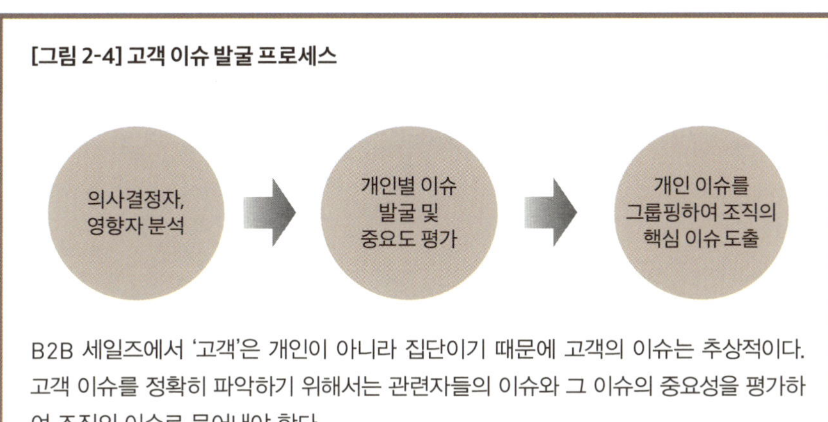

B2B 세일즈에서 '고객'은 개인이 아니라 집단이기 때문에 고객의 이슈는 추상적이다. 고객 이슈를 정확히 파악하기 위해서는 관련자들의 이슈와 그 이슈의 중요성을 평가하여 조직의 이슈로 묶어내야 한다.

쉬플리는 고객의 니즈를 핵심 이슈Hot Buttons라고 한다. 이와 유사한 많은 표현(Needs, Pain, Agony 등등) 이 있지만 수주업에서 고객은 추상적인 집단이고, 각 개인의 니즈가 결합된 형태이다 보니 이를 중요한 것 중심으로 그룹핑해 '핵심 이슈'라고 이름 붙였다. 고객사의 핵심 이슈를 분석하기 위해서는 고객사의 의사결정자Decision Maker와 그 의사결정에 영향력을 행사하는 사람(이하 영향자Influencer)을 분석해야 한다. 의사결정자를 분석할 때 많은 사람이 범하는 오류는 의사결정자의 이슈가 핵심 이슈라고 생각하는 경우이다. 그러나 때로 이러한 생각은 매우 위험할 수 있다. 왜냐하면 이슈의 중요도는 그 이슈를 중요하게 생각하는 사람의 포지션과 중요도의 곱(Position×Importance)으로 결정되기 때문이다.

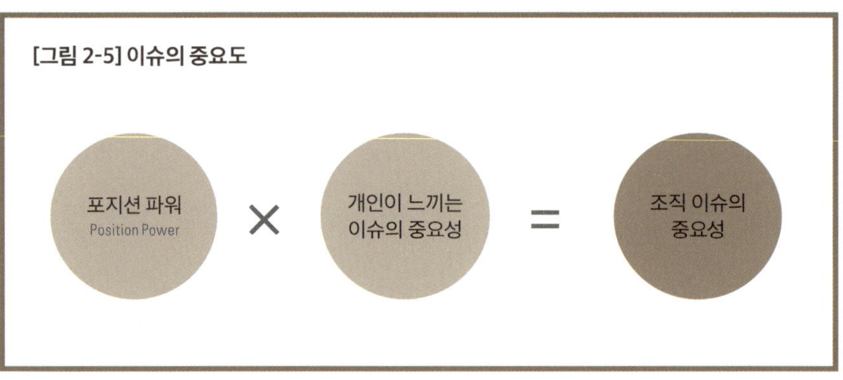

말하자면 자신에게 그 이슈가 매우 중요한 사람은 더 적극적으로 의사결정에 참여할 것이므로 포지션이 낮더라도 의사결정에 주도적일 수 있다. 예를 들어보자. 대형 병원에서 IT 기능을 아웃소싱하려고 할 때 최고경영자의 관심사는 '핵심 사업 집중'이나 '고객의 안전성'이지만 재무담당 임원 입장에서는 '비용'일 것이다. 비용에서 큰 차이가 나고, 이 이슈를 재무담당 임원이 계속 강조한다면 비용 차이에 의해 업체가 선정될 것이다.

다음으로 영향자는 대체로 의사결정에 기능적으로 자기 역할이 있는 내부 영향자(실제 사용자, 재무 담당, 구매 담당 등)와 외부 영향자(동종 업계 의사결정자)로 나눌 수 있다. 특히 외부 영향자의 영향력도 무시하지 말라.

의사결정자와 영향자를 구분했다면 다음으로는 이들의 이슈가 무엇인지를 파악하는 고객 분석 시트를 사용해야 한다. 고객사 개인의 이슈를 발굴했다면, 이번에는 이것을 통합해 조직의 이슈로 만들고 우선순위를 결정한다. 예를 들면 이 프로젝트에서 가장 중요한 것이 비용인지, 핵심 사업에 집중하는 것인지, 서비스 품질인지를 평가하는 것이다([그림 2-6] 참조).

[그림 2-6] 이슈 분석표를 통한 고객 조직 분석

이슈분석표 

작성 일자	'12. 5. 10	담당자	김부장
잠재 고객사	00 병원	부 서	기술영업부

기회와 니즈

O 사업명 : 00 병원 IT 헬프데스크 구축

O 사업범위 및 요구기술
- IT 헬프데스크를 효율적으로 분배 및 통합 운영 관리할 수 있는 H/W, S/W 구축
- 의료사업에 집중할 수 있도록 IT 관련 노력 최소화

역할	성명	직책	포지션 파워 (영향력)	핵심이슈	중요도	파워 등급 (영향력*중요도)
결정자	고비만	설립자	4	비용절감	5	20
				핵심 사업에 집중	5	20
				서비스 품질 개선	4	16
영향자	나존중	CEO	5	운영비용 절감	5	25
				핵심 사업에 집중	4	20
				서비스 품질 유지	3	15
영향자	이결제	CFO	5	간접비용 절감	5	25
				IT 지원비용 절감	3	15
영향자	전산원	IT 이사	3	IT 비용절감	4	12
				보직유지	4	12
				혼란 제거	3	9
				H/W, S/W 다양성 관리	3	9

포지션 파워는 1(낮음)에서 5(높음)까지의 척도로 측정되는 개인의 상대적 영향력이다. 대부분의 의사결정자는 5점이다. 중요도는 개인에게 해당 이슈가 상대적으로 얼마나 중요한가를 평가하는 것이다. 모르겠다면 중간 순위를 사용하라. 파워 등급은 포지션 파워 및 중요도 평가의 산물이다. 파워 등급은 경쟁사 비교표에서 고객의 비중을 측정하기 위해서 사용된다.

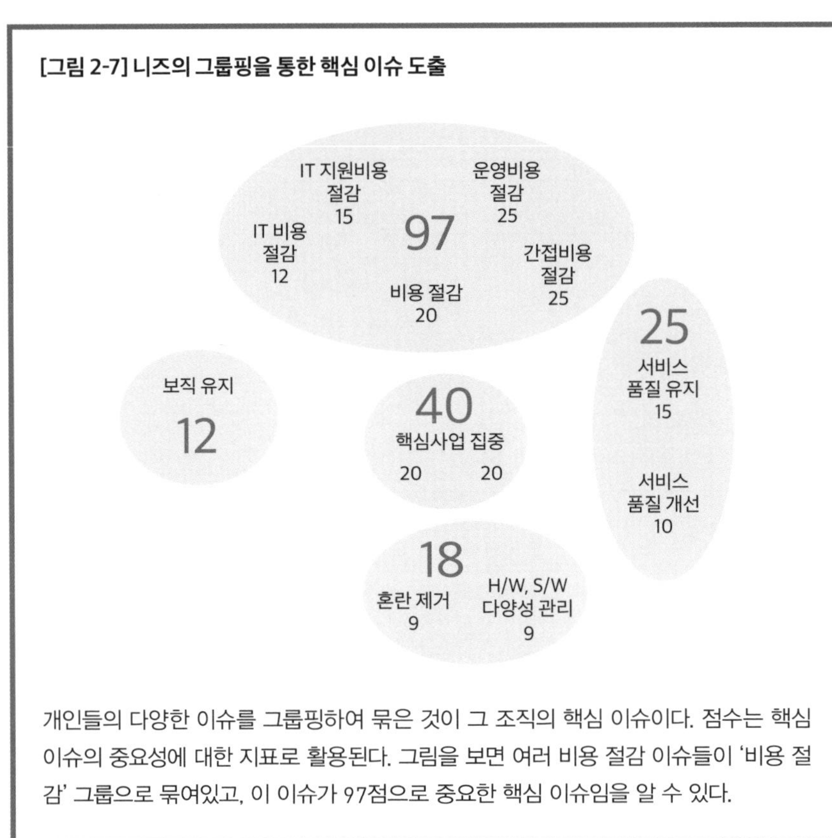

개인들의 다양한 이슈를 그룹핑하여 묶은 것이 그 조직의 핵심 이슈이다. 점수는 핵심 이슈의 중요성에 대한 지표로 활용된다. 그림을 보면 여러 비용 절감 이슈들이 '비용 절감' 그룹으로 묶여있고, 이 이슈가 97점으로 중요한 핵심 이슈임을 알 수 있다.

물론 이런 도구들은 컨설팅 과정에서 오랫동안 사용됐지만 모든 프로젝트가 저마다 특성과 성격이 다르기에 기계적으로 적용할 일은 아니다. 예를 들어 공공부문의 조달사업은 고객 조직을 분석하는 것 자체가 무의미할 때가 있다. 만약 고객 조직의 평가자에 대한 영향력이 전혀 없다면 그 조직을 분석하지 말고 평가위원회를 분석하라. 앞서 의사결정자와 영향자 개인의 이슈를 분석한 것처럼 평가위원들 개인의 이슈를 분석하고 통합해 핵심 이슈를 도출하라.

Where: 어디에서 숨은 이슈를 찾아낼 것인가?

(1) 고객의 소리(VOC: Voice Of Customer)

고객의 소리는 구매 의사결정에 참여하는 사람을 설득하는 매우 좋은 방법이다. 예를 들면 방위사업청에서 장갑차를 구매할 때 실제 전장에서 겪는 병사들의 어려움(계단의 높이, 장갑차 안의 실내온도) 등을 모르고 단지 기술적 요건만을 체크하지만, 현장의 소리를 기반으로 한 솔루션 제공(계단의 높이 조정, 실내온도 조절을 위한 에어컨 설치)은 평가자를 설득하고, 더 높은 정성적 점수Qualified Evaluation를 받는다.

(2) 미래 기법(기술)

기술 전문가들은 선진 기법을 얼마나 적절히 도입했느냐에 많은 관심을 보인다. 그리고 그 기술이 일시적인 것이 아니라 미래를 이끌어갈 핵심 기술에 가깝다면 기술의 도입 당위성은 커져간다. 예를 들면 최근에 은행을 상대로 IT 시스템을 구축하는 프로젝트를 할 때 최근의 이슈가 되고 있는 인공지능AI, 사물인터넷IoT, 빅데이터 등을 다루는 것은 고객에게 차별화 된 솔루션을 제공한다.

(3) 해외 선진국가(기업)의 솔루션

국내에서 차별화된 솔루션을 구하기 어려울 때 아이디어를 내는 마지막 방법은 해외의 다양한 접근 방법을 검토하는 것이다. 해외의 다양한 솔루션은 우리에게 차별화의 좋은 아이디어를 제공한다. 육군의 특정 기관총 프로젝트를 할 때 이야기다. 우리가 만난 고객은 경쟁자에 비해 너무 영세한 중소기업이었고, 기관총을 만들어본 적도 없는 회사였다. 그러나 우리는 해외 선진국가의 기관총에 비해 경쟁사가 만든 기관총이 2kg 이상 무게가 더 나간다는 것을 알았고, 이를 전략의 중심으로 삼았다. 미래 디지털 전장 환경을 생각하면 2kg이나 무거운 기관총은 절대적으로 채택되면 안 되는 솔루션이라는 점을 피력했다. 그 결과 조직과 경험의 절대적 열세에도 불구하고 박빙의 승부를 펼쳤던 기억이 난다.

2.3.2 Step2 경쟁사 비교로 핵심 차별화 요소 도출하기

우리는 앞 단계의 고객사 분석을 통해 고객의 핵심 이슈를 정의했다. 이 핵심 이슈는 사업을 이해하고 전략을 수립하는 데 기초가 된다. 고객의 니즈가 무엇인가를 정확히 알아야만 경쟁사와 우리를 비교할 수 있기 때문이다. 핵심 이슈를 기준으로 경쟁사와 우리의 역량을 평가하는 것을 경쟁사 비교표Bidder Comparison Matrix라고 한다. 이것을 하는 첫 번째 목적은 만약 우리가 극복할 수 없을 만큼 강력한 경쟁사가 있다면 이 단계에서 포기하기 위해서이다. 설령 비용이 이미 투입됐다 하더라도 끝까지 제안에 참여해 실패할 것을 생각하면 지금 포기하는 것이 더 효율적인 의사결정이기 때문이다.

두 번째 목적은 핵심 이슈 분석을 통해 핵심 차별화 요소Discriminator를 찾아내고 이를 중심으로 전략을 수립하기 위해서이다. 여기에서 중요한 것은 핵심 차별화 요소는 객관적 사실이라기보다는 고객의 인식Recognition이라는 점이다. 핵심 차별화 요소란 고객이 중요하게 생각하는 핵심 이슈에 대해 자사(혹은 경쟁사)만 솔루션을 가지고 있어서 차별화 포인트가 되는 요소를 말한다. 핵심 차별화 요소는 경쟁자에게도 있다는 점을 명심해야 한다.

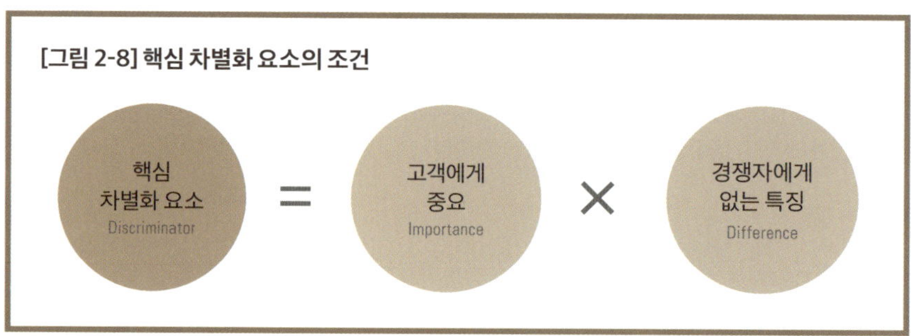

제안 비즈니스에서는 대부분 객관적 사실이 존재하지 않고, 설령 존재한다고 하더라도 고객의 인식이 더욱 중요하다. 예를 들어보자. 만약 고객이 경쟁사에 비해 우리의 서비스 품질이 떨어진다고 생각한다면 그것은 진실일까? 중요한 것은 사실 여부가 아니라 고객이 그렇게 생각하고 있다는 것이다. 결국 세일즈란 '고객의 인식'을 바꾸어놓는 것이다.

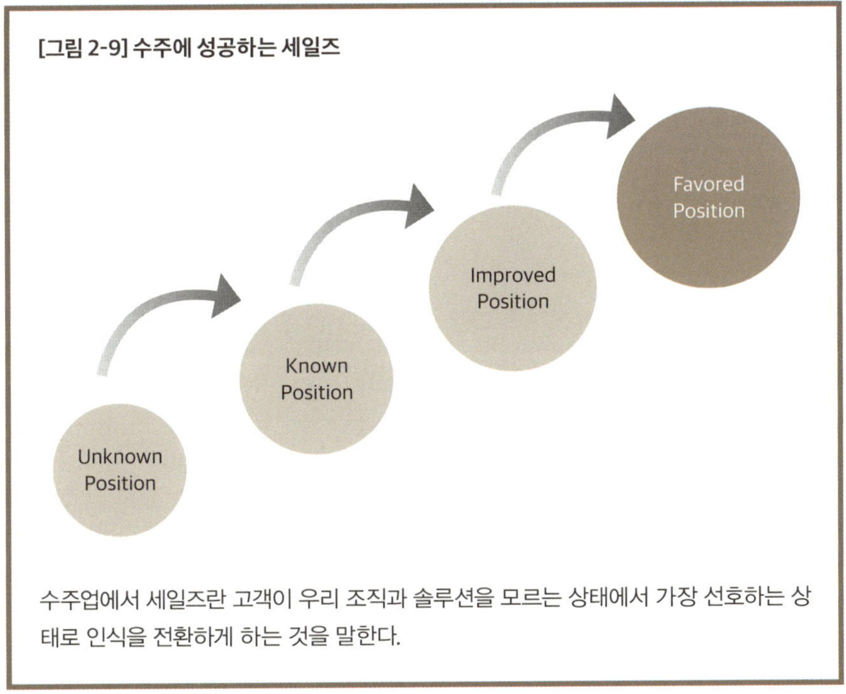

[그림 2-9] 수주에 성공하는 세일즈

수주업에서 세일즈란 고객이 우리 조직과 솔루션을 모르는 상태에서 가장 선호하는 상태로 인식을 전환하게 하는 것을 말한다.

경쟁사와 자사의 솔루션을 비교할 때 쉬플리에서 제공하는 경쟁사 비교표를 다음과 같이 사용하라([표 2-6] 참조).

[표 2-6] 경쟁사 비교표를 통해 핵심 차별화 요소를 규명하라

	핵심 이슈	비중	자사	A사	B사	핵심 차별화 요소
1	구체적 경험	30	25	20	15	유리함: 작년에 다섯 번의 동일한 프로젝트 수행 경험
2	일정준수 역량	30	25	21	15	유리함: 기존에 이 회사의 두 개의 프로젝트가 시간 내에 잘 진행되었음
3	예산	20	5	20	15	불리함: 규모 때문에 상대적으로 비쌈
4	관리자 친숙도	20	11	10	9	—
	전체 점수	100	② 66	① 71	③ 54	

경쟁사 비교표를 통해 경쟁사와 우리에 대한 고객의 인식을 규명하라. 이를 통해 입찰 제안 참여 여부를 결정Bid/No bid Decision하고, 참여가 결정되면 핵심 차별화 요소를 중심으로 전략을 수립하라.
앞서 수주영업에서 영업 담당자가 고객을 버릴 수 있어야 하듯, 제안에서도 성공가능성을 보고 제안 참여에 대한 Bid/No Bid를 결정할 수 있어야 한다.

경쟁사 비교표가 완성됐다면 다음의 질문들을 통해 타당성을 검증한다.

- 전반적으로 점수가 올바르게 평가됐는가?
- 고객의 모든 이슈가 포함돼 있는가?
- 우리 조직과 경쟁사에 대한 평가가 정확한가?
- 고객의 입장을 충분히 고려했는가, 혹시 우리의 입장에서 평가한 것은 아닌가?
- 고객의 인식에 대해서 더 많이 알아야 하는가?

경쟁사 비교표의 작성 목적은 고객의 핵심 이슈별로 우리가 경쟁사에 비해 얼마만큼의 경쟁력이 있는지를 판단하고, 이에 따른 전략을 세우는 것이다. 따라서 표의 숫자들을 맹신하는 것은 적절하지 않다.

2.3.3 Step3 자사의 핵심 차별화 요소를 강조하고 경쟁자의 핵심 차별화 요소를 극복하기

제안 전략의 4가지 목표

전략은 목표를 명확히 하는 것이다. 제안 전략의 방향은 반드시 이 네 가지 목표 중의 하나를 달성하는 것이다.

- 우리의 강점을 극대화Emphasize한다.
- 우리의 약점을 최소화Mitigate한다.
- 경쟁사의 약점을 극대화Highlight한다.
- 경쟁사의 강점을 최소화Downplay한다.

필자는 전략에서 이 네 가지 목표를 매우 강조한다. 매우 상식적으로 느껴지지만 이 네 가지 전략을 구현한 제안서와 그렇지 않은 제안서의 질적인 차이는 매우 크기 때문이다. 실제 여러분의 제안서는 어떠한지 확인해보라. 여러분의 제안서는 자신의 강점을 잘 표현하고 약점을 최소화하고 있는가? 또는 경쟁사의 약점을 잘 노출하고 경쟁사의 강점을 잘 공략하고 있는가? 대부분의 제안서는 그렇지 않다. 대부분의 경우 자신의 강점만을 강조하고 있다. 자신의 강점만을 강조하는 것은 전략이 없는 것과 마찬가지다. 전략이 있는 제안서는 이 네 가지 관점의 균형을 유지한다는 점을 명심하라. 만약 이 네 가지 관점에서 전략을 개발하려고 노력한다면 당신은 네 배나 많은 아이디어들을 발굴해낼 수 있을 것이다.

우리의 강점을 극대화_{Emphasize} 한다

고객의 핵심 이슈를 우리의 장점과 연결시켜라

고객이 중요시하는 이슈에 대해서 솔루션을 제시할 수 있어야 비로소 고객은 설득된다. 당신의 회사가 세계 최고 수준의 품질을 보유하고 있다 하더라도 고객이 가격에만 주목한다면 당신의 장점은 별로 소용이 없다. 고객이 가격을 중요시한다면 가격에서의 장점을 적극적으로 제시해야 한다.

[그림 2-10] 자사 강점의 극대화 방법

[전략기술서]
"우리는 험난한 지형을 비행하는 인데버의 사진을 제안서에 삽입하여 우리의 유사한 경험과 역량을 강조할 것이다."

[슬라이드 개발]-젠에어 스포츠(주)

2.4. 인데버의 환경 적응 능력
인데버는 다양한 기후와 지형에서 운용 가능합니다.

온대, 열대, 냉대 등 다양한 기후를 가진 지역에서 사용되어 운용능력을 입증했습니다.

지상, 수상 및 눈에서 이착륙이 가능하도록 개조될 수 있습니다.

발주처의 가장 중요한 이슈는 '궂은 날씨, 다양한 환경에서도 비행기가 운행 가능한가'였다. 사진과 캡션을 통해 강점과 고객의 이슈를 연계시켰다.

강점을 고객의 가장 중요한 이슈와 연계시킨다. 이 강점이 고객의 주요 이슈 해결에 직접적으로 연관돼 있다는 것을 보여준다. 주제문, 도입, 섹션 요약, 그림 등 제안서 전체에 걸쳐 강점을 통해 고객이 구체적으로 어떤 효용 Benefits을 얻을 수 있는지 일관성 있게 강조한다.

우리의 약점을 최소화_{Mitigate} 한다

약점을 최소화하는 것은 전략 수립 중에서 가장 어려운 부분인 만큼 제안 경쟁력에 크게 기여한다. 약점을 최소화하기 위해 약점이 없는 것처럼 거짓으로 꾸며서는 안 된다. 고객이 이미 알고 있거나 알 수 있는 약점이라면 절대로 그 약점을 제안서에서 누락시키지 말고 오히려 분명히 다루어야 한다 (경쟁사가 그 점에 대해서 분명히 이야기할 것이기 때문이다) . 다음과 같은 몇 가지 방법을 활용해 약점을 최소화하도록 한다.

- 대안 제시: 가격 조정, 아웃소싱, 경쟁사와의 제휴 등을 이용하라.
- 약점 분야에 대한 보증: 이행 채권이나 보증서는 불안감을 해소하고 고객에게 문제 해결에 대한 신뢰를 준다.
- 높은 가격이 약점일 경우에는 가치제안을 하라: 솔루션으로 절약하게 될 비용을 제시해서 부가가치를 정량화하라.

[그림 2-11] 자사 약점의 최소화 방법

[전략기술서]
"우리는 ① 단순성, 무게 경량화, 뒤끌림 감소 등과 ② 지상에서 조작의 용이성을 논의함으로써 세발기어 대비 우리 Tail-skid 착륙장치의 약점을 최소화할 것이다."

[슬라이드 개발]-젠에어 스포츠(주)

3.6. 착륙장치
무게 감소와 지상 조작의 용이성을 고려하여 Tail-Skid 방식의 착륙장치를 적용합니다.

Conventional 방식 착륙장치

후방 착륙장치 별도 구성으로 무게 증가
지상 조작성능 떨어짐.

Tail-Skid 방식 착륙장치

단순성, 무게 경량화, 뒤끌림 감소
지상에서 조작이 용이함.

경쟁사의 약점을 극대화_{Highlight} 한다

경쟁사의 약점을 교묘하게 강조하라. 경쟁사의 이름을 직접적으로 언급하지 말고 그들의 기술, 접근 방법, 또는 수행의 문제점이나 약점을 공격하라. 고객의 니즈에 대해 다양한 솔루션을 제시하며 단순히 그것들을 비교하는 것처럼 표현해 경쟁사를 공략하는 것이다.

[그림 2-12] 경쟁사 약점의 극대화 방법

[전략기술서]
"우리는 ①지상과 공중의 커뮤니케이션 문제, ② 전방엔진과 후방엔진의 6개월간 비교 테스트 결과를 논의함으로써 경쟁사 전방엔진의 약점을 극대화할 것이다."

[슬라이드 개발]-젠에어 스포츠(주)

3.2. 엔진

6개월의 시험평가를 통해 전방엔진 사용시 비행 안정성 감소의 문제를 확인하여 후방엔진을 적용합니다.

구분	비행안정성	지상-공중 통신	무게	정비성
전방엔진 	선회 시 흔들림 증가	조종석 소음 증가	양호	양호
후방엔진 	양호	양호	양호	양호

경쟁자를 적극적으로 공략한다

경쟁자를 적극적으로 공략한다는 것이 경쟁자의 이름을 거명하며 노골적으로 비난하는 것을 의미하지는 않는다. 오히려 효과적인 경쟁자 공략은 경쟁자의 이름을 거명하지 않으면서 경쟁자의 솔루션을 적극적으로 공략하는 것을 말한다. 다음 예를 보자.

> 휴대용 라디오에 헤드폰을 추가하면 조종사의 지상 송수신 능력이 더 향상됩니다. 엔진이 조종사 위나 앞에 있는 전방엔진 초경량 비행기는 별도의 헤드폰이나 헬멧이 필요합니다. 그러나 다른 프로젝트를 위해 6개월간 수행한 현장 테스트에서는 엔진이 조종사 뒤쪽에 있는 후방엔진의 경우 별도의 헤드폰이 필요 없다는 것을 보여주었습니다.

이 예는 경비행기를 제안하는 경우인데, 엔진이 앞에 있어서 엔진의 소음 때문에 헤드폰이 필요하다고 제안하는 경쟁사의 솔루션을 효과적으로 공략하고 있다. 이렇게 경쟁사의 제안을 자사의 대안으로 삼아서 그 장단점을 검토하는 방법을 대안비교Trade-off Analysis 기법이라고 한다. 이 기법은 가장 효과적인 경쟁사 공략법으로 알려져 있다.

경쟁사의 강점을 최소화Downplay 한다

경쟁사에게 잘 알려진 강점이 있다면 어떤 분야든 자사의 강점과 대비시키고 우리와 경쟁사의 차이를 메울 수 있도록 제안을 적절하게 조정하라. 대등하게 될 수 없으면 대안을 제시함으로써 그 강점의 중요성을 최소화하라.

[그림 2-13] 경쟁자 강점의 최소화 방법

[전략기술서]

"우리는 ① 구체적이고 이미 결정된 생산규모 확장 계획과 ② 국내외에서 회사의 질적, 양적 성장을 논의함으로써 충분한 생산능력을 가진 경쟁자의 강점을 최소화할 것이다."

[슬라이드 개발]-젠에어 스포츠(주)

4.3. 생산 계획

생산시설의 150% 확장과 로얄은행의 270만 달러 투자 등으로 안정적인 생산과 공급을 보증합니다.

생산능력 확장	자본 확보
현재 매월 840대 생산에서 매월 910대 생산으로 증대 • 인력 10% 증대 • 건물 증축(현면적 28,900m² → 증축후 42,500m²)	자본금 1,750만 달러 로얄은행 투자금 270만 달러

＊ 계약 후 60일내 '시설, 생산 및 제조 계획' 검토하여 반영

2.3.4 전략 검증하기

전술 개발의 효과성을 검증하라

전략을 개발하고 나면 이 전략을 구체적으로 실행할 수 있는 경쟁우위적인 전술을 개발하고 검증한다. 전술How 개발이 잘 됐는지 검증하는 것을 쉬플리에서는 '리트머스 테스트'라고 한다. 리트머스 테스트의 두 가지 항목은 다음과 같다.

- 전술은 '구체적'이어야 한다: 개발된 전술을 통해 제안서에 사용할 핵심 단어와 그림이 명쾌하게 떠오르는가?

- 전술은 '차별화'돼야 한다: 경쟁자를 압도할 수 있는 차별화된 전술이 개발됐는가?

전술은 '구체적'이어야 한다

전략은 제안서를 어떻게 쓰겠다는 약속이므로 전략기술서를 보고 제안서에서 사용하게 될 핵심 단어Key Word와 핵심 슬라이드가 명확해진다면 그것은 잘 개발된 제안서이다.

- 핵심 단어의 선명성
  - 최적화된 운영 매뉴얼 교육 제공(×)
  - 30분 내 조립할 수 있는 운영 매뉴얼(○)
  - 1박 2일 교육 프로그램 제시

전술은 '차별화'돼야 한다

전략 구현은 경쟁자가 '완전히 같은 표현Exactly Same Word'을 할 수 없을 때까지 구체화해야 한다. 이것이 차별화Discriminating이다. 전술 개발에는 '솔루션 최적화'와 '커뮤니케이션 방법 개발'이 있다.

만약 고객이 우리 솔루션을 부정적으로 인식하고 있는데, 이것이 실제 우리 솔루션의 문제라면 우리는 이 솔루션을 고객에 맞게 최적화하고, 고객이 오해한 것이라면 고객의 인식을 교정해야 한다.

- 솔루션 최적화: 솔루션을 수정해 고객의 니즈를 만족시키는 것이므로 반드시 추가 비용이 들어간다.

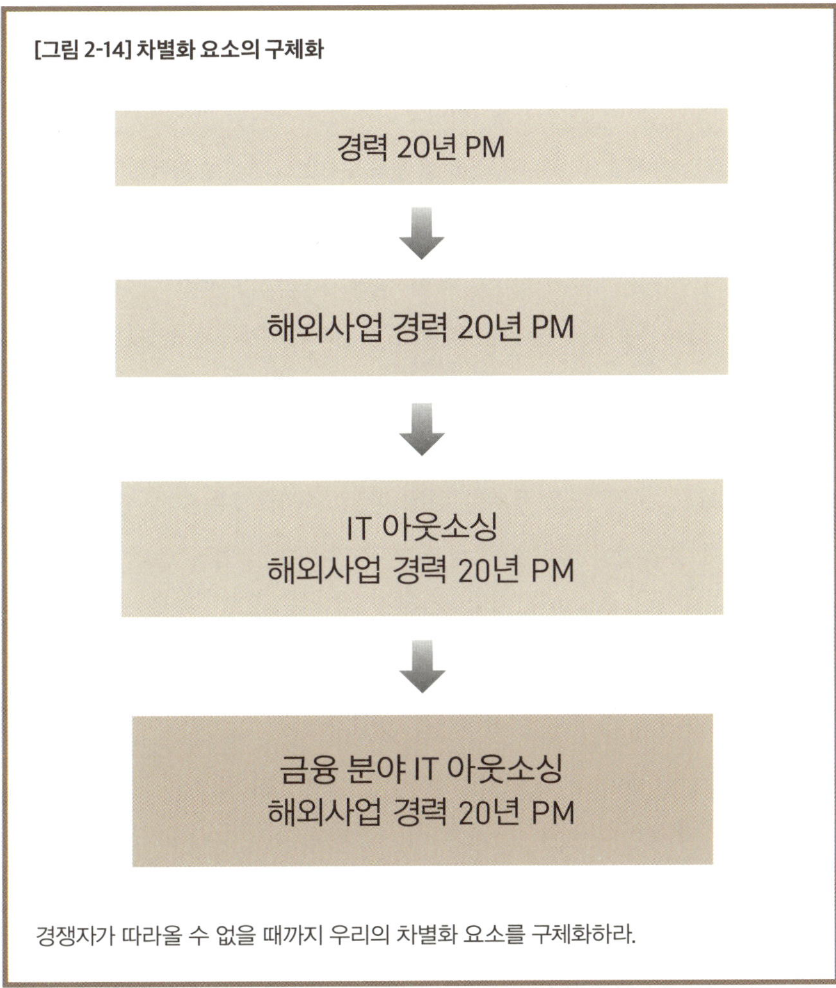

- 해외연수를 통해 운영자의 시스템 이해도를 높인다.

- 추가 서버 설치를 통해 시스템 이중화를 한다.

• 커뮤니케이션 방법 개발: 고객에게 우리 솔루션의 장점과 특징을 정확히 알리는 것으로 추가 비용이 들어가지 않는다. 고객과 커뮤니케이션을 할 때 가장 중요한 점은 객관적 데이터IVP: Independent Verifiable Proof를 통해 설득해야 한다는

점이다.

- 북미 시장에서 시장 점유율 1위임을 강조한다.

- 6개월간 BMT Bench Mark Test 결과를 통해 속도 30 % 개선을 증명한다.

솔루션 최적화와 커뮤니케이션 방법 개발 전략은 구분하는 기준이 명확하다. 그 기준은 돈이다. 솔루션 최적화는 돈이 들어가고, 커뮤니케이션에서는 돈이 들어가지 않는다. 예를 들면 기존에 운영하고 있는 교육 프로그램의 내용을 안내하는 것은 돈이 안 들어가므로 '커뮤니케이션'이지만 없는 교육 프로그램을 이번 프로젝트를 위해 만든다면 그것은 '솔루션 최적화'가 된다. 따라서 공격적인 제안을 한다는 것은 우리의 수익을 줄여 가면서 '솔루션 최적화'를 적극적으로 한다는 뜻이다.

제안 작업을 할 때 리더십이 해야 할 중요한 결정은 어느 수준까지 우리의 수익을 줄여가면서 솔루션을 최적화할 것인가 하는 점이다. 이 의사결정을 위해서는 회사의 최소 수익, 전략적 중요도, 경쟁자의 예상 가격, 이 세 가지가 함께 고려돼야 한다.

2.4

실전 전략

프레젠테이션은 내용 못지않게 어떻게 운영되느냐가 전달력에 많은 영향을 준다. 같은 내용을 전달하더라도 먼저 하느냐, 뒤에 하느냐에 차이가 있고 감성적인 전달과 논리적인 전달도 평가자의 개인적인 성향 또는 사업에 따른 위치에 따라 달라지기 때문이다.

2.4.1 1등 전략과 2등 전략

대부분의 입찰 제안에서는 입찰 전에 자신의 포지션(예상 등수)을 알 수 있다. 왜냐하면 제안서 작성 무렵이 되면 경쟁자와 함께 이미 영업 활동을 해 왔으므로 상당한 정보가 축적되는 것이 일반적이다. 예를 들면 대부분의 방위사업과 SI 사업에서 사전에 연구 과제를 수행했다든가 1차 사업을 수행한 경우에는 특별한 결격 사유가 없는 한 경쟁자에 비해 우위에 있다고 봐야 한다. 그러므로 회사의 포지션이 1등인 경우와 2등인 경우에는 기본적으로 전략이 달라야 한다. 1등은 자신의 우위를 각 분야에서 표현해서 다양한 이해와 관심을 가진 여러 분야 평가위원들의 점수를 골고루 확보하는 것이 핵심이다. 이에 반해 자신의 포지션이 우위가 아닌 경우라면 이러한 전략은 여전히 자신을 2등으로 만들 뿐이다. 따라서 위험을 감수하고서라도 평가위원을 좀 더 강하게 자극하고 설득할 수 있는 무기를 개발해야 한다.

1등 전략 – 균형_{Balance} 전략

1등 전략의 핵심은 균형이다. 균형 전략은 다양한 고객의 이슈를 모두 다루어서 골고루 높은 점수를 따는 것을 말한다. 고객의 이슈를 골고루 다루어야 하는 이유는 제안서 평가위원회가 항상 다양한 그룹으로 구성되어 다양한 관점에서 평가되기 때문이다.

다음 사례에서 눈여겨볼 부분은 여섯 가지 사업 전략이 각기 다른 조직에서 온 평가위원들의 다양한 관점과 이슈를 모두 포괄하려고 노력하고 있다는 점이다. 예를 들어 [그림 2–15]의 사업 전략 6번 '그린국방'의 경우를 생각해보자. 이는 언뜻 캐치프레이즈나 슬로건 정도로 아무 내용이 없다고 생각할 수도 있지만 방위사업청에서 해당 업무를 맡고 있는 담당자가 평가위원이라면 상황은 달라진다. '그린국방'을 다루는 제안서와 다루지 않는 제안서 중 어디에 높은 점수를 주겠는가?

[그림 2-15] 1등 전략

A 무기체계 프로젝트

평가위원회 구성
· 소요군 (실제 사용자)
· 방위사업청
· 국방과학연구소(국방기술품질원)

그룹별 주요 관심
· 소요군: 실제 사용의 편의성
· 방위사업청: 비용관리, 일정관리, 위험관리
· 국방과학연구소(국방기술품질원): 기술적 실현가능성, 신기술 적용의 진취성

접근 전략
· 다양한 평가위원의 관심에 골고루 균형감 있게 접근한다.
  예시) 사업 전략
  1. 작전 운용을 위한 요구성능 충족
  2. 신기술 도입
  3. 총소요비용의 15% 절감
  4. 국산화 95% 달성 및 5억 달러 수출 전략
  5. 양산화 기간 12개월 단축
  6. 유사 무기체계 자원 80% 재활용을 통한 그린국방 실현

경쟁우위에 있는 조직의 경우에는 다양한 평가위원의 다양한 이슈와 관심을 포괄하여 골고루 높은 점수를 얻는 것이 전략의 핵심이다.

2등 전략 - 위기 전략

해당 입찰에서 경쟁우위가 아닌 경우(1등이 아닌 경우)의 전략은 1등의 균형 전략과 달라야 한다. 왜냐하면 모든 입찰에서 2등은 의미가 없고, 동일한 전략은 동일한 포지션(2등 이하)만을 보장하기 때문이다. 2등 전략은 날카롭

고 뾰족해야 한다. 설령 그 날카로움이 나에게 비수backfire가 되어 날아오는 경우가 있다 하더라도 이를 최소화하거나 감수하면서 승부수Silver Bullet를 찾아야 한다.

[표 2-7]에서 도로지능망 사업의 핵심 이슈는 도대체 그 사업을 통해 통행자들이 어떤 정보를 얼마나 더 정확히 입수할 수 있고, 그 결과로 교통 흐름은 얼마만큼 개선될 수 있느냐는 것이다. 그런데 대체로 그 업계에서 1위를 하고 있는 회사(A사)는 결코 이를 데이터로 예측하거나 제시하지 않는다. 제시하는 데이터가 설명력이 떨어질 때도 많고, 실제 수행 업체로 선정됐을 경우 제시한 데이터가 계약서에 준한 효력을 발휘해 자신들의 발목을 잡기 때문이다. 그러나 2등 업체는 그런 상황을 따질 겨를이 없다. 일단은 우선 협상 대상자로 선정돼야 하기 때문이다. 그래서 결정적인 데이터를 제시하고, 이를 평가위원들이 이해할 수 있도록 충분히 그 증거들을 제시해야 한다. 만약 이 정도의 날카로운 위기 전략들을 제시할 수 없다면 제안참여 의사결정Bid/No bid Decision 단계에서 참여를 포기No bid하는 것이 낫다.

[표 2-7] 2등 전략

이슈	1등(A사)	2등(B사)
교통정보 정확도	획기적 개선	28% 향상
차량 속도	교통체증 해소 예상	시뮬레이션 결과 12.8% 개선 예측

전략의 통합 – 균형Balance에 위기Edge를 더하라

해당 입찰에서 자신의 포지션(등수)이 명확한 경우, 앞에서 제시한 균형 전략과 위기 전략을 이해하고 적용하는 것은 매우 유용하다. 그런데 자신의 포지션이 불명확하고 경쟁자의 전략을 예측하기가 불가능한 경우도 많다.

이럴 때에는 우선적으로 고객의 모든 이슈를 포괄하고, 몇 가지 이슈에서 승부수Winning Strategy를 띄우는 방법을 사용해야 한다.

[표 2-8]에서는 비용 절감, 국산화 및 수출, 양산화 기간, 자원 재활용을 핵심 승부처로 정해 공략하고 있다. 만약 이 부분이 고객에게 대단히 중요하고 경쟁사 대비 차별화된다면 경쟁에서 이길 수 있다. 전략 개발 평가의 기준 두 가지는 ① 고객에게 중요한가Importance와 ② 경쟁사와 차별화되는 특징인가Difference임을 명심하라. 만약 고객에게 중요하지도 않고, 경쟁사도 가지고 있는 솔루션만을 제시한다면 결코 제안에서 성공할 수 없다.

[표 2-8] 사업 전략에서 고객의 관심 이슈와 승부처

1 등 전략- Balance 전략	2등 전략- Edge전략
고객의 관심 이슈Hot Button	승부수Winning Strategy
1. 작전 운용을 위한 요구성능 충족	1. -
2. 신기술 도입	2. -
3. 총소요비용의 절감	3. 총소요비용 15% 절감
4. 국산화 및 수출 전략	4. 국산화 95%, 5억 달러 수출
5. 양산화 기간 단축	5. 양산화 기간 12개월 단축
6. 유사 무기체계 자원 재활용	6. 유사 무기체계 자원 80% 재활용

2.4.2 정공법과 역공법

정공법은 경쟁자가 제기한 이슈에 정면 대결을 하는 것이고, 역공법은 우리의 장점이 경쟁자가 제시한 이슈보다 더 중요하다는 것을 설득하는 것을 말한다.

정공법

정공법은 경쟁자가 제기한 이슈에 대해 경쟁자가 아닌 우리에게 경쟁우위가 있음을 알리는 방법을 말한다.

[그림 2-16] 정공법의 대표적인 방법인 가치 제안

가치제안 Value Proposition

- **경쟁자**

  우리의 ERP 시스템은 세계 최초로 패키지화하여 도입 비용이 기존 대비 80% 저렴한 20억 원입니다.

- **정공법**

  우리의 ERP 시스템 도입 비용은 100억 원입니다. 일반적으로 ERP 시스템 도입은 20억 원이면 충분하지만 20억 원 투자 시에는 100억 원의 자원 절감(순이익 80억 원)의 효과가, 100억 원 투자시에는 500억 원(순이익 400억 원)의 자원 절감 효과가 있으므로 당사는 100억 원을 투자하여 ERP 시스템을 도입하실 것을 제안합니다.

  가치 제안의 기본 원리는 저가의 경쟁자가 가격경쟁력을 내세울 경우 이에 대해서 자사의 가치경쟁력으로 경쟁자의 장점을 무력화하는 방법이다.

역공법

역공법은 경쟁자가 제기한 이슈보다 우리가 제기한 이슈가 더 중요하다는 점을 설득하는 방법이다.

중대형차 시장에서 시장 점유율 1위를 달리고 있는 G자동차에 비해 타 회사의 C모델은 가격, 디자인, 브랜드 이미지 등 대부분이 열세에 있다. 그러나 필자는 이 회사의 세일즈맨들이 차별화된 이슈를 부각해 세일즈에 성공하는 것을 본 경험이 있다. 어떤 차를 구매하느냐는 고객에 따라 다르겠지만 디자인이나 가격보다는 안전이 더 중요한 중대형 승용차 구매고객의 특성을 고려하면 가격경쟁력이나 디자인의 열세를 대신해 안전성을 홍보하는 위의 사례는 제법 설득력 있는 접근 방법임을 알 수 있다.

정공법과 역공법 중 어떤 방법을 선택할 것인가는 고객의 이슈를 얼마나 정확히 이해했는가에 달려 있다. 어떤 고객에게나 가격Cost, 품질Quality, 기간 Timing이 중요하지만 산업별, 프로젝트별로 어떤 것의 비중이 더 높은가를 판단해야 하기 때문이다.

이를테면 이번 프로젝트에서 고객의 절대적인 관심이 '납기 준수'라면 아무리 가격이나 품질에 장점이 있더라도 '납기 준수'라는 이슈를 피해서는 이길 수 없다. 중요한 것은 나의 장점이 아니라 우리 솔루션을 통해서 고객이 얻게 되는 효용과 핵심 이슈의 해결임을 명심하라.

2.4.3 분석적 접근과 통합적 접근

입찰 제안에서 궁극적인 목적은 높은 점수로 1등을 하는 것이다. 따라서 입찰 제안을 할 때 알아야 할 가장 핵심적인 사항은 어떻게 점수를 확보하느냐이다.

1장에서 이야기했듯이 분석적 접근은 개별 평가 항목의 점수를 확보함으로써 종합적으로 높은 총계 점수를 얻는 것을 말하고, 통합적 접근은 개별 점수보다는 고객이 종합적으로 우리 조직과 솔루션이 우위라는 점을 인지해 높은 점수를 주게 하는 방법을 말한다. [표 2-9]를 보면 분석적인 평가자는 개별 항목별 점수를 먼저 매기고 이를 종합하는 반면, 통합적인 평가자는 심리적으로 먼저 어떤 업체에 점수를 더 줄 것인지를 결정하고 이를 항목별로 배분한다.

[표 2-9] 분석적 접근과 통합적 접근

평가 항목	비중	평가	평가 근거
사업전략의 현실성, 혁신성, 창의성	15	10	
업체 역량	30	25	
PM 및 수행조직의 전문성	40	30	
신기술 도입	5	2	
수행기간 준수	10	9	
총계	100	76	

평가표를 항목별로 먼저 작성하는 분석적 평가자와 입찰자의 순위와 평가표의 총계 점수를 먼저 결정하는 통합적 평가자가 있다. 통합적·분석적 평가자 분석은 수주영업 단계에서도 활용된다.

분석적 접근

분석적인 평가를 하는 평가자를 공략하는 방법이다. 주로 엔지니어, 기술 전문가, 대학교수 등이 이에 해당한다. 높은 전문성이 요구되는 기술 제안(대부분의 시스템 통합, 플랜트, 방위산업)을 평가할 때는 이 평가위원들이 주류를 이루는 경우가 많다. 이때는 각 항목별로 점수를 취득하는 것이 중요하다. 그 구체적인 방법은 다음과 같다.

- 평가 항목별로 해당 섹션 첫 페이지의 첫 문장(헤드라인)에 고객의 요구 사항에 대한 명확한 응답과 평가 근거를 정확히 제시한다.
- 평가 과정을 쉽게 한다. 평가가 쉬워지려면 평가표의 답을 찾기가 쉬워야 하

고 답이 명확해야 한다.

- 논리적으로 설득한다. 이를 위해서는 섹션 요약(또는 헤드라인)에서 제시한 주장을 본문에서 객관적인 증거Proof로 명확히 뒷받침Support해야 한다.
- 평가 항목의 비중에 따라서 페이지를 할당한다.

통합적 접근

통합적인 평가를 하는 평가자를 공략하는 방법이다. 현장의 사용자(예를 들면 방위산업에서는 소요군), 행정가(예를 들면 방위사업청), 비기술자들이 대부분 이에 해당한다. 비기술적인 이슈(비용, 기간, 수행팀 및 PM의 역량 등) 가 중요한 프로젝트의 경우에는 통합적인 평가를 하는 평가자가 주도권을 행사하는 경우가 많다.

통합적인 평가자를 설득하는 방법은 다음과 같다.

- 세부적인 이슈보다는 핵심 이슈를 중심으로 제안한다. 기술적인 세부 내용보다는 사업의 이해, 사업 전략, 위험 관리 등의 항목이 중요하다.
- (논리적인) 설득력만큼 (감성적인) 신뢰감이 중요하다.
- 제안서에서는 간단히 핵심 내용만을 강조하고, 프레젠테이션에서 승부한다.
- 프레젠테이션 중에서도 특히 질의응답에 완벽히 대비한다.

분석과 통합의 변증법

비율은 다를 수 있지만 현장의 평가자를 인터뷰해보면 항상 분석적인 평가자와 통합적인 평가자가 섞여 있음을 알 수 있다. 결과적으로 승리를 보장받기 위해서는 반드시 두 유형의 평가자를 모두 설득해야 한다는 점을 명심하자.

제안서 전체의 핵심 내용을 요약해서 알기 쉽게 제시하고 프레젠테이션과 질의응답을 통해 통합적인 평가자의 신뢰감을 확보해야 한다. 평가 단위의 각 섹션별로 고객의 평가 기준에 부합하는 정확한 답을 제시하고, 그 답을 지지하는 분명한 근거를 제시해 분석적 평가자를 논리적으로 설득하자.

2.4.4 발표자의 강·약점을 고려한 전략

프레젠테이션에서 발표자 전략은 발표자의 강점을 효과적으로 부각시키고 약점을 최소화하는 것이다. 프레젠테이션에서 각자가 가진 강점은 다양하다. 목소리를 이용해서 설득력을 얻는 사람이 있는 반면 동작과 제스처를 효과적으로 잘 사용하는 사람도 있다. 또 자신의 용모를 최대의 강점으로 삼기도 하고 언어의 선택에 승부를 거는 사람들도 있다. 여러분이 선택한 스타일이 무엇이든 다음과 같은 효과적인 프레젠테이션의 기준을 충족시켜야 한다.

- 흥미 유지
  - 흥미로운 방법으로 설명하라.
- 상호 이해를 기반으로 한 커뮤니케이션
  - 여러분의 메시지를 고객이 확실히 이해하고 있는지 확인하기 위해 질문을 던지고 주의 깊게 그 대답을 경청하라.

- 고객 만족

  - 고객의 니즈를 충족시키고, 그들의 질문에 명쾌하게 답하며, 그들의 문제를 적절하게 다루는 것을 통해 고객 만족을 창출하라.

- 목표 달성

  - 프레젠테이션의 성공은 수주로 귀결된다. 목표를 명확하게 설정하고 이를 달성하기 위해 필요한 프레젠테이션 기술을 익혀라.

SHIPLEY TIP

어느 초보자의 프레젠테이션

필자가 증권회사에서 교육 담당을 할 때 이야기다. 교육 담당 후배가 있었는데 이분은 직장생활을 늦게 시작했을 뿐 나와는 나이가 동년배라서 친구처럼 편하게 지냈다. 이 후배는 매우 내성적이라 늘 청중 앞에 서야 하는 직업인 교육 담당을 부담스럽게 여겼는데 마침내 스스로 하나의 강의를 맡아서 해야 할 상황이 됐다. 물론 많은 준비를 했지만 경험 부족으로 자신의 긴장감을 어찌 하지 못했던 이 친구는 극도의 긴장 속에서 강의를 시작했다.

그러나 강의 결과는 놀라웠다. 사후 실시한 설문 결과에서 청중은 100% 그 후배에게 가장 높은 점수를 주었고, 청중의 호의적인 반응은 그가 추후에 대중 앞에서 말을 하는 데 자신감을 갖게 된 좋은 기회가 됐다.

난 이 후배가 서툴렀어도 위에서 말한 네 가지 원칙을 모두 잘 완수했다고 생각한다. 그 강의는 대체로 이랬다. 준비한 시나리오를 빠짐없이 성실하게 했지만(목표 달성) 너무 긴장된 상태라 약간 지루하고 서툴렀으며, 목소리는 많이 떨렸고, 얼굴은 붉게 상기돼 있었다. 그럼에도 자신의 긴장 상태를 청중에게 고백했고(흥미 유지), 자신의 말을 알아들을 수 있는지 확인했으며(커뮤니케이션), 자기가 할 수 있는 열정을 다해서(고객 만족) 강의를 무사히 마쳤다.

만약 이 네 가지 기준을 만족시킬 수 있는 경우에는 우리는 이것을 장점이라고 하고, 이 기준에 부합하지 않는 행동들은 단점이 될 것이다. 필자가 반복해서 강조하고 싶은 메시지는 세련된 무대매너나 매끄러운 화술이 효과적인 프레젠테이션이라는 상식을 극복하라는 것이다.

2.5

팀 프레젠테이션

2.5.1 팀 프레젠테이션 준비

중요한 프레젠테이션에서는 전문가로 구성된 팀의 참여를 요청하는 경우가 종종 있다. 팀 프레젠테이션은 조직의 능력과 전문지식을 드러낼 매우 좋은 기회이다.

수주하는 팀은 정확히 각자에게 맞는 역할을 잘 구조화해 한층 높은 창조성을 가지고 고객에게 적절한 솔루션을 제공하고, 프레젠테이션 준비에 집중한다. 그에 반해 실주하는 팀은 역할 분담이 불분명하고 잘 구조화되지 않아서 오히려 고객에게 혼란만 가중시킬 것이다. 팀 프레젠테이션은 이렇게 준비하라.

① 제안서 작성 초기 단계에서 구성원들에게 임무를 부여하라.
② 팀 구성원이 각자의 분야에서 전문가임을 확인하라.

③ 정보와 자원을 공유하라.

④ 연습하라.

(1) 제안서 작성 초기 단계에서 구성원들에게 임무를 부여하라

팀 프레젠테이션을 강력한 무기로 활용하려면 고객의 문제를 해결하기 위해 제안 초기에 솔루션 개발과 선정에 전문가들을 참여시켜야 한다.

고객에게 제시될 솔루션의 개발에서 어떤 전문가의 전문성이 유일한 대안이라는 것을 알게 되면 그 전문가는 솔루션 개발에 좀 더 적극적으로 참여하게 될 것이다.

재무 전문가는 여러분과 고객의 재무 관계에 기반해서 프레젠테이션과 솔루션에 직접적인 도움을 줄 수 있다.

각각의 전문가는

- 프레젠테이션에 반드시 참여해야 하며
- 고객의 니즈를 다룬 경험이 많거나 관련 지식이 풍부해야 하며
- 그 전문 분야에서 고객에게 조직의 입장을 대변할 수 있는 권한이 있어야 한다.

(2) 팀 구성원이 각자의 분야에서 전문가임을 확인하라

팀에는 다양한 분야의 전문가가 참여할 수 있고 실제로 그래야 한다. 그들은 프레젠테이션의 개발과 발표에 모두 관계해야 한다. [표 2-10]은 팀 구성원의 일반적인 역할과 책임에 대한 개요를 보여준다.

[표 2-10] 역할과 책임

세일즈 매니저(보통 팀 리더)	기술 전문가(보통 기업의 임원)
• 전체 과정 총괄 • 고객에게 팀의 구성원 소개 • 내부 회의 진행 시 전문가의 발언을 제지할 수 있음 • 중재 역할, 새로운 문제점을 제기하고 그 문제점을 해결할 담당자 지정 • 멤버들의 프레젠테이션에 대해 고객의 피드백 전달	• 솔루션의 기술적 측면 이해 • 프레젠테이션을 준비하는 동안 기술적 대안 제시 • 제안 전에 고객 측의 기술 전문가와 기술적 문제에 대해 토의 • 프레젠테이션 시에 기술적 정보에 대해 명확하고 알기 쉬운 용어 사용(전문적 용어의 남발로 인한 고객의 관심 분산을 예방할 책임이 있음)
재무 전문가(매우 중요)	**자원 전문가**
• 전문지식을 바탕으로 최적의 재무적 대안을 위한 방향 제시 • 고객의 재무 정보를 입수하여 팀이 재무적 영역에 효과적으로 대응할 수 있도록 팀을 이끎 • 프레젠테이션 팀에 동참하지 않거나 고객에게 하는 프레젠테이션 활동에는 참가하지 않을 수도 있음	• 고객에게 솔루션을 전달하기 위해 필수적으로 필요한 여러분 조직의 자원에 대한 정보를 수집(인력, 장비 등) • 양질의 시각 자료, 브로셔 등의 시의적절한 제공

각 구성원은 프레젠테이션의 내용 개발은 물론 내용의 전달에서도 각자의 역할을 가지고 있다.

(3) 정보와 자원을 공유하라

팀은 관리의 어려움에도 불구하고 여러분에게 새로운 영역의 장점을 제공하며 비즈니스의 성공을 가져올 수 있다. 팀 리더로서 여러분의 역할은 팀 내에서 권력을 행사하는 것이 아니다. 팀을 올바른 방향으로 이끌기 위해서는 다음 세 가지의 역할에 충실해야 한다.

- 개방된 분위기에서 팀을 운용한다.
  - 형식주의는 자유로운 의사 표현을 방해한다.
- 외부 비판으로부터 팀이 단절되는 것을 피하라.
- 몇몇에게 악마의 변호사 역할을 부여하라.
  - 악마의 변호사 역할을 맡은 사람은 고의적으로 제안팀과 다른 생각을 말해야 한다.
- 구성원들의 다양한 견해를 존중하라. 구성원들이 가지고 있는 지식과 경험을 활용하라. 종종 팀 멤버들은 팀 리더가 가지고 있지 못한 문제에 대한 통찰력을 가지고 있다.

악마의 변호사 Devil's Advocate**란**

가톨릭교회에서 성인聖人을 정할 때는 '악마의 변호사'를 내세웠다. 성인으로 꼽힐 정도면 아주 훌륭한 사람이겠다. 그럼에도 악마의 변호사로 임명된 성직자는 성인의 잘못과 허점을 꼬집어내느라 열심이었다. 악마의 편에 서서 성인의 단점을 찾고 또 찾았다.

자칫하면 성인의 높은 이름에 흠을 남길 수 있는 일이다. 그럼에도 악마의 변호사는 주저하지 않고 공격을 퍼부었다. 이에 맞선 '하나님의 변호사'는 지적이 옳지 않음을 보여야 했다. 왜 이런 작업을 했을까?

'교회의 적들' 편에서 자신들의 생각을 살펴보기 위해서이다. 악마의 눈으로 헤집어보아도 허점을 찾지 못했다면 어떨까? 성인의 위대함은 한껏 더 돋보인다. 어떤 반론과 비판이 쏟아져도 성인의 명성은 흔들리지 않을 터이다. 자비의 원칙과 역지사지의 원칙은 상대를 헤아릴 뿐 아니라 나의 주장을 강하게 만드는 데 효과적이다.

(4) 연습하라

내용이 잘 전달되고, 전략이 번뜩이는 프레젠테이션이 하고 싶다면 프레젠테이션에 있어서는 비전문가인 팀 멤버를 조율하는 것이 매우 중요한 일이다. 성공의 열쇠는 얼마만큼 고객의 니즈에 부합하고, 전략적이며, 고객에게 적절하게 대응하고, 일관된 언어적·비언어적 메시지를 전달하느냐에 달려 있다. 고객의 요구에 적절한 솔루션을 전략적으로 계획하고 힘 있게 전달하라. 이를 위해 연습하고, 연습하고, 또 연습하라.

> **평창 동계올림픽 수주의 비결 1 – 리허설**
>
> 평창이 최종까지 뮌헨과 경쟁을 했고, 실제 마지막 프레젠테이션 당시까지도 열세였음은 많이 알려진 사실이다.
>
> 2018 평창 동계올림픽 수주의 비결은 엄청난 연습량이다. 발표자가 10명이었던 프레젠테이션을 각자가 했던 연습을 빼고 리허설만 100번 넘게 했다고 한다. 그들 한 명 한 명이 한국 사회를 대표하는 사람들이었음을 생각해보면 그런 훈련과 리허설은 뭔가 한 번 하기로 하면 해내고야 마는 한국인이 아니고는 불가능할 것 같다는 생각이 들었다.
>
> – 《나승연의 프레젠테이션》에서 부분 인용

2.5.2 팀 프레젠테이션 실행

발표 순서

바람직한 프레젠테이션은 초기 긴장감을 끝까지 유지한다.

이 그림에서 시간의 흐름(X축) 대비 긴장의 정도(Y축)가 가장 바람직한 것은 마지막 경우이다. 초기의 긴장감을 끝까지 적절히 유지했기 때문이다.

팀 발표는 이런 긴장감을 유지하기 위해 적절한 순서와 변화가 필요하다. 이를 위해 정밀하게 발표자들의 장단점을 고려해 전략을 수립해야 한다.

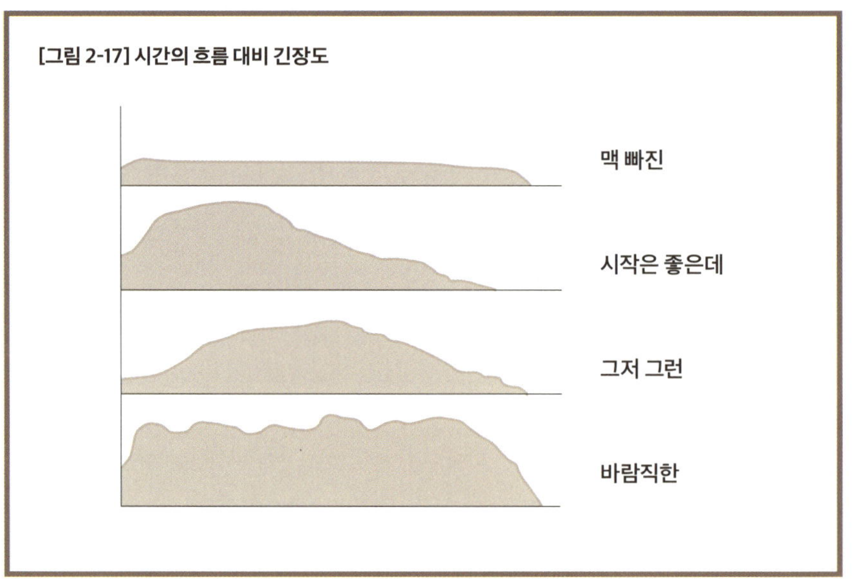

평창 동계올림픽 수주의 비결 2 – 순서 전략의 승리

동계올림픽을 통해 스타덤에 오른 나승연 씨의 책을 보면 '발표 순서 전략'이 상당히 중요함을 알 수 있다.

뮌헨 측에서는 가장 대중적 인지도가 높은 피겨 스케이트의 여제 카타르나 비트가 준비위원장으로서 첫 발표자로 나서 한껏 분위기를 띄웠지만 점점 흥미가 없어지는 발표였던 것 같다. 이에 반해 우리는 이미 8번째 심사위원을 만나고 있는 나승연 씨가 첫 연사로 나서 거부감을 없앴고, 가장 인기가 좋은 김연아가 5번째 발표를 하면서 클라이맥스를 이끌어내고, 마지막에 조양호 위원장이 약속으로 클로징을 함으로써 전체적으로 스토리가 있는 프레젠테이션이 됐다.

– 《나승연의 프레젠테이션》에서 부분 인용

질의응답

(1) 사전 준비를 철저히 하라

두 가지 준비를 하라.

첫째는 유도할 질문이 무엇인지, 어떻게 유도할 것인지를 결정하라. 질의응답의 불확정한 시간을 우리에게 유리한 질문을 하게 해서 이에 대한 대답으로 소비한다면 이것은 가장 건설적인 대안이다. 본 발표 시간에 부족해서 발표하지 못했지만 공유했으면 하는 내용을 미리 정하고, 발표를 하면서 발표에서 다루지 못하는 이유와 질의응답 시간을 사용해줄 것을 정중히 요청할 수 있다. 또는 은연중에 간접적으로 질문을 유도할 수도 있다.

둘째는 예상 질문에 대한 답을 준비해서 이를 슬라이드로 만들어 첨부하라. 대체로 매우 실무적이고, 사용될 가능성은 높지 않으므로 따로 평가자를 위해 보기 좋게 슬라이드 작업을 할 필요는 없다. 그러나 이 작업으로 한두 개라도 고객의 질문에 맞는 슬라이드가 걸리면 신뢰감은 극대화된다.

(2) 질문을 유도하라

예정대로 발표 때에는 질의응답 시간을 채울 질문을 공개적으로 또는 암시적으로 유도하라. 예를 들면 "이 시스템의 특이점은 절전을 통한 비용 절감 효과인데 상당히 전문적이므로 관심 있는 전문가께서는 질의응답 시간을 이용해주십시오" 하고 넘어가는 것이다.

부적절한 질의응답 사례

필자가 평가위원으로 참여했을 때 준비가 안 된 제안팀에 대해 부정적인 평가를 하는 자신을 발견하고 약간 놀란 경험이 있다.

이 프로젝트는 대한 무역협회 KOTRA에서 기업이 해외진출을 하는 특정 프로젝트에 대해 발표 내용을 듣고, 지원 여부를 평가하는 것이었다.

참여 기관 중에서 규모가 가장 큰 대기업에 속하는 기업이 발표했다. 입사한 지 얼마 안 된 것으로 보이는 신입사원이 발표를 하는데 내용도 숙지가 안 돼 있을 뿐 아니라 마이크를 대고 말을 해도 잘 들리지 않을 만큼 발표에 대한 기본 준비가 안 된 팀이었다.

그럼에도 경쟁 프레젠테이션이 아니었으므로 엄격한 잣대를 들이댈 필요는 없었다. 그런데 발표가 끝나고 평가위원이 질문을 했는데 갑자기 뒤에 배석하던 해당 기업의 팀장이 발표자가 잘 몰라서 그랬다면서 발표 내용과 전혀 다른 설명을 하는 것 아닌가? 심지어는 자신이 어제 바빠서 이 발표 자료를 지금 처음 보는 것이라 본인의 입장과 다르다고 설명을 하는 것이다. 이 팀장의 개입을 보면서 그 부적절성에 많은 평가위원들은 불신을 갖게 됐고, 이 기업은 무역협회의 지원을 받지 못하게 됐다.

이 팀은 발표도 심각했지만 더 심각한 것은 준비가 안 된 질의응답이었다.

(3) 역할 분담에 충실하게 진행하라

첫째, 주 발표자와 보조 발표자의 역할 분담을 명확히 하라. 한국에서는 주로 발표를 PM 한 명이 주도하므로 질의응답 시간에서도 이 주도권을 계속 유지하는 것이 바람직하다. 왜냐하면 PM은 전문성도 중요하지만 고객(또는 평가자) 입장에서 생각해보면 PM이 갖는 책임의식도 중요하기 때문이다. 물론 매우 디테일하고 전문적인 내용은 당연히 전문가의 설명을 유도해야겠지만, 그런 경우라 하더라도 PM이 핵심 내용을 간단히 요약해서 먼저 말함으로써 PM의 전문성과 책임감을 보임과 동시에 전문가가 마음의 여유를 갖고 대답할 수 있게 하는 것이 효과적이다.

둘째, 맡은 분야에 적극적으로 대응하라. 기술적이고 전문적인 분야는 전문가를 정확히 배치해 공백이 없게 하라. 중복해서 대답하는 것이 대답을 못 하는 것보다는 훨씬 낫다는 점을 이해하고, 애매할 경우 겹쳐서 준비하라. 결코 책임을 떠넘기는 느낌을 고객에게 주면 안 된다.

지는 제안의 특징 – 책임 회피

대부분의 대형 사업은 여러 기업이 공동으로 사업을 준비, 진행하므로 강력한 리더십이 없는 경우에 책임 회피와 갈등이 일상적으로 일어난다. 그것의 대표적인 결과는 제안 발표 현장에서의 무책임과 책임 회피다.

필자가 경험한 k사의 프로젝트는 제안 준비 기간 중에 팀 간의 협력이 거의 안 이루어졌고, 그것의 절정은 제안 발표현장에서 그대로 노출됐다. 평가위원의 질문에 대해 서로 답하기를 회피하거나 자신이 맡은 분야가 아님을 이야기하는 것이다. 급기야는 평가위원 앞에서 서로를 비난하고 있는 것이 아닌가? 이 사업은 결국 참담한 실패로 끝났다. 물론 k사 고객의 가장 큰 문제는 제안 팀 내의 팀워크와 커뮤니케이션에 관한 것이었다.

CHAPTER 03

프레젠테이션 내용 개발

3.1

설득력 있는 논리 구조

3.1.1 논리 구조의 기본 원칙

프레젠테이션의 목적인 설득을 위해서는 논리적인 구성이 핵심이다. 프레젠테이션에서 논리성의 핵심은 일관성과 객관성의 확보에 있다. 프레젠테이션은 시작, 본론, 마무리로 구성된 3부 구조로 구성하는 것이 효과적이다.

설득력 있는 메시지의 특징은 다음과 같다.

- 프레젠테이션 전체뿐만 아니라 각 세부 이슈에서도 핵심 메시지를 먼저 제시한 후 주장에 대한 근거를 덧붙이면서 피라미드 구조를 이룬다.
- 마무리를 뒷받침하는 근거는 논리적으로 누락이나 중복이 없어야 하는데 이를 MECE_{Mutually Exclusive Collectively Exhaustive} 구조라 한다.
- 피라미드의 아랫부분은 논리를 뒷받침하는 사실이어야 한다.
- 근거 없이 주장하지 말라No Claim, No Proof.

- 평가자들은 근거 없는 주장에 대해서 좋은 점수를 주지 않는다는 점을 명심하라.

- 근거는 반드시 객관적인 증거여야 한다. 이를 IVP Independent Verifiable Proof 라 한다.

[그림 3-1] 피라미드 논리 구조

주장 근거 방법

· Key Message: 주장하는 핵심 내용
· Why(이유) 뒷받침하는 근거
· Fact(사실): 근거를 증명할 수 있는 정보

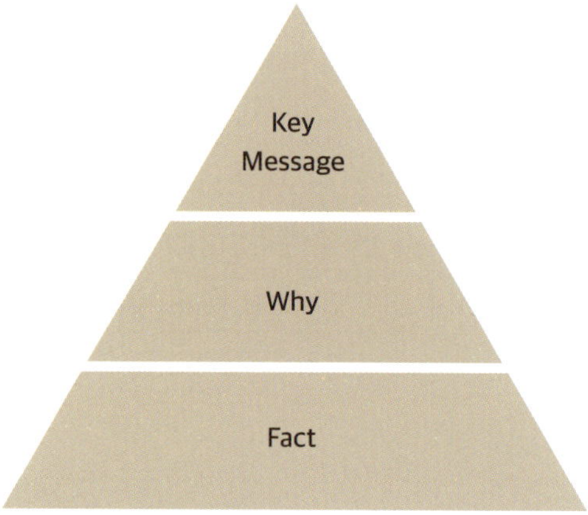

프레젠테이션은 논리적이고 설득력 있는 메시지로 구성되어야 한다.
크게는 세 개의 부분으로 나누어진다.

3.1.2 이해하기 쉽고 기억에 오래 남는 양괄식 구조

핵심 주장을 앞에 놓고 그다음에 근거를 제시하느냐, 근거를 제시한 뒤 핵심 주장이나 생각을 밝히느냐에 따라 두괄식과 미괄식으로 나뉘며, 이 둘을 합친 것이 양괄식이다.

프레젠테이션은 앞에서 충분한 논의를 거친 후 뒤에서 요약·정리하는 형태의 미괄식보다는 평가자에게 핵심 주장을 분명하게 드러내고 짜임새 있게 보일 수 있는 두괄식 형태로 구성하는 것이 낫다. 더 효과적인 방법은 프레젠테이션의 앞부분과 뒷부분에서 자신의 핵심 주장이나 생각을 반복해서 밝히는 양괄식을 사용하는 것이다. 핵심 주장을 뚜렷이 강조해 평가자에게 분명하게 인식시킬 수 있기 때문이다.

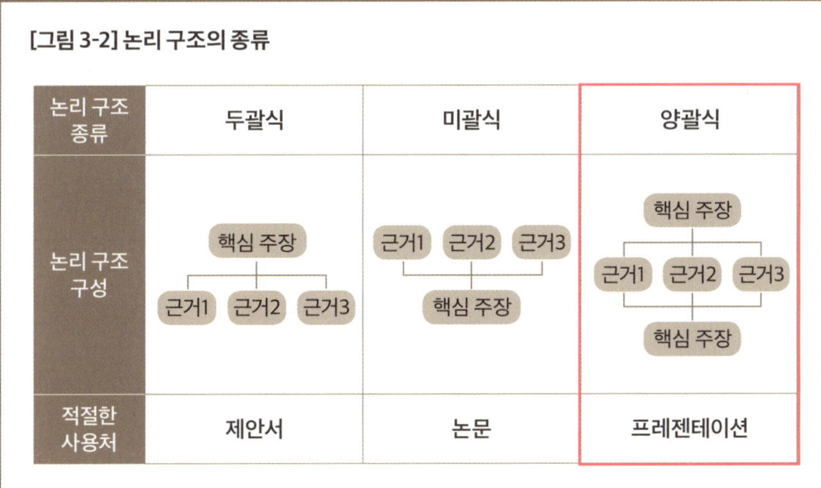

[그림 3-2] 논리 구조의 종류

핵심 주장과 근거의 위치와 관계에 따라 두괄식·미괄식·양괄식으로 나뉘며, 프레젠테이션에서는 양괄식이 효과적이다.

이 양괄식 구조는 스크립트 작성에도 그대로 적용된다. 이를 3S 기법이라한다.

첫 번째, State는 주장을 명확히 하는 것이다.

두 번째, Support는 주장에 대한 근거를 제시하는 것이다.

세 번째, Summary는 주장을 다시 한 번 반복하는 것이다.

다음의 예시를 참고하라.

- State: 작년 교육청 내부 시스템에 변경된 사항이 많습니다. 그 때문에 이번 시스템 고도화 사업은 교육청의 변화된 환경을 가장 잘 알고 있는 사업자가 수행해야 합니다.
- Support: 제안사는 지난 5년간 교육청 시스템을 유지보수했고 작년에 시행된 조직 변경, 서버실 위치 변경, 장비 변경, 등 교육청 시스템의 변동 사항을 누구보다 잘 알고 있습니다.
- Summary: 그 때문에 교육청을 가장 잘 알고 있는 제안사가 변경된 환경에 적합한 솔루션으로 시스템 고도화 사업을 수행하겠습니다.

3.1.3 좋은 프레젠테이션 구조 설계를 위한 기본, MECE

MECEMutually Exclusive, Collectively Exhaustive(상호적으로 중복이 없고, 전체적으로 누락이 없는)란 경영 컨설팅 회사인 맥킨지가 붙인 명칭으로, 어떤 항목들이나 개념 및 정보를 전달할 때 설명의 중복, 누락, 착오 없이 정보를 나누고 그룹핑Grouping하는 방식이다. 제한된 시간 내에 프레젠테이션 내용을 명확하고 논리적으로 설득하기 위해서는 해당 프로젝트의 이슈와 솔루션 등을 MECE화하는 작업이 필수적이다. 이때 무엇을 기준으로 그룹핑하는 것이 가장 설득력이 있고 맥락에 적합한지를 고려해야 한다. 다음과 같은 우선순위를 적용해 기준을 사용하는 것이 효과적이다.

- RFP상의 평가 항목별
- 고객의 공식적·비공식적 이슈들
- Project key Success Factors
- 자사의 목표

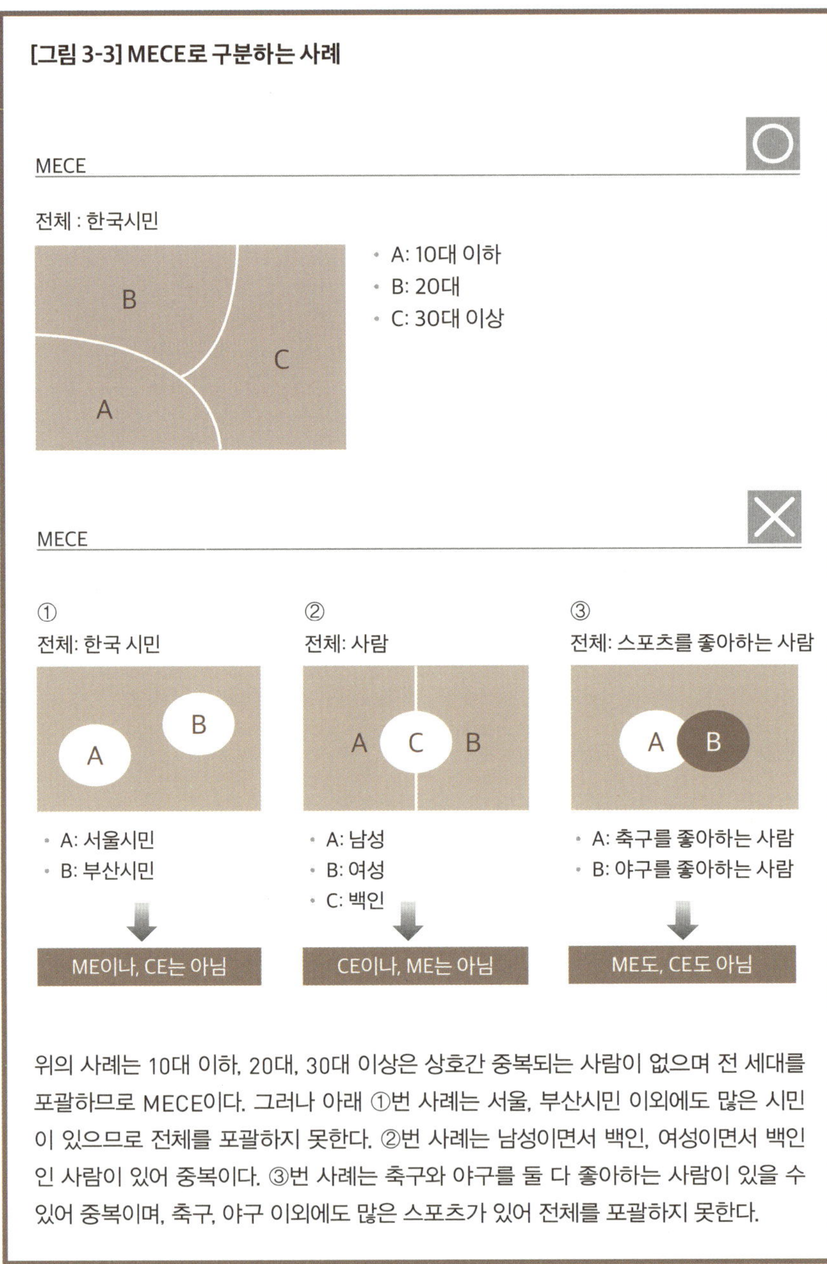

위의 사례는 10대 이하, 20대, 30대 이상은 상호간 중복되는 사람이 없으며 전 세대를 포괄하므로 MECE이다. 그러나 아래 ①번 사례는 서울, 부산시민 이외에도 많은 시민이 있으므로 전체를 포괄하지 못한다. ②번 사례는 남성이면서 백인, 여성이면서 백인인 사람이 있어 중복이다. ③번 사례는 축구와 야구를 둘 다 좋아하는 사람이 있을 수 있어 중복이며, 축구, 야구 이외에도 많은 스포츠가 있어 전체를 포괄하지 못한다.

3.1.4 PT 논리 구조의 설계에 효과적인 도구, 마인드맵과 피시본

마인드맵과 피시본이란

마인드맵Mindmap은 영국의 토니 부잔이 창시한 것으로, 읽고 생각하고 분석하고 기억하는 그 모든 것들을 중심 이미지에서 주–부–세부 내용으로 연결해 마치 지도를 그리듯이 구성해나가는 기법이다. 피시본Fishbone은 어떤 특성의 원인을 물고기 뼈와 같은 형태로 도식화해 문제점을 파악하고 해결책을 찾아가는 기법이다.

이 기법들은 새로운 아이디어를 내는 것(사고의 발산)과 아이디어를 채택하는 것(사고의 수렴)에 모두 효과적으로 프레젠테이션 메시지를 구조화하는 방법으로 사용할 수 있다. 또한 최근 상용화된 관련 컴퓨터 프로그램들(mindjet, thinkwise, 알맵 등)을 사용하면 많은 아이디어를 손쉽고 효율적으로 구조화 하면서 검토해나갈 수 있다.

마인드맵, 피시본 도구를 사용한 논리 구조 설계

프레젠테이션 내용을 피라미드 방식으로 구조화하는 작업을 효과적·효율적으로 하기 위해 마인드맵, 피시본 도구 또는 프로그램을 사용하면 구조화 작업과 검토가 용이하며, 다음과 같은 효과가 있다.

- 각 항목이 어떤 관계에 따라 그룹핑됐는지 구체적·시각적으로 형상화할 수 있다.
- 자신이 전달하고자 하는 내용을 피라미드 구조에 맞게 잘 정리할 수 있다.

- 각 항목들이 MECE화됐는지 점검이 용이하다.

필자는 초기 브레인스토밍Brainstorming 시 도출됐던 이슈들을 일단 마인드맵Mindmap 프로그램에 다 입력한 후, 항목을 이동하고, 수정·삭제하면서 구조화해나가는 방법을 사용해왔다. 전체 구조 및 내용 전개까지 한눈에 볼 수 있으므로 프레젠테이션 내용 확정뿐만 아니라 관련자 간 의사결정을 위한 커뮤니케이션 도구로서도 매우 효과적이었다.

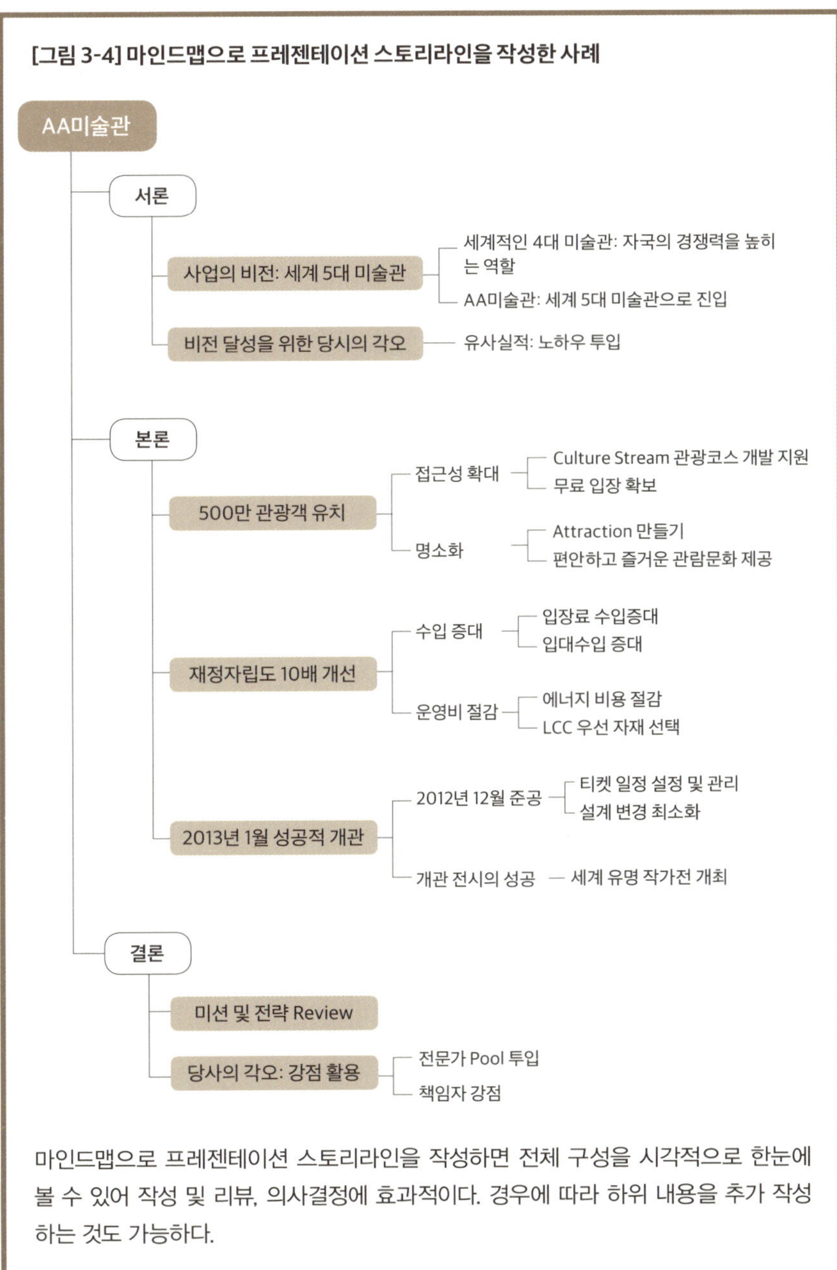

마인드맵으로 프레젠테이션 스토리라인을 작성하면 전체 구성을 시각적으로 한눈에 볼 수 있어 작성 및 리뷰, 의사결정에 효과적이다. 경우에 따라 하위 내용을 추가 작성하는 것도 가능하다.

3.2

프레젠테이션 스토리라인 개발

3.2.1. 프레젠테이션 구성과 개발 순서

프레젠테이션은 크게 도입Opening─본론body─마무리Closing로 구성된다. 작성은 발표 순서(도입→본론→마무리)대로 작성하는 것보다 내용 중심(본론→도입→마무리)으로 작성하는 것이 좋다. 왜냐하면 본론의 내용을 먼저 결정해야 도입을 어떻게 시작하고 마무리는 어떻게 끝낼지 판단하기 용이하기 때문이다.

또한 시간을 아낄 수 있다. 우리가 편지를 쓸 때도 첫 문장이 가장 어렵고 시간이 많이 걸리는데, 그 이유는 본론에서 할 이야기가 확정되지 않았기 때문이다.

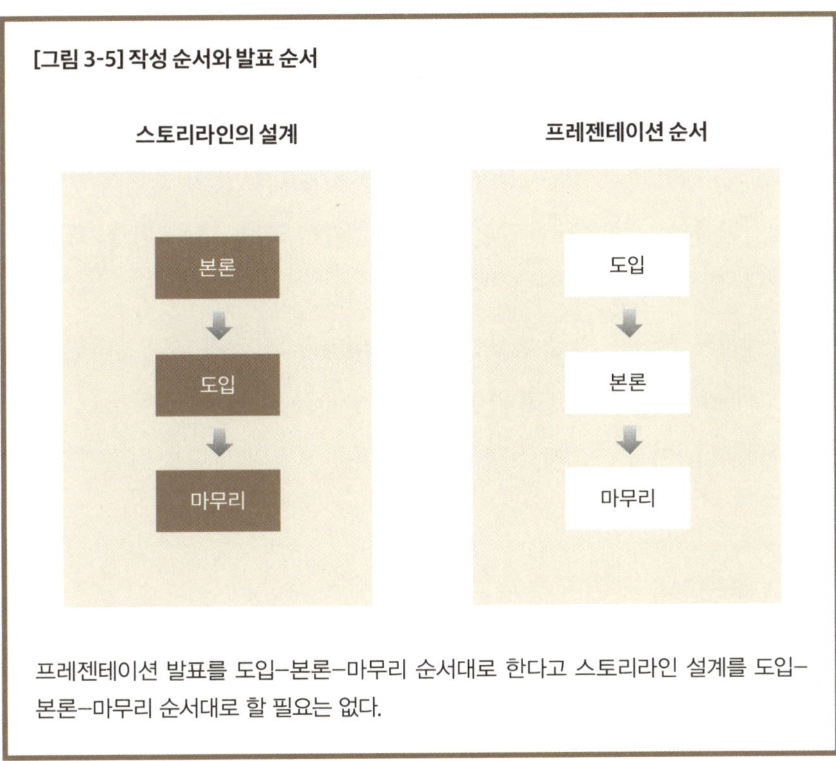

프레젠테이션 발표를 도입–본론–마무리 순서대로 한다고 스토리라인 설계를 도입–본론–마무리 순서대로 할 필요는 없다.

3.2.2 프레젠테이션 본문 개발

슬라이드 개발을 시작하면 처음에는 프레젠테이션의 본문에 포함시켜야 할 내용이 상당히 많을 것이다. 다음과 같은 과정을 거쳐 내용을 정리해야 한다.

- 1단계: 몇 개의 포인트를 말할 것인지 결정한다.
- 2단계: 핵심 포인트를 선택하고 정보를 구조화한다.
- 3단계: 핵심 포인트를 증명할 수 있는 적합한 입증 자료를 준비한다.

1단계: 몇 개의 포인트를 말할 것인지 결정한다.

일반적으로 정해진 시간 안에 얼마나 많은 양의 내용을 전달할 수 있을까?

고객들은 어떤 프레젠테이션이든 단지 3~5개의 포인트만을 기억한다. 프레젠테이션에서 전달할 내용의 양을 결정할 때는 고객, 내용, 환경(시간, 장소 배치, 상황) 등을 고려해야 한다.

그중에서도 시간은 가장 중요한 제한 요인이다. 시간에 쫓겨 중요한 내용까지도 서둘러 전달한다면 효과적인 프레젠테이션이 될 수 없다. 다음 공식을 활용해서 주어진 시간에 전달하기에 알맞은 요점의 개수를 정할 수 있다.

시간 배분 예시

- 전체 프레젠테이션 시간의 20% 이하를 프레젠테이션의 시작Opening과 마무리Closing를 위해 사용한다. 실제로 20%도 많다. 왜냐하면 시작과 마무리의 핵심은 간결함이기 때문이다.
- 남은 시간을 3분으로 나눈다(3분은 하나의 주요 내용을 전달하는 데 소요되는 최소한의 시간이다). 이 계산을 통해 프레젠테이션에서 전달할 수 있는 주요 내용의 최대 개수를 확인한다.

  - 프레젠테이션 전체 시간 = 20분
  - 20 %의 시작과 마무리를 제외한 시간 = 16분
  - 최소 전달 시간인 3분으로 나누기 = 5 개의 핵심 포인트

물론 산업이나 프로젝트의 특성에 따라 본문에서 전달하는 핵심 포인트에 대한 시간 배분이 꼭 3분이어야 하는 것은 아니다. 때로는 1분일 수도 있고, 10분일 수도 있다. 또한 제안 프레젠테이션에서는 특히나 고객의 중요한 핵심 이슈(또는 평가점수 비중이 높은 이슈)에서는 많은 시간을, 사소한 이슈에서는 적은 시간을 배분해야 하므로 일반적인 룰을 적용하기는 어렵다.

2단계: 핵심 포인트를 선택하고 정보를 구조화한다.

핵심 포인트 선택 기준

핵심 포인트를 선택할 때는 다음 기준을 활용한다.

첫째, 목표를 달성하기 위해 고객이 반드시 알아야 하거나 믿어야 하는 내용만을 선택한다.

둘째, 평가표가 있는 경우 평가표에 응답하는 내용은 반드시 선택한다.

셋째, 우리의 차별화 요소를 선택한다. 차별화 요소Discriminator란 고객에게 중요Important하면서 경쟁자에게 없는Different 솔루션을 말한다.

전달하는 포인트의 수는 최대 5개 이상을 초과하지 않도록 한다. 평가자들은 프레젠테이션이 끝난 이후 보편적으로 3~5개의 포인트만을 기억한다. 포인트가 이보다 많다면 다음을 질문해보라.

- 고객이 이것을 알아야 하는가?
- 고객이 알아야 할 내용이 아니라 우리가 전달하고 싶은 내용이 아닌가?

그래도 포인트가 5개를 초과하면 포인트들을 더 큰 묶음으로 통합해 5개 이하로 정리한다.

왜 그런가? 평가자들은 포인트가 10개, 20개인 프로젝트를 평가하는 것을 좋아하지 않는다. 그들은 그 복잡한 프레젠테이션을 들으려 하지 않는다. 프로젝트의 이슈가 많고 복잡할수록 단순화해 표현해야 평가위원들에게 좋은 평가를 받는다.

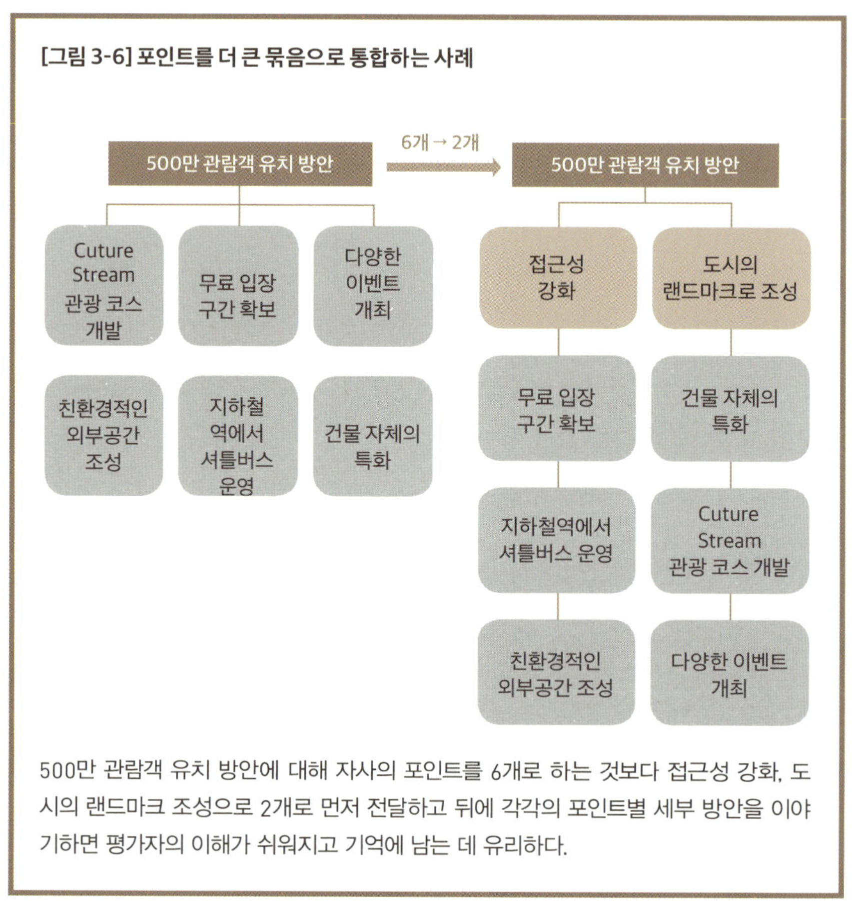

500만 관람객 유치 방안에 대해 자사의 포인트를 6개로 하는 것보다 접근성 강화, 도시의 랜드마크 조성으로 2개로 먼저 전달하고 뒤에 각각의 포인트별 세부 방안을 이야기하면 평가자의 이해가 쉬워지고 기억에 남는 데 유리하다.

준거평정법을 활용해 객관적으로 본론 내용을 결정한다

평가 기준이 명확하지 않거나 우선순위 설정이 어려운 경우 준거평정법을 사용해 객관적으로 내용을 선정할 수 있다.

'준거평정법Criteria Rating Technic'은 여러 선택 대안들 중에서 하나를 선택해야 할 때 사용하는 도구이다. 즉 명확한 평가 준거(기준)를 결정해 각 대안들의 점수를 매겨 합계를 내는 방식으로 의사결정을 하는 방법이다. 이와 같은 과정을 통해 의사결정 과정의 객관성을 확보할 수 있으며, 내려진 결정에 대해서도 집단적 합의가 가능해지는 것이다.

앞 단계에서 개발된 내용 중 PT에 사용할 내용들을 각 챕터Chapter별로 다음의 절차에 따른 준거평정법을 이용해 선정한다.

- 1단계: 개발된 준거 각각에 대한 상대적 중요도를 결정
- 2단계: 평가 척도를 구성하고 평가를 실시
- 3단계: 최종 점수를 계산하고 최선안을 선택

1단계: 개발된 준거 각각에 대한 상대적 중요도를 결정한다
- 각각의 중요도에 대해 상대적 중요도를 나타내는 가중치를 부여한다.
- 준거 각각의 가중치를 정하기 위해 '각각의 준거는 다른 것들에 비해 얼마나 중요한가?'라는 질문을 한다.
- 모든 준거에 대해 부여된 가중치 합계는 100%가 돼야 한다.
- 준거평정 양식의 효과성은 준거에 어떻게 가중치를 부여하느냐에 따라 크게 좌우되므로 모든 구성원의 의견을 들은 후 가중치에 대한 결정을 내려야 한다. 공평한 의견을 얻기 위해 팀원 각자에게 개인적으로 준거의 가중치를 부여하도록 한 뒤 그것을 평균해 최종 가중치를 결정하는 것도 좋은 방법이다.

2단계: 평가 척도를 구성하고 평가를 실시한다
- 먼저 사용할 평가척도를 구성해야 한다. 각각의 준거에 비추어서 여러 대안을 비교하기 위해서는 동일한 평가척도를 사용해야 한다.
  - 쉽게 사용할 수 있는 척도로는 10점 척도가 있으나 모든 대안과 준거에 대

해 동일한 척도를 사용하는 한 어떠한 척도든 사용할 수 있다.

• 평가 척도를 사용해 각각의 준거에 대해 대안들을 평가해야 한다.

– 조사를 통해 평가치를 결정할 수도 있다.

3단계: 최종 점수를 계산하고 최선안을 선택한다

• 각각의 대안에 대해 가중치와 평정치를 곱해 대안의 점수를 계산한다.

[그림 3-7] 준거평정법을 사용한 본론 내용 결정 사례

	척도	가중치	추가 서비스 제공에 대한 Potential Solution					
			교육 프로그램 제공		무료 유지 보수기간		매뉴얼 제공	
준거	서비스 제공 시 추가되는 자사 비용 절감	30%	2	2×0.3 =0.6	1	1×0.3 =0.3	3	3×0.3 =0.9
	서비스 제공 시 자사 솔루션의 운영성 증진	20%	3	3×0.2 =0.6	1	1×0.2 =0.2	2	2×0.2 =0.4
	서비스 제공 시 고객 선호도 향상	50%	2	2×0.5 =1.0	3	3×0.5 =1.5	1	1×0.5 =0.5
	최종 점수	100%	7	2.2	5	2.0	6	1.8

추가 서비스 제공을 위한 세 가지의 대안 중 최적안을 선택하기 위해 준거평정법을 사용하는 사례이다. 세 가지의 대안을 비교하므로 3점 척도를 사용하고, 준거별 가중치 부여는 집단적 합의에 의해 결정한다. 교육프로그램의 최종 점수가 2.2로 가장 높으므로 이를 본론에 적용한다.

- 곱한 값을 해당란에 기입한다.
- 가장 점수가 높은 대안을 최선안으로 결정하고 팀 구성원 간에 합의한다. 만약 팀원들 간에 이에 대한 이견이 있어 합의가 되지 않을 경우 준거의 가중치와 평정치에 대한 재검토를 하여 필요한 수정 조치를 취해야 한다.

선택한 핵심 포인트를 구조화하고 발표할 순서를 정한다

핵심 포인트를 선택한 후에는 다음과 같은 원칙에 따라 프레젠테이션에서 제시할 구조를 결정한다. 내용을 구조화할 수 있는 방법은 다양하다. 대부분의 고객들은 완벽한 교과서적인 패턴(반복적인 양식)이나 솔루션을 기대하지 않는다. 고객들은 오히려 서로 관련성이 있고 유용한 내용을 보여주는 유연한 패턴에 더 흥미를 갖는다.

(1) 포인트의 구조화 방법

사람들은 쉽게 기억되는 구조에 있는 포인트를 잘 기억하게 된다.

- 시간의 흐름Time-line
- 유형 분류Sorted by type
- 단계Phase
- 비교·대조(Compare/Contrast)

[그림 3-8]의 시나리오를 읽고 나서 당신이 남편으로서 몇 개나 물건을 사올 수 있는지 판단해보라.

[그림 3-8] 정보의 구조화 사례

당신이 아내에게 다음과 같이 말한다. "신문 사러 갈 건데, 뭐 필요한 거 없어?"

"TV에서 포도 광고를 보니 포도가 먹고 싶네요."

코트를 입으려 옷장에 가는데 아내가 계속 말한다. "그리고 우유도 좀 사 와요."

코트를 꺼내는 동안 아내는 부엌으로 가면서 계속 말했다

"아, 감자도 떨어졌는데 사 와요.

그리고 당근하고 오렌지도 필요하네요."

코트를 입고 문을 여는데 아내가 다시 말한다 "버터도요!!"

계단을 내려가는 순간 "사과도요!"

차를 타는 순간 "치즈도 필요해요"

"그게 다야?"

"네, 여보 고마워요!!"

과연 남편은 몇 개나 사 올 수 있었을까?

다음과 같이 논리적으로 구조화했다면 모두 다 기억할 확률이 높아진다.

(바바라 민토, 《논리의 기술》)

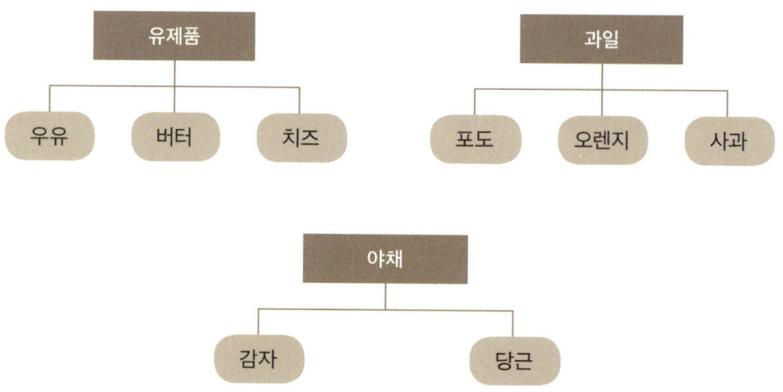

위의 내용을 다음과 같이 그룹핑하면 훨씬 효과적으로 정보를 기억할 수 있다. 프레젠테이션에서 정보를 그룹화해서 제시하는 것이 중요한 이유는 평가자가 훨씬 쉽게 정보를 이해하기 때문이다.

(2) 순서 결정 방법

- 가장 중요한 포인트를 먼저 언급한다

고객의 집중력은 프레젠테이션 초기에 가장 높다. 아주 특별한 이유가 없는 한 가장 중요한 포인트를 먼저 시작한다.

- 일관성을 유지하라

만일 여러분이 A , B , C 세 가지 주제에 대해 A , B , C의 순서대로 발표를 한다면 나중에 그 주제들의 세부 사항을 논의할 때도 앞서 발표했던 순서를 지켜야 한다.

- 로드맵Road map을 작성하라

고객들이 어떤 패턴으로 진행되는지를 확실하게 이해하는 것이 더욱 중요하다. 먼저 요점을 제시한 후에 현재 고객들이 어디에 있는지를 말해주고 다음 방향을 제시하는 '로드맵'을 명쾌하게 작성하라. 예를 들어 사업 전략 다섯 가지를 설명하려면 첫 장에서 다섯 가지 사업 전략을 모두 보여준 후 그다음 장부터 하나씩 순서대로 설명한다.

3단계: 핵심 포인트를 증명할 수 있는 적합한 입증 자료를 준비한다.

핵심 포인트를 증명하기 위해서는 전략 슬라이드에서 보여준 핵심 포인트를 각각 구체적인 증거를 제시하면서 설득해야 한다. 입증 자료는 IVPIndependent Verifiable Proof로 자사의 자료가 아닌 독립적인 자료를 사용하고 출처를 밝히는 것이 객관적으로 설득력이 있다.

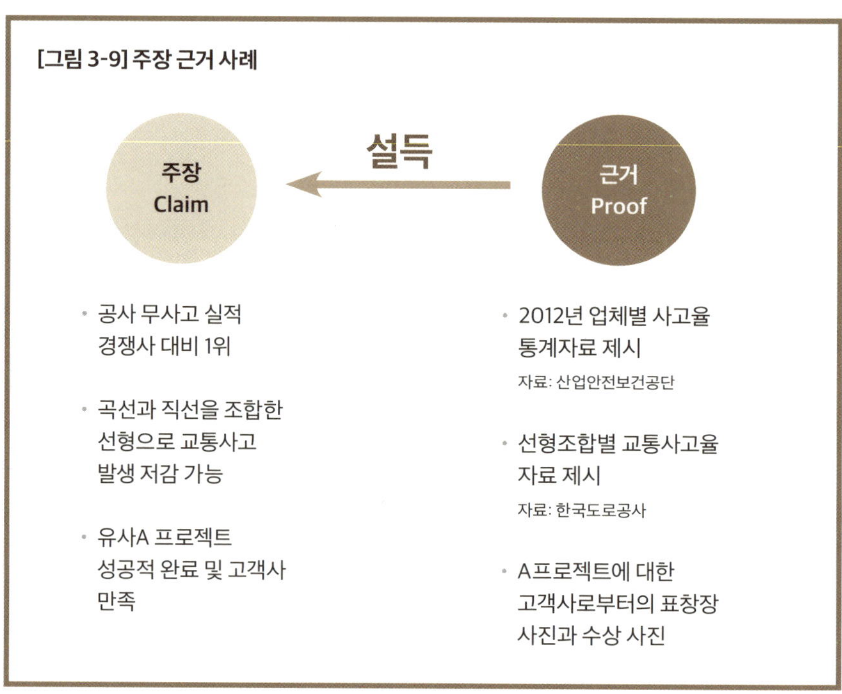

3.2.3 프레젠테이션 도입·마무리 개발

주요 내용을 선정해 전체적인 아웃라인이 결정됐다면 도입과 마무리를 작성한다. 도입과 마무리의 내용에는 반드시 수행돼야 하는 필수적 기능과 선택적인 부가적 기능 두 가지가 있다. 특히 도입과 마무리의 필수적 기능을 숙지하고, 이를 기계적으로 적용하는 훈련이 필요하다.

도입과 마무리의 필수적 기능을 확보하라

도입의 필수적 기능

도입은 다음의 역할을 반드시 수행해야 한다.

- Attention: 주의를 집중시켜라

  고객이 당신의 이야기를 집중해서 들을 수 있는 환경을 만들어라.

  고객이 준비가 안 된 상태에서 바로 본론을 이야기하면 당신의 중요한 이야기를 흘려보내게 된다. 고객의 주의를 집중시키기 위해서는 아래와 같은 요소를 활용할 수 있다.

  단, 부정적인 이야기는 삼가고 최대한 긍정적인 이야기를 하도록 한다. 사람과의 만남에서 첫인상이 중요하듯이 오프닝은 프레젠테이션의 첫인상 역할을 한다.

- Motivation: 고객의 니즈와 고객이 얻을 효용을 언급하라

  특히 고객의 명시적인 요구 사항과 함께 비명시적인 니즈까지 언급하라.

  고객의 공식적인 요구 조건은 제안의 예선전이다. 고객은 공식적인 요구 조건을 기준으로 '수주할 팀'을 선택하는 것이 아니라 '실주할 팀'을 먼저 제거한다는 점을 명심하고 수주를 위해서는 비명시적인 니즈도 중요하다는 점을 이해한다. 특히 이 비명시적인 니즈를 경쟁자가 모르거나 충족시킬 수 없을 때 이것이 승부처가 될 수 있다.

  고객에게 우리가 그들의 요구 조건과 니즈를 명확히 알고 있음을 확신시키고, 이를 어떻게 충족시킬지 우리의 솔루션과 효용을 분명히 제시한다.

- Overview: 핵심 포인트에 대한 간략한 사전 소개를 하라

본문에서 이야기할 내용의 포인트에 대한 간략한 사전 소개를 하라. 고객에게 본론의 가이드를 제시하는 것이다. 이는 프레젠테이션 전체의 맥락을 이해하게 하여 지루함을 덜어주고 평가자를 능동적으로 프레젠테이션에 참여하게 한다.

마무리의 필수적 기능

마무리는 다음의 역할을 반드시 수행해야 한다.

- Review: 핵심 포인트에 대해 다시 강조하라

반복은 메시지를 더 오래, 더 강렬하게 기억하게 한다. 본문에서 설명한 핵심 포인트를 다시 한 번 언급해 고객이 머릿속에 정리할 수 있도록 도와줘라.

- Re-Motivation: 고객의 요구 사항과 니즈를 다시 언급하라

우리를 선택할 때 고객에게 돌아가는 효용을 다시 언급하라. 이를 통해 고객이 구매를 결정할 수 있도록 확신을 제공하라.

- Closing: 강력한 인상으로 마무리 지어라

도입에서 언급한 것과 마찬가지로 클로징은 마지막 인상을 좌우하는 역할을 한다. 따라서 형식적인 인사말보다 긍정적이고 확신을 줄 수 있는 말을 사전에 준비한다. 아래와 같은 요소를 포함하면 좋다

- 저는   - 우리는

- 희망, 도전   - 미래, 비전

중요한 것은 즉흥적인 마무리가 되지 않도록 해야 한다는 것이다. 마지막엔 긴장이 풀려 새로운 것을 말하려다 실수를 하는 경우가 많다.

도입의 부가적 기능

- 자기소개
- 주요 용어 정의
- 배경 설명
- 목소리의 톤을 정하고 고객과의 교감을 시도
- 고객의 관심을 이끌어내기 위한 다양한 기법 활용: 삽화, 유머, 일화, (관련성이 있는) 놀라운 사실에 관한 진술, 인용구, 웅변적인 질문, 이야기들, 어떤 사건에 대한 증거, 도전 사례들, 고객의 능력에 대한 언급, 고객을 만족시켰던 유사 사례 등

마무리의 부가적 기능

- 정보 제공: 예상되는 후속 진행 사항을 안내함
- 확신을 심어줌: 제시된 솔루션의 확실성과 타당성을 강조함
- 연대의식: 고객과 공동체로서의 '우리'를 강조함
- 열정을 보여줌: 긍정적 사고, 기대감, 도전 정신
- 미래에 대한 비전 제시

도입과 마무리의 일관성을 확보하라

도입과 마무리의 기능들은 다음과 같이 연관되도록 하여 일관성을 확보해야 메시지의 집중적인 전달력이 높아지고, 전체 구조가 완결성이 높아진다.

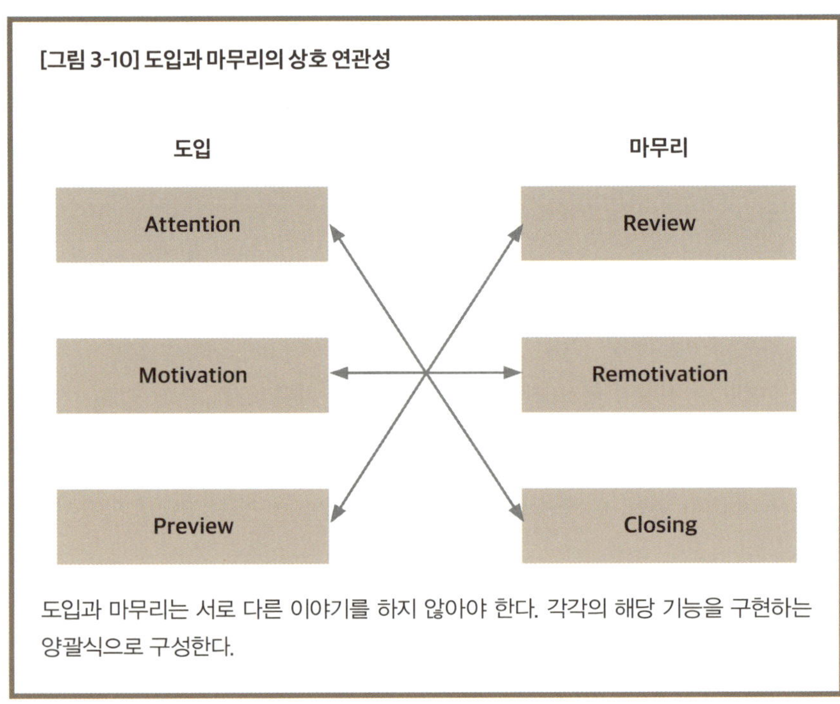

[그림 3-10] 도입과 마무리의 상호 연관성

도입과 마무리는 서로 다른 이야기를 하지 않아야 한다. 각각의 해당 기능을 구현하는 양괄식으로 구성한다.

3.3

슬라이드 개발

3.3.1 비주얼 개발

앞부분에서 말한 방법대로 프레젠테이션 콘텐츠Contents와 스토리라인Storyline을 구상하고 나면 이를 어떤 순서로 어떻게How 슬라이드를 통해 비주얼Visual화할 것인지 결정한다.

PT 슬라이드는 발표자를 위한 것이 아니라 평가자를 위한 것이다. 저자가 컨설팅 현장에서 본 대부분의 PT 슬라이드는 메시지 전달에 실패하고 있었다(약 70~80%). 유형은 다음과 같다.

• 제안서 같은 슬라이드

제안서처럼 모든 슬라이드에 헤드 메시지Head Message(혹은 거버닝 메시지Governing Message)가 적혀 있고 깨알 같은 글씨로 가득 채워져 있어 평가위원들은 글씨가 보이지 않을뿐더러 시간상 내용을 다 읽을 수도 없다.

- 디자인 포트폴리오 같은 슬라이드

대부분 건축 디자인회사에서 자주 보이는 유형이다. 설계안(조감도, 투시도, 평면도 등)만 화면에서 보여주고, 어떤 내용인지 텍스트로 설명하지 않는다. 평가자들은 어떤 관점으로 이해해야 하는지 명확하지 않다.

- 핵심이 부각되지 않은 템플릿 구성

대부분 내용이 아닌 디자인 위주로 템플릿을 구성하다 보면 발생하게 되는 오류이다. 슬라이드에서 가장 중요한 항목은 묻히고 디자인 요소들만 눈에 띄게 배치되어 메시지 전달에 효과적이지 않다.

효과적인 슬라이드는 키워드Key Word와 핵심 내용이 잘 드러나도록 정갈하게 구조화된 것이다. 이를 위해서는 개발 순서가 중요하다. 먼저 개발한 스토리라인과 내용을 바탕으로 주장이 가장 효과적으로 전달될 수 있는 목차(슬라이드 순서)를 구성한다. 그리고 내용과 구조가 제일 잘 표현될 수 있는 슬라이드 템플릿을 개발하고 각 페이지 별로 슬라이드 목업을 구성한다. 목업Mock-up이란 어떤 내용을 어디에 어떻게 배치할 것인지 내용의 양과 위치를 결정하는 것을 말한다. 그리고 비로소 슬라이드 내용을 채운 후 슬라이드를 디자인해 완성한다.

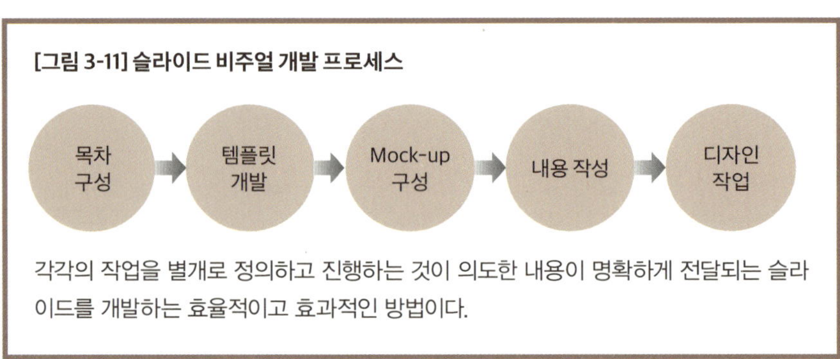

[그림 3-11] 슬라이드 비주얼 개발 프로세스

각각의 작업을 별개로 정의하고 진행하는 것이 의도한 내용이 명확하게 전달되는 슬라이드를 개발하는 효율적이고 효과적인 방법이다.

3.3.2 목차 구성(순서 배열)

목차를 구성하기 위해서는 프레젠테이션의 구성이 어떻게 되는지, 상황에 따른 올바른 스토리라인이 어떻게 되는지 아는 것이 중요하다.

프레젠테이션은 기본적으로 도입, 본론, 마무리의 구조를 갖추며 도입과 마무리에는 감성 슬라이드, 본론에는 전략, 기술·관리 슬라이드로 구성된다. 또한 스토리라인을 구성하는 데는 전략 중심으로 구성하는 방법과 평가표 위주로 구성하는 방법이 있다.

프레젠테이션 구성

(1) 감성 슬라이드

프레젠테이션의 시작과 마무리는 고객의 마음을 얻기 위해 청중의 감성에 호소하는 방법을 추천한다. PT의 경우 논리적 설득만큼 감성적 공감대를 통한 신뢰 형성이 중요하기 때문이다. 감성 슬라이드를 통해 고객의 핵심 이슈와 주요 관심사, 우리 솔루션의 특징과 효용 등을 강조할 수 있다. 감성 슬라이드를 사용할 때는 지나치게 유치하거나 공격적인 내용으로 거부감을 유발하지 않도록 한다.

(2) 전략 슬라이드

전략은 프레젠테이션에서 얘기하고자 하는 사업에 관해 고객의 이슈가 무엇이고 어떤 전략으로 이 사업을 성공시켜 고객에게 어떤 효용을 주겠다는 것을 표현한다. 이 전략 부분에서는 전체적인 전략과 핵심 사항들을 한 장의 슬라이드를 통해 고객이 이해할 수 있도록 한다. 뒷장의 기술·관리 슬라이드는 전략 슬라이드의 내용을 구체적으로 설명하고 입증하는 용도가 돼야 한다.

(3) 기술·관리 슬라이드

기술·관리 부분은 실질적인 본문에 해당한다. 사업에서 고객이 요구하는 세부 항목에 대해 어떻게 구현할 것인지, 어떤 효용을 기대할 수 있을지에 대해 기술하는 부분이다. 그러나 기술·관리 슬라이드에서 너무 상세하게 설명하게 되면 발표 시간을 맞추기 어려울 뿐 아니라 발표의 강약이나 리듬을 조절하기가 어려워진다. 이럴 경우 많은 내용을 무리해서 설명하기보다는 주요 사항만 간단히 설명해 관심을 갖도록 해놓고 질의응답으로 유도해서 미리 준비한 시나리오대로 청중을 설득하는 방법도 활용할 수 있다.

(4) 질의응답

프레젠테이션에서는 질의응답이 중요한 역할을 한다. 발표자가 전략적으로 중요한 내용을 질의응답으로 유도할 수도 있고, 일방적으로 듣기만 하던 청중이 가장 적극적으로 프레젠테이션에 참여할 수 있기 때문이다. 효과적인 질의응답을 위해 질의응답 슬라이드를 사전에 준비하라. 예상 질의서를 만들고, 답변에 쓰일 질의응답 슬라이드를 만들어 질문에 답변할 때 관련 슬라이드를 보여주면서 답변할 수 있도록 해야 한다.

스토리라인 구성

흔히 아웃라인이라는 말은 많이 들어봤을 것이다. 제안서를 포함한 논리적 문서에서는 목차를 나타낼 때 아웃라인outline이라는 단어를 사용한다. 그러나 PT의 목차를 나타낼 때는 스토리라인이라는 단어를 많이 사용한다. '스토리라인storyline'의 사전적 정의는 소설이나 희곡 등에서 연속적으로 일어난 사건의 집합을 말한다. 즉 PT는 하나의 예술 작품처럼 감성적인 요소가 중요하기에 목차에서도 스토리라인이라는 말을 사용한다.

[표 3-1] 아웃라인과 스토리라인의 차이

Outline	Storyline
제안서	프레젠테이션
논리적	감성적

그렇다면 이상적인 제안 PT의 스토리라인은 어떤 것일까? 크게 전략 중심의 스토리라인과 평가표 중심의 스토리라인 두 가지로 나눠볼 수 있다.

우선 전략 중심의 스토리라인은 앞서 개발한 고객 이슈별 전략을 제안서의 본론으로 구성하는 방법이다. 전략 중심으로 PT를 구성하기에 가장 설득력이 높은데, 쉬플리는 이 방식을 추천한다. 특히 제안서와 PT를 따로 평가하는 경우 더욱 효과적이다. 제안서를 이미 평가한 경우 제안서와 똑같은 목차로 구성된 PT를 평가위원들이 다시 보고 싶어 할까?

전략 중심의 스토리라인을 앞에서 배운 도입과 마무리를 반영해 구성해 보면 [그림 3-12]와 같다.

평가표 중심의 스토리라인은 말 그대로 제안요청서에 주어진 평가표 순서대로 스토리라인을 구성하는 것을 말한다. 그렇다면 어떤 경우에 평가표 순서대로 목차를 구성해야 효과적일까? 제안서와 PT를 동시에 평가하는 경우다. 제안서와 PT를 동시에 하는 경우 평가표 순서와 다른 스토리라인으로

[그림 3-12] 전략 중심의 스토리라인 구성

서론	감성 슬라이드	• 청중의 주의를 집중Attention • 고객의 핵심 이슈에 대응하는 가장 중요한 자사 전략 요약 Motivation • 세부 전략을 개관Preview
본론	전략 슬라이드	• 세부 전략 하나당 하나의 목차로 개발 • 전략 1 • 전략 2 • 전략 3
결론	감성 슬라이드	• 전체 발표 내용 요약Review • 가장 중요한 자사 전략을 다시 한 번 강조Re-motivation • 마무리 인사Closing
질의응답	전략 슬라이드	• 전략적 질의응답 • 고객의 참여 유도

발표를 한다면 평가하기에 혼란스러울 것이다. 또한 발표 시간이 매우 긴 경우에도 평가표 순서대로 스토리라인을 구성하는 것이 좋다. 예를 들어 은행 차세대 시스템 구축과 같은 대형 SI 사업은 발표 시간만 90분가량 된다. 이러한 시간을 전략 위주로만 구성한다는 것이 현실적으로도 매우 어려운 일이다. 게다가 그러한 사업의 경우 평가 배점이 매우 세세하게 나눠져 있다. 그만큼 평가해야 할 항목이 많기에 평가표 순서로 스토리라인을 구성해 평가위원이 쉽게 평가할 수 있도록 도와야 한다.

평가표 중심의 스토리라인 구성은 다음과 같다. 전략 중심의 스토리라인과 다르게 본론 목차를 기술·관리 내용의 평가표 순서로 구성하면 된다. 일반적으로 평가 항목에서 제안 전략을 요구하지만, 그렇지 않은 경우에도 통합적인 평가자들을 위해 전략 슬라이드를 본론 앞에서 제시해 경쟁사와 차별화를 하는 것이 좋다.

[그림 3-13] 평가표 중심의 스토리라인 구성

서론	감성 슬라이드	• 청중의 주의를 집중Attention • 고객의 핵심 이슈에 대응하는 가장 중요한 자사 전략 요약 Motivation • 목차 제시Preview
본론	전략 슬라이드	• 고객의 핵심 이슈 언급 • 핵심 이슈에 대응하는 전략 요약
	기술·관리 슬라이드	• 평가표 대응 • 고객의 요구 사항에 대한 구체적인 구현 방안
결론	감성 슬라이드	• 전체 발표 내용 요약Review • 가장 중요한 자사 전략을 다시 한 번 강조Re-motivation • 마무리 인사Closing
질의응답	전략 슬라이드	• 전략적 질의응답 • 고객의 참여 유도

3.3.3 PT 플래너

PT 플래너Planner는 성공하는 프레젠테이션을 위해 고려해야 하는 요소는 무엇이며, 전략은 어떤 방법으로 도출하는지, 그리고 어떤 순서로 프레젠테이션을 준비해야 하는지 등을 담고 있다.

- 제안 정보
- 환경
- 사람(고객)
- 핵심 이슈 도출
- 전략 개발
- 본론 작성
  - 전략 슬라이드 개발
  - 기술·관리 슬라이드 개발
- 도입 작성
- 마무리 작성

어느 정도 제안 프레젠테이션을 해본 경험이 있다면 당연히 알아야 할 정보들이라고 생각할 수도 있다. 하지만 쉬플리가 컨설팅한 대부분의 고객들은 이러한 정보들을 제대로 확인하거나 공유하고 있지 못했다. 특히 고객이 이번 제안을 통해 얻고자 하는 핵심 이슈가 무엇이며, 우리가 제공하고자가 하는 전략이 어떤 것인지 정리되지 않은 상태에서 고객의 시선을 사로잡을 오프닝 작성에만 매달리는 것을 종종 보곤 한다.

PT 플래너는 기본 정보를 모으고 고객의 이슈와 우리의 전략을 기반으로 제안 프레젠테이션을 진행할 수 있도록 돕는다. 또한 제안 프레젠테이션은 발표 순서대로 도입-본론-마무리 순으로 작성하는 것이 아니라 본론을 작성하고 본론을 기반으로 도입과 마무리를 작성할 수 있도록 구성돼 있다.

PT 플래너를 사용하는 방법은 어렵지 않다. 다만 플래너에 기록해서 관리해야 할 정보를 착실히 모으는 것과, 기존에 해오던 방식에서 벗어나서 프레젠테이션을 준비하는 자세가 중요하다.

물론 이 책에서 다루는 방법론도 플래너의 방식을 따르고 있다.

환경

환경에 대한 부분은 프레젠테이션의 시공간에 대한 일반적인 정보이다. 어떤 장소에서 얼마만큼의 시간 동안 어떤 내용에 대해 프레젠테이션을 하게 될지 정보를 충분히 모아야 처음부터 올바른 방향으로 프레젠테이션을 기획할 수 있다.

사람(고객)

고객을 분석하는 것은 누가 이번 사업 또는 구매에 대한 의사결정을 내리고 의사결정에 영향을 주는지 파악하기 위한 것이다. 또한 의사결정자와 영향자의 이슈를 파악해서 고객의 핵심 이슈를 파악할 수 있다.

핵심 이슈 도출

의사결정자와 영향자를 파악해서 고객의 핵심 이슈를 도출하는 과정을 쉬플리는 영향력 평가Power Rating라고 한다. 의사결정자와 영향자의 영향력 점수와 이슈의 중요도를 곱하고, 곱한 값들을 유사한 이슈로 그룹핑하면 점수에 따라 고객이 어떠한 이슈를 중요하게 생각하는지 파악할 수 있다.

전략 개발

전략은 고객의 핵심 이슈를 기반으로 자사와 경쟁사의 솔루션을 분석해 개발한다. 우리에게만 있고 경쟁사에게 없으면서 고객이 중요하게 생각하는 것을 핵심 차별화 요소라고 한다. 핵심 차별화 요소는 우리에게 유리할 수도 있고 경쟁사에게 유리할 수도 있다.

본론 작성

확인된 고객의 핵심 이슈와 핵심 차별화 요소를 기반으로 전략을 개발하면 비로소 본론을 작성한다. 중요한 것은 도입부부터 작성하지 않는다는 것이다. 본론은 고객의 핵심 이슈와 우리의 전략을 연결해 보여주는 전략 슬라이드와 기술적인 내용과 관리 내용을 제시하는 기술·관리 슬라이드로 나눌 수 있다.

도입 부분 작성

도입 부분은 우리의 전략을 가장 잘 전달할 수 있는 인상적인 오프닝으로 준비한다. 일반적으로 고객의 감성을 자극하는 내용으로 도입부를 표현한다. 또한 본론에서 제시할 내용을 개관해서 보여주는 기능도 있다.

마무리 작성

마무리는 본론을 정리해서 다시 한 번 우리의 솔루션을 제시하고 고객이 우리의 솔루션을 구매하도록 재동기부여하는 방식을 사용한다. 도입에서 제시한 감성 슬라이드와 연계해 제시하는 방법을 많이 사용한다.

　여기에서는 간단하게 설명했지만 각 단계별로 진행되는 심도 깊은 이론과 방법을 통해 이기는 제안 프레젠테이션을 준비할 수 있을 것이다.

Presentation Planner

프레젠테이션 준비

● 제안정보

사업명	완소병원 IT 서비스 헬프데스크 지원	PT 시간	20분 / 질의응답 10분
발표자	김분홍(핑크팬더)	PT 분량	26매(Q&A 슬라이드 제외)

● 환경

시간			
참가 업체 수	4개 업체	순서	3번째
PT 시간	발표 20분, Q&A 10분	시간대	오후 3시 이후

장소	
무대의 모양 및 넓이	완소병원 대회의실
좌석의 배치	- ㄷ자형. - 참석자가 많은 경우 청중과 발표자의 거리가 가까워질 수 있음. 현재는 약 3m 정도.
이용 가능 장비	프로젝터, 화이트보드, 포인터,
유의 사항	- 발표 시 어두운 실내환경에 맞는 슬라이드 디자인 필요 - 짧은 발표 시간 준수 - 평가단 중 사업에 대해 정보가 전혀 없는 사람(사외이사) 있음. 그러나 발표 순서를 고려하여 사업에 대한 설명에 너무 많은 부분을 할애하지 않도록 할 것(차별화 포인트 강조).

• 사람(고객)

이름	직위	파워	이슈	중요성	파워등급 (파워*중요성)
나존중	CEO	5	비용 절감	3	15
			핵심 사업에 집중	5	25
			인원 감축	1	5
고비만	설립자	4	의료에 집중	5	20
			비용 감축	3	12
			서비스 수준 유지	4	16
이결제	CFO	5	운영비 절감	5	25
			IT 자본 투자 감축	4	20
			인원 감축	3	15
전산원	IT 이사	4	직위 유지	5	20
			혼란 제거	3	12
			다양한 H/W, S/W 의 원활한 통제	1	4
이사다	사외 이사	3	IT 지원비용 절감	2	6
			핵심 사업에 집중	5	15
			서비스 수준 향상	3	9

• 핵심 이슈(Hot Button) 도출

핵심 이슈	비중	선정근거
비용 절감	40	2011 년 경영목표 중 하나인 병원 확장 위한 자본 확보에 중요
핵심 사업 집중	30	IT 서비스 아웃소싱으로 핵심 사업에 집중하는 효용에 대한 니즈
서비스 향상	20	2011년 경영목표
인원 감축	10	완소병원의 직접 계약 인원을 줄이고자 함

PT Planner

- **전략개발**

	#1	#2	#3	#4
핵심 이슈	핵심 사업 집중	비용 절감	인원 감축	서비스 향상
자사 솔루션	전문적 지식 제공과 검증된 자체 개발 지원도구를 활용한 업무 효율성 향상	자체 개발 지원도구(PC Doc TM)를 사용하여 지원비용 감소	상근인력 유지비용 절감 방안(지속적인 채용, 훈련 등)	현장 지원 서비스 서비스 데스크 전략 개발
경쟁사 솔루션	헬프데스크 지원 역량 및 실적보유	비용에 대한 솔루션 마련 미흡	현장의 하도급 업체 활용	자동화된 데스크탑 지원 소프트웨어 도구 제공
핵심 차별화 요소 (우리 혹은 경쟁사의 강약점의 이유)	⊕/− 자체 지원도구 (PC Doc TM) 보유하여 S/W 지원 업무를 단축 시키고 고객사의 직원이 핵심업무에 집중하는 것을 도움	⊕/− 자체개발지원도구를 활용하여 기술자 없이 소프트웨어 문제 해결 가능(기술자 유지비용 절감)	⊕/− 자체도구 활용을 통한 상근 인력 고도화가 가능	+/⊖ 현장지원으로 인한 인풋에 대한 약점
차별화 요소 구현 방법 (키워드, 그래픽)	PC Doc TM의 기능을 상세하게 제시	지원업무 프로세스 제시하며 비용절감이 가능한 부분을 강조	타 고객의 자사 도구 활용을 통한 컴퓨터 문제 처리 시간 단축 결과 그래프 제시	이전 고객의 서비스 만족도와 업무효율성 향상 정도를 그래픽으로 보여준다.

164

본론작성

● 전략 슬라이드 개발

핵심이슈 (Hot Button)	제안하고 하는 솔루션(핵심차별화요소 : Discriminator)의 요점(키워드/그래픽)
1) 핵심 사업 집중 2) 비용 절감 3) 인원 감축 4) 서비스 향상	핑크팬더의 경영표어 "Our practice make perfection" 우리의 노력이 완벽함을 만든다 그래서 우리는 PC Doc TM을 만들었다. 핑크팬더의 표어가 완소병원의 표어로 바뀐다. 'Perfection'은 같은 위치에 자리함. 완소병원의 4가지 이슈 풍선이 "Perfection=PC Doc TM"이라는 이름의 상자 속 안으로 들어가면서 없어진다. 그리고 상자에서 세부적 소개가 뿌리를 내리듯 나오면서 전략 소개 1) 핵심사업 집중 : 전문적 지식 제공, 업무효율성 향상으로 핵심사업 집중 2) 비용절감 : 지원 비용 감소, 기술자 유지비용 감소 3) 인원감축 : 상근인력에 대한 지속적인 채용, 교육(인력고도화 가능) 4) 서비스 향상 : IT전문서비스 업체의 노하우 활용

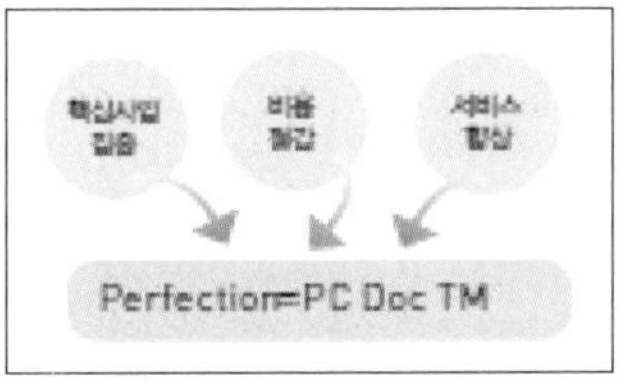

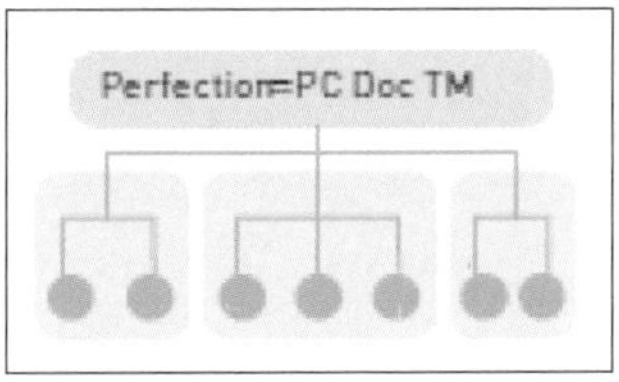

• 기술/관리 슬라이드 개발

구분 (기술/관리)	제목	키워드 / 그래픽
기술	핵심사업 집중을 위한 자체개발 솔루션 활용	자체개발지원도구의 기존 서비스 대비 특장점 제시(제시할 때 기존의 서비스를 개선한다는 것을 더욱 연관성 있게 보여주기 위해 1대 1 매치를 시키도록 한다. 〈감성 슬라이드〉 최근 타 병원의 IT서비스 오류로 고객관리 데이터 손실의 사고에 대한 뉴스를 보여준다.
기술	자체개발 지원도구 활용으로 지원인력비용 감소	기존의 업무지원 프로세스와 자체개발지원도구 활용 후의 업무지원 프로세스를 비교 – 비교 사항 및 비용절감 가능 부분 강조, 절감 비율 계량화해서 제공(총 PC보유 비용 중 70%의 지원 비용 부분에서 기존 대비 75%비용 감소)
관리	상근인력에 대한 정기적 지원/관리	사업 수행 이후부터 상근 인력에 대한 지원 및 전문적 지식제공(훈련 등) 일정을 제시 – 초기 1달간 주 2회 교육 일정 이후 매달 정기적 업그레이드 사항 교육 일정 제시 인력부족 상황 발생시 채용 및 훈련 프로세스 제공
관리	월 1회 고객만족도 점검으로 서비스 향상 지속	기존의 고객의 만족도 향상을 그래프로 제시 기존 고객의 업무 효율성 향상도를 계량화된 수치로 제시

166

● 서론 작성 (구체적으로 "무엇을 어떻게"가 나와야 함)

구분	키워드 / 그래픽
Attention	2010년 국내 병원평가 1위의 완소병원. 현재의 넘버원을 온리원으로 만들기. 국내 병원평가에 관한 기사들의 제목만 제시. 그리고 맨 위해 1이라는 숫자를 크게 자리하게 한다. 완소병원의 경영 표어 "Perfection is our practice" 완벽함이 우리의 일상업무라는 완소병원의 경영표어가 지금의 자리를 만들었다. 넘버원이 아닌 온리원을 위한 도약이 필요하며 IT서비스 개선을 통한 고객관리가 더욱 중요하다.
Motivation	모든 이슈들이 한 개의 솔루션으로 해결 가능하다는 것을 제시 Perfection + Practice Precious + Pink Panda 두 단어를 결합하여 PP Solution을 내보이고, 완소병원의 3가지 이슈를 해결할 PC Doc TM의 이미지를 보여준다. 또한 해당 솔루션에 대한 고객만족도의 증가를 나타내는 그래프도 함께 보여준다. (궁극적으로 고객이 어떤 효용을 얻을 것이라는 암시 필요)
Overview	목차 소개 1. 사업의 이해 – 완소병원 현재 진단 2.사업 전략 . . .

구분	내용
Attention	시선을 집중
Motivation	고객의 마음을 끄는 요소 (요구사항, 니즈, 동기)기술
Overview	고객에게 제공되는 핵심 효용에 관한 제안과 특징 요약(목차)

• 결론작성 (구체적으로 "무엇을 어떻게"가 나와야 함)

구분	키워드 / 그래픽
Review	완소병원의 3가지 이슈를 핑크팬더의 PC Doc TM으로 해결 가능 4-1=0 핵심사업집중, 비용절감, 서비스향상의 3가지 이슈를 핑크팬더의 PC Doc TM으로 해결 가능하다.
Re-Motivation	완소병원의 표어와 핑크팬더 표어의 연관성 제시 Perfection is our practice(완소병원) Our practice make perfection(핑크팬더) 핑크팬더의 노력의 결과인 완벽함이 완소병원의 일상이 되도록 하겠다. (완소병원의 Needs는 무엇이었고, 이것이 어떻게 해결되어서 어떤 효용을 얻을 수 있겠 된다"라는 내용)
Closing	넘버원을 넘어선 온리원 "진정한 의미의 온리원을 위한 완소병원의 Perfection. 핑크팬더가 돕겠다."는 의미로 병원의 구성원(임직원, 의사, 환자)가 함께 웃는 사진

구분	내용
Review	포인트 검토
Re-Motivation	고객의 요구사항, 니즈, 효용 다시 기술
Closing	강렬한 인상으로 마무리

168

3.3.4 슬라이드 작성

슬라이드 템플릿은 메시지 구조를 가장 잘 전달할 수 있도록 구성해야 한다. 일반적으로 표지, 목차, 간지, 내용 슬라이드 템플릿으로 구성하고, 내용 슬라이드 템플릿은 제목과 로고 정도로 꾸미는 경우가 전형적인데 항상 이렇게 해야 하는 것은 아니다. 전체 메시지가 효과적으로 전달되도록 템플릿을 개발하면 된다. 템플릿의 기능과 포함할 수 있는 항목은 다음과 같다.

(1) 표지 슬라이드

일반적으로 프로젝트명만 명기하는 경우가 많은데, 표지는 평가자에게 보여주는 첫 페이지로 첫인상이기 때문에 콘셉트 있는 표지는 경쟁사 대비 차별화될 수 있다.

- 표지를 개발하는 다양한 방법
  - 프로젝트의 특징, 속성이나 자사의 핵심 차별화 요소에 따른 효용을 가장 잘 드러낼 수 있는 사진·일러스트 등 그래픽
  - 프로젝트명보다는 프로젝트 슬로건을 더욱 강조하는 텍스트(프로젝트에서 단 하나만을 강조하고 싶다면 어떤 키워드일지 고민해 이를 시각화)

(2) 목차 슬라이드

전체적인 구조Context를 먼저 안내Guide한 후에 개별 내용Content을 전달하는 것이 평가자에게 내용을 이해시키는 데 효과적이므로 반드시 작성한다. 목차의 1레벨 수준만 작성해 심플하게 전달하는 것이 효과적이다(발표 시에는 목차가

흐름이 있다면 어떤 흐름인지 설명하는 것도 좋다).

(3) 간지 슬라이드

프레젠테이션의 흐름을 중간중간 분리해 내용의 이해를 돕기 때문에 가급적 작성한다. 목차의 2레벨까지 작성해 이해도를 높인다. 특히 프레젠테이션 구조상 본문의 이슈가 3개 이상일 경우 2레벨 간지를 작성하는 것도 내용 전달에 효과적이다(그림 3-14 참조).

(4) 본문 슬라이드

본문은 내용을 가장 잘 드러낼 수 있는 템플릿으로 구성하되, 정보 표제를 적극적으로 활용한다. 정보표제Information Headings란 제목 자체에 정보가 들어 있는 것을 말한다. 특히 평가 항목과 목차의 레벨을 고려해 구성해야 일관성이 있으며 깔끔한 슬라이드를 도출할 수 있다. 또한 평가자의 이해를 돕기 위해 전체 슬라이드 흐름에서 현재 슬라이드 위치를 표기하는 기능인 내비게이션, 페이지 수는 반드시 포함한다.

(5) 시작, 마무리 슬라이드: 본문과 다른 템플릿을 사용해 구분할 수 있다.

정보 표제와 간결 표제 사례

- 소프트웨어 구성도

(간결 표제 - 정보가 없음)

- 속도를 30% 개선하는 소프트웨어 구성

(정보 표제 - 고객의 관심을 끄는 정보가 있음)

[그림 3-14] 슬라이드 템플릿 개발 사례

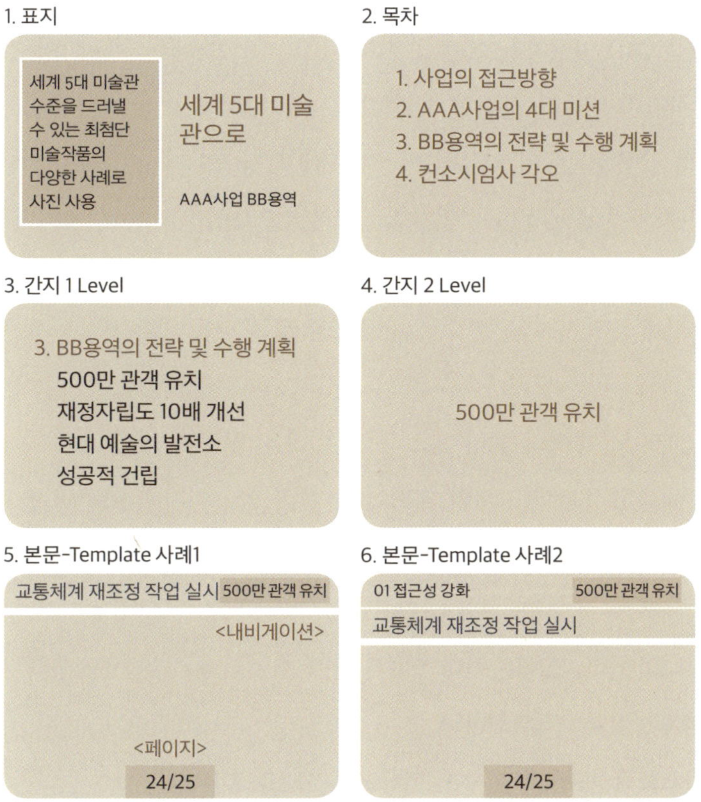

템플릿을 어떻게 구성할 것인가는 목차의 Level에 따라 영향을 받는다. 전체 목차는 4. 컨소시엄사 각오까지 있지만 3. BB용역의 전략 및 수행 계획에 또 핵심 사항이 4개가 구성이 되어 하위 목차의 내용들을 전달해야 한다면 또다른 간지를 개발하여 구분하는 것이 평가자가 내용을 구조적으로 이해하는 데 유리하다. 본문 템플릿도 목차 레벨이 어떻게 되는지에 따라 사례1 또는 사례2를 사용할 수 있다. 다만 목차 레벨은 간결할수록 좋으며, 특히 템플릿에서는 2단계 이상 표기되지 않도록 목차를 구조화하는 것이 좋다. (디자이너가 별도로 작업하는 경우 위와 같이 템플릿이 Mock-up 수준으로 구성이 완료되면 템플릿만 사전에 디자인 작업을 하여 일정을 효율적으로 운영할 수도 있다.)

슬라이드 목업_{Mock-up} 이란

문서의 목업은 본문 작성 전에 새로운 내용을 개발하고 검토하는 데 쓰이는 계획 도구이다. 작성자는 목업을 통해 주요 개념을 계획, 개발, 검토함으로써 작성시간과 비용을 절감할 수 있다.

목업은 집을 짓는 데 비유하면 평면도에 해당하는데, 이 계획은 어떤 내용을 어떤 공간에 배정할 것인가를 결정한다. 목업은 기능 면에서 원형, 축척도, 평면도, 배치도와 유사하다. 제안서 매니저들은 검토나 작성자의 작성 계획 수립에 목업을 사용함으로써 불필요한 시간과 비용의 낭비를 방지할 수 있다.

프레젠테이션에서의 슬라이드 목업은 내용 전달을 어떤 요소와 관계로 전달할 것인가 하는 페이지별 계획이며, 슬라이드 디자인 이전의 별도의 단계이다. 다음과 같은 지침을 준수해 작성하는 것이 중요하다

- 하나의 슬라이드에는 하나의 메시지만_{One Silde per One Message}을 준수한다.
- 핵심 사항을 그래픽화한다.
- 텍스트와 비주얼을 동시에 사용_{Dual Mode}해 전달한다.
- 디자이너와의 소통을 고려해 작성한다.

슬라이드 작성 원칙

(1) 하나의 슬라이드에는 하나의 메시지만_{One Slide per One Message}

하나의 슬라이드에 A , B , C 주제를 모아서 작성하면 다음과 같은 문제가 발생한다.

[그림 3-15] One slide per one message 구성 사례

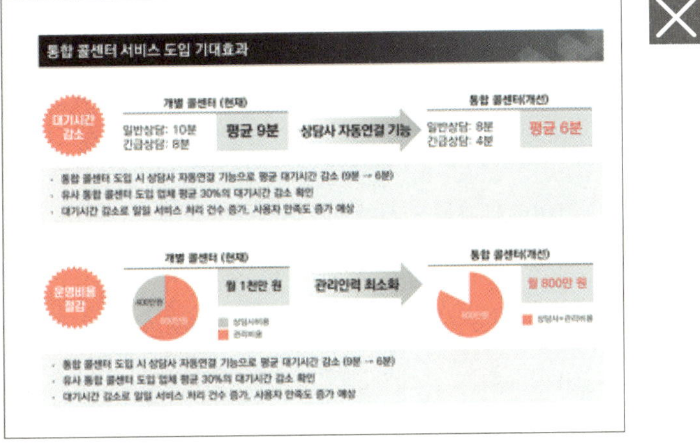

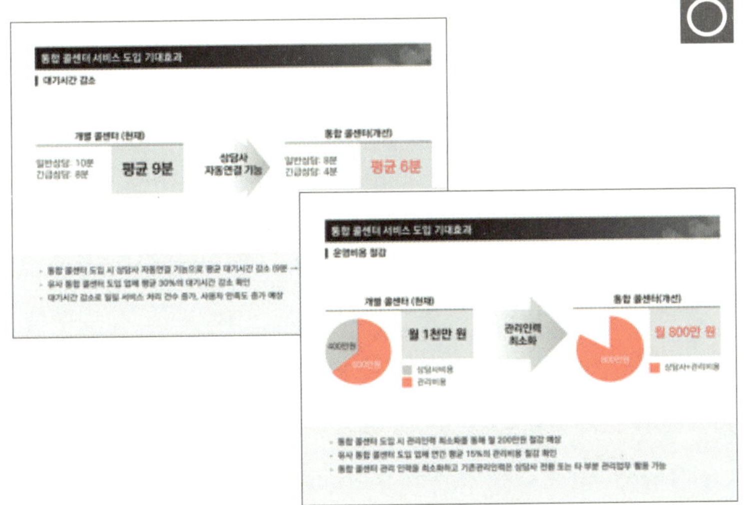

하나의 슬라이드에 2개의 메시지를 구성한 화면과 하나의 메시지를 구성한 사례를 비교해보면 훨씬 간결하고 인지하기 쉬운 슬라이드가 되었음을 알 수 있다.

- 발표자가 A주제를 이야기할 때 평가자는 B, C를 읽게 되므로 집중력이 분산되어 설득력이 약화된다.
- 하나의 슬라이드를 가지고 오랫동안 설명하는 것은 평가자를 지루하게 할 위험이 있다.
- 슬라이드당 내용이 많아지므로 내용이 복잡해지고, 글씨 크기도 작아져 평가자가 슬라이드 내용을 인지하기가 어려워진다.

슬라이드당 한 개의 핵심 메시지를 작성해 심플하고 강력한 슬라이드 화면을 구성한다면 더 좋은 프레젠테이션 효과를 얻을 수 있다. 발표자들이 여러 메시지를 한 슬라이드에 담는 이유는 슬라이드 분량이 많아지는 것에 대한 부담 때문이다. 그러나 프레젠테이션 시간은 슬라이드 분량이 아니라 스크립트 길이가 좌우한다는 점을 이해해야 한다.

(2) 핵심사항을 그래픽Graphic화한다

프레젠테이션 전달자들이 종종 겪는 어려움은 자신들의 제품과 서비스를 설명하는 주된 도구가 그림이 아니라 글이라는 점이다. 특히 경영 컨설팅 업계 등 솔루션이 무형인 경우에는 글로 서술하는 슬라이드가 대부분이다.

'그림 우월성 효과'라는 과학적인 근거가 있으며, 인간은 같은 정보를 글자로 볼 때보다 그래픽으로 볼 때 더 쉽게 배우고 기억한다는 것이다. 정보를 말로 전달했을 때 72시간 후에 내용의 10%밖에 기억하지 못하지만 그래픽으로 전달했을 때는 내용의 65%를 기억하며, 뇌의 정보처리 속도는 텍스트보다 그래픽으로 처리하는 것이 6만 배 더 빠르다고 한다.

제안 프레젠테이션에서 그래픽은 다음과 같은 방법을 사용하는 것이 효

과적이다. 자세한 방법은 4장의 '4.2 시각화'를 참고하면 세부적으로 알 수
있다.

- 솔루션의 특징이나 효용을 드러낼 수 있는 이미지를 사용한다.
- 설명하는 내용의 키워드를 선별해 관계를 도식화한다.
- 수치나 통계는 그래프화한다.
- 인포그래픽으로 개발한다(인포그래픽이란 인포메이션 그래픽information graphics이라
  는 개념으로 정보, 자료 또는 지식을 시각적으로 표현하는 기법을 말한다).

(3) 텍스트 내용은 적게, 글자는 크게

- 6X6

슬라이드에 삽입할 수 있는 텍스트의 최대 분량은 6×6(6줄에 6단어 →
36단어)이다.

슬라이드는 제안서와 달라서 내용을 강조하기 위해 사용하므로 텍스트
분량은 적을수록, 글자 크기는 클수록 좋다.

[그림 3-16] 텍스트로 구성된 메시지와 그래픽화된 메시지의 비교

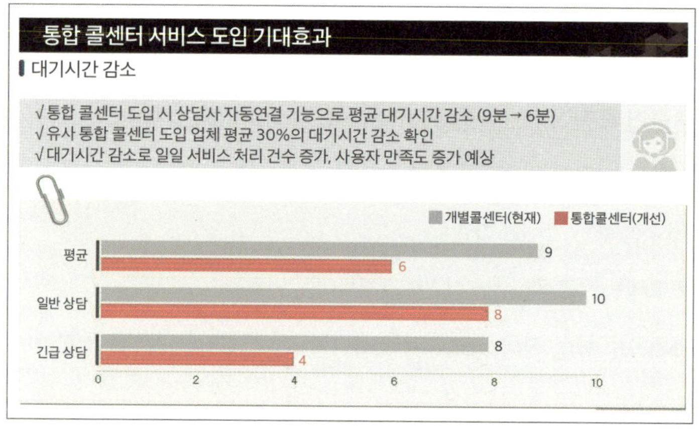

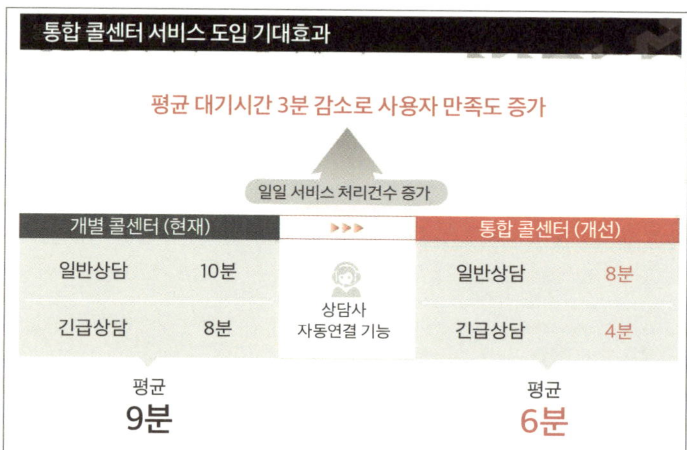

한눈에 해석하기 어려운 표와 텍스트로만 내용을 설명하는 것 보다는 [평균 대기시간 3분 감소로 사용자 만족도 증가라는 효용]을 상단에 메시지로 강조하고 현재의 개별 콜센터와 개선 후 통합 콜센터를 그래픽으로 비교해 구성하면 내용의 이해가 더욱 빠르고 직관적으로 인지됨을 알 수 있다.

(4) 텍스트와 비주얼을 동시에 사용_{Dual Mode}해 전달한다

경쟁 프레젠테이션에서 평가자의 입장을 생각해보라. 비슷한 내용을 여러 번 듣고 순위를 가려야 한다. 발표가 끝나면 어떤 업체가 어떤 말을 했는지 기억도 흐릿해진다. 차별화된 메시지로 설득하는 것이 가장 중요하지만, 기억에 남기는 것도 전략적으로 중요하다.

그래픽만 보여주고 내용을 설명하는 것보다 그래픽을 설명하는 키워드나 주요 내용으로 구성된 개조식 텍스트들을 함께 보여주고 설명하면 인지력이 상승되어 기억에 오래 남게 된다.

그래픽만 보여주고 전달 내용을 말로만 하는 것보다 슬라이드에 텍스트도 함께 제시하는_{Dual Mode}를 사용하면 내용의 이해가 더 잘 됨을 알 수 있다.

[그림 3-17] 그래픽만 제시한 메시지

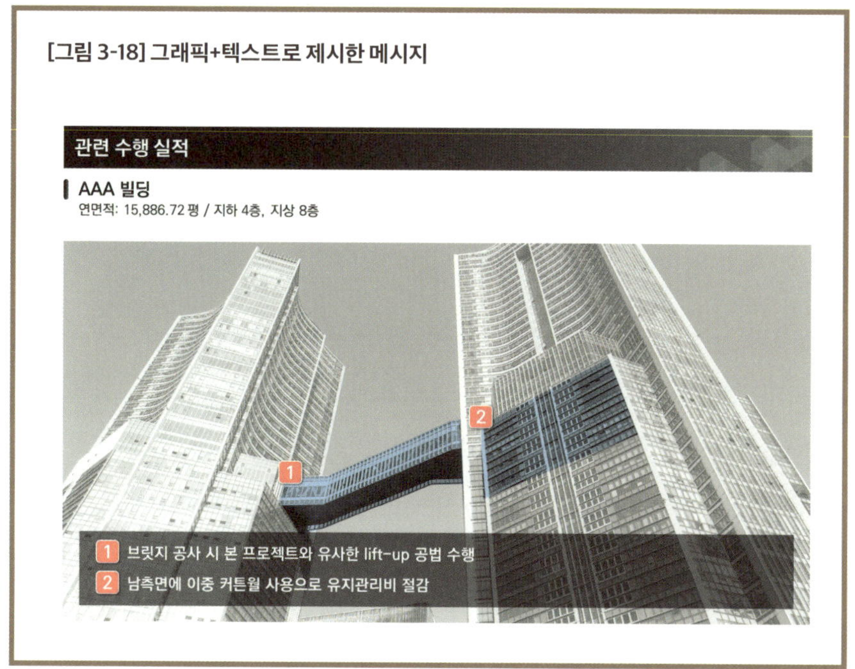

디자이너와의 소통을 고려해 작성한다

최근 경쟁 입찰에서는 경쟁우위를 점하기 위해 프레젠테이션 전문 디자이너에게 슬라이드 디자인을 맡기는 경우가 증가하는 추세이다. 그런데 내용 전문가가 아닌 디자인 전문가가 슬라이드를 디자인하다 보면 내용 이해 없이 심미적인 차원에서 슬라이드를 작성해 당초 전달하고자 했던 메시지의 전달력이 떨어지는 결과물로 도출되는 경우가 대부분이다.

디자이너는 기획자의 의도를 이해하고 이 내용이 직관적으로 읽힐 수 있도록 디자인을 해줘야 한다. 이를 위해 실무에서는 슬라이드 기획자와 디자이너와의 소통이 중요하다. 이를 위한 방법은 다음과 같다.

- 디자인 그라운드 룰_{Ground Rule}을 정하고, PT 슬라이드 첫 페이지에 문서화하며, 디자이너에게 설명한다. 내용 구성이 어떤 구조로 있으며, 요청 사항을 어떻게 표시할지 등을 초기에 규정하고 문서로 정확히 소통하는 것이다.

- 스크립트를 함께 작성해서 넘겨주고, 디자이너가 읽고 이해한 후 작업하도록 요청한다.

[그림 3-19] 디자인 그라운드 룰 구성 사례

1. 슬라이드별 내용은 3단계 레벨로 구성되어 있습니다. 색으로 구분해 두었으니 중요도가 표현되도록 디자인해주세요.

| [가장 부각되게 표현]
효과, 효용 부분 | [중요하게 표현]
슬라이드별 핵심 사항 | [기본 수준 표현]
핵심 사항에 대한
세부 내용, 설명 |

2. 디자인 시 고려해달라는 내용은 슬라이드 옆에 회색박스로 표기하였습니다.

예) 회의하는 사진을 함께 넣어주세요

3. 기획쪽에서 추후 자료를 드릴 부분은 빨강 선으로 표기하였습니다. 이 부분은 디자인을 보류해주세요.

예) 3월 1일에 자료를 넘길 부분입니다

4. 폰트 크기는 18pt 이상으로 해주세요.

기획자의 의도를 시각적인 문서로 디자이너에게 전달하면 다수의 작업자간 효율적이고 명확한 의사소통이 가능하다.

- 전체 프레젠테이션 내용과 흐름, 슬라이드별 내용을 간략하게 디자이너에게 설명하고 작업을 시작하도록 요청한다.

- 디자이너가 작업 중 이해가 안 되는 슬라이드가 있는 경우 목업 작성자에게 묻고 내용을 이해한 후 진행할 수 있도록 한다.

SHIPLEY TIP

기획자와 디자이너 간의 상호 간의 이해도가 품질에 영향을 미친다

필자가 제안경력 초기에 한 달 동안 제안서와 프레젠테이션을 준비했던 프로젝트가 있었다. 그간 작업했던 디자이너가 일정이 불가능해 업계에서 추천 받은 디자인팀과 함께했고, 그동안 작업했던 디자이너와 하듯이 설명 없이 목업을 넘기고 진행했다. 그런데 1차 디자인 작업이 된 결과물을 받아보니 내용이 전혀 다르게 그래픽화되어 매우 당황했던 적이 있다. 제출 시간은 다가오는데 디자인 일정이 낭비된 셈이니 앞이 캄캄했다.

또한 그때서야 내용을 이해하는 디자이너와 그렇지 않은 디자이너가 있다는 것도 알았다. 이전에 항상 함께 작업했던 디자이너는 내용을 이해하고 표현했던 반면, 새로 작업했던 디자인팀은 기획자가 그려주는 모양을 단지 디자인 요소를 미화beautify하는 작업에만 익숙해 있던 터라 디자인이 아닌 내용 구성 위주의 목업을 전달받고 작업한 결과물은 전혀 다른 내용이 됐던 것이었다. 디자인팀에게 내용을 전체적으로 설명하고, 이 의도가 잘 전달되도록 디자인해주는 것이 중요하다는 것을 강조했더니 그제야 디자인팀이 고개를 끄덕거리며 이해했고, 재작업을 한 이후에서야 전달하고자 하는 메시지가 드러나는 슬라이드를 도출할 수 있었다.

내용이 잘 개발돼도 이의 전달이 오류투성이라면 그간의 준비는 무용지물이 된다. 내용 전문가와 디자인 전문가가 함께 하는 합동 프로젝트라면 상호 간의 이해도가 품질에 영향을 미친다.

전문 내용을 소통하라는 것이 아니다. 슬라이드 구성 항목 간 상호 관계와 위계를 이해함으로써 전달하고자 하는 의도가 디자인으로 표현될 수 있도록 하라는 것이다.

3.4

스크립트 작성하기

3.4.1 스크립트 작성의 중요성

쉬플리에서 설문조사를 한 결과 약 80%의 발표자가 스크립트를 작성하고 프레젠테이션을 한다는 응답을 했다.

스크립트는 책처럼 읽거나 단순히 암기하기 위해 만드는 것이 아니라 각 페이지별로 말하고자 하는 포인트를 키워드 중심으로 논리를 세워놓기 위해 사용하는 툴이다. 스크립트 작성을 통해 실제 발표를 위한 완성도 높은 준비를 할 수 있도록 해야 한다. 스크립트는 다음의 기능이 있다.

- 전체적인 발표의 논리와 흐름 점검
- 발표의 논조나 강약, 전략적 포인트의 강조 부분 점검
- 논리 전개 설계

쉬플리코리아 설문조사

Q : PT 발표 시, 사전 스크립트를 작성하십니까? 그리고 그렇게 하는 이유는 무엇입니까?

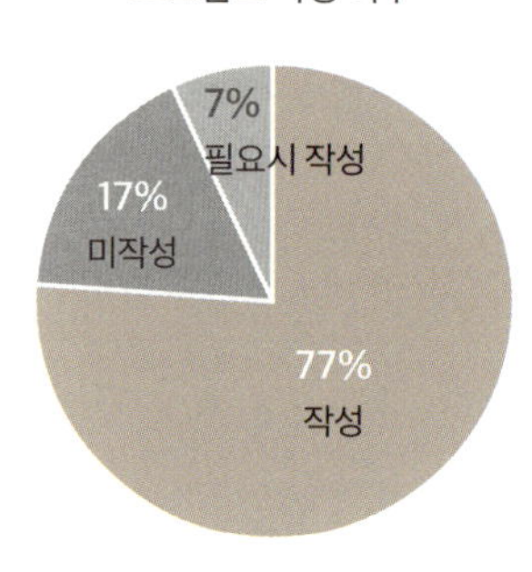

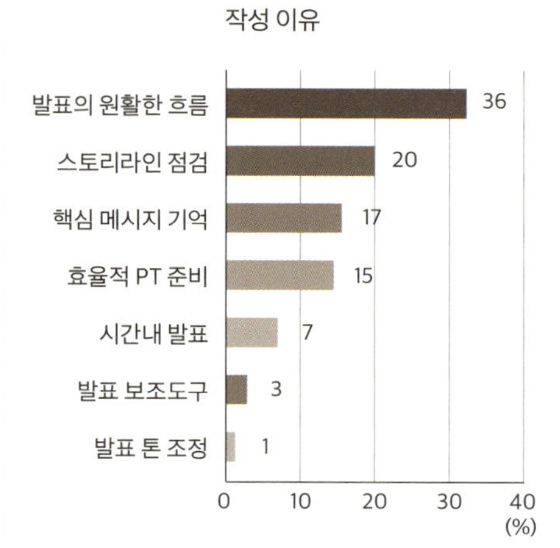

A : 대부분 스크립트를 작성하고 발표에 임하고 있다. 약 80%의 발표자는 스크립트를 작성하며, 효율적으로 PT를 준비할 수 있고 스토리라인을 점검할 수 있으며 발표를 원활하게 해주는 등 다양한 효과를 보고 있다고 답변했다.

스크립트는 슬라이드 목업 개발을 완료한 후, 또는 목업 개발과 동시에 작성해 기능적으로 활용하도록 한다. 프레젠테이션은 발표 형태에 따라 다음 네 가지로 나눌 수 있다.

- 즉석 프레젠테이션: 준비 없이 즉석으로 설명하는 방식
- 기억 의존 프레젠테이션: 작성했던 내용을 기억에 의존해 전달하는 방식
- 원고 프레젠테이션: 작성한 스크립트를 그대로 읽는 방식
- 정식 프레젠테이션: 체계적으로 스크립트를 준비해 내용을 정확히 이해해 전

달하는 방식

즉석, 기억 의존 프레젠테이션은 스크립트를 작성하지 않고 발표자의 발표 역량에 발표 품질이 좌우된다. 원고, 정식 프레젠테이션은 스크립트를 작성해 체계적으로 설명하므로 발표자 역량보다는 훈련에 따라 발표 품질을 균일하게 유지할 수 있다. 경쟁 프레젠테이션은 정식 프레젠테이션으로 준비해야 하며, 제한된 시간 내에 발표 내용을 완전히 숙지해 전문가적인 인상을 주어야 하므로 사전에 철저한 스크립트를 작성해 준비하는 것이 중요하다.

3.4.2 스크립트 종류

스크립트는 원고식과 키노트식이 있다. 원고식은 발표할 대사를 모두 작성해 외워서 그대로 발표하는 것으로, 직렬식 사고방식에 의존한다. 이 방법은 치밀한 준비와 계산에 의존해 하기 때문에 한 번 맥이 끊겼을 경우 유연하게 대처해나가기가 어려운 부분이 있다. 키노트식은 발표할 내용의 키워드, 중요 내용만 작성해 이 내용을 현장에서 풀어나가며 설명하는 방식이다. 이 방법은 병렬식 사고를 기초로 하므로 유연하게 대처할 수 있지만 발표에 익숙하지 않은 사람이나 발표 시간이 엄격히 제한돼 있을 경우 실수할 우려가 있다.

[그림 3-20] 원고식 스크립트와 키노트식 스크립트 예시

원고식–직렬식

당사가 제안하는 새로운 시스템은 경비를 획기적으로 절감시킵니다. 왜냐하면 저희의 새로운 시스템은 한대의 서버로 운영이 가능하기 때문입니다. 기존 시스템은 항상 2대로 운영해야 했으며, 10년 동안 사용하시면서 한달에 1,500만 원을 지불해 오셨습니다. 저희 시스템은 한 대로 충분하며, LCC를 획기적으로 개선시킴에 따라 한달에 300만 원만 소요됩니다.

키노트식–병렬식

1. 당사의 새로운 시스템은 경비를 획기적으로 절감

   1.1. 한대의 서버로 운영 가능

   1.2. 기존시스템: 2대 운영, 10년간 한 달에 1,500만 원 소요

   1.3. 당사 시스템은 300만 원 소요

중간에 내용 전개가 끊길 경우 원고식 스크립트는 내용 전체에 영향을 준다. 병렬식은 해당 내용에 한정되므로 위험이 적다.

[표 3-2] 원고식 스크립트와 키노트식 스크립트

구분	원고식	키노트식
작성 방식	· 발표할 대사를 모두 작성	· 키워드 위주로 작성 · 카드식
사고 방식	· 직렬식: 중간에서 끊겼을 경우 뒷부분 내용 연결이 어렵다.	· 병렬식: 전체를 구조적으로 인식하기 때문에 중간에 잊어도 다음 항목을 유연하게 연결 가능하다.
특징 (장단점)	· 완벽하게 외워 발표하므로 발표 시간 변동이 거의 없다. · 맥이 끊겼을 경우 유연한 대처가 어렵다. · 프레젠테이션 내용 숙지가 되지 않은 사람이 발표하거나 화면 넘김을 별도의 오퍼레이터가 할 수 있는 상황에는 효과적이다.	· 내용에 대한 이해가 잘 된다. · 원고를 외울 필요가 없다. · 시간/상황 변수에 대한 융통성이 높아진다. · 심리적 부담이 적다. · 청중을 보기가 쉽다.

3.4.3 스크립트 작성 요령

좋은 스크립트를 작성하는 방법에는 자신에게 익숙한 여러 가지 방법들이 있겠지만, 다음의 원리를 따르면 작성의 어려움Writer's block을 최소화하고 전달을 효과적으로 할 수 있는 고품질의 스크립트를 작성할 수 있다.

- 3S 공식을 적용해 전달 내용을 구조화한다.
- 슬라이드 간 인과관계를 자연스럽게 연결한다.
- 스크립트의 키워드가 슬라이드에 있는지 검토한다.
- 읽어보면서 회화체로 수정·보완한다.
- 별도의 원고로 작성해 전체 흐름이 매끄러운지 점검한다.
- 발표 시간보다 5~10% 짧게 스크립트 시간을 조정한다.

3S 공식을 적용해 전달 내용을 구조화한다

3SState, Support, Summarize 공식은 포인트 전달을 구조화하는 데 유용한 도구이다. 각 포인트에 나오는 중요한 문구들을 사용하는 것은 프레젠테이션의 명쾌함을 상당히 증가시킬 수 있다.

핵심 포인트의 구조화는 다음 단계를 거친다.

(1) 포인트를 설명하라State

"저희 제품의 첫 번째 특징은 이렇습니다…."

"두 번째 특징은 다음과 같습니다…"

(2) 포인트를 입증하라 Support

"몇 가지 예를 들어보겠습니다…."

"여기 관련된 통계자료가 있습니다…."

"행정안전부 장관은 이렇게 말했습니다…."

"이것이 의미하는 바를 다시 설명하면 이렇습니다…."

(3) 포인트를 요약하라 Summarize

"이 내용을 요약하자면 이렇습니다…."

"제가 지금까지 말씀드린 내용은…."

"이로 인해 귀사에 돌아가는 혜택은…."

슬라이드 간 인과관계를 자연스럽게 연결한다

딱딱한 보고식(군대식)의 프레젠테이션은 매력적이지 않다. 전체 프레젠테이션을 유연하게 연결해야 한다. 슬라이드와 슬라이드 간에 '넘어가는 말'을 계획하면 세련되고 자연스러운 스크립트를 작성할 수 있다.

넘어가는 말 종류

- 인과관계를 나타내는 접속사: 그리고, 또는, 그래서, 그러나, 따라서…
- 다음 슬라이드 내용을 한마디로 설명
- 동일한 넘어가는 말을 지나치게 반복해서 사용하지 않도록 한다.

스크립트의 키워드가 슬라이드에 있는지 검토한다

보통 화면에 없는 말을 하면 화면을 잘 숙지하고 있다고 평가자가 받아들여 점수를 더 줄 것이라고 생각해 일부러 화면에 없는 단어나 문장을 사용해 스크립트를 구성하는 경우가 많다. 그러나 정해진 시간 내에 핵심 내용을 효과적으로 전달하기 위해서는 중요 키워드가 앞에서 설명한 대로 'Dual Mode'로 전달되는 것이 중요하다.

따라서 스크립트를 최종 완성한 후 슬라이드에 스크립트의 키워드가 혹시 누락돼 있다면 슬라이드에 삽입해 교정하는 방법을 고려하는 것이 좋다. 슬라이드 자체가 키노트 역할을 할 수도 있다.

읽어 보면서 회화체로 수정·보완한다

핵심 내용 전달에 중점을 두어 작성한 스크립트는 딱딱하고 문어체적인 표현이 많다. 자연스럽고 세련된 대화체로 설득이 이루어지기 위해서는 회화체로 수정·보완하는 것이 중요하다. 특히 이 단계는 프레젠터가 직접 자신에게 익숙하고 자연스러운 언어와 말투를 적용해 실제 프레젠테이션에서 어색하지 않도록 한다.

별도의 원고로 작성해 전체 흐름이 매끄러운지 점검한다

프레젠테이션 프로그램의 스크립트 작성 기능을 사용해 점검하는 것도 방법이지만 전체 발표 내용의 적정성을 한눈에 검토하기 위해 별도의 원고로 작성하는 것이 효과적이다. 다음과 같은 체크리스트Check List로 검토한다.

- 시작, 본론, 마무리의 기능이 명확히 구현되도록 전달하고 있는가?
- 어조가 일관성이 있는가?

발표 시간보다 5~10% 짧게 스크립트 시간을 조정한다

경쟁 프레젠테이션은 공정성을 위해 발표 시간이 엄격히 제한돼 있는 경우가 많다. 연습 시 제한 시간 이전에 끝내도록 연습하면 안전하다(20분 발표 시 1~2분, 1시간 발표 시 5~10분). 또한 프레젠테이션 시간이 제한돼 있지 않더라도 청중의 시간을 할애한다는 관점에서 사전에 발표 시간을 안내하고 이를 지킨다면 신뢰성을 높인다.

시간을 조정하는 방법은 발표일에 근접해 실전처럼 연습하면서 맞춰보는 것이 가장 정확하다. 그러나 연습 전 또는 발표자가 아닌 사람이 스크립트를 작성해야 할 경우에는 천천히 또박또박 읽어보았을 때 제한 시간보다 5~10% 일찍 완료되도록 맞춰놓으면 된다.

화면에 동영상을 사용할 경우 재생 시간을 명확히 계획하고, 동영상이 재생될 때 발표자가 화면을 보고 가만히 서 있는 것보다는 주도적으로 동영상 내용을 사전에 안내한 후 동영상을 재생시키고, 중요한 부분은 간략히 설명하면서 동영상 내용을 발표자의 의도대로 평가자에게 이해시키도록 진행하는 것이 좋다.

3.4.4 키노트 만들기

키노트Keynote란 스크립트를 키포인트 중심으로 작성하고, 기억하기 어렵거나 중요한 수치 등을 큰 글씨로 메모해두는 것이다. 경쟁 프레젠테이션에서 프레젠터의 프로젝트에 대한 태도까지 경쟁의 요소로 본다면 준비, 이해도 측면에서 키노트 없이 능숙하게 발표하는 것이 가장 베스트Best일 것이다. 그러나 발표의 흐름을 놓치지 않도록 도와주는 키노트를 작성해 활용한다면 갑자기 기억이 나지 않거나 맥락이 끊기는 사고를 방지하는 효과가 있다.

작성 방법

- 중요한 키워드 위주로 작성해 발표 시 사고의 흐름을 도울 수 있도록 한다.
- 글자를 크게 작성해 한눈에 멀리서도 잘 볼 수 있도록 한다.
- 슬라이드에 표기하기에는 길고, 외우기에는 어려운 내용들을 부가적으로 작성한다.
- 색상을 정해 빠른 시간 내에 효과적으로 연상할 수 있도록 한다.

  예) 빨간색: 핵심 메시지, 파란색: 활동, 강조, 유머, 질문 등

[그림 3-21] 키노트 작성 방법 사례

1	2	3
주요 메시지 1 - 새로운 시스템은 경비를 절감시킨다.	주요 메시지 2 - 새로운 시스템은 시간을 절감시킨다.	주요 메시지 3 - 새로운 시스템은 인력을 절감시킨다.
1. 기존 시스템은 10년 동안 비용을 지불해 왔다. 하지만	1. 기존 시스템 - 두 대를 가동하는 데 15단계를 거쳐 8분 소요	1. 기존 시스템 　1) 컴퓨터 운영 인력 4명 　2) 유지보수 인원 2명
2. 2대를 운영하는 데 15만 달러가 소요된다.	2. 새로운 시스템 - 7단계를 거쳐 3.5분 소요 20% 절감. (2만 달러 절약)	2. 새로운 시스템 　1) 컴퓨터 운영 인원 2명, 　2) 유지보수 인원 1명
3. 기존 시스템은 항상 2대로 운용해야 한다.		3. 연간 9만 달러 절감 (인력절감 중요성을 최근 자료로 강조)
4. 새로운 시스템은 그럴 필요가 없다.		

키노트 표기 방법

빨간색 - 핵심 메시지　파란색 - 활동, 강조, 유머, 질문

슬라이드별로 주요 메시지를 선별하여 큰 글씨로 정리하고 효과적인 연상을 위해 색깔을 사용할 수 있다.

작성 도구

- 카드식 메모지

  방송에서 프로그램 진행자들이 방송인들이 사용하는 메모지 같은 형태

- 파워포인트 프로그램의 슬라이드 노트

  노트북을 보면서 진행할 수 있을 경우 [슬라이드쇼-발표자 도구 사용] 기능을

  활용한다.

[그림 3-22] 키노트 작성 도구

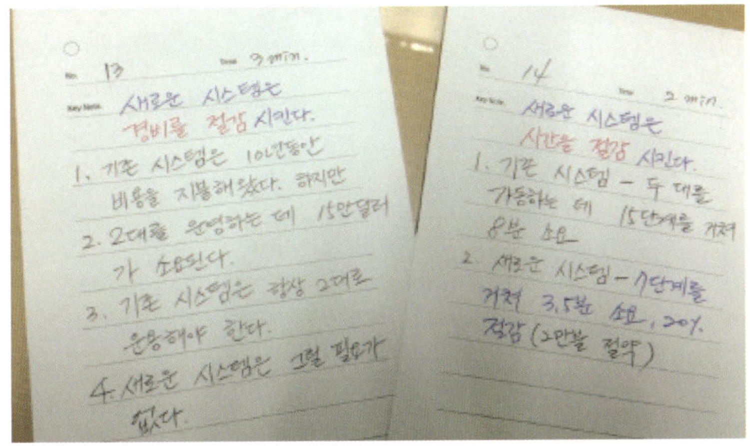

카드식 메모지

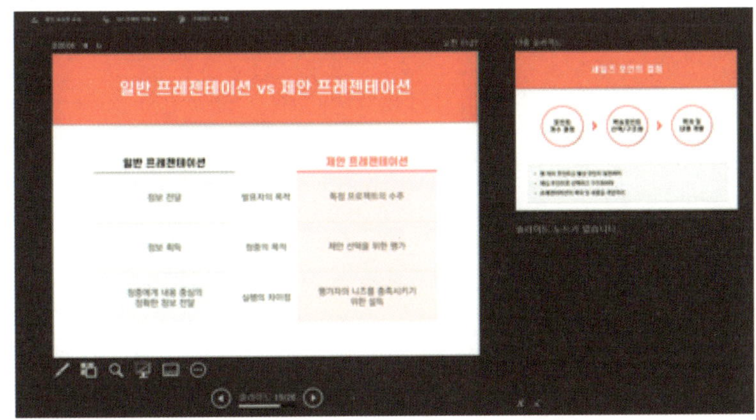

파워포인트 프로그램의 발표자 도구 기능

키노트는 카드식과 파워포인트 프로그램의 발표자 도구 기능을 사용하는 방법이 있다.

3.4.5 세련된 PT를 위한 스크립트 활용 방법

슬라이드를 설명하는 스크립트 계획이 정석이지만, 슬라이드보다는 발표자나 상황에 집중하게 하는 것이 효과적인 경우가 있다. 이럴 때는 슬라이드를 끄고 설명하는 방법을 계획한다.

블랙아웃(암전)

블랙아웃은 슬라이드를 잠깐 암전시키고 발표하는 방법으로, 두 가지 기능이 있다. 하나는 발표자에게 집중하게 만드는 것이고, 또 하나는 화면이 방해가 되는 경우를 제거하는 것이다(영문 상태에서 B를 누르면 블랙아웃이 된다. 대부분의 스마트 포인터에도 이 기능이 있으므로 리허설을 할 때 익숙해져야 한다).

발표자에게 집중

- 화면을 끄면 평가자들이 발표자를 보게 된다. 발표자가 직접 평가자를 설득하고자 할 때, 오프닝이나 클로징에서 중요한 메시지를 강조하고자 할 때 효과적이다.

화면이 방해되는 경우

- 넘어가는 말이 길 때
- 팀 프레젠테이션에서 발표자가 다른 사람으로 교체될 때
- 스크린의 화면과는 무관한 질문과 대답이 오갈 때

스크립트를 말하고 화면을 보여주기

말하는 내용을 평가자가 읽으면서 설명을 듣는 것과 설명을 듣고 나서 화면으로 이해하는 것에는 인지적으로 차이가 있다. 일반적인 방식은 화면의 슬라이드를 보여주고 내용을 설명한다. 그러나 강조해야 하거나, 평가자에게 질문을 던지는 방식의 스크립트일 경우 스크립트를 말한 후 해당 내용이나 답을 시각적으로 보여주는 것이 효과적일 수 있다.

3.5

스토리텔링 개발

3.5.1 제안 프레젠테이션에서 스토리의 중요성

현대는 상품, 기업 소개 등 모든 것에 스토리를 부여해 새로운 가치를 만들어내고 있는 시대이다. 수많은 경쟁자들과 프레젠테이션을 해야 하는 독자들의 핵심 고민은 경쟁사 대비 '차별화'됨으로써 '경쟁우위'를 확보할 수 있는 방법일 것이다.

경쟁 프레젠테이션은 사실과 논리에 기초한 전략적 우위를 설득하는 것이 가장 중요하다. 평가자가 자신의 최종 선택에 대해 확신을 가질 수 있도록 도와야 한다. 스토리Story를 통해 팩트Fact를 전달하는 것은 평가자의 이해와 공감을 끌어내는 데 검증된 효과가 있다.

[그림 3-23] 설득의 원칙

너무 논리적인 경우

너무 감성적인 경우

균형적인 경우

논리와 감성이 균형적이어야 설득력이 강하다.

3.5.2 스토리의 기본 원리

제안 프레젠테이션에서 스토리의 효용을 알기 위해서는 팩트Fact와 스토리Story를 비교해서 이해하는 것이 효과적이다.

팩트는 좌뇌의 기능으로, 스토리는 우뇌의 기능으로 받아들인다

제안 프레젠테이션은 고객을 설득하는 과정이다. 고객에게 설득력이 높은 제안은 논리적으로 설득적Logically Persuasive일 뿐만 아니라 감성적으로도 신뢰를 확보Emotionally Credible하는 것을 말한다.

효과적인 설득을 위해서는 사람들이 어떻게 구매하는지 이해해야 한다.

- 사람들은 100% 논리적으로 의사결정을 하지 않는다.
- 사람들은 알면서도 비이성적인 결정을 하는 경우가 있다.
- 모든 의사결정에는 이성과 감성이 혼재돼 있다.

사람들은 의외로 감성적으로 구매한 후에 이를 논리적으로 합리화하는 경우가 많다. 즉 논리적·분석적인 좌뇌보다 감성적·통합적인 우뇌가 판단에 더 많은 영향을 미친다. 이 말은 좌뇌의 기능을 쓰는 팩트보다 우뇌의 기능을 쓰는 스토리가 판단에 더 많은 영향을 미친다는 뜻이다.

따라서 팩트보다 스토리로 전달하는 것이 효과적이다.

"Fact tells, story sells."

– 안소니 힐Anthony Hill의 《Facts Tell Stories Sell: Marketing Stories Journal》에서

고객은 감성적으로 결정하고 논리적으로 합리화한다

필자는 처음 자동차 회사 세일즈맨으로 사회생활을 시작했다. 그 당시 내가 일했던 영업소는 영업사원이 50명 이상인 큰 지점이었는데, 그곳에서 최고의 세일즈맨과 겪었던 일화를 소개하고자 한다.

우선 이 선배는 보통 생각하는 베스트 세일즈맨의 이미지와는 거리가 멀었다. 경상도 어느 시골에서 고등학교를 졸업하고, 서울에 올라오자마자 직장생활을 시작해서 그런지 말이나 행동이 거칠고 투박했다.

어느 한가한 낮 시간에 그는 당직 근무를 하고 있었고, 나는 고객 출고 건이 있어서 지점에 있었다. 우연히 지점을 찾아온 고객을 상담하는 그의 모습을 보게 됐는데, 워낙 독특해서 유심히 지켜보았다.

그는 고객을 만나자마자 명함 교환도 없이 다짜고짜 쇼룸에 배치된 그랜저의 운전석에 앉히고, 문을 닫은 후 자신도 조수석에 가서 앉았다(일반적으로 영업사원들은 처음 만났을 때 좋은 인상을 주기 위해 명함을 주면서 여러 질문을 한다). 둘은 특별한 대화 없이 5분 정도 앉아만 있었다. 그러고 나서 그는 천천히 고객이 물어보는 질문에 아주 짧고 간결하게 대답을 했다. 몇 마디 오가지도 않은 짧은 시간에 계약은 가볍게 체결됐고, 고객은 돌아갔다.

옆에서 의아하게 지켜보는 내게 그는 간단한 설명을 해주었다.

"김용기 씨(나는 그때 신입사원이었다), 대부분의 지점을 찾는 고객은 이미 새 차를 구매하기로 마음을 먹은 상태의 사람들이기 때문에 차 이외에는 크게 관심이 없지. 그것이 우선 그랜저에 그를 집어넣은 첫 번째 이유야. 또 하나의 중요한 이유는 그가 그랜저에 앉아서 화려한 계기판을 보면서 가죽 시트의 냄새를 맡는 순간, 그의 구매 결정은 끝난다는 거지. 그가 맡은 천연가죽의 향긋한 냄새는 내가 하는 백 마디 말보다 더 효과적이야.

내가 아는 고객은 대부분 차가 '필요$_{needs}$'도 하지만 사실은 좋은 차를 갖고 싶은 '욕망$_{wants}$' 때문에 차를 사지. 그리고 그 사실을 본인들도 모르는 경우가 많아. 아까 그 사람은 가죽 냄새를 맡으면서 구매 결정을 하고, 이를 설명하기 위한 수십 가지 이유를 이미 찾았을 거야. 왜냐하면 집에 가서 와이프를 설득해야 하기 때문이지. 그리고 사실 와이프보다 더 중요한 것은 자기 스스로를 설득하는 거야. 자신은 그렇게 감정적인 사람이 아니고 여러 가지 타당한 이유 때문에 차를 바꾸었다고."

나는 비로소 그가 왜 최고의 세일즈맨인지 알게 됐다. 그는 말도 어눌하고 행동도 거칠었지만 고객이 어떤 생각과 느낌으로 구매를 하는지 충분히 이해했고, 그 고객의 구매 프로세스에 자연스럽게 편승하고 있었던 것이다.

팩트는 기억하지 못하고 스토리는 기억한다

2개 이상, 많게는 10개 이상의 기업 간 경쟁 프레젠테이션이 이루어지는 제안 환경에서 비슷한 솔루션을 제시하는 수많은 프레젠테이션을 모두 듣고 나면 평가자들은 사실 회사별 제안 내용을 기억하기조차 어렵다. 또한 정보의 나열과 논리로만으로는 비전문가 또는 부분 전문가인 평가자에게 기술적으로 어렵거나 이해하기 힘든 내용들을 기억시키기에는 한계가 있다.

평가자의 기억에 남기고 싶은 핵심 메시지는 스토리를 사용해야 한다. 팩트 자체를 기억하지 못하는 경우도 스토리를 통해 각인될 수 있기 때문이다.

[그림 3-24] 어려운 기술적인 팩트도 스토리를 통해 쉽게 각인시킬수 있다

Fact

두께 :
가장 얇은 부분 0.4cm
가장 두꺼운 부분 1.94cm

무게 :
1.36kg

Story

얇고 가벼운 노트북을 각인시키고 싶을 때 두께: 얇은 부분 0.4cm 두꺼운 부분 1.94cm, 무게 1.36kg 등 Fact를 사용하면 기억하는 사람이 없을 것이다. 하지만 "서류 봉투에 들어갈 만큼 얇고 가벼운 노트북"이라는 스토리를 입혔을 때 청중들은 오래도록 이 노트북의 특징을 기억하게 된다.

물론 청중이 정확한 수치는 외우지 못하더라도 그것은 중요하지 않다. 전달하려고 했던 핵심메시지는 각인되었기 때문이다.

팩트는 인식되고 스토리는 공감된다

2018 평창 동계올림픽 유치의 주역으로 평가받고 있는 나승연 씨는 《나승연의 프레젠테이션》에서 "훌륭한 프레젠테이션은 교감이 있는 프레젠테이션"이라고 이야기했다. IOC 위원들과 국민의 교감을 이끌어낸 것이 승리의 핵심이라고도 이야기하고 있다.

평가장에 들어가면 딱딱한 얼굴로 앉아 있는 평가위원을 대하게 되지만 평가위원 역시 감정에 동요되고 흔들리는 사람이다. 프레젠테이션의 핵심 메시지를 스토리로 개발해 설득하면 평가위원의 공감을 이끌어내고 마음을 움직일 수 있다

[그림 3-25] 스토리는 공감된다

Fact   Story

소통 전문가   →      청각장애 아버지와
소통이 어려웠던…

자신을 소통 전문가라는 단순한 팩트로 소개하는 것보다 청각장애 아버지와 소통의 어려움을 겪은 것을 계기로 사람들의 소통을 도와주는 사람이 되었다는 스토리가 사람의 마음을 움직이는 인기 강사가 될 수 있게 했다.

Fact   Story

나에게는 꿈이 있습니다. 언젠가는 이 나라가 모든 인간들은 평등하게 태어났다는, 진리대로 살아가는 날이 있을 것이라는 꿈이 있습니다.

→ 

나에게는 꿈이 있습니다. 언젠가는, 조지아 주의 붉은 언덕 위에서 노예들의 후손들과 노예 소유주들의 후손들이 형제애의 식탁에서 함께 자리할 수 있을 것이라는 꿈이 있습니다.

나에게는 꿈이 있습니다. 언젠가는, 나의 네 명의 어린 아이들이 그들의 피부 색깔로서 판단되지 않고 그들의 개별성으로 판단되는 그런 나라에서 살게 될 것이라는 꿈이 있습니다. …

한사람의 꿈으로 그칠 수 있는 내용이 스토리를 통한 공감으로 많은 사람의 꿈이 되었고 인류역사상 가장 강력한 스피치의 하나로 기억된다. 단순한 사실보다는 스토리가 청중과의 공감을 이끌어낼 수 있다.

[그림 3-26] 플로우가 있는 비주얼Visual도 스토리다

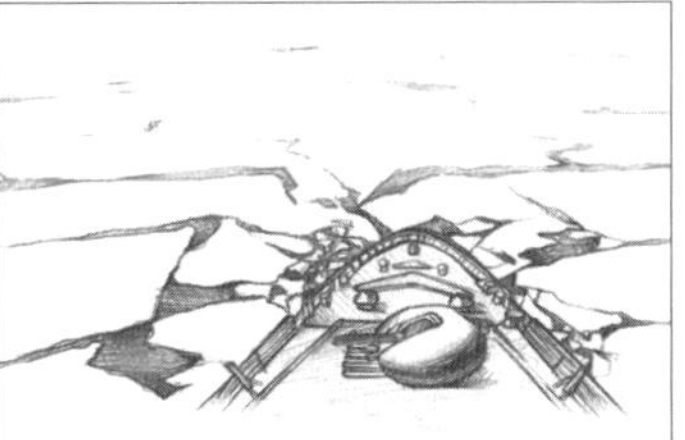

제안에서의 스토리는 핵심메시지를 이야기 형식으로 전달하는 방법뿐만 아니라 디자인 컨셉이 연결된 전달도 스토리가 될 수 있다. 윗 부분 사례 같은 주요 페이지마다 통일된 비주얼이나 다음 사례 같은 주요 전략 페이지를 차별화하기 위해 스케치를 통해 메시지를 전달하는 방법도 스토리다.

앞서 다룬 스토리의 중요성과 영향력에도 불구하고 광고, 홍보가 아닌 구체적인 솔루션과 전략, 실행 계획을 이야기해야 하는 제안 프레젠테이션에서는 스토리가 중심이 되어 흘러가는 것은 현실적이지 않다. 제안 프레젠테이션에서 효과적인 방법은 도입, 마무리의 강조 메시지 부분에서 스토리를 이용한 감성 슬라이드를 사용하는 정도의 부분적 적용이 가능하다. 그러나 스토리를 제대로 이해하면 아무리 논리적이고 딱딱한 전략과 솔루션이더라도 스토리를 다양하게 적용할 수 있다.

그럼 스토리는 무엇일까? 이를 이해하기 위해서는 먼저 제안 프레젠테이션에서의 메시지Message를 정의하고 이해할 필요가 있다.

메시지는 제안 콘텐츠에서 대상의 의도한 반응을 이끌어내기 위한 주장이다

팩트Fact와 메시지Message는 다르다. 제안 컨설팅을 하다 보면 팩트만 나열한 슬라이드들을 수없이 본다. 예를 들어 투입 인력을 설명할 때 경력Fact만 나열하는 경우가 많다. 그런데 한 번만 더 생각해보자. 이 프로필을 통해 평가자에게 주장하고 싶은 내용은 무엇인가? 이것이 메시지다. 메시지를 이야기해야 한다. 즉, 경력은 팩트이지만 이 경력을 통해 대상(상황)에 맞게 주장하고자 하는 메시지가 있는 것이다(메시지 개발 방법은 이해하기 쉽도록 뒤의 스토리 개발 방법에서 함께 설명하겠다).

[그림 3-27] 팩트와 메시지

Message는 Fact를 통해서 청중의 의도한 반응을 이끌어내기 위한 주장이다. 같은 프로필이라 하더라도 의도에 따라 다른 메시지로 전달된다.

메시지를 플로우가 있는 아이디어에 담으면 스토리가 된다

메시지를 플로우Flow가 있는 아이디어Idea에 담으면 스토리Story가 된다. 여기서 아이디어는 메시지를 스토리로 전달하기 위한 매개체이며, 단순한 아이디어가 아닌 플로우가 있는 것이 중요하다. 그러나 플로우라고 해서 소설처럼 반드시 줄거리가 있어야 한다는 말이 아니다. 플로우란 전체를 고려한 맥락이라고 할 수 있다. 아이디어가 부분이라면 스토리는 전체이고, 아이디어가 순간적으로 자극을 주는 데서 끝난다면 스토리는 그 자극을 통해 계속해서 그다음 순서로 몰입하게 만들 수 있다.

[그림 3-28] 스토리는 맥락을 고려한 아이디어

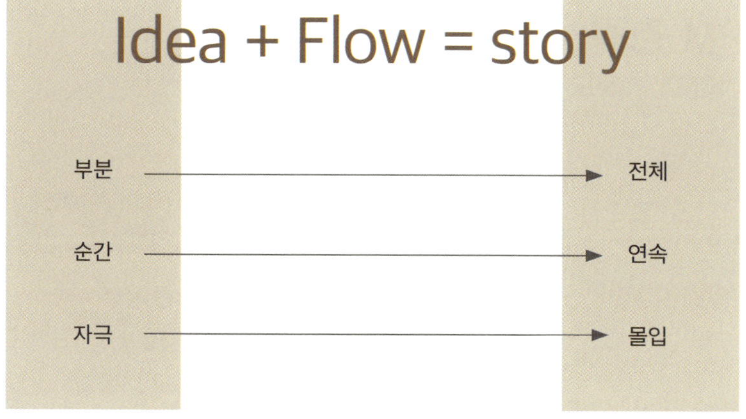

story = Idea + Flow다. 즉, Story는 맥락을 고려한 Idea이다.

[그림 3-29] 아이디어를 플로우로 연결한 사례

경차	SUV	승합차	고급 세단
사회 초년생을 위한 첫차	열심히 일한 나를 위한 선물	우리가족을 위한 패밀리카	성공한 CEO를 위한 고급차

차의 종류를 단순히 경차, 중형차, SUV, 고급 세단으로 분류를 하기보다 차종별로 인생이라는 플로우로 연결하면 차의 크기, 종류를 인생의 흐름으로 쉽게 기억할 수 있다.

[그림 3-30] 아이디어를 스토리로 만든 사례

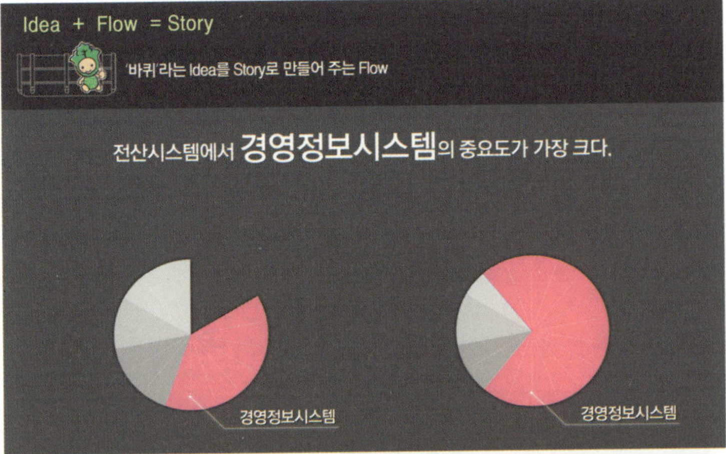

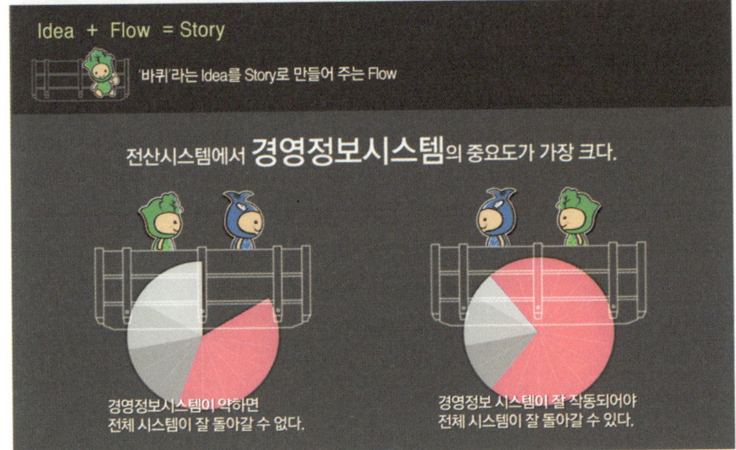

경영정보 시스템에 강한 회사가 이 시스템이 잘 작동되어야 전체 시스템이 잘 돌아갈
수 있다는 것을 표현하기 위해 하나의 슬라이드에 '바퀴'라는 아이디어를 사용했다.
이것이 한 번의 아이디어가 아닌 스토리가 되게하는 것은 배추와 생선 캐릭터이다. 주
요 페이지마다 고객사의 캐릭터가 등장하게 함으로써 긴 발표에서 청중을 집중시키는
효과를 가져온다.

제안 프레젠테이션에서 스토리를 개발할 때 가장 중요한 것은 명확한 메시지를 고객 및 내용과 연관된 스토리로 만들어야 한다는 것이다. 그러나 광고, 홍보가 아닌 제안 프레젠테이션에서 스토리를 위한 메시지나 아이디어 하나를 얻기 위해 무한정 에너지를 쏟을 수 없으며, 즉흥적인 아이디어 Pop up Idea에 의존하는 것도 확실한 효과를 기대하기 어렵다. 이런 점이 제안 PT에서 아이디어의 신선함이 담긴 스토리를 발견하기 어려운 이유이기도 하다.

이 책에서는 쉬플리 코리아에서 개발해 사용하는 방법론을 소개한다. 이 방법을 사용하면 목적한 의도에 맞는 스토리를 효율적이고 효과적으로 도출할 수 있다(물론 알려진 다른 툴을 사용하거나 자신만의 방법을 만드는 것도 좋다).

스토리의 개발 단계는 메시지 개발과 스토리 개발로 나뉜다. 이제부터 메시지 개발 시 주의해야 할 사항 두 가지와 메시지 개발 툴, 메시지를 스토리로 개발하기 위한 스토리 개발 프로세스, 스토리 개발 툴에 대해 소개한다.

3.5.3 메시지 개발

메시지는 고객의 이해를 돕는 것이다

고객 중심으로 작성된 프레젠테이션이 좋은 평가를 받는다. 전달하는 메시지는 내가 말하고 싶은 것이 아니라 고객 중심이어야 한다. 사실 이 지침은 스토리에서뿐만 아니라 프레젠테이션 작성의 기본 원리이기도 하다. 고객을 고려한 메시지는 두 가지 조건을 충족해야 한다.

- 고객의 언어를 사용한다.
- 고객의 효용을 제시한다.

고객의 언어를 사용한다

고객과 평가자는 비전문가이거나 부분 전문가이다. 전문가는 사실 제안사, 발표자이다. 따라서 고객의 언어를 쓰는 기본은 쉬워야 한다. 특히 스토리를 위한 메시지에서 사용하는 언어는 반드시 쉬워야 한다. 제안에서 가장 많이 사용하는 언어의 오류들은 다음과 같다.

- 전문용어
  - 특정 그룹 또는 전문가 간에 알려진 기술적이거나 전문적인 언어
- 은어
  - 특정 집단에서만 통용되는 특화된 언어
- 상투적 표현
  - 더 이상 읽는 사람을 설득하는 효과가 없는 낡고 식상한 단어나 어구
- 난해한 표현
  - 의미가 명확하게 전달되지 않는 현학적이고 추상적인 단어나 어구
- 기타 약어, 외국어 등

[그림 3-31] 상대의 언어를 사용한다

오늘 투썸에서 만난 사람 금사빠야.

오늘 한 카페에서 만난 사람 금새 사랑에 빠지게 만들 만큼 매력적인 사람이야.

개발된 금속 침은 직경이 불과 50나노미터로 환경친화적 기술

개발된 금속 침은 직경이 불과 50나노미터(머리카락의 1/4000 두께)로 환경친화적 기술을 비롯한 다양한 분야에서 응용이 기대된다.

스토리의 언어는 상대가 쉽게 이해할 수 있어야 한다. 어른에게 이야기할 때 젊은 세대에서 유행하는 말을 자제해야 하는 것과 발표에서 전문용어를 자제하는 것은 같은 이유이다. 전문용어는 발표자의 내용에 대한 전문성을 드러내기보다는 커뮤니케이션에 제약을 주는 요소로 작용한다.

고객의 효용을 제시한다

제안사와 발표자의 효용이 아닌 고객의 효용을 제시해야 한다. 고객의 관점에서 효용, 가치가 무엇인지 이야기해야 설득력이 있다.

[그림 3-32] 고객의 효용을 제시한다

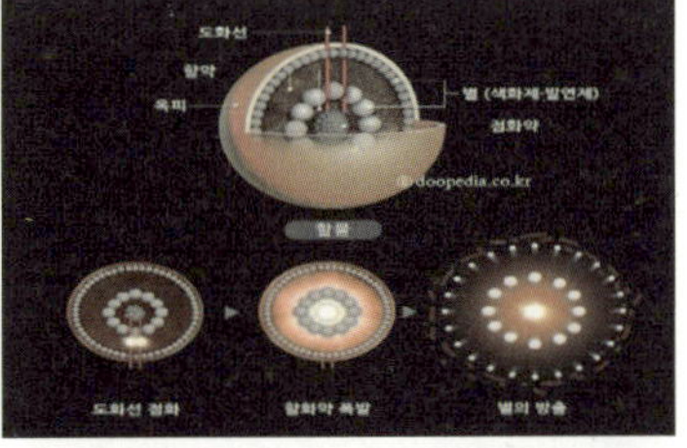

어린아이에게 폭죽을 팔면서 우리 폭죽의 발연제, 색화제가 어떤 성능을 가지고 있고 연화물질에 대한 설명을 한다면 어린아이에게 설득력 있게 판매가 될까? 폭죽놀이를 기대하는 어린아이에게는 직접 폭죽이 터지는 모습을 보여주거나 사진을 보여주는 것이 더 구매욕구를 들게 만든다.

전달자 고객 인식의 간극을 줄인다

모든 커뮤니케이션에는 전달되지 않는 부분과 왜곡되는 부분이 생긴다. 내용이 지루할 경우 아예 생각이 다른 곳으로 흘러가 버릴 수도 있다. 모든 사람의 경험 세계가 다르므로 모든 커뮤니케이션에 해당하는 전제이다.

따라서 전달되지 않는 영역과 왜곡 가능성이 있는 영역을 줄이기 위한 커뮤니케이션 방법을 개발해야 한다. 잘 설명하려는 노력이 아닌 잘 전달하려는 노력이 필요하다.

[그림 3-33] 모든 커뮤니케이션은 왜곡되는 부분이 생긴다

**오늘 투썸에서 만난 사람
금사빠야.**

앞의 예에서 든, 어른에게 젊은이가 한 말이다. 이 경우 '오늘 만난 사람'은 쉽게 전달이 된다. '투썸'이라는 축약어는 마치 모르는 영어단어처럼 전달되지 않고 흘러가 버린다. 그리고 '금사빠'는 단어를 자신의 경험 세계인 씨름과 연관시켜 '아주 건강한 사람' 정도로 왜곡하여 해석하게 된다.

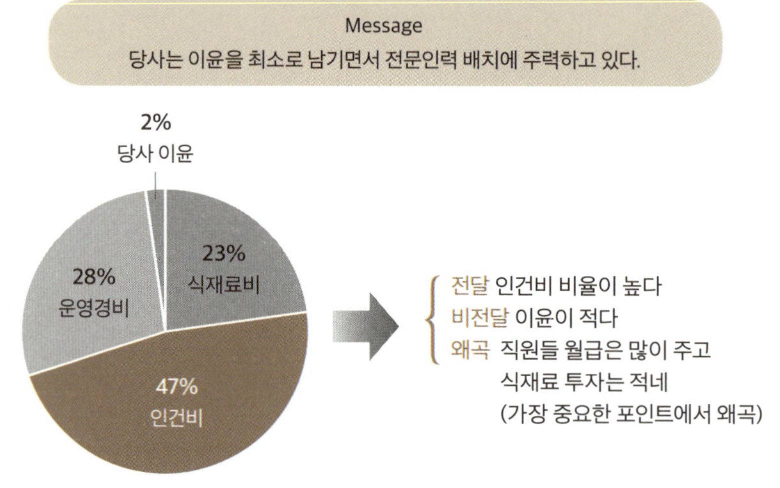

이윤을 적게 남기는 것은 제안사 경영자의 관점이다. 특별한 설명이나 강조가 없으면 고객은 자신의 효용에 해당되는 음식과 직결되는 식재료비에 초점을 맞추어 해석하게 된다.

3.5.4 메시지 개발 툴

제안 프레젠테이션에서 메시지는 내가 말하고자 하는 제안 콘텐츠에서 대
상의 의도한 반응을 이끌어내기 위한 주장이라고 앞에서 정의했다. 따라서
메시지의 도출은 제안 콘텐츠, 대상, 의도한 반응을 명확히 한 후 잘 연결해
주면 된다. 쉬플리에서는 다음과 같은 툴을 사용한다.

[그림 3-35] 메시지 개발 워크시트 Worksheet

Worksheet _Message

Contents		Intended Response		Design
과제	답	대상	반응	Message → Story → Visual
①		②	긍정 ③ / 부정	Message

제안사의 솔루션을 과제와 답으로 나눠서 기술하고, 설득해야 할 평가자를 대상에 작
성한다. 이 솔루션에 대한 긍정적인 반응과 부정적인 반응을 기술해보면서 도출해야
할 긍정적인 반응을 구체화한다. 이 내용들을 논리적으로 연결하여 도출해야 할 메시
지를 추론해낸다.

3.5.5 스토리 개발 프로세스

메시지를 맥락이 있는 아이디어에 담으면 스토리가 된다고 했다. 즉, 메시지를 스토리로 만들기 위해 아이디에이션Ideation이 필요하다. 아이디에이션에는 브레인스토밍, 브레인라이팅Brain Writing, 체크리스트, 마인드맵, 고든법, 시네틱스법, 매트릭스법 등 창의적 사고와 아이디어 발상의 무수한 방법론이 있다. 여기에서는 쉬플리가 사용하는 일관성 있고 효과적인 아이디에이션을 위한 툴을 소개한다.

메시지를 스토리로 만드는 아이디에이션 과정은 프레임 → 연상 → 연결이다.

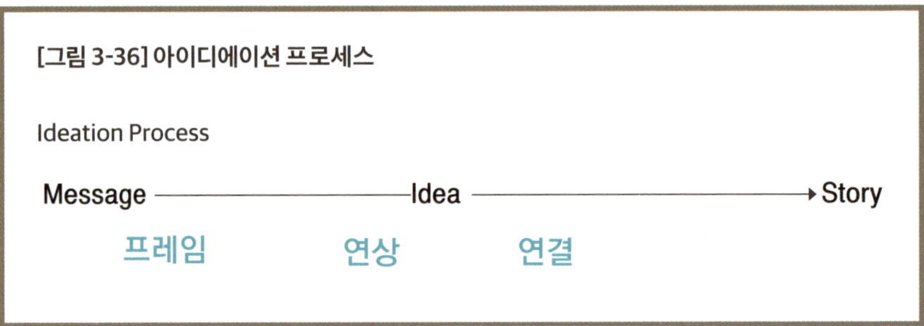

프레임_{Frame}

프레임은 발산의 범위를 제한하기 위한 장치다. 앞 단계에서 도출한 메시지의 키워드를 프레임으로 보면 된다. 이 방법은 여러 가지 이점이 있다.

- 어디에서 출발해야 할지 모르는 경우 시작점이 될 수 있다.
- 발상을 하다 보면 핵심을 벗어나기 쉬운데 메시지의 키워드를 범위로 하기 때문에 핵심을 벗어나지 않는다.
- 발상을 광범위하게 할 경우 수렴하는 것에도 그만큼 에너지가 드는데 이 두 방향의 에너지를 모두 줄여준다.

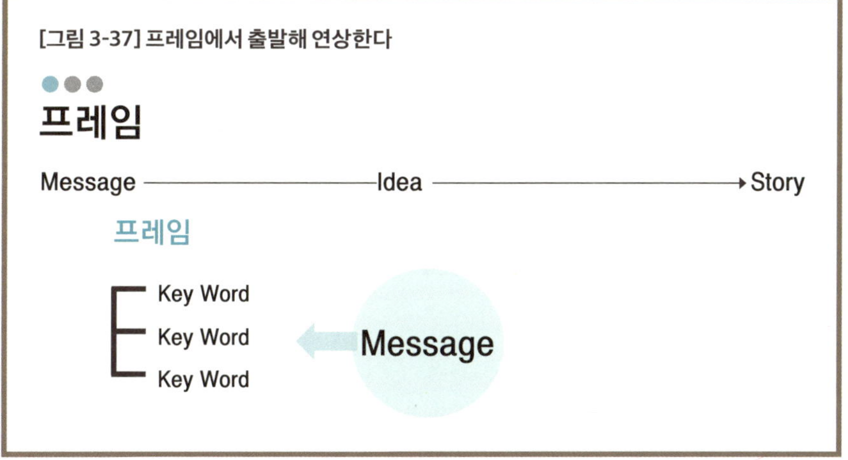

연상

프레임에서 출발해 연상한다. 즉 키워드에서 출발해 비교, 비유·상징, 숫자 등을 통해 아이디어를 쏟아내는 것이다. 모든 키워드를 할 필요는 없다. 아이디어를 통해 표현하고 싶은 핵심 키워드만 해도 된다.

- 비교: 상대적으로 좋은 점이나 나쁜 점을 강조해야 할 경우
- 비유·상징: 이해나 공감이 중요한 경우
- 숫자: 사실감, 신뢰감 형성이 필요한 경우
- 사건·인물: 청중들에게 자극이 될 만한 관련 사건이나 인물이 있을 경우
- 언어유희: 언어 리듬이 보이는 경우

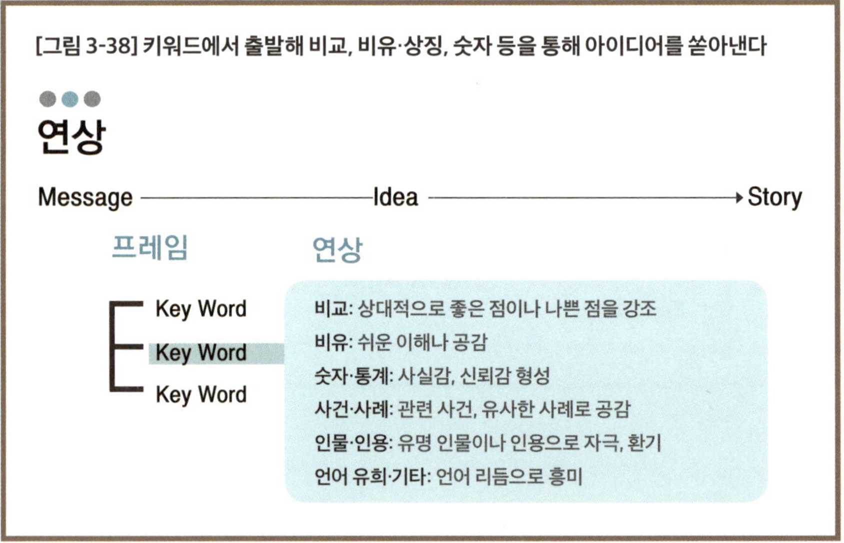

[그림 3-39] 비교 방법을 사용한 연상 사례

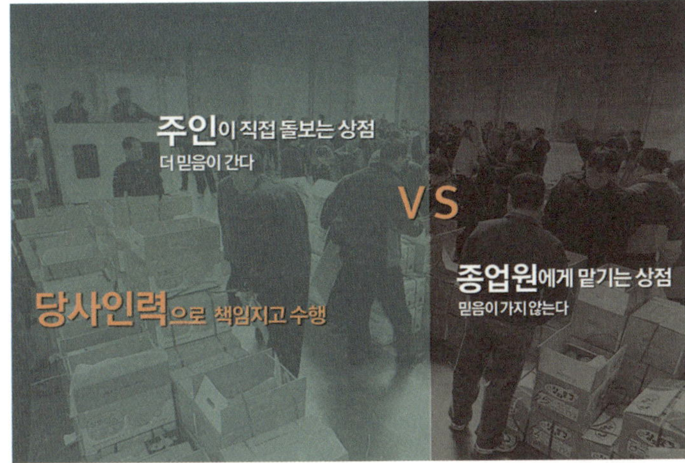

입찰 참여사가 모두 컨소시엄으로 구성되는 사업 중 경쟁사들에 비해 당사인력의 비중
이 큰 경우 [그래서 주인이 직접 돌보는 상점과 종업원에게 맡기는 상점]으로 제안사와
경쟁사를 비교했다.

[그림 3-40] 비유 방법을 사용한 연상 사례

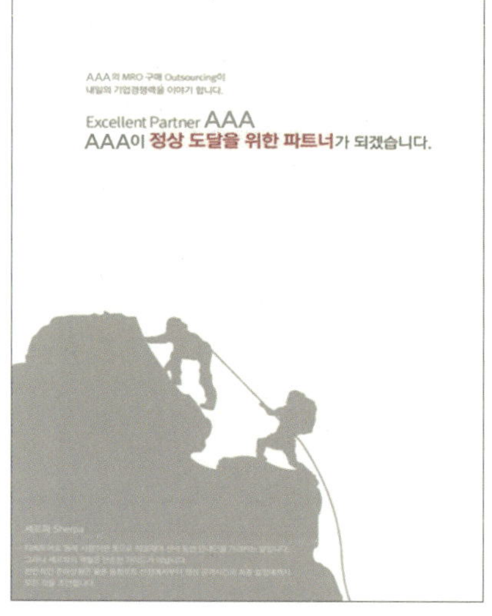

고객의 파트너가 되겠다는 의지를 등반에서 산악인을 돕는 쉐르파를 통해서 비유했다.

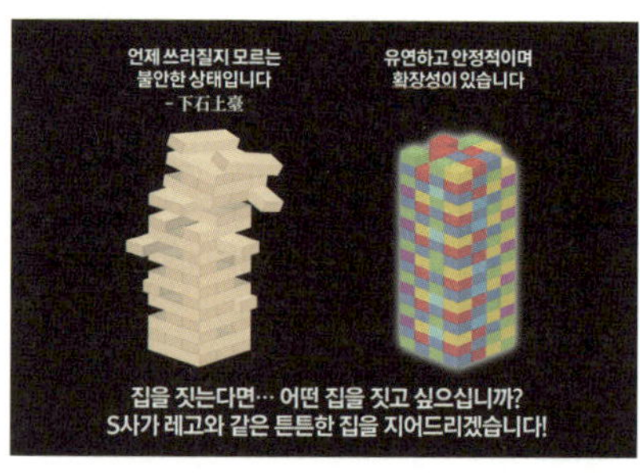

시스템구축 사업에서 튼튼한 시스템을 구축하겠다는 표현을 젠가를 통해 비유했다.

인프라를 구축사업에서, 인프라사업의 상징이 되는 다리를 통해 비유했다.

[그림 3-41] 숫자·통계 방법을 사용한 연상 사례

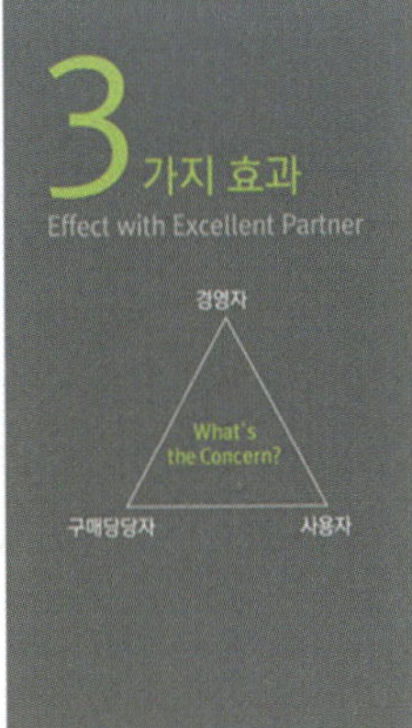

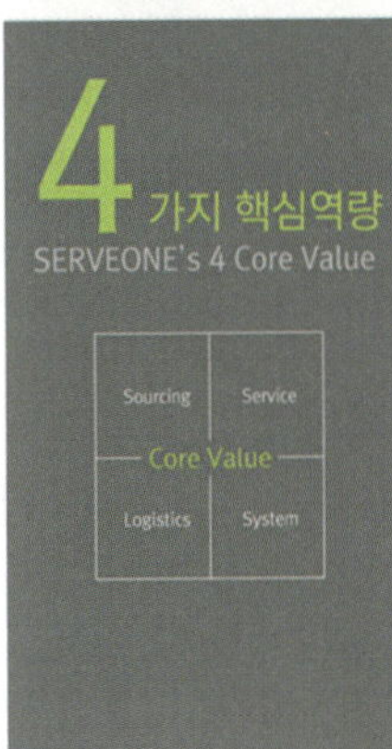

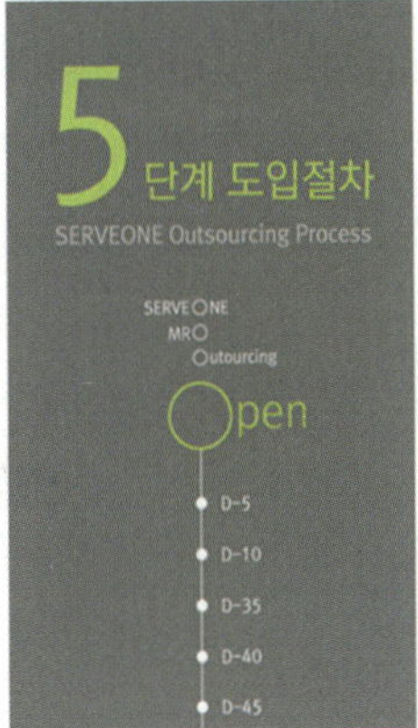

실제적인 숫자는 신뢰성을 준다. 숫자를 컨셉으로 엮는 것은 논리와 흥미를 더해주기도 한다. 제안 전체를 숫자를 통해 스토리화 한 사례이다.

1위 기업… OOO(업계 1위를 하는 기업이다)

2:8법칙 MRO(산업에 대한 소개 부분, MRO 사업을 2:8 법칙으로 설명)

3가지 효과(고객이 받을 효용을 3가지로 정리)

4가지 핵심역량(제안사의 핵심역량을 4가지로 정리)

5단계 도입 절차(도입 절차를 5단계로 정리)

[그림 3-42] 사건·사례 방법을 사용한 연상 사례

기존사업자가 고객사에게 공감을 얻기 위한 함께 한 30년, 함께할 30년이라는 문구를 통해 감성을 터치한다. 물론 30년이라는 시간은 단발적인 사건이 아니라 역사적 흐름이지만 사건으로 분류했다.

[그림 3-43] 인물·인용 방법을 사용한 연상 사례

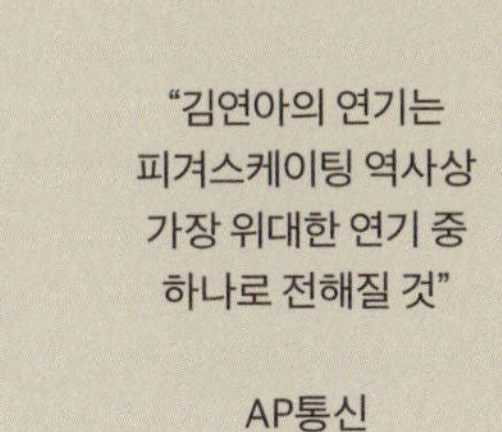

경쟁자가 외국 합작 투자회사인 경우 경쟁사를 의식하여 제안사는 한국토종회사로서 한국의 기술로 사업이 가능하다는 것을 강조하기 위해 당시 급부상인 김연아를 통한 스토리의 사례

연결

마지막으로 발상한 아이디어 중 가장 적합한 것을 나머지 키워드와 연결하면 된다. 이 연결이 스토리인데 연결하는 방법은 스토리 개발 툴을 사용한다.

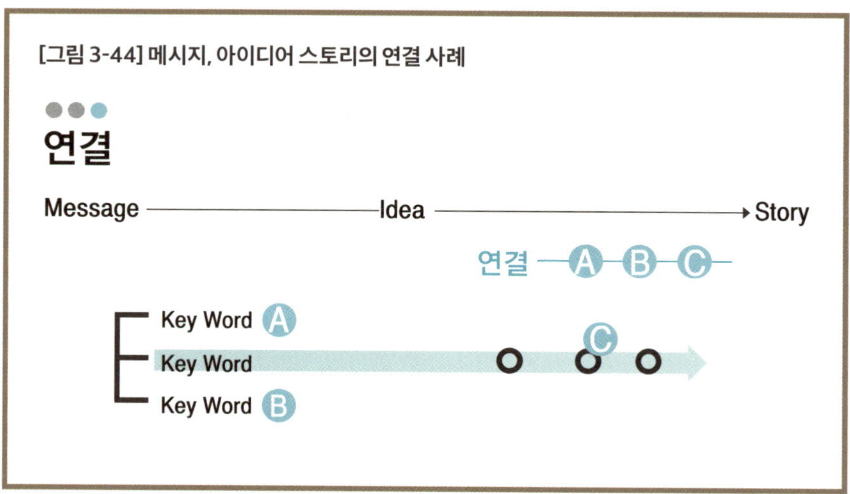

3.5.6 스토리 개발 툴

메시지 워크시트를 통해 도출된 메시지를 스토리 워크시트의 키워드에 적용한다.

[그림 3-45] 스토리 개발 툴

Worksheet _Story

①틀		②창	③연상	④연결
Message	Key Word			
		비교		Story
		비유		
		숫자·통계		
	○	사건·사례	Ⓒ ○ ○ ○	A-B-C
		인물·인용		
		언어 유희·기타		
	Ⓐ			
	Ⓑ			

3.5.7 툴을 사용한 스토리 개발 사례

지금까지 설명한 툴을 사용하는 방법은 〈외교통상 자료의 효율적 활용방안〉 프로젝트에서 오프닝 메시지를 개발하는 사례를 통해 이해를 돕고자 한다. 이 프로젝트는 외교 자료의 DB화와 시스템화가 잘 돼 있지 않은 데서

오는 문제점을 해결하기 위한 앞으로의 해결 방안에 대한 내용이다.

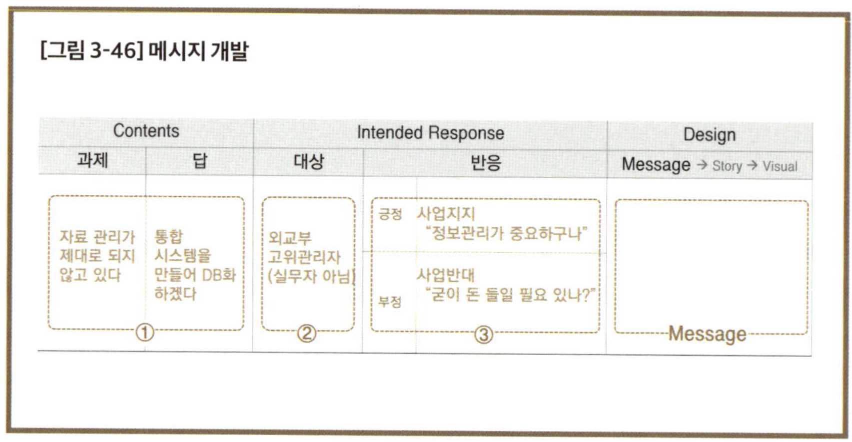

[그림 3-46] 메시지 개발

주의할 점은 발표 제목이 '효율적 활용 방안'이라고 해서 '효율적으로 활용하기 위한 방안'에 초점을 두어 설명하면 안 된다는 것이다. '오프닝에서 청중들을 집중시키기 위해 어떤 메시지를 전달하면 좋을까?'라는 접근이 필요하다.

①, ②, ③의 키워드는 각각

① 자료 관리 / DB / 시스템

② 외교

③ 중요

이다. 이들을 연결하면 '자료 관리 시스템은 외교하는 사람들에게 중요하다'가 전달하고 싶은 메시지로 도출된다. 여기에 강한 자극을 위해 '중요하다'를 '이기고 지는 것'으로 극단적으로 느껴질 만큼 한 번 더 강조해 다음과 같은 메시지를 사용했다.

'외교에서 자료 관리 잘하면 이기고 못하면 진다.'

'자료 관리 시스템은 외교하는 사람들에게 중요하다'는 메시지가 굳이 이런 과정을 거쳐서 나올 필요가 있겠나 싶을 만큼 당연해 보일 수도 있다. 하지

[그림 3-47] 콘셉트 정의와 도출 프로세스의 중요성

대상을 …

고려하지 않은 PT	발표 제목 그대로 외교통상 자료의 효율적 활용 방안을 보여주는 경우 많음 → 기술적 관점에서 설명 → 청중들 지루함(설득력 약함)
명확히 하지 않은 PT	효율화 시스템으로 자료 관리가 쉽다 → 자료 관리 관점에서 설명 → 실무자에게 설득력
명확히 한 PT	효율화 시스템으로 외교를 잘할 수 있다 → 외교 관점에서 설명 → 주요 대상인 장관, 외교관 등에게 설득력

대상과 반응을 명확히 정의하고 의도된 반응을 이끌어내기 위한 메시지를 개발하지 않을 경우, 효과적인 메시지를 도출하지 못할 가능성이 높다.

만 이렇게 대상과 반응을 명확하게 정리하지 않았을 경우 메시지의 방향이 다음과 같이 흐르기 쉽다. 실제로 첫 번째 케이스인 기술에 관한 발표를 한다는 이유로 청중에 대한 고려 없이 무조건 기술설명만 하는 슬라이드는 너무나 익숙하게 볼 수 있다.

스토리 개발 프로세스

도출됐던 메시지는 '외교에서 자료 관리 잘하면 이기고 못하면 진다'였다. 이 메시지의 키워드는

- 외교

- 자료 관리 잘하면 / 못하면

- 이기고 / 진다

이다. 워크시트에도 이 키워드를 기입해보자.

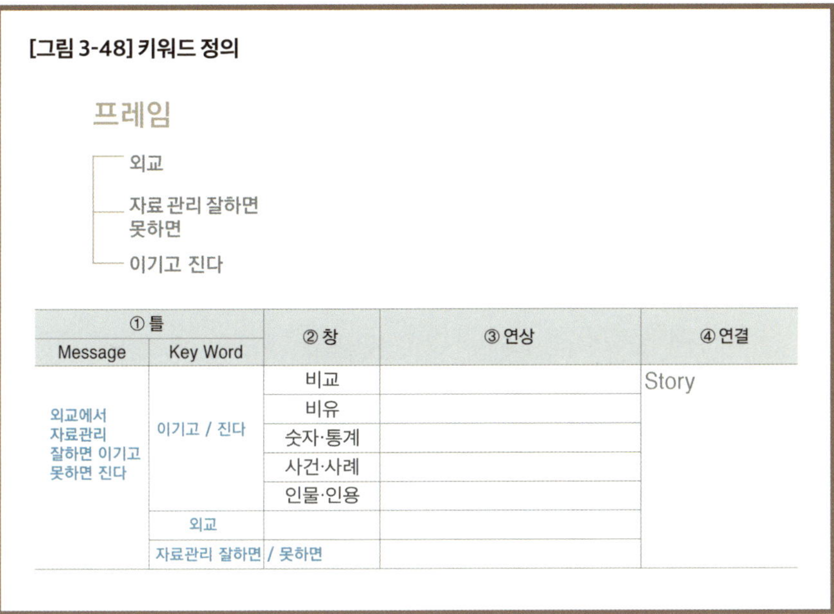

다음은 핵심 키워드에서 아이디어를 연상할 방법을 선택한다.

'이기고/진다'를 핵심 키워드로 하고 '비유'를 통해 아이디어를 연상하기로 했다. '이기고 진다'를 비유로 나타낼 수 있는 것은 칼/방패, 가위바위보, 스포츠, 전쟁… 등이 나왔다.

①틀		②창	③연상	④연결
Message	Key Word			Story
외교에서 자료관리 잘하면 이기고 못하면 진다	이기고 / 진다	비교		
		비유	칼, 방패 가위바위보 스포츠 전쟁	
		숫자·통계		
		사건·사례		
		인물·인용		
	외교			
	자료관리 잘하면 / 못하면			

마지막으로 적합한 아이디어를 선택하고 나머지 키워드들과 연결하면 스토리가 완성된다. 가위바위보를 아이디어로 적합하다고 판단하고 선택했다. 왜냐하면 손가락의 수를 자료의 수와 연결하기 위해서이다.

외교에서 자료를

2개 찾으면 손가락 2개: 가위 → 바위에 짐

5개 모두 찾으면 손가락 5개: 보 → 바위에 이김

이것이 스토리다.

이 과정을 거쳐 만든 실제 슬라이드는 다음과 같다.

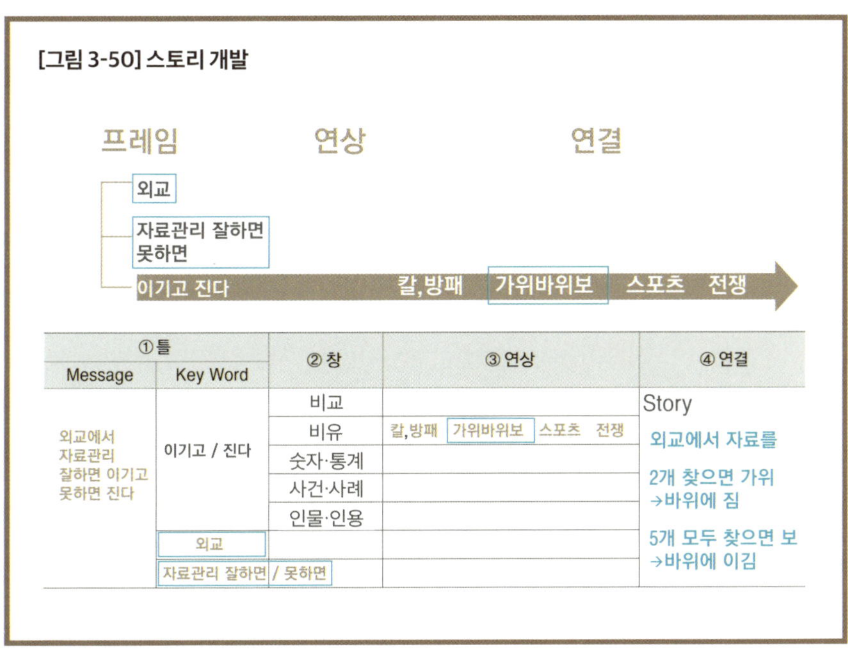

①틀		②창	③연상	④연결
Message	Key Word			
외교에서 자료관리 잘하면 이기고 못하면 진다	이기고 / 진다	비교		Story
		비유	칼,방패 가위바위보 스포츠 전쟁	외교에서 자료를
		숫자·통계		2개 찾으면 가위 →바위에 짐
		사건·사례		
		인물·인용		5개 모두 찾으면 보 →바위에 이김
	외교			
	자료관리 잘하면 / 못하면			

[그림 3-51] 스토리를 기반으로 한 슬라이드 사례

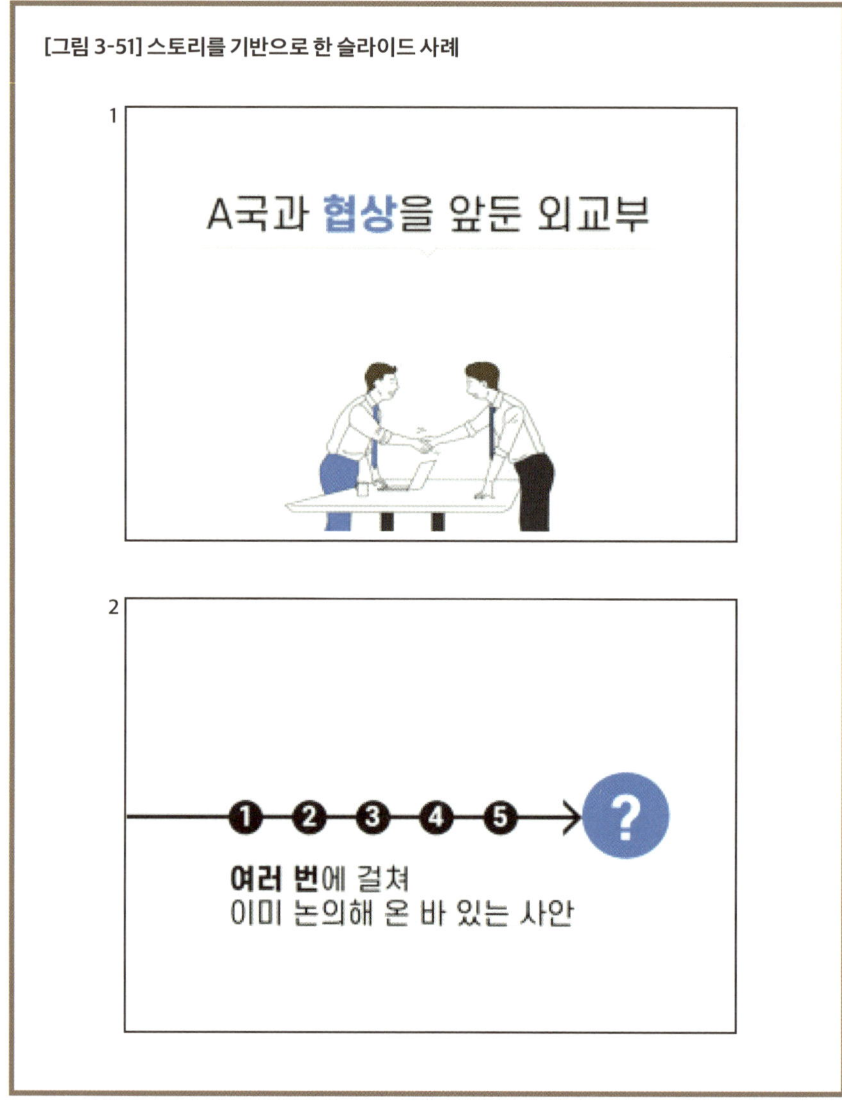

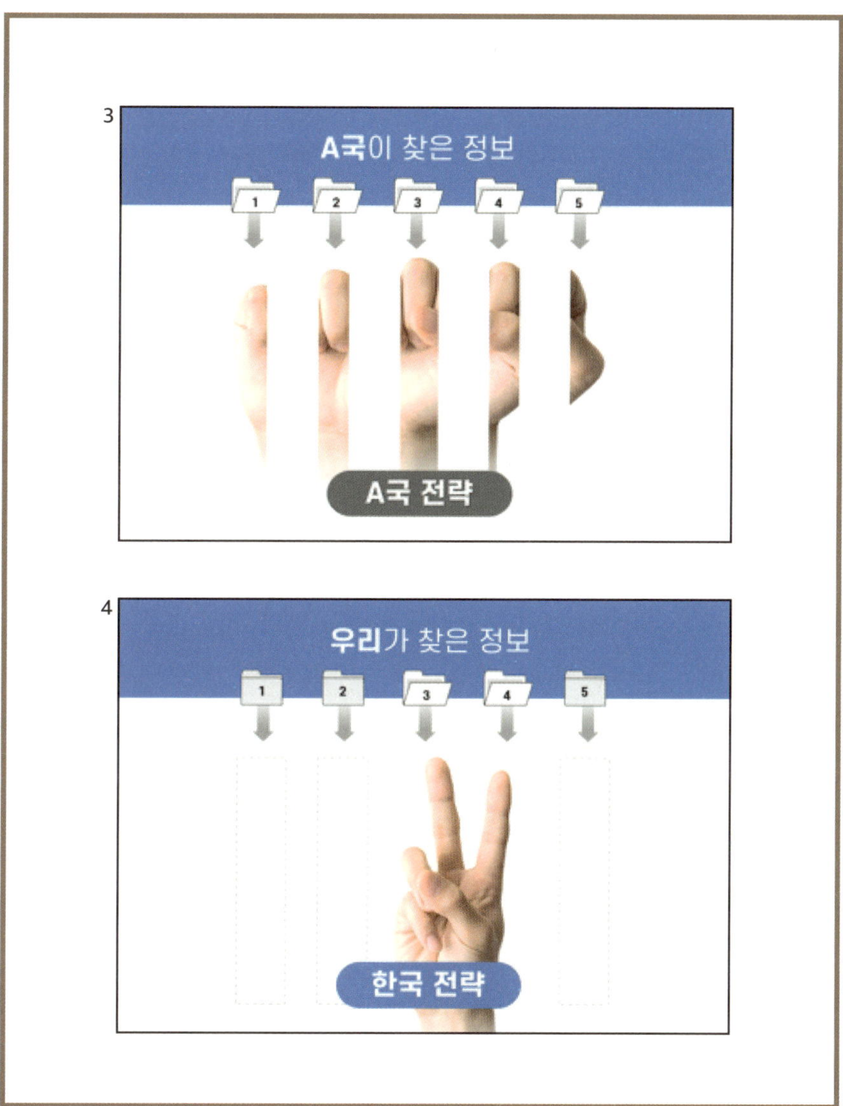
3
A국이 찾은 정보
1
2
3
4
5
A국 전략
4
우리가 찾은 정보
1
2
3
4
5
한국 전략

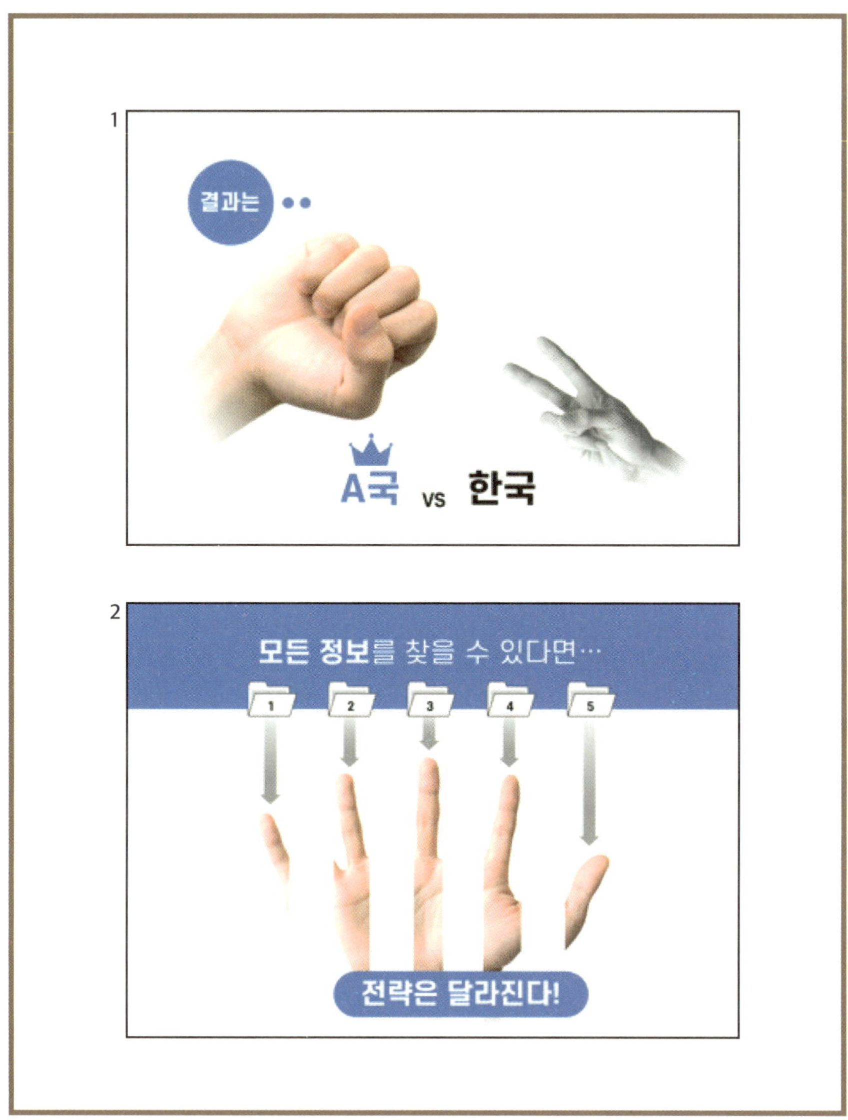
1
결과는

A국 vs 한국

2
모든 정보를 찾을 수 있다면…
1 2 3 4 5
전략은 달라진다!

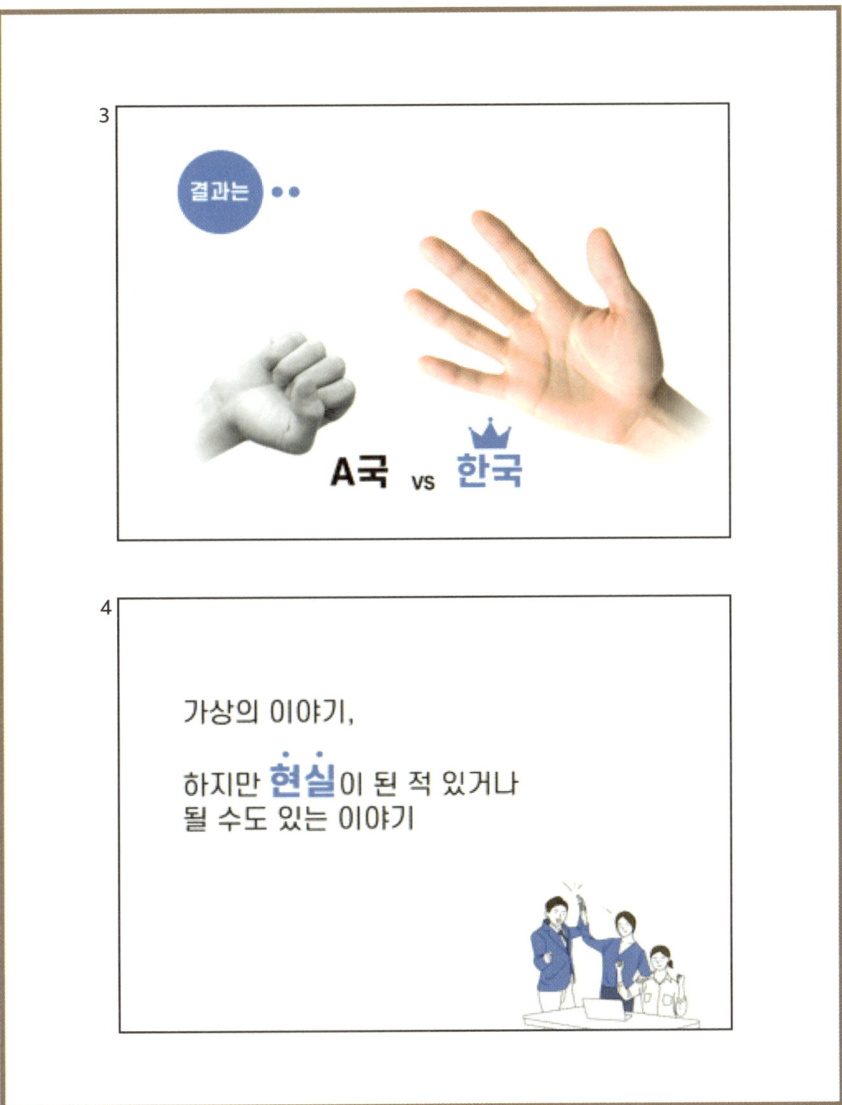
3
결과는 ‥
A국 vs 한국
4
가상의 이야기,
하지만 현실이 된 적 있거나
될 수도 있는 이야기

3.5.8 프로젝트 슬로건 개발

PT가 끝나고 제안한 3~5가지의 항목을 평가자가 다 기억하면 좋을 것이다. 하지만 평가자는 몇 개의 제안사 내용을 듣다 보면 어느 회사가 무엇을 주장했는지조차 기억하기 어려운 상태가 되기 십상이다. 이를 위해 캐치프레이즈를 제작해 홍보성 문구로 활용함으로써 평가자의 기억에 남기는 방법도 있다. 슬로건은 5단어 이내로 짧아야 하며 쉬운 단어를 사용해야 한다.

경쟁 PT에서 슬로건 제작 사례는 다음과 같다.

> **(1) 고객사의 비전을 바탕으로 프로젝트 속성을 반영해 제작**
>
> 예)
>
> - 세계 5대 미술관으로!
> - Clean Water, Fresh Bucheon
>
> **(2) 당사의 핵심 차별화 요소로 제작**
>
> 예)
>
> - 10배 빠릅니다!
> - 언제 어디서나 AA 모바일!

3.6

내용과 스크립트 리뷰

3.6.1 리뷰 방법에 따라 품질과 일정이 달라진다

빔 프로젝트로 여러 사람이 함께 프레젠테이션을 보면서 몇 페이지를 넘기지 못하는 경우 리뷰인지 논쟁인지 알 수 없는 회의, 혼내는 것인지 리더십 리뷰인지 모르는 분위기, 프레젠테이션을 준비해본 사람들은 대부분 리뷰 회의Milestone Review에 대해 이와 같은 회의적인 시각들을 가지고 있다.

그럼에도 프레젠테이션 리뷰는 규모가 클수록 관여하는 사람이 많을수록 더 중요하고 꼭 필요하다. 작성하는 사람은 최선을 다해서 제안서를 작성하느라 스스로 리뷰하기 힘들다. 그러므로 제안팀 외부에서 단계별 리뷰를 정확히 해야 프레젠테이션의 품질이 개선된다. 리뷰가 중요한 또 하나의 이유는 잘못된 리뷰가 프레젠테이션 개발을 혼돈에 빠뜨리는 경우가 많기 때문이다.

3.6.2 프레젠테이션의 표준 리뷰 시스템을 수립하라

주요 리뷰는 각 개인들에게 공통된 전략을 통해 경쟁자가 할 수 없는 차별화된 프레젠테이션을 개발하게 한다. 비즈니스 규모나 성격에 따라 리뷰의 시기와 횟수에 대한 주요 시점은 다르겠지만, 모든 조직은 반드시 의사결정 주요 시점, 형태 및 검토의 기준을 결정해서 리뷰를 실행해야 한다.

각 리뷰에서는 일관된 프로세스를 따르라

리뷰의 종류에 상관없이 동일한 프로세스를 사용해야 한다. 리뷰의 표준 프로세스는 준비→실행→피드백 제공이다.

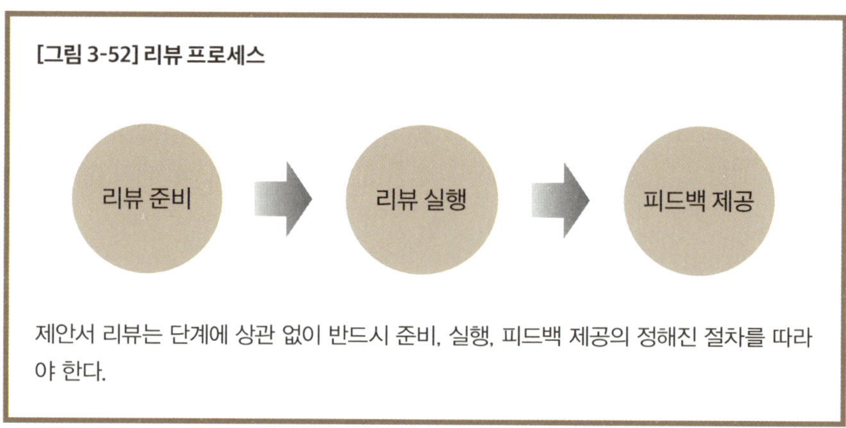

제안서 리뷰는 단계에 상관 없이 반드시 준비, 실행, 피드백 제공의 정해진 절차를 따라야 한다.

리뷰 준비

제안팀과 리뷰팀에게 어떤 결과가 나와야 하며, 어떻게 진행해야 하는지를 준비시킨다. 또한 어떻게 해야 생산적인 리뷰가 될 수 있는가를 주지시킨다.

리뷰팀에게 반드시 요청해야 할 것은 '무엇이 잘못됐는가?'가 아니라 '어떻게 개선할 것인가?'에 대한 의견이다.

리뷰 실행 / 피드백 제공

제안 현장에서 생산적인 리뷰는 매우 중요하다. 대체로 말로만 문제점을 지적하는 리뷰 의견은 별반 도움이 되지 않는다. 도움이 되는 리뷰 의견은 문서화된 대안을 제시하는 리뷰이다. 말로 때우는 대안 없는 '지적질'은 대충 무시해도 된다.

각 분야의 전문가를 리뷰 팀 멤버로 선발하라

다양한 전문성을 가진 멤버들이 리뷰에 참여할수록 프레젠테이션의 품질은 큰 폭으로 개선된다. 적어도 다음 사람들이 참여할 수 있도록 노력한다.

- 고객의 비즈니스와 니즈를 이해하는 사람
- 자사 및 경쟁사의 솔루션 전문가
- 자사 및 경쟁사의 관리 분야 전문가

- 자사 및 경쟁사의 비용 분야 전문가
- 제안 및 PT 전문가

또한 리뷰를 잘하는 만큼 중요한 것은 사전에 나쁜 리뷰를 잘 통제하는 것이다. 리뷰에 참여할 리더십을 선별하고, 이들만 리뷰에 참여하게 한다.

3.6.3 핵심 단계별 리뷰 항목을 수립하라

- 블루팀 리뷰(전략 리뷰): 개발된 전략을 검토하고 승인
- 핑크팀 리뷰(프레젠테이션 플래너 리뷰): 프레젠테이션 플래너를 숙지하고 검토해 전략과 고객의 요구 사항이 모두 구현됐는지 확인, 키Key 슬라이드가 메시지 전달에 오류가 없는지 확인
- 레드팀 리뷰(슬라이드 리뷰): 슬라이드 검토를 통해 평가위원에게 받을 점수를 예측해 품질을 개선

블루팀 리뷰 - 전략 리뷰

블루팀 리뷰의 목적은 영업 정보(캡처 플랜Capture Plan) 검토를 통해 제안 전략과 자사 솔루션의 타당성을 검토하는 것이다. 리뷰를 통해 고객이 선호하는 포지션을 위해 앞으로 우리가 어떤 일을 해야 할 것인가를 결정해야 한다. 제안서 작성 후 제안서를 설명하는 프레젠테이션을 준비하는 경우는 제안서 작성 시 제안 전략이 분명했다면 본 단계를 생략할 수 있다.

[표 3-3] 핵심 단계별 리뷰 내용

프로세스	전략 리뷰	PT 플래너	슬라이드 리뷰
단계 Phase	블루팀 리뷰 Blue Team Review	핑크팀 리뷰 Pink Team Review	레드팀 리뷰 Red Team Review
주요 내용	전략 리뷰	PT 플래너 리뷰	슬라이드 리뷰
주요 활동	영업 정보Capture Plan 검토와 제안 전략 승인	PT 플래너의 고객의 요구 조건 및 개발된 전략의 반영 여부를 확인	템플릿, 제목, 주제문, 요약, 비주얼 검토
의사 결정 Milestone	전략 승인	제안 전략 반영 여부 피드백	슬라이드 품질 검토

정확하게 실행된 리뷰는 제안서를 개선하는 가장 효과적인 방법이다. 모든 리뷰는 준비, 실행, 피드백의 3단계로 이뤄지는데, 각 단계에는 분명한 목적이 있어야 한다. 각 리뷰에서 좋은 결과를 얻기 위해서는 적절한 시간에 적절한 리뷰를 하는 것이 필요하다.

핑크팀 리뷰 – PT 플래너 리뷰

핑크팀 리뷰는 슬라이드 초안이 나오기 전에 완성된 프레젠테이션 플래너를 검토하는 것으로써 수립된 전략이 섹션의 내용에 실제로 구현됐는지 확인하기 위해 필요하다. 당연히 핑크팀 리뷰의 멤버들도 제안서팀과는 별도의 인원으로 이루어져야 하지만, 종종 팀 멤버 중에서 선발하기도 한다. 단, 이들은 자신이 작성한 이외의 부분을 검토해야 한다. 핑크팀 멤버는 고객의 요구 사항을 포함한 RFP, 자사의 전략 등 기본적인 사항을 명확히 알고 있어야 한다.

레드팀 리뷰 – 슬라이드 리뷰

레드팀 리뷰의 멤버들은 블루팀 멤버와 중복돼도 괜찮다. 효과적인 리뷰를 위해서 이들은 고객, 경쟁사, 우리 조직의 현황, 기술 및 전략에 능통해야 한다. 시기적으로는 슬라이드가 3분의 2 정도 완성됐을 때 진행하는 것이 효과적이다. 일정이 촉박할 경우에는 목업 전체는 완성된 상태에서, 중요 슬라이드는 완성되고, 시작과 마무리는 아이디어 구상이 완료된 시점에 해도 괜찮다.

레드팀 운영 시 만약 의견이 다르다면 끝까지 팀 내부에서 논의를 거쳐 단일한 의견을 도출하고, 이를 반드시 문서로 제시해야 한다. 이 시기에는 레드팀의 피드백 결과를 각 작성자들이 다시 반영하기보다는 한 개인 혹은 소수 인원이 일괄 반영하는 것이 더 효과적이다.

[표 3-4] 리뷰 단계별 해야 할 일과 체크리스트

No	세부 단계	해야 할 일	체크리스트
1	블루팀 리뷰	전략 리뷰Capture Plan 검토를 통한 제안 전략을 승인	• 개발된 전략이 경쟁사를 압도할 수 있는 승부수로 충분한가? • 고객의 니즈와 요구 조건을 충족하는 전략이 개발되었는가? • 전략이 제안 내용으로 충분한가?
2	핑크팀 리뷰	PT 플래너 리뷰	• 미리 PT 플래너를 준비한다. • 간단한 미팅을 통해 리뷰계획을 공유하고, 리뷰팀 멤버들이 맡은 섹션을 확인한다. • 리뷰팀은 멤버들의 의견을 문서화한다. • 리뷰 의견을 제안팀에게 제공하고 설명한다.
3	레드팀 리뷰	슬라이드 리뷰	• 계획을 철저히 수립한다. • 리뷰팀 리더를 결정한다. • 레드팀 멤버는 초기에 결정하여 킥오프 미팅과 핑크팀 리뷰에 참여시킨다. • 적어도 리뷰 3일 전에 리뷰할 PT 슬라이드를 전달한다. • 고객의 RFP 및 평가 기준을 아는 사람으로 레드팀 멤버를 구성한다. • 고객의 RFP에 기초하여 구조화된 평가표를 활용한다. • 정량평가, 정성평가를 모두 한다. • 제안팀에 공식적인 피드백을 제공하는 시간을 갖는다. • 제안팀이 납득할 수 있는 대답을 준비한다.

블랙햇 리뷰(경쟁사 분석 리뷰)

블랙햇 리뷰는 경쟁사가 구사할 것으로 예상되는 전략 및 솔루션을 검토하고 제안팀의 제안 전략을 피드백하기 위해 필요하며 프레젠테이션 작성 기간 동안 수시로 진행할수록 좋다. 블랙햇 리뷰의 멤버들은 제안서 팀과는 별도의 인원으로 고객과 경쟁사에 대한 전문가들로 구성돼야 한다.

리뷰 관점(전략적 측면)

- 경쟁 구도를 어떻게 형성할 것인가?
- 경쟁사의 예상 솔루션은?
- 경쟁사에 대응하기 위해 준비해야 하는 기술, 가격, 위험, 실적은?
- 경쟁사 공략Ghost의 포인트는 무엇인가?
- 고객은 경쟁사와 우리 중 누구를 선호하는가?
- 경쟁사가 기존 공급자일 경우 그 위치를 어떻게 흔들 것인가?
- 자사가 기존 공급자일 경우 어떻게 그 위치를 사수할 것인가?
- 어떻게 유력한 후보가 될 것인가?
- 경쟁사의 광고와 프로모션에 어떻게 대응할 것인가?

Lesson Learned 리뷰

Lesson Learned 리뷰는 현재 완성된 제안서 작업을 통해 얻은 시사점들을 가지고 향후 제안과 관련한 프로세스, 전략, 인력 운용이 어떻게 개선될 수 있을지에 대해 검토하기 위해 필요하다. 이 리뷰의 멤버들은 사전 영업조직과 제안서 작성팀 멤버들이다. 제안서가 완성된 후 가능한 빠른 시간 내에 하는 것이 효율적이다.

리뷰 관점(시사점 정리)

체크리스트

- 우리의 전략은 얼마나 '정확'했는가?
- 고객과 경쟁사에 대한 정보는 정확하고 유용했는가?
- 우리의 비용은 고객의 예산에 부합했는가?

CHAPTER 04

제안 디자인

4.1

제안 디자인의 이해

쉬플리 코리아에서 설문조사를 한 결과 슬라이드 개발 시 가장 어려운 점은 슬라이드 디자인과 스토리 개발, 효과적 전략 표현으로 나타났다.

화려한 슬라이드가 좋은 디자인을 의미하지 않는다

한국의 제안 디자인은 지나치게 심미적 목적으로 접근하고 있는 문제가 있다. 수많은 디자인 요소로 내용을 가리거나 '돈을 들였으니 티가 나야지…' 하는 생각으로 좀 더 멋있고 화려해 보이는 디자인이 더 비싸고 잘하는 디자인처럼 인식해 선호한다.

그러나 주관적 취향에 기준한 디자인을 평가자가 선호한다는 보장이 어디 있는가? 제안 디자인의 목적은 심미적 아름다움으로 평가자에게 호소하는 것이 아니다. 제안 프레젠테이션의 슬라이드는 고객과 소통하는 비즈니스 문서이다. 화려한 슬라이드가 좋은 제안 디자인이라는 사고를 확실하게 바꿀 필요가 있다.

쉬플리코리아 설문조사

Q : 슬라이드 개발 시 가장 어려운 점은 무엇입니까?

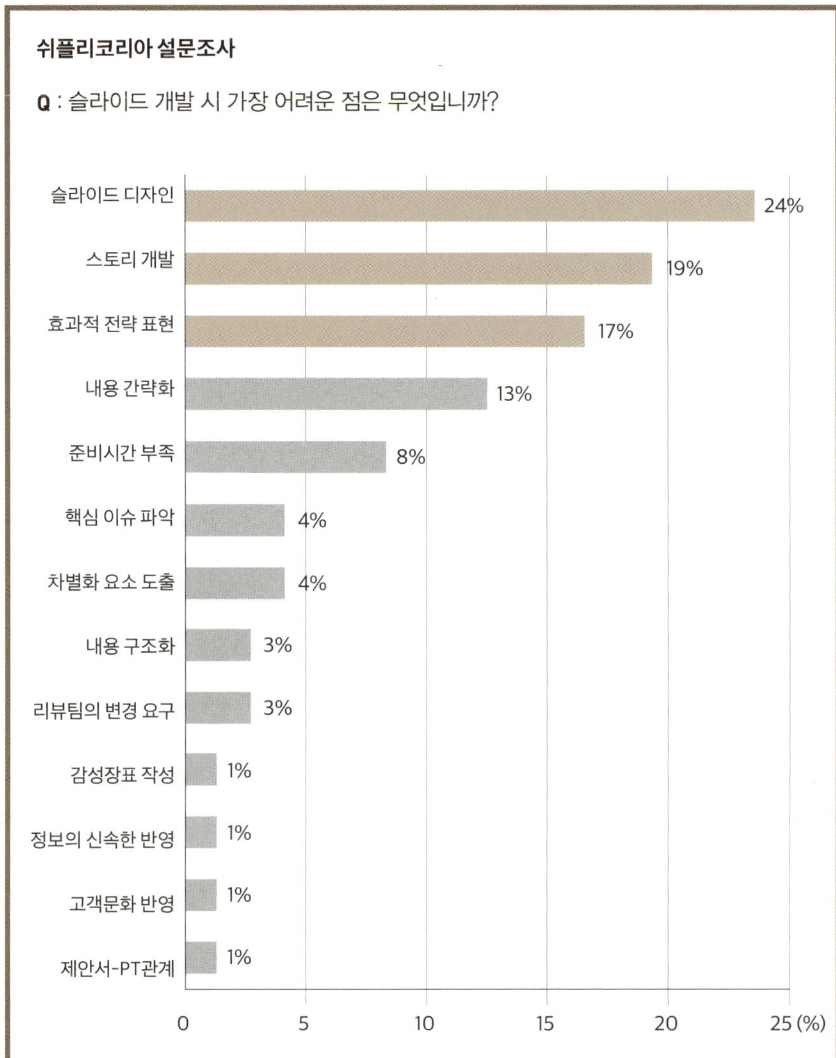

A : 슬라이드 디자인, 스토리 개발, 효과적 전략표현이 가장 어렵다. 가장 어려워하는 3가지는 위 항목이었으며 기타로 제안서의 많은 내용을 PT로 간략화하는 것, 준비 시간이 부족한 것 등의 어려움을 답변했다.

제안 디자인은 일반 디자인과 다르게 접근해야 한다. 또한 일반 프레젠테이션 디자인의 원리를 무조건 제안 프레젠테이션에 대입하면 적합하지 않을 가능성이 있다. 다른 목적, 다른 환경에 맞는 디자인 원리를 적용해야 한다.

4.1.1 내용 전달이 목적인 디자인

20세기 여성 패션의 혁신가 샤넬은 다음과 같은 말을 남겼다.

"패션은 패셔너블해 보이지 않기 위한 것이다. 허름한 드레스를 입으면 그 옷을 기억하지만, 멋진 드레스를 입으면 그 여자를 기억한다."

어떤 사람을 보았을 때 '패션이 엉망이군'보다는 '패션 참 멋지군'이라는 인상을 주게 만드는 것이 더 나은 패션일 것이다. 그러나 최고의 패션은 그 사람의 옷이 드러나는 것이 아니라 옷을 통해 사람을 돋보이게 만들고 기억하게 하는 것이라는 의미다.

제안 디자인도 마찬가지다. 제안서나 프레젠테이션 슬라이드를 보았을 때 '디자인이 엉망이군'보다는 '디자인 참 멋지군' 하는 반응을 일으키는 것이 더 나은 디자인이다. 하지만 디자인이 자체가 아닌 '이 제안의 핵심은…, 이 제안의 전략은…'처럼 내용에 초점을 맞추게 하고 기억하게 만드는 것이 최고의 디자인이다.

즉, 제안 디자인의 목적은 보기 좋은 슬라이드를 만드는 것이 아니라 수주를 도와주는 것이고, 디자인의 탁월함을 잘 드러내는 역할이 아니라 내용(전략)의 탁월함을 잘 드러내는 역할을 하는 것이다. 그러한 제안 디자인이 훌륭한 제안 디자인이다.

패션은 패셔너블해 보이지 않기 위한 것

허름한 드레스를 입으면 그 옷을 기억하지만,
멋진 드레스를 입으면 그 여자를 기억한다.

- 가브리엘 코코 샤넬

미니멀리즘을 추구하라

예술 분야에서 간결함을 지칭하는 말로 미니멀리즘Minimalism이라는 용어가 있다. 디자인이나 예술 전체로 볼 때 미니멀리즘은 하나의 트렌드라고 볼 수도 있지만, 제안 디자인에서는 이 간결함이 핵심이라고 할 수 있다. 왜냐하면 간결함은 사물을 명확하게 만드는 강력한 힘이 있고, 간결하게 디자인된 슬라이드는 평가자를 시각적으로 분산시키지 않고 핵심 메시지에 집중시키기 때문이다. 이러한 간결함을 적용하면서 전체적으로 허전한 느낌을 주지 않도록 하는 제안 디자인이야말로 가장 실력 있는 디자이너들이 구현해내는 기술이며, 제안 프레젠테이션 디자인을 위해 지불한 돈의 가치를 하는 디자인일 것이다.

미니멀리즘은 무조건 심플하게 만드는 것과는 다르다. 앞서 인용한 코코 샤넬의 말과 반대의 예가 있다. 패션쇼의 경우 사람이 아닌 옷을 드러내기 위해 모델들이 무표정을 하고 무색조(누드) 화장을 한다. 이 둘의 공통점은 본질을 드러내는 데 있다. 이처럼 내용과 상관없는 비본질적인 요소들을 세심하게 제거하고 핵심 내용을 드러내는 디자인이어야 한다는 것이다.

100가지 컬러를 넣은 디자인도 미니멀리즘의 결과가 될 수 있다. 문제는 포함된 디자인의 요소가 본질적인 것인가? 내용 또는 콘셉트의 전달을 위해 꼭 필요한 요소인가 하는 점이다. 이처럼 미니멀리즘은 단지 100가지 컬러 대신 한 가지 컬러를 사용하는 것이 아니라 100가지 컬러 중 비 본질적인 요소를 세심하게 제거하는 과정을 통해 이르는 것이다. 결론적으로 제안 디자인에서 미니멀리즘은 '최소한의 요소로 탈락 없이 메시지를 전달하는 것'이라고 정의할 수 있겠다.

특징이 아닌 효과 중심의 디자인 요소를 사용하라

앞의 2장에서 제안 프레젠테이션은 제안 내용의 특징이 아닌 효용 중심의 접근이 중요하다고 했다. 효용은 특징을 통해 결과적으로 고객이 얻게 될 이득이다. 즉, 효용 중심이라는 말은 목적 중심의 접근을 뜻한다.

제안 디자인에서도 같은 관점의 접근이 필요하다. 내용에서 목적이 효용이라면 디자인에서 목적은 효과이다. 그렇기에 제안 디자인도 요소의 특징이 아닌 효과 중심으로 접근해야 한다. 왜 그런가? 특징으로 접근할 때 표현 방법은 그 특징에서 잘 벗어나지 못하지만, 효과 중심으로 접근할 때 다양한 특징들이 창의적 아이디어로 나올 수 있기 때문이다. 예를 들어 어떤 컬러를 쓸까를 고민하면 그 결과가 컬러라는 범위에 한정된다. 반면 어떻게 강조할까를 고민하면 컬러, 이미지, 애니메이션, 스토리 등 다양한 특징을 가진 요소들 가운데 가장 적합한 것을 찾을 수 있게 된다.

또한 제안 디자이너 입장에서는 전문가로서 이렇게 효과 중심으로 접근하면 제안 현장에서 비일비재하게 일어나는 비전문가의 잘못된 디자인 요청을 올바르게 개선할 수도 있다. 일반적으로 비전문가는 디자인을 통해 표현하고 싶은 전략이나 내용을 설명하지 않고 직접적으로 원하는 디자인을 요

[그림 4-2] 디자인 요소를 효과 중심으로 사용해야 한다

특징

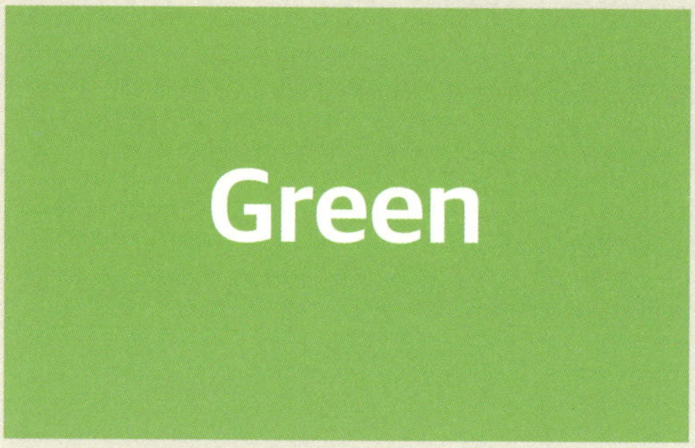

Green은 친환경적인 인상을 준다

효과

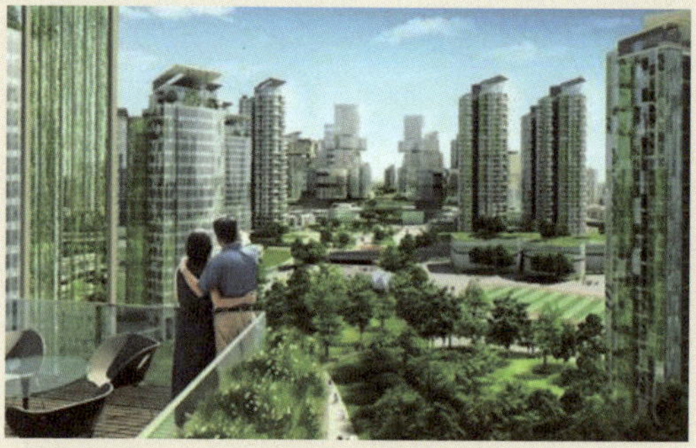

환경에 민감한 청중들에게 도시 개발에 대한 거부감을 감소시킬 수 있다.

그린 컬러의 특징은 친환경적인 인상을 준다는 것이다. Green 컬러 효과를 도시개발 프로젝트에 사용하면 환경에 민감한 청중들에게 도시개발에 대한 거부감을 감소시킬 수 있다. '환경에 민감한 청중들에게 도시개발에 대한 거부감을 감소시킨다'라는 효과를 줄 수 있는 방법이 무엇인가로 접근하면 그린 컬러를 사용하는 것 외에도 다양한 표현방법의 개발이 가능하다.

[그림 4-3] 본질적인 요구를 해결하라

- **고객의 요구** : 빌딩숲 이미지를 넣고 싶다

고객이 원하는 대로 그려주는 디자이너

왜 필요할까? 고민하는 디자이너는 그린 도시를 그릴 수 있다

디자인 비전문가는 전달하고자 하는 내용을 시각화하는 데 매우 비전문적이다. 이러한 비전문가가 요청하는 솔루션을 전문가인 디자이너가 그대로 받아들여 구현하지 않아야 한다. 개발 프로젝트에서 '빌딩숲 이미지를 넣고 싶다'는 요청에 '왜 빌딩숲 이미지가 필요할까'를 고민한 디자이너는 청중에게 개발된 도시의 강한 이미지가 오히려 거부감을 줄 수도 있다는 것을 생각하고 고객이 요구한 것 보다 더 나은 디자인을 제공해줄 수 있다.

청하는 경우가 많다. 그러나 비전문가의 요청은 적합하지 않은 경우도 많다. 이를 그대로 디자인으로 구현하게 되면 목적한 내용이 전달되기 어렵다.

이를 해결하기 위해서는 '왜'라는 질문이 필요하다. 고객의 요청에 대한 '근본적 이유'를 알아야 올바른 디자인을 제시할 수 있는 것이다.

4.1.2 경쟁 상황을 고려한 디자인

제안 프레젠테이션은 항상 경쟁 환경에서의 상대적 평가이다. 따라서 제안 디자인이 경쟁우위라는 것은 경쟁자보다 더 잘한 것을 의미한다. 그럼 상대보다 더 잘한 디자인은 어떤 것일까? 사람들이 가진 편견처럼 더 공을 들인 디자인이 아니다.

이를 설명하기 위해 두 소녀의 패션을 보여주며 어느 쪽이 더 나은가를 질문한다. 리본, 구두, 꽃 등 더 많은 요소로 잘 꾸몄다는 이유로 오른쪽의 소녀를 선택하는 사람들도 있고, 앞에서 미니멀리즘에 대한 설명을 했으므로 명확한 이유는 설명하지 못하지만 왼쪽의 소녀일 것 같다는 추측을 하는 사람들도 있다.

이어서 두 소녀의 배경인 해변을 보여주었을 때 사람들은 굳이 설명하지 않아도 왼쪽의 소녀가 더 나은 패션이라는 것을 안다. 왼쪽의 소녀가 상황에 더 적합한 옷을 입었기 때문이다.

다음 예시에서도 두 사람의 모습만 보여주었을 때는 어느 쪽이 나은가를 판단하기 어렵지만 상황을 보여줄 때 더 적합한 쪽이 명확해진다([그림 4-6] 의 참조). 제안 디자인도 마찬가지다. 상대보다 더 잘한 디자인은 많은 사람

[그림 4-4] 특별한 상황이 없을 때의 디자인

[그림 4-5] 특별한 상황이 주어졌을 때의 디자인

이 가진 편견처럼 더 많은 요소를 넣은 디자인이나 더 공을 들인 디자인이 아니다. 상대보다 더 잘한 디자인은 상대보다 더 적합한 디자인이다.

4.1.3 평가자 특성을 고려한 디자인

제안 PT의 청중은 평가자이다. 1장과 2장에서 평가자에는 통합적 평가자와 분석적 평가자가 있으며 제안 PT는 이 두 평가자 모두를 설득시켜야 한다는 것을 독자는 공감했을 터이다. 달리 표현하면 통합적 평가자는 우뇌형 사고로 설득, 공감 등 감성적인 판단을 하고 이를 뒷받침할 근거를 찾는 사고 순서를 진행하는 반면, 분석적 평가자는 좌뇌형 사고로 설명, 이해를 통한 인식을 통해 최종 판단을 하는 사람이다.

이러한 평가자의 유형을 고려할 때 제안 디자인은 통합적 평가자와 분석적 평가자를 모두 만족시키는 것을 도와주어야 한다. 통합적 평가자에게 신뢰, 공감을 얻을 수 있는 감성, 메시지, 스토리 등이 필요하다. 동시에 분석적 평가자가 제안 내용을 잘 이해할 수 있도록 도와주는 시각화도 매우 중요하다. 이런 이유로 제안 디자인은 일반적으로 생각하는 시각화Visualization 영역만 해당하는 것이 아니라 콘텐츠What to say를 어떻게 전달할 것How to say인가에 해당하는 영역 전체가 그 범위가 돼야 한다. 전략적 관점에서는 솔루션 개발에 이은 커뮤니케이션 개발에 해당한다.

4.2

시각화

잘 선택된 시각 도구는 효과적으로 메시지를 전달한다. 디자인의 가장 중요한 요소는 비주얼Visual이다. 대부분 그 중요성에 대해서는 잘 알지만 그 반대의 경우는 간과하기에 남용과 오용이 많다. 그래서 흔히 알고 있는 비주얼의 세 가지 주요 특징에 대해 먼저 점검해보고, 다음으로 다이어그램, 차트, 그래픽 요소의 사용법에 대해 설명하고자 한다.

- 비주얼의 세 가지 주요 원리
- 올바른 의미의 시각화(다이어그램)와 데이터의 시각화(차트)
- 그래픽 요소 사용 원리와 적용

4.2.1 비주얼의 원리

효과적인 비주얼의 조건: 적절성

비주얼은 텍스트보다 의사 전달에 효과적이라고 널리 알려져 있다. 과연 그런가? 다음 두 개의 그림을 보면 각각 무엇이 떠오르는가?

일반적으로 좌측 오드리 헵번 사진을 보면 '아름답다', '미소', '우아하다' 등 다양한 답이 나온다. 그러나 우측의 그림은 '스마일'이라는 한 가지의 답이 나온다. 미소라는 의미를 전달하기 위해 더 매력적인 오드리 헵번 슬라이드로 내용을 전달하기 위해 노력했지만 그 매력이 핵심 메시지인 '미소'를 전달하는 것에는 많은 혼선을 가져올 수 있다.

이런 현상은 많은 제안 디자인에서 볼 수 있다. 더 보기 좋게 만들기 위해 메시지와 상관없는 시각적 요소를 넣음으로써 핵심 메시지 전달에 혼란을 주는 것이다. 참고로 아이콘은 필요 없는 요소들을 제거하고 시각화의 효과를 극대화할 대표적인 예라고 할 수 있다.

"슬라이드는 효과적이다. 단, 적절하게 사용해야 효과적이다."

강한 비주얼의 조건: 직관적

'비주얼은 강하다'라고 알고 있다. 무엇과 비교해서 강한가? 텍스트보다 더 강하다고 생각한다. 하지만 이것은 틀렸다. 텍스트가 강한 점이 있고 비주얼이 강한 점이 있다. 텍스트는 청중을 생각(상상)의 주체로 만들지만, 비주얼은 주입시킨다. 즉, 텍스트는 생각하게 만드는 데 강하고 슬라이드는 즉각적으로 주입시키기에 강한 도구이다.

비주얼의 강력한 효과를 사용하기 위해서는 이런 특징에 대한 이해를 바탕으로 사용해야 한다.

[그림 4-8] 직관적인 비주얼은 생각을 주입시킨다

"그들은 행복했다"라는 텍스트를 접했을 때, 자신의 경험과 가치 등을 바탕으로 행복의 다양한 모습들을 상상하게 되지만, 행복한 이미지를 보여줄 경우 생각보다는 그 이미지를 흡수하게 된다.

비주얼은 직관적이어야 목적한 효과를 달성할 수 있다. 비주얼을 해석하기 위해 설명이 필요하다면 즉각적인 힘은 약해진다. 즉, 비주얼이 직관적이

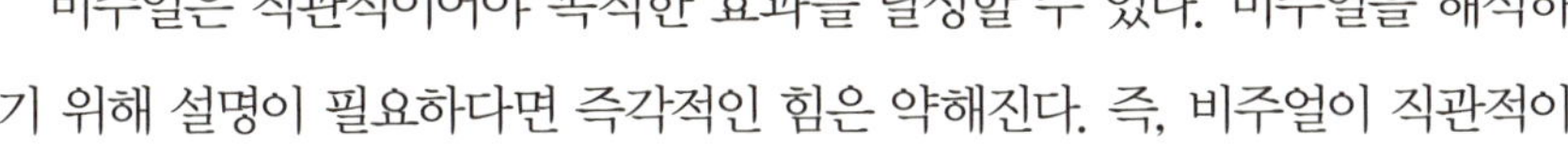

[그림 4-9] 비주얼은 직관적이어야 목적한 효과를 달성할 수 있다

하수처리장 사업의 간지다. 위의 디자인은 하수처리사업이 더러운 물을 깨끗하게 하기 때문에 검은 부분이 맑아지는 형상을 표현했다. 그러나 상대에게 검은 것이 정화되어 맑게 바뀌는 것을 나타내는 과정이라는 '생각'을 하게 한다. 이러한 디자인은 본문 내용처럼 설명이 부가되는 부분에서는 가능할 수 있지만 즉각적인 느낌의 전달이 중요한 표지, 간지 등의 콘셉트 페이지에서는 적합하지 않다. 또한 모래시계는 정화의 개념보다 시간의 개념을 상징하기 때문에 메타포로도 적합하지 않다. 오히려 고객에게 하수처리의 결과물로서 시원하고 맑은 물의 이미지를 주입시키는 것이 더 강력하다.

지 않을 때 즉각적인 설득의 기능을 잃는다. 이러한 비주얼이 아닐 경우는 차라리 명확한 텍스트 한 줄을 선택하라.

향수, 화장품 관련 사업의 슬라이드 디자인에서 오감을 통한 고객 경험을 디자인에 반영하기 위해 좌측 그림처럼 오감에 해당하는 눈, 코, 귀, 입을 직접적으로 나타내는 것이 직관적인 것이 아니다. 직접적인 표현이 직관적인 것은 아니다. 시각적인 한계 내에서 이것을 최대한 전달하는 것이 직관적인 것이다. 따라서 다음 사례처럼 고객이 경험할 인상적인 터치감을 다이내믹한 컬러와 형태로 표현했다. 이런 표현을 통해 더 직관적으로 전달되는 것이다.

기억에 남는 비주얼의 조건: 강조

마지막으로 슬라이드는 오래 기억된다는 인식에 대해 살펴보자. 텍스트만
사용했을 때보다 슬라이드를 함께 사용했을 때 기억 시간이 길어진다. 과학
적인 근거가 있는 사실이다. 하지만 모든 경우에 적용되는 원리인가?

예를 들어 '사과'라는 단어보다 입에 침이 고이게 만드는 맛있어 보이는 '사
과의 이미지'를 접했을 때 훨씬 오래 기억에 남을 것이다.

첫 번째 그림은 사과를 오랫동안 기억하게 만들 수 있지만, 그다음 그림
은 사과를 오랫동안 기억할 수 없다. 왜냐하면 모든 과일을 실물로 강조했으
므로 어느 하나도 선명하게 기억할 수 없게 되기 때문이다.

"슬라이드는 강조 부분만 사용해야 오래 기억된다."

4.2.2 의미의 시각화

틀 안에 내용을 넣지 말고 내용에 적합한 틀을 개발하라

제안 컨설팅을 하다 보면 가장 많이 보는 행태는 내용에 적합한 형태를 구상해 시각화하는 것이 아니라 기존에 있던 템플릿에 내용을 넣는 것이다. 구성과 항목 개수가 비슷한 템플릿에 내용을 넣거나, 심지어는 갖고 있는 이전 템플릿의 항목 수에 맞추어 내용을 개발하는 경우도 있다.

즉, 틀 안에 내용을 넣는 습관 때문에 전달하고자 하는 의미가 왜곡되는 것이다. 제안 디자인에서는 먼저 전달하고자 하는 의미Meaning를 명확화하고, 이 의미와 일치되는 시각화된 그래픽을 개발해야 한다. 내용을 명확화하고, 이에 적합한 형태와 도구를 개발하는 습관이 매우 중요하다.

의미의 시각화 방법

의미의 시각화는 일반적으로 다이어그램을 말한다. 의미에 따라 표현 방법은 다양할 수 있지만, 제안서에서는 일반적으로 다음 네 가지가 많이 쓰인다.

- 관계
- 구조
- 흐름
- 논리

(1) 관계

항목 간 관계에는 일반적으로 분리, 연결, 결합, 변화가 있다. 항목 간에 어떤 관계가 있는지 명확하게 정의하고 시각화해야 한다.

[그림 4-13] 〈분리〉 사례

Q : 가장 적절한 관계 표현법은?

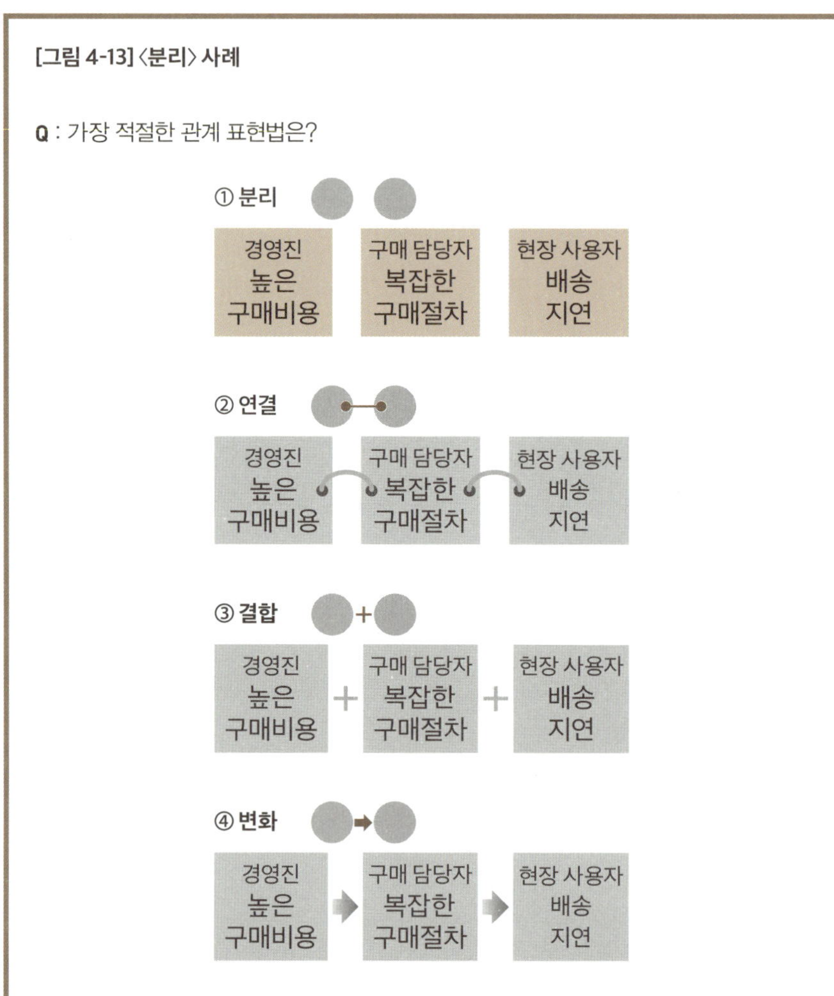

A : ① 경영진, 구매 담당자, 현장 사용자 각각의 문제점을 말하는 것이므로 분리하는 다이어그램이 적합하다.

[그림 4-14] 〈연결〉 사례

Q : 가장 적절한 것과 가장 부적절한 것은?

A : ②, ④ 문제와 이에 대한 솔루션은 연결이 적합하다. 문제가 변화되어 솔루션이 되는 것이 아니므로 일반적으로 많이 쓰는 화살표는 적합하지 않다.

[그림 4-15] 〈결합〉 사례

Q : 가장 적절한 관계 표현법은?

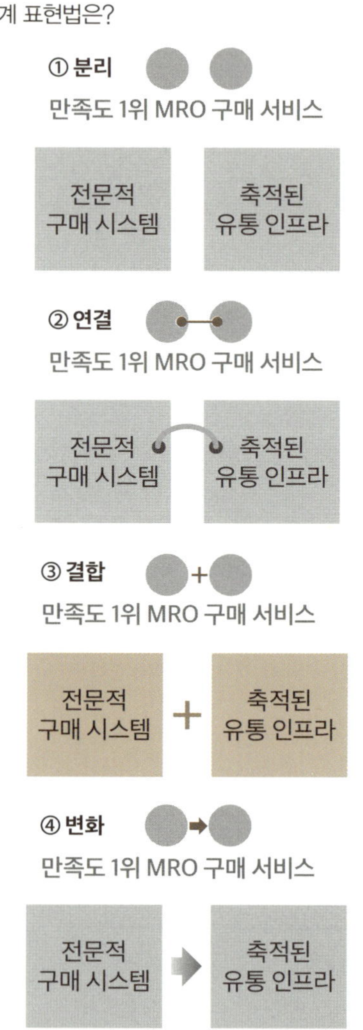

A : ③ 전문적 구매 시스템과 축적된 유통 인프라가 결합되어 만족도 1위 구매 서비스가 된다는 내용이므로 결합의 다이어그램이 적합하다.

[그림 4-16] 〈변화〉 사례

Q : 가장 적절한 관계 표현법은?

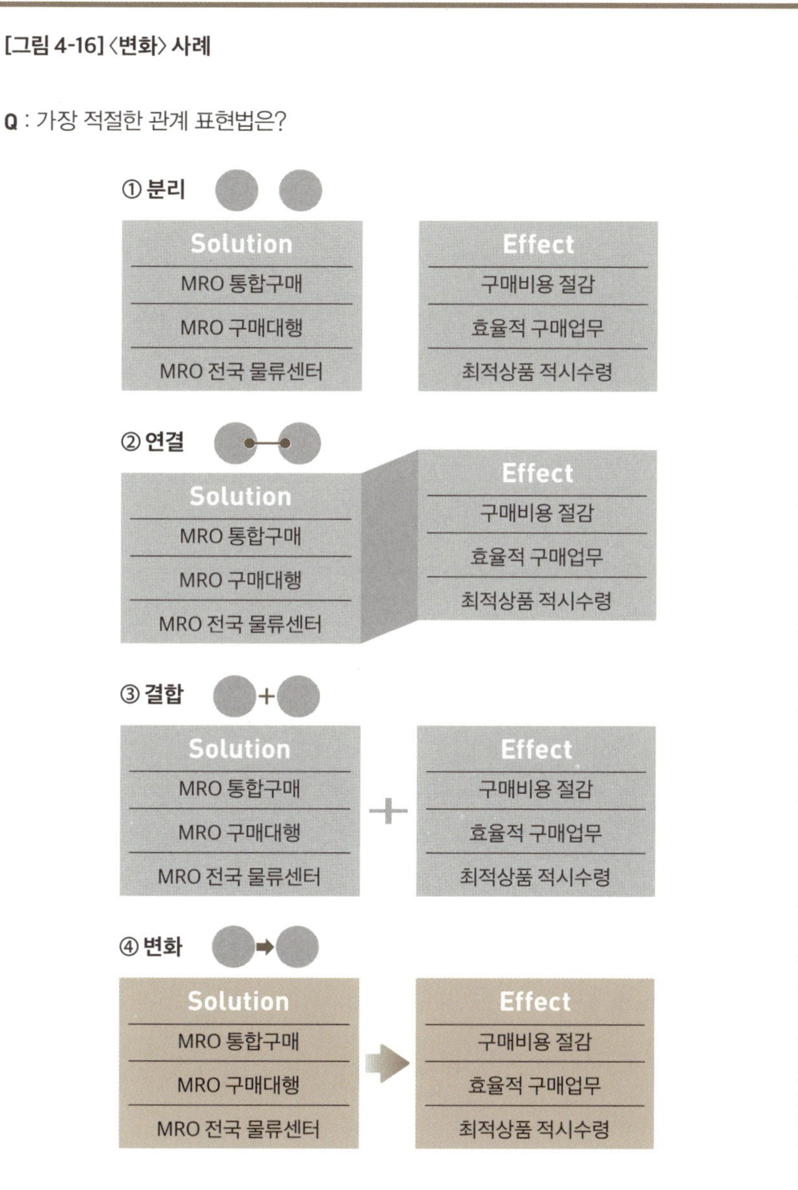

A : ④ 문제가 해결되어 변화됨으로써 효용이 발생하므로 변화의 다이어그램이 적합하다.

(2) 구조

구조를 나타내는 방법에는 목록, 구성, 분류가 많이 쓰인다.

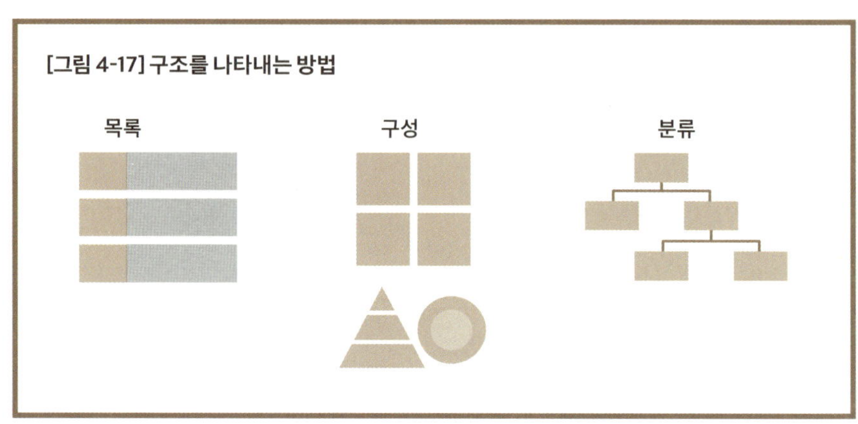

이 중 특히 목록과 구성을 혼용하는 경우가 많다. 그러나 목록은 단순한 리스트이고, 구성은 각 항목이 전체의 한 부분인 경우이다.

세부적인 설명의 경우 목록으로 해도 좋지만 중요한 메시지를 전달하고자 할 때는 구성으로 접근하는 것이 좋다. 구성은 통합된 하나의 메시지를 만들며 큰 그림과 세부 항목을 동시에 파악할 수 있게 해준다. 그러나 잘못된 구성은 메시지를 왜곡하므로 단순한 내용의 나열인 경우에는 오히려 목록이 더 효과적이다.

목록과 구성을 시각화할 때 제목과 핵심 메시지를 구별하지 못해 오류를 범하는 경우가 많다. 제목은 간략히 표현하고, 핵심 메시지는 강력하게 표현해야 한다.

분류는 전달하고자 하는 메시지 중심으로 그룹핑Grouping해 표현하라. 단순히 사실을 분류해 나열하는 형태가 아닌 제안에서 말하는 메시지 중심으로

[그림 4-18] 목록과 구성

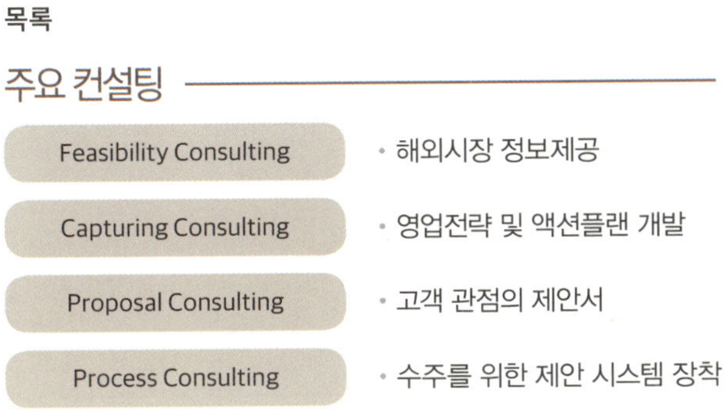

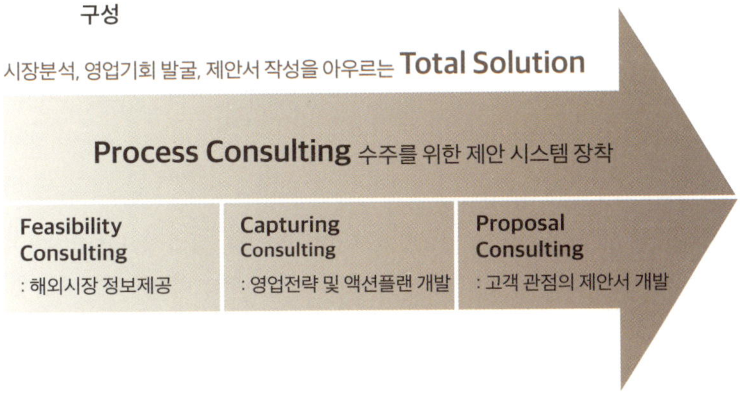

단순히 컨설텅 항목을 보여주기 위해서는 위의 목록 형태가 적합하지만 목록의 제안 의미를 전달하기 위해서는 구성으로 메시지를 개발하여 제시하는 것이 좋다.

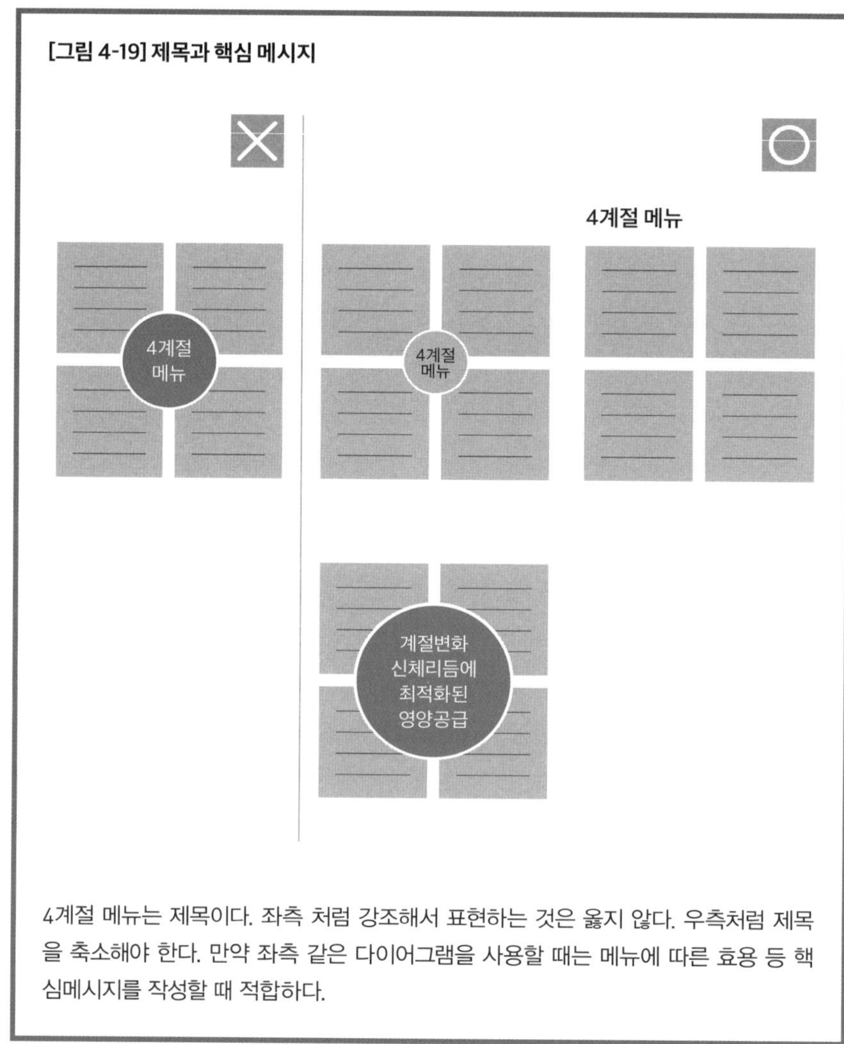

4계절 메뉴는 제목이다. 좌측 처럼 강조해서 표현하는 것은 옳지 않다. 우측처럼 제목을 축소해야 한다. 만약 좌측 같은 다이어그램을 사용할 때는 메뉴에 따른 효용 등 핵심메시지를 작성할 때 적합하다.

분류하는 것이 중요하다. 이는 네이밍Naming만 새로 할 수도 있고 그룹핑Grouping 자체를 새로 할 수도 있다.

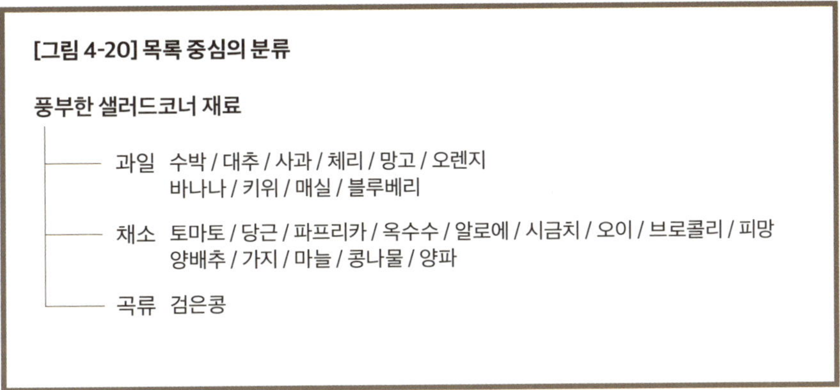

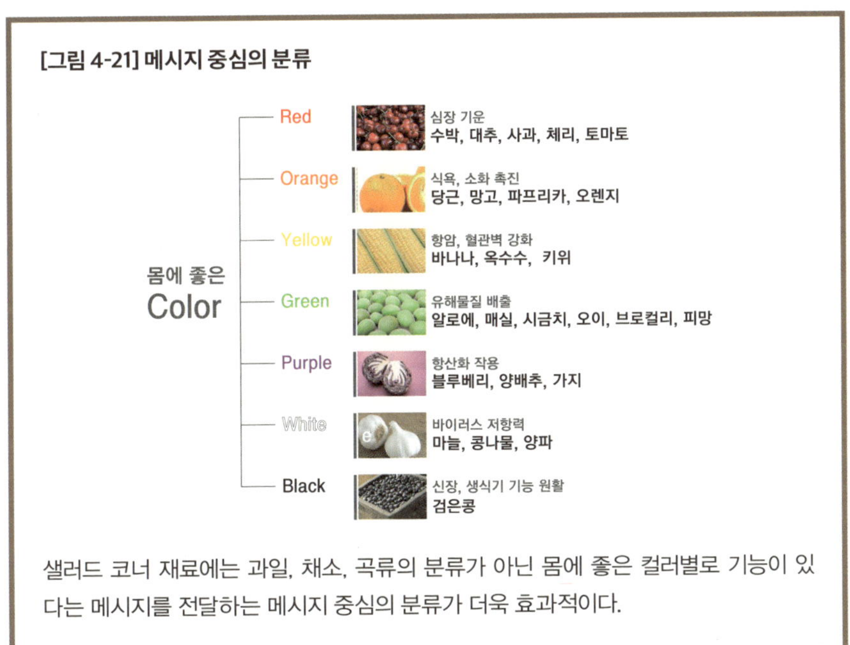

샐러드 코너 재료에는 과일, 채소, 곡류의 분류가 아닌 몸에 좋은 컬러별로 기능이 있다는 메시지를 전달하는 메시지 중심의 분류가 더욱 효과적이다.

(3) 흐름

흐름에는 순서(동일 레벨, 단계적 레벨)와 순환이 있다.

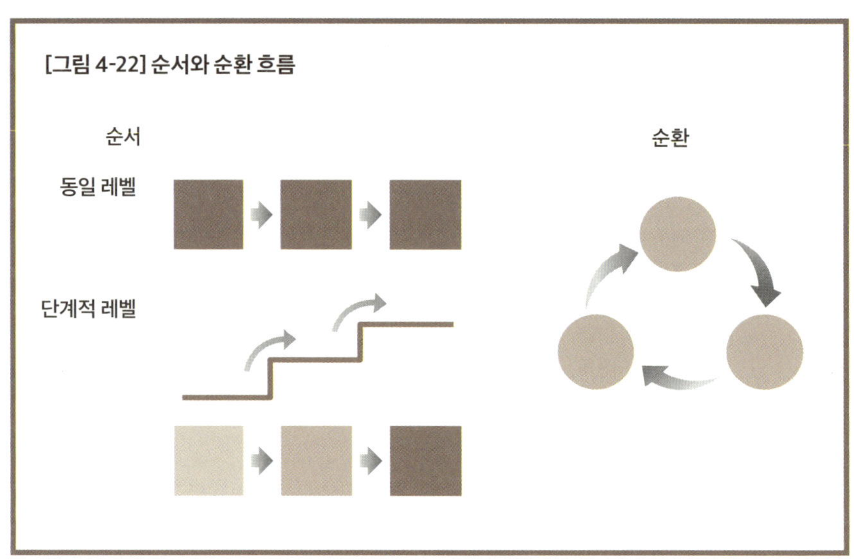

[그림 4-22] 순서와 순환 흐름

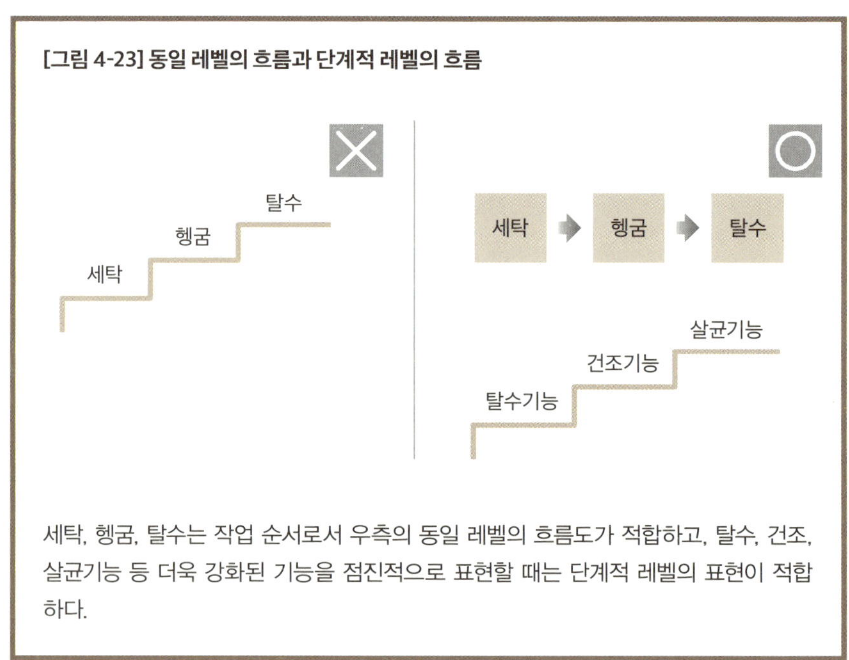

[그림 4-23] 동일 레벨의 흐름과 단계적 레벨의 흐름

세탁, 헹굼, 탈수는 작업 순서로서 우측의 동일 레벨의 흐름도가 적합하고, 탈수, 건조, 살균기능 등 더욱 강화된 기능을 점진적으로 표현할 때는 단계적 레벨의 표현이 적합하다.

순서에서 동일 레벨과 단계적 레벨 간의 오류가 많다. 내용이 단순한 흐름인지, 또는 단계적 발전인지에 따라 적합한 다이어그램을 사용해야 한다. 또한 순환과 결합 간의 오류가 많이 발생한다. 프로세스로 순환하는 경우와 단순히 구성 항목인 경우인지 구별해 사용해야 한다.

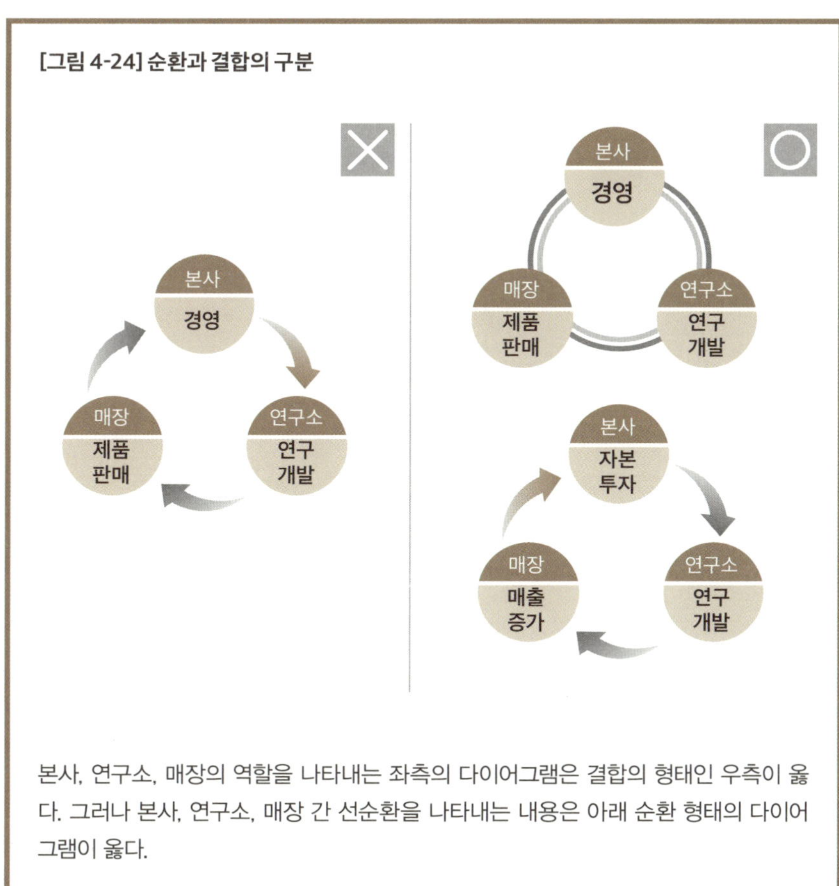

본사, 연구소, 매장의 역할을 나타내는 좌측의 다이어그램은 결합의 형태인 우측이 옳다. 그러나 본사, 연구소, 매장 간 선순환을 나타내는 내용은 아래 순환 형태의 다이어그램이 옳다.

(4) 논리

제일 슬라이드에 많이 나오는 화살표는 논리를 의미한다. 논리에는 원인에 따른 결과를 나타내는 경우와 주장에 따른 근거를 제시하는 경우가 있다.

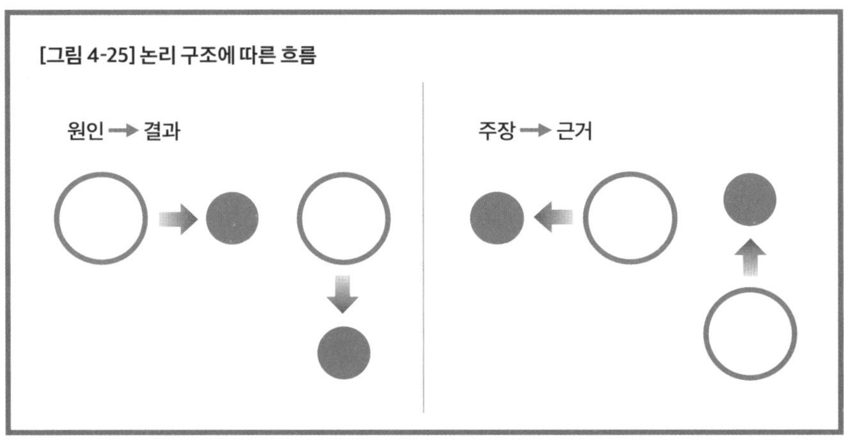

일반적인 인과관계일 경우는 시선과 동일한 흐름으로 배치하는 것이 적절하다. 하지만 주장을 하기 위한 경우는 결론을 먼저 제시하고 그 뒤에 뒷받침하는 근거나 구체적 항목이 나와야 하므로 반대의 배치가 된다. 이는 제안서의 피라미드 구조가 시각적으로 반영된 것이라고 할 수 있다. 따라서 좌측의 화살표는 인과관계의 흐름으로 해석되고, 우측의 화살표는 뒷받침하는 의미로 해석된다.

[그림 4-26] 원인-결과와 주장-근거 방식의 표현

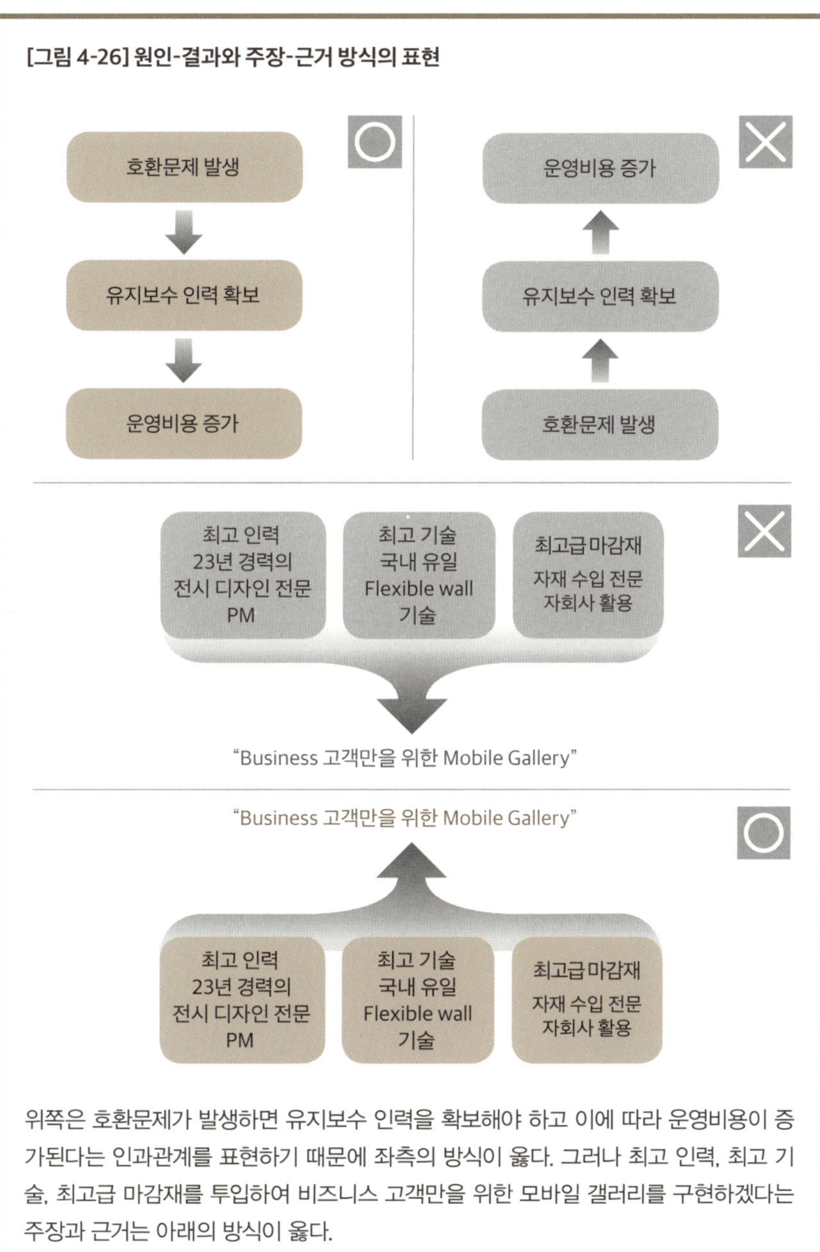

위쪽은 호환문제가 발생하면 유지보수 인력을 확보해야 하고 이에 따라 운영비용이 증가된다는 인과관계를 표현하기 때문에 좌측의 방식이 옳다. 그러나 최고 인력, 최고 기술, 최고급 마감재를 투입하여 비즈니스 고객만을 위한 모바일 갤러리를 구현하겠다는 주장과 근거는 아래의 방식이 옳다.

4.2.3 데이터의 시각화

데이터의 시각화에서 가장 중요한 것은 데이터 그 자체에는 의미가 없다는 것을 알아야 한다는 점이다. 그래서 적합한 도구를 찾는 것과 동시에 의미 없는 데이터에 의미(메시지)를 부여하는 것이 중요하다.

데이터를 시각화하는 방법으로는 표, 차트, 인포그래픽이 있다. 표, 차트, 인포그래픽의 기능을 잘 알고 목적에 맞게 사용하는 것이 중요하다.

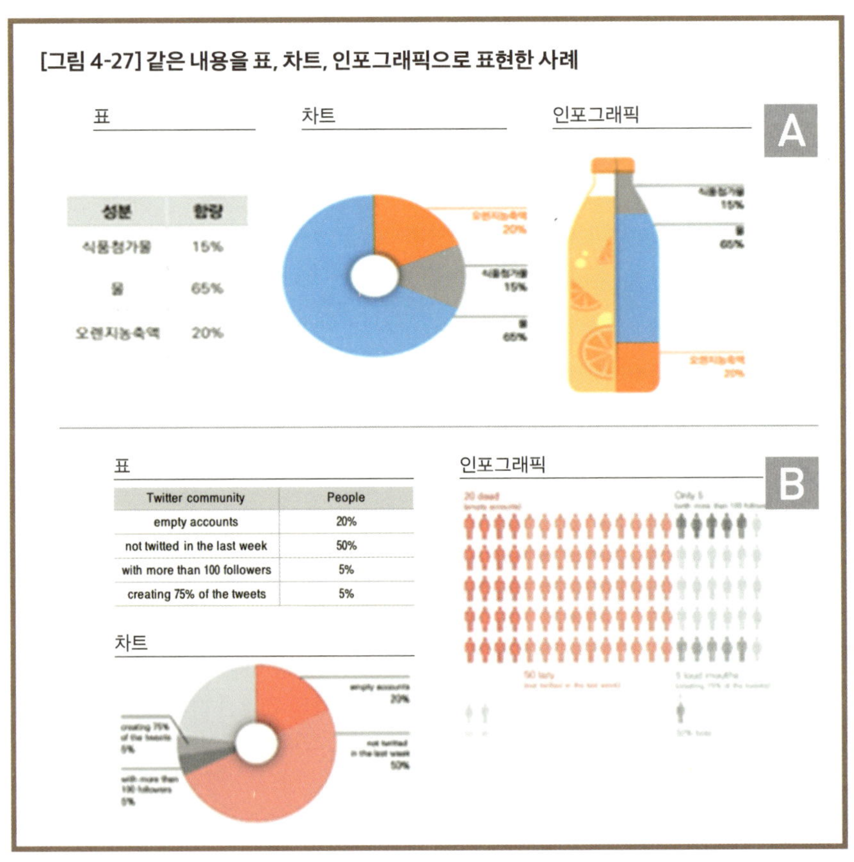

표

표는 메시지 전달보다 자료 정리나 증빙의 목적으로 사용한다. 그러나 제안 평가에서 표 안의 내용과 수치를 모두 읽는 평가자는 없다. 표를 통해 전달하고자 하는 메시지를 함께 명기해야 한다.

[그림 4-28] 표에 메시지를 함께 평가하라

기술인력 현황

구 분	PC	Storage	S/W 운영	Network	합 계
고 급	2	2	3	6	13
중 급	4	4	6	14	28
초 급	4	2	5	23	34
합 계	10	8	14	43	75

사례1 

기술인력 현황

구 분	PC	Storage	S/W 운영	Network	합 계
고 급	2	2	3	6	13
중 급	4	4	6	14	28
초 급	4	2	5	23	34
합 계	10	8	14	43	75

업계최다
Network전문가 보유

사례2 

기술인력 현황

구 분	PC	Storage	S/W 운영	Network	합 계
고 급	2	2	3	6	13
중 급	4	4	6	14	28
초 급	4	2	5	23	34
합 계	10	8	14	43	75

사례3 

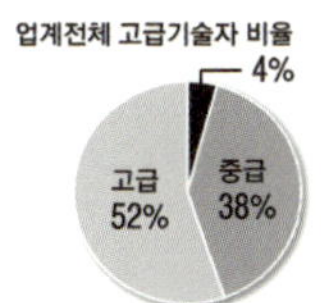

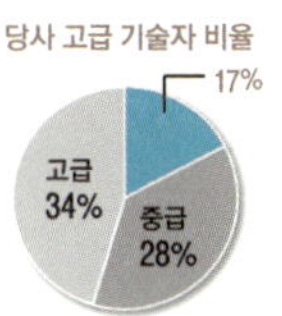

기술인력 현황표를 제시하는 목적이 무엇인가? 사례1처럼 표만 보여주면 무엇을 나타낼 목적인지 평가자가 알 수 없다. 사례2나 사례3처럼 표의 의미, 사용 목적을 나타내 주어야 한다.

차트

차트Chart의 종류에는 여러 가지가 있고 차트별로 특징과 용도가 있다. 전달하고 싶은 메시지에 가장 적합한 차트를 사용해야 한다. 차트별 용도는 일반적으로 널리 알려져 있지만, 여기서는 제안에서 많이 쓰는 차트 중 제안 현장에서 자주 잘못 사용하는 차트를 중심으로 주의해야 할 사항을 설명하고자 한다.

(1) 범례의 사용

제안에서는 범례를 사용하는 것을 권장하지 않는다. 왜냐하면 평가자가 항목을 매칭해서 읽어야 하고, 또한 항목별로 다른 컬러를 사용해야 하므로 어느 한 메시지를 강조해 표현하기 어렵기 때문이다. 범례를 쓰지 않으려면 데이터와 항목을 해당 위치에 매칭해야 하는데, 이럴 경우 항목의 길이가 길 때 시각화에 어려움이 생긴다. 이럴 경우에는 가로 형태의 막대그래프를 사용하는 방법으로 범례의 사용도 피하면서 항목을 가독성 있게 표현한다.

(2) 비교와 비율

일반적으로 데이터의 비교에는 막대그래프bar chart, 비율을 나타낼 때는 원그래프pie chart를 사용한다고 알려져 있다. 그러나 제안에서는 평가자들이 10초 내에 핵심 메시지를 명확히 인지할 수 있도록 시각화하는 것이 중요하므로 이 원리를 기계적으로 적용하기보다는 상황에 따라 유연하게 적용하는 것도 필요하다.

[그림 4-29] 항목과 데이터를 함께 표현하되 가독성을 고려한다

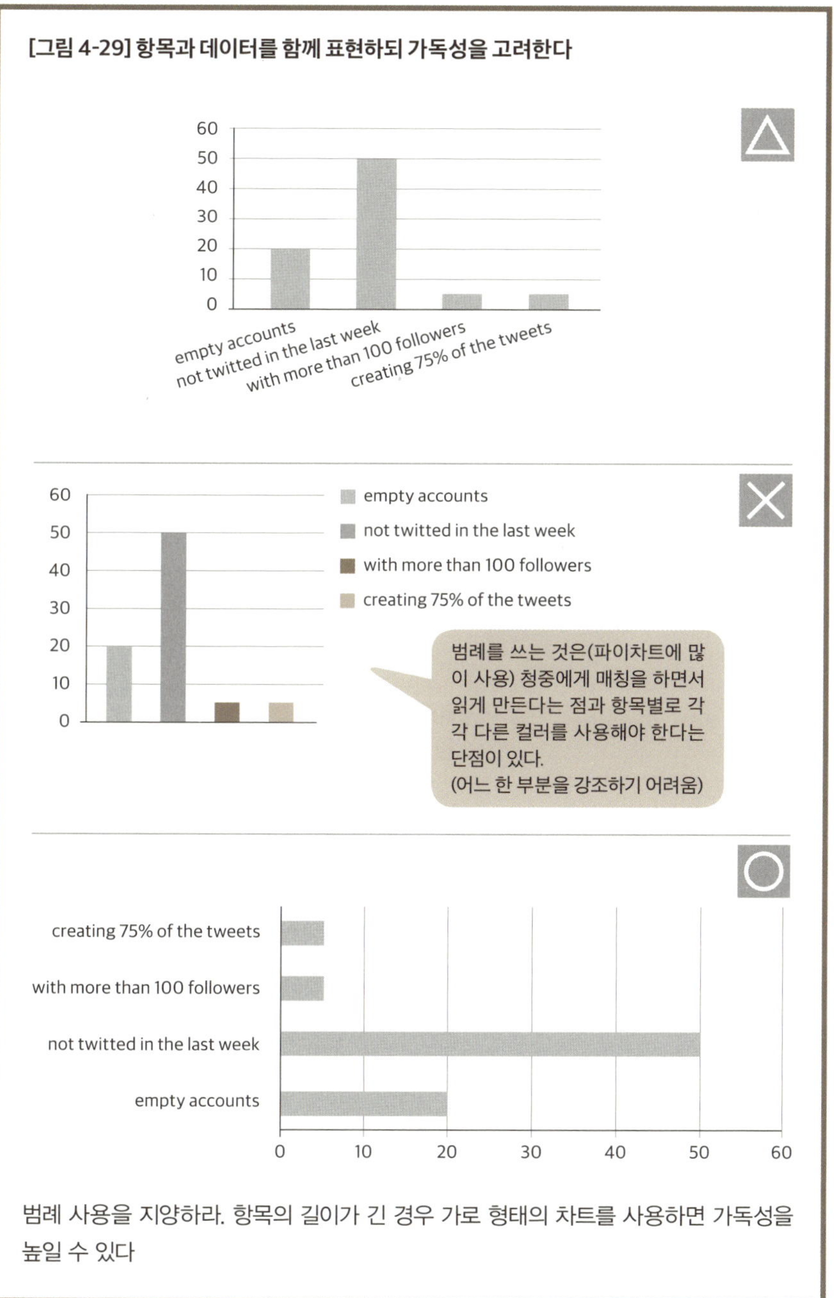

범례 사용을 지양하라. 항목의 길이가 긴 경우 가로 형태의 차트를 사용하면 가독성을 높일 수 있다

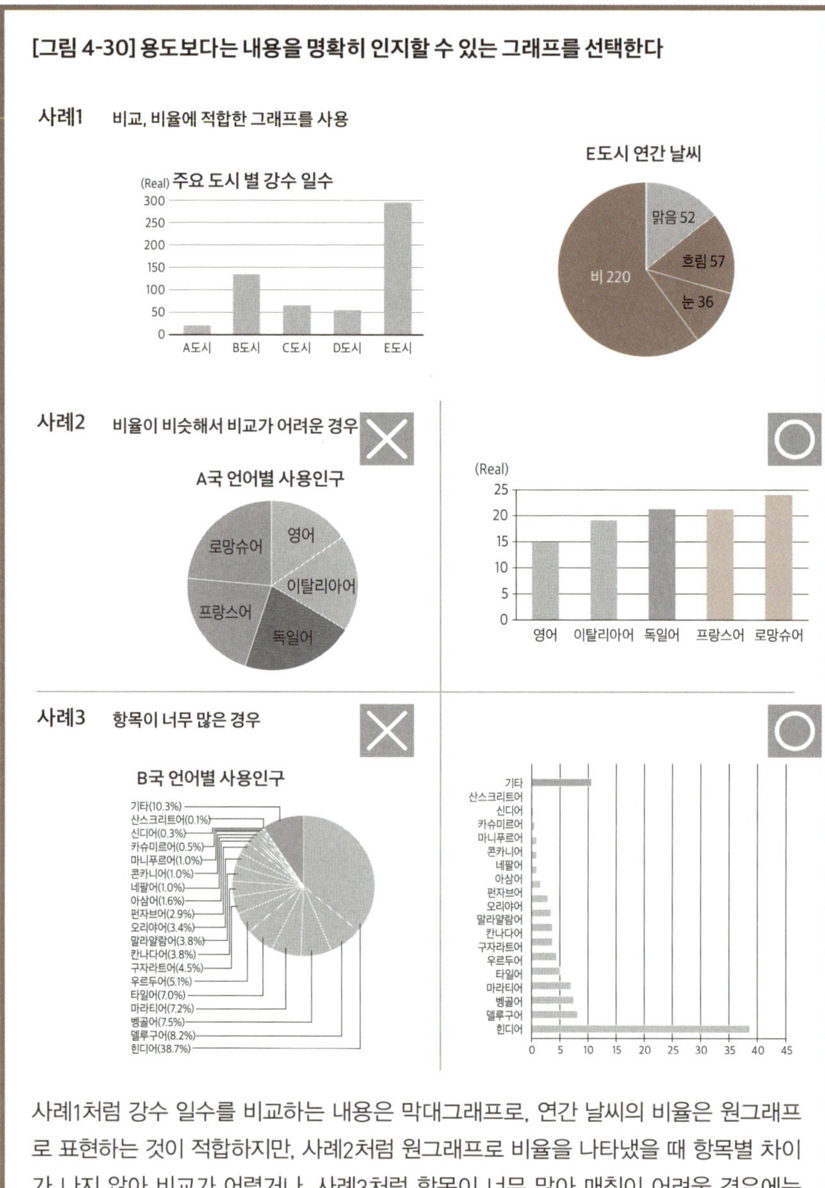

사례1처럼 강수 일수를 비교하는 내용은 막대그래프로, 연간 날씨의 비율은 원그래프로 표현하는 것이 적합하지만, 사례2처럼 원그래프로 비율을 나타냈을 때 항목별 차이가 나지 않아 비교가 어렵거나, 사례3처럼 항목이 너무 많아 매칭이 어려울 경우에는 막대그래프로 비교하는 방식이 더욱 적합하다.

(3) 비교와 추세

데이터를 통해 나타내고자 하는 메시지가 비교인가 추세인가를 명확화해 적합한 그래프를 선택해야 한다. 항목 간 비교는 막대그래프가 적합하나, 추세는 꺾은선그래프가 적합하다. 꺾은선그래프에서 선으로만 나타내는 것보다 면적을 채우면 흐름이 더 선명하게 보인다. 주의할 점은 면은 전체가 하나의 덩어리로 보이므로 월별 강수량, 연 강수량처럼 추세뿐만 아니라 총량도 나타내야 하는 경우(또한 항목 전체의 합=총량이 성립하는 경우)에 적합하는 것이다.

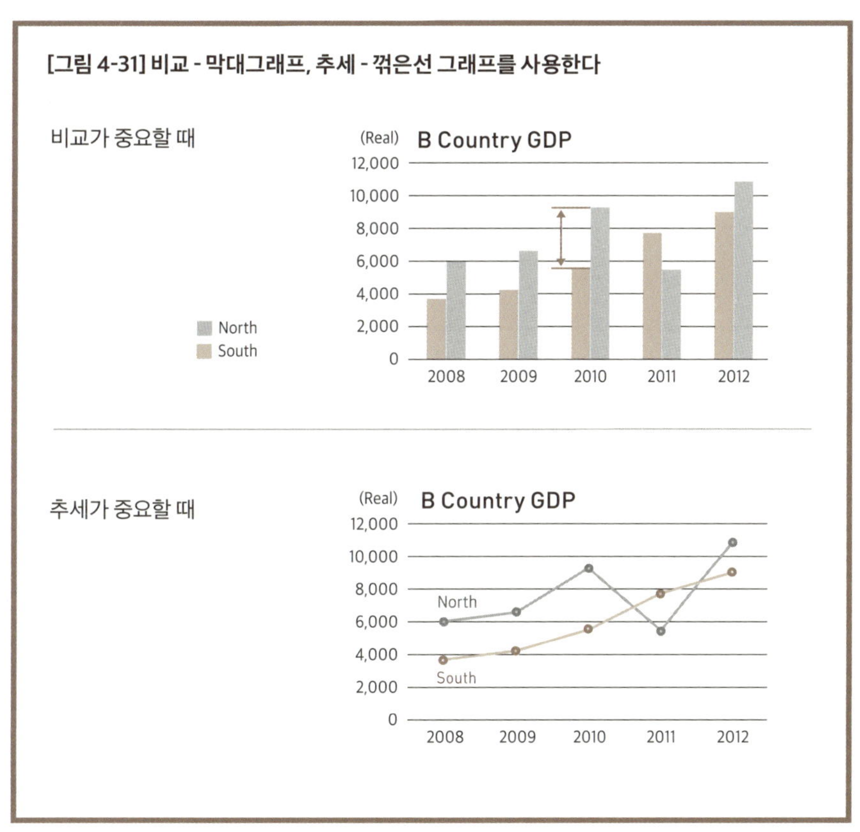

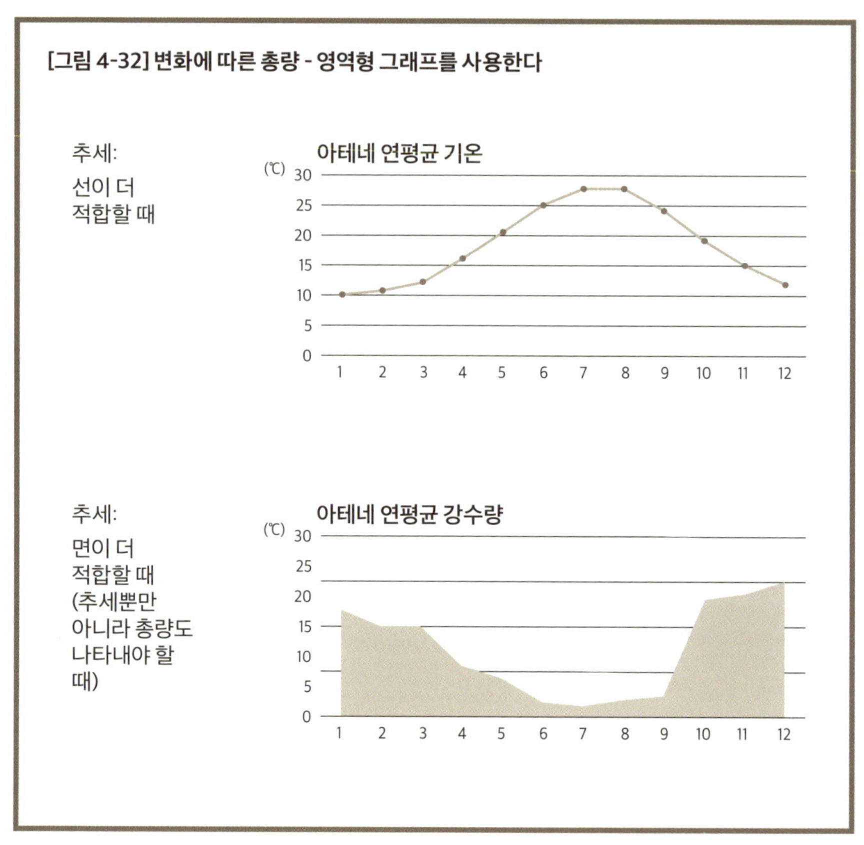

차트도 표와 마찬가지로 메시지(so what?)를 명기해야 한다.

[그림 4-33] 차트에서 말하고자 하는 메시지를 명확히 하여 차트에 함께 표현한다

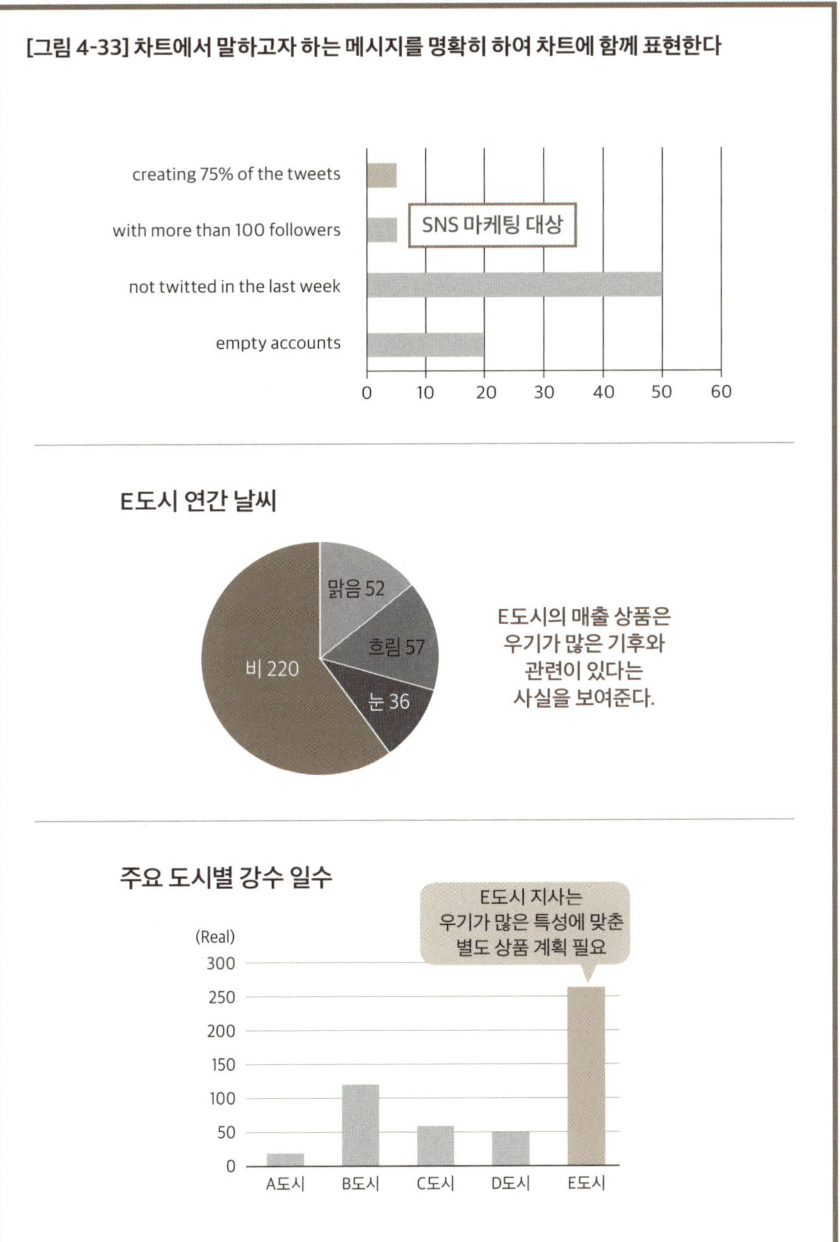

(4) 인포그래픽

인포그래픽은 인포메이션 그래픽Information Graphic으로 정보, 자료, 지식의 시각적 표현이다. 정보를 구체적·표면적·실용적으로 전달한다는 점에서 특화되는 기법이다. 제안에서 인포그래픽은 다음과 같은 용도로 사용한다.

- 중요한 내용을 강조할 때
- 어려운 내용을 쉽게 표현할 때
- 지루한 내용을 재미있게 표현할 때
- 많은 내용을 한눈에 표현할 때
- 정확한 정보보다 상징적 개념을 전달할 때

[그림 4-34] 중요한 내용을 강조하는 사례

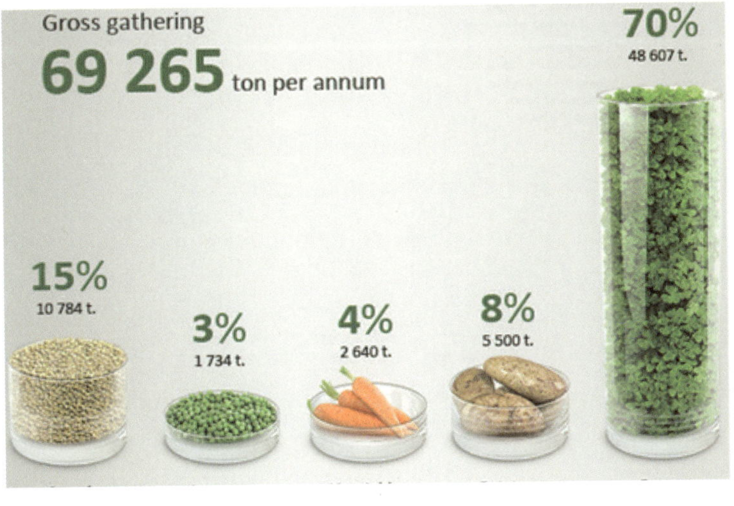

[그림 4-35] 어려운 내용을 쉽게 표현하는 사례

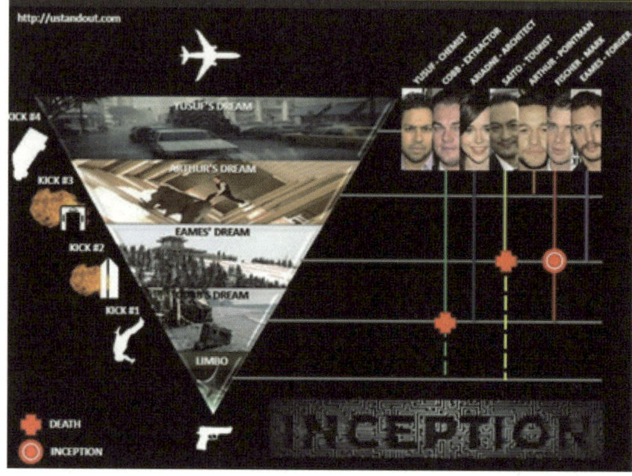

출처 : http://www.inceptionending.com/

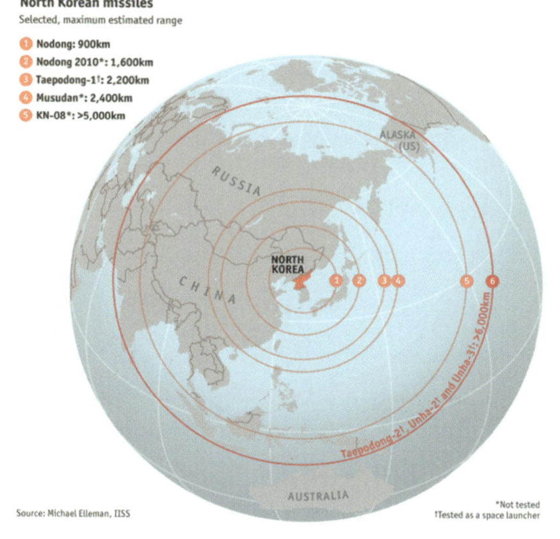

[그림 4-36] 지루한 내용을 재밌게 표현하는 사례

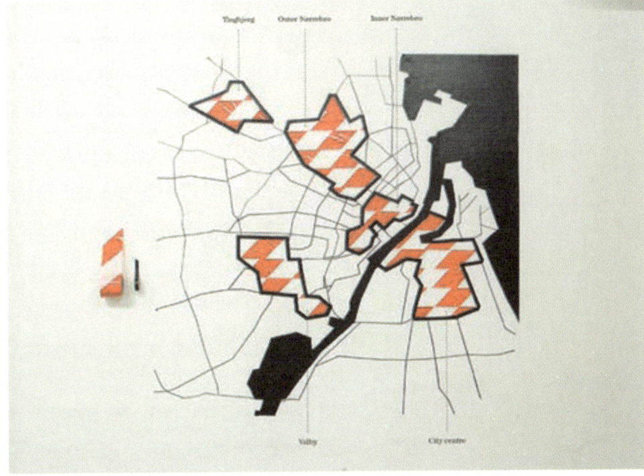

[그림 4-37] 많은 내용을 한눈에 표현하는 사례

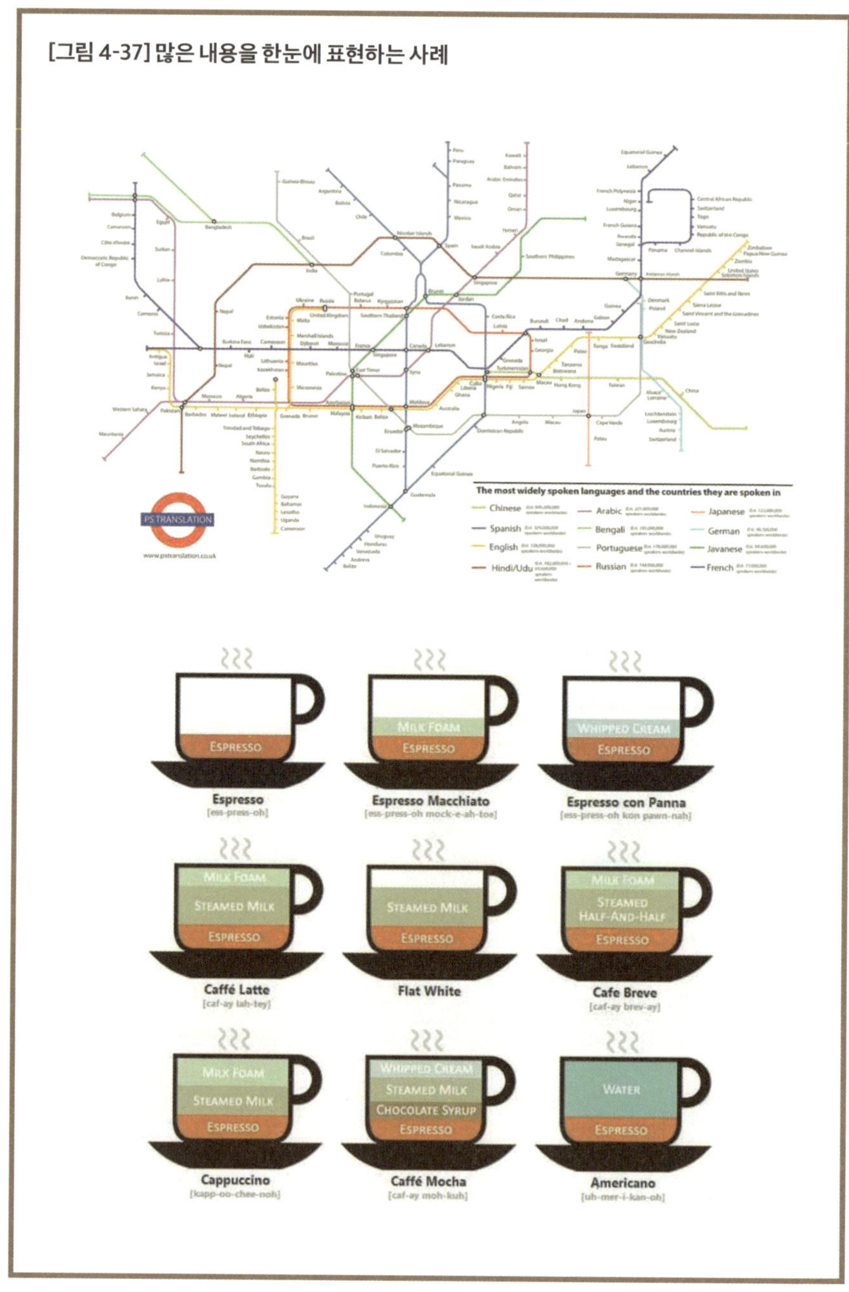

[그림 4-38] 정확한 정보보다 상징적 개념을 전달하는 사례

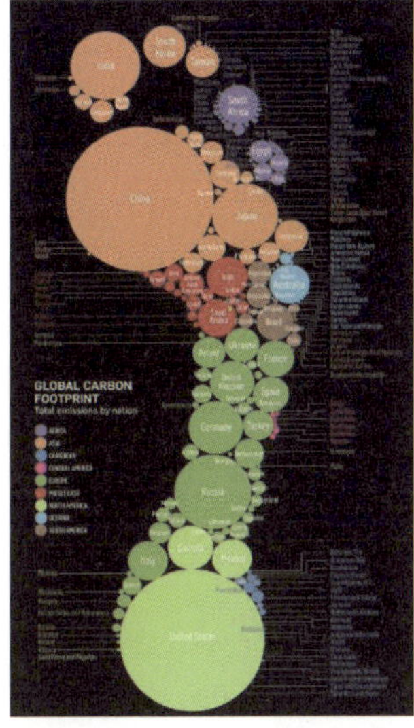

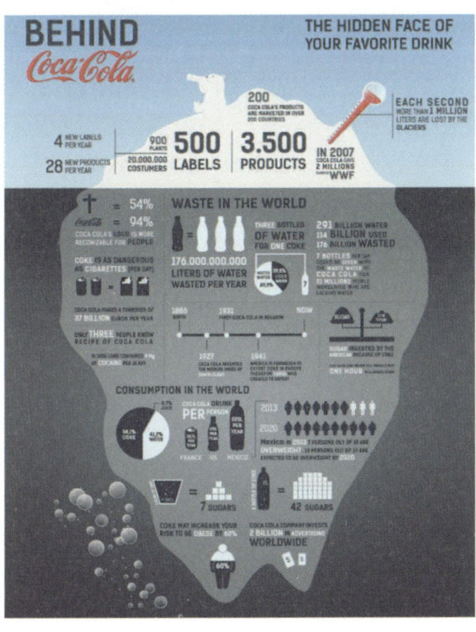

[그림 4-38] 정확한 정보보다 상징적 개념을 전달하는 사례

4.3

그래픽 요소 사용 원리

그래픽 요소를 사용하는 수많은 방법이 있다. 개별적인 방법을 다루기보다 어떤 원리에 의해 그런 방법들이 나오게 되는지, 즉 원리를 이해하는 것이 중요하다. 여기에서는 총 일곱 가지의 원리를 사례와 함께 설명할 것이다.

여기 소녀가 있다. 나름 디자인의 원리에 따른 패션이다. 이 소녀의 패션을 통해 디자인의 원리를 배우고, 이어서 이 원리들이 실제적으로 제안 디자인에서 어떻게 적용돼야 하는지를 보자.

[그림 4-39] 7가지 디자인 원리 1

1. 목적성 "오늘은 발랄이 콘셉트니 머리에 리본을 해야겠다."

머리 리본을 착용하더라도 반드시 사용해야 하는 목적이 있어야 한다. 모든 요소는 목적을 가지고 사용해야 하는 것이 목적성이다.

2. 적합성 "내 얼굴에 어울리는 머리 리본을 골라야지."

리본이 내 얼굴과 상황에 잘 맞는가를 보아야 한다.

3. 명확성 "리본이 포인트니 튀는 컬러가 좋겠다."

리본이 중요하니 명확하게 눈에 들어오는 것을 골랐다. 드러내고 싶은 것을 눈에 잘 들어가게 하는 것이 명확성이다.

4. 일관성 "리본을 핑크색으로 했으니 원피스도 같은 색으로 맞추어야지."

어떤 요소의 일관된 적용으로 통일감을 주는 것이 일관성이다. 컬러를 다르게 하고 리본과 원피스 모두 쉬폰 소재를 고르는 것도 일관성을 주는 방법이다. 제안 디자인에서도 마찬가지로 컬러, 형태, 위치, 크기 등 통일과 변화의 조화를 통해 일관성을 줄 수 있다.

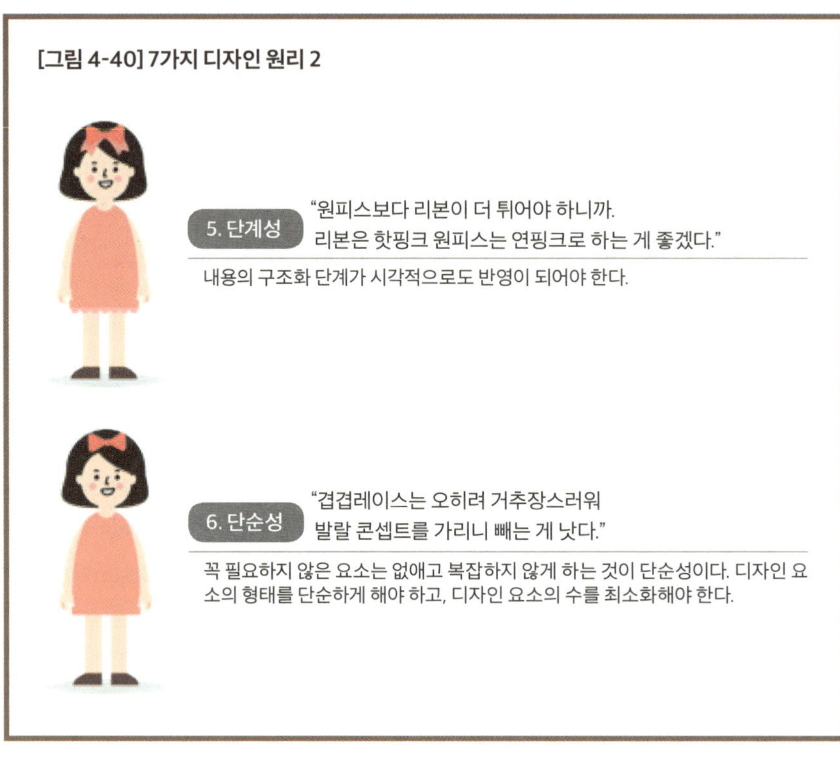

4.3.1 목적성 Significance

모든 그래픽 요소에 반드시 사용하는 이유(목적)가 있어야 한다. 왜냐하면 형태, 컬러, 서체 등 비주얼도 문자와 마찬가지로 의미를 가지기 때문이다.

[그림 4-41] 형태도 메시지가 있다

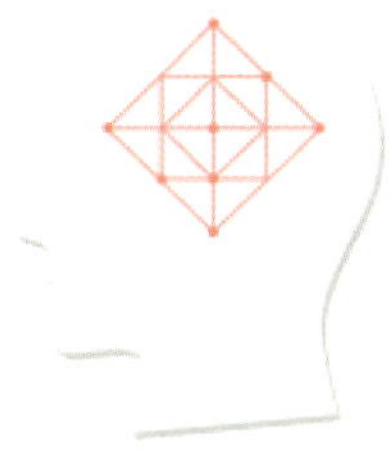

텍스트가 전혀 없지만 형태만으로 왼쪽은 몽실몽실한 감성적 사고를 오른쪽은 딱딱한 논리적 사고를 하고 있겠구나 추측이 가능하다.

[그림 4-42] 컬러도 메시지가 있다

이 화장실 표지판은 남자를 상징하는 형태와 여자를 상징하는 형태가 버젓이 있는데 도 혼란을 주기 십상이다. 왜 그런가? 남자 화장실에 붉은색을, 여자 화장실에 푸른색 을 사용했기 때문이다. 컬러에도 의미가 있다.

[그림 4-43] 서체에도 메시지가 있다

✓ 삼가 고인의 명복을 빕니다

삼가 고인의 명복을 빕니다

삼가 고인의 명복을 빕니다 

88.8%, 쉬플리의 수주 성공률!

✓ 88.8%, 쉬플리의 수주 성공률! 

88.8%, 쉬플리의 수주 성공률!

지구, 어디까지 가 봤니?

지구, 어디까지 가 봤니?

✓ 지구, 어디까지 가 봤니? 

글뿐만 아니라 글을 담는 서체도 의미를 가진다. 명조체는 정중하고 공식적인 인상을, 고딕체는 정확하고 명확한 인상을, 손 글씨는 편하고 친근한 인상을 준다.

앞의 예와 같이 비주얼도 의미를 가짐에도 불구하고 분명한 목적 없이 디자인 요소를 사용하는 오류가 상당히 많다. 이유 없는 그래픽 요소들은 내용을 이해하는 데 방해가 되는 비주얼 노이즈이다.

제안 현장에서 가장 많이 듣는 그래픽 요소 사용 이유 두 가지는 '허전해서'와 '예뻐서'이다. 가장 많이 범하는 오류이며, 이런 오류를 통해 비주얼 노이즈가 발생한다.

- 허전하다
  - 내용 구성 후 빈 공간이 생기면 채울 수 있는 이미지를 넣는다.
  - 내용과 관계없는 그래픽 요소들로 틀을 만들고, 그 안에 내용을 넣는다.
  - 불필요한 형태와 컬러를 사용한 슬라이드 요소를 사용해 채운다.
  - → 허전하다고 아무 단어나 쓰지 않듯이 허전하다고 아무 디자인 요소를 넣으면 안 된다.

- 예쁘다
  - 내용과 전혀 상관없는 아이콘, 백그라운드, 이미지를 사용한다.
  - 예쁘다는 이유로 가독성이 저하되는 폰트를 사용한다.
  - → 제안 디자인은 순수예술이 아니다. 제안서의 그래픽은 심미성 자체만으로는 이유가 될 수 없다. 목적이 있는 심미성이 돼야 한다.

[그림 4-44] 이유 없는 그래픽 요소

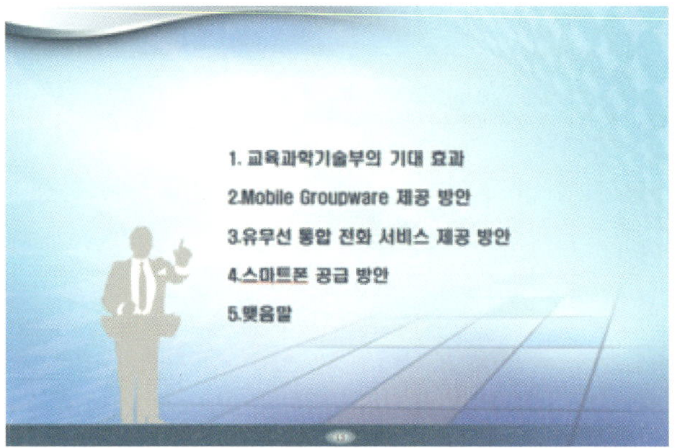

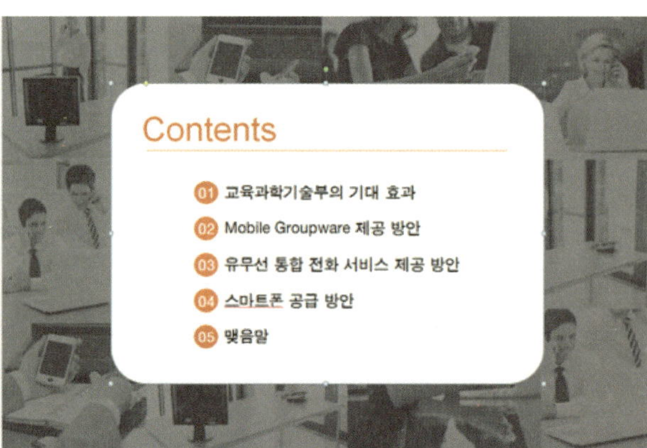

내용과 전혀 상관없는 사람 이미지+타일 백그라운드를 넣은 사례

관련 없는 이미지를 삭제하고 내용과 관련된 사진들을 백그라운드로 넣었다.

대신 컬러를 없애고 어둡게 만들어 콘텐츠의 가독성을 떨어뜨리지 않고 오히려 더 집중시키게 만들었다.

[그림 4-45] 슬라이드 노이즈

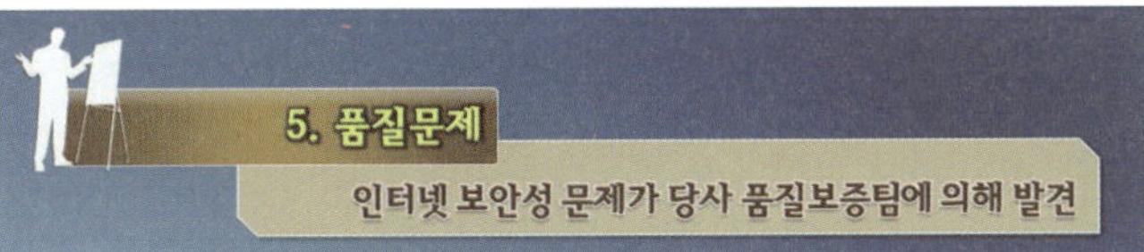

내용이나 주제와 전혀 상관없는 이미지

어디에서나 자주 보는 지구와 구름의 존재 이유는?

감사한 것과 밤하늘의 별은 무슨 상관?

제안 디자인에서 가장 자주 등장하는 사람, 지구, 하늘, 별들이다. 내용이나 주제와 전혀 상관이 없는 이미지들이며, 도무지 존재 이유를 찾을 수가 없다. 이런 슬라이드 노이즈들은 메시지 전달에 심각한 잡음이므로 과감하게 걷어내야 한다.

[그림 4-46] 내용의 이해를 방해하는 이미지

Star, Want, Hate에 해당하는 메뉴를 소개하기 위한 슬라이드가 아니다. 메뉴 선정과 개선 방법을 설명하는 슬라이드인데 대부분을 차지하는 음식 이미지들 때문에 주요 메시지가 전달되지 않고 있다.

→ 불필요한 이미지를 제거하고 내용의 이해를 돕는 매트릭스를 사용했다.

[그림 4-47] 불필요한 형태

모바일 오피스와 관계없고 시선을 분산시키는 화려한 곡선 무늬의 불필요한 형태를 사용한 사례
모바일 오피스의 이미지를 넣되, 제목에 대한 집중을 분산시키지 않기 위해 컬러를 없애고 선명도를 낮추어 사용한다.

[그림 4-48] 불필요한 컬러 1

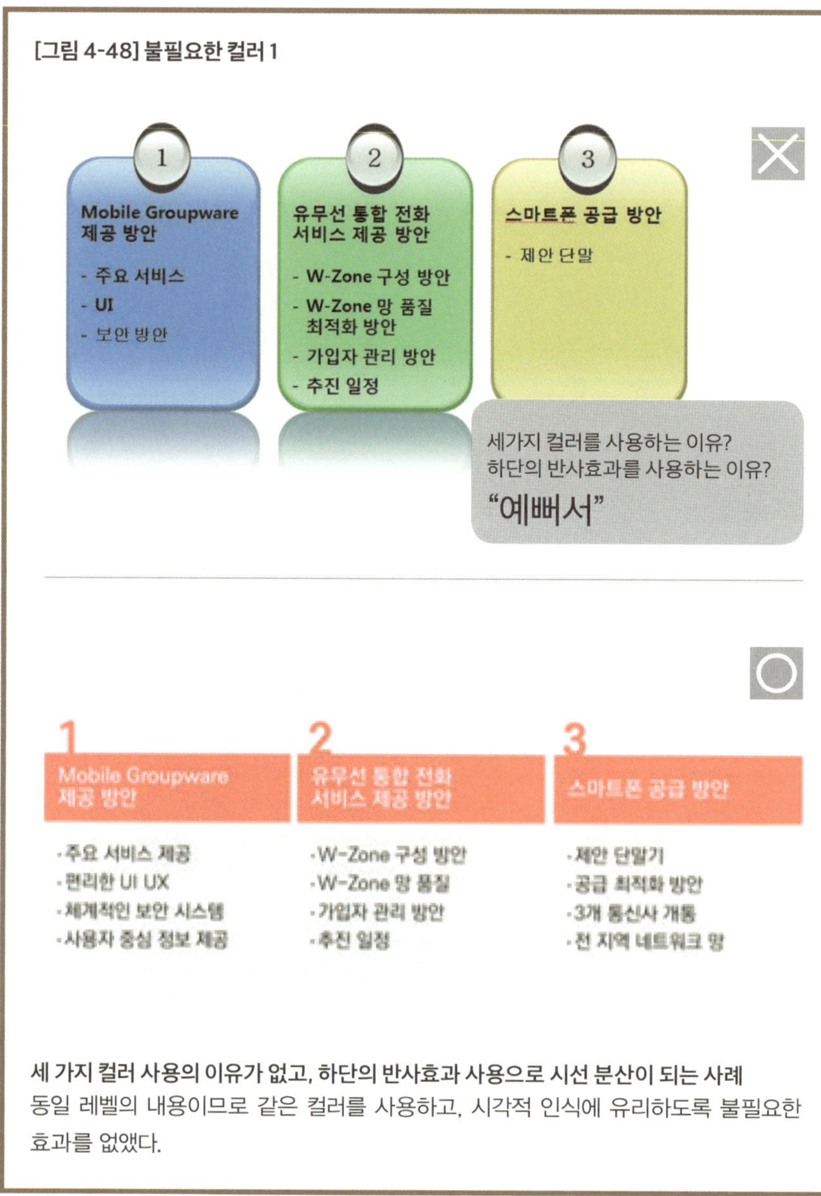

세 가지 컬러 사용의 이유가 없고, 하단의 반사효과 사용으로 시선 분산이 되는 사례
동일 레벨의 내용이므로 같은 컬러를 사용하고, 시각적 인식에 유리하도록 불필요한
효과를 없앴다.

[그림 4-49] 불필요한 컬러 2

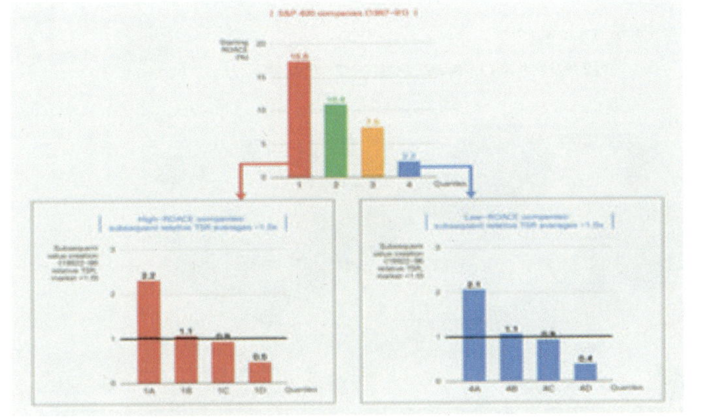

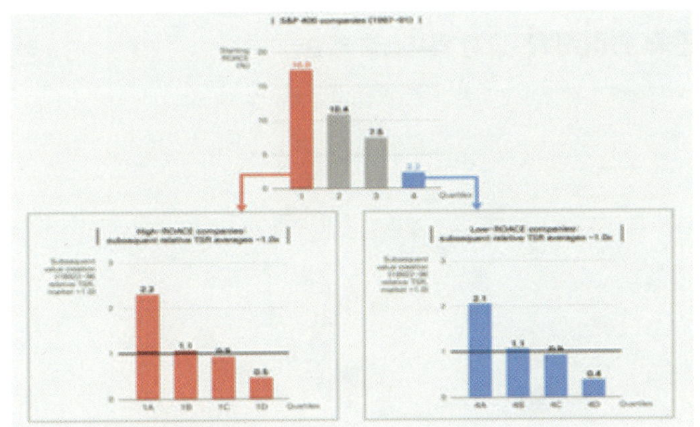

양쪽의 두 데이터를 설명하기 위한 슬라이드이다.
가운데 두 데이터는 별로 중요하지 않다. 그렇기 때문에 가운데 두 막대에 들어가 있는
의미 없는 컬러는 없애는 것이 양쪽 두 막대에 더 집중할 수 있게 해준다.

[그림 4-50] 불필요한 컬러 3

이유 없는 다양한 컬러 사용으로
핵심 내용에 대한 집중을 떨어뜨림

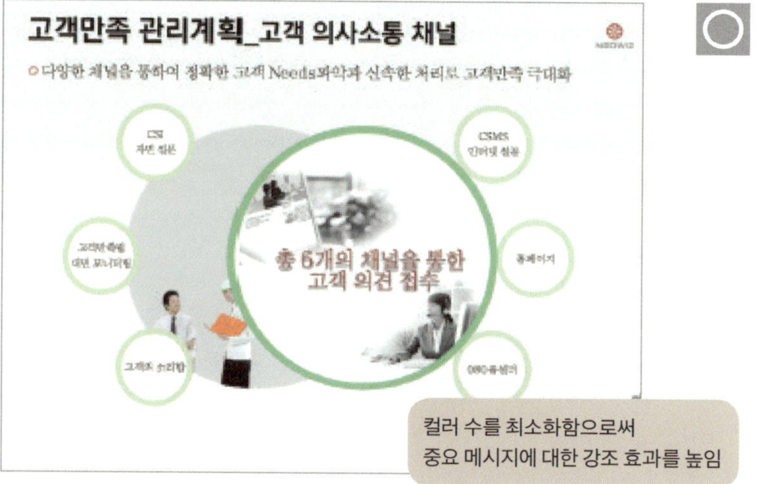

컬러 수를 최소화함으로써
중요 메시지에 대한 강조 효과를 높임

이유 없는 다양한 컬러 사용은 중요 메시지를 강조할 수 없게 만든다.
컬러 수를 최소화해야 강조하고 싶은 중요 메시지가 드러날 수 있다.

4.3.2 적합성Suitability

세련되고 독특한 디자인인데 내용 이해에 불편함을 주는 디자인이 있다. 독창성을 위해 적합성을 희생시키는 경우를 종종 본다. 그래서 '예쁜데 불편한' 결과를 만들게 된다.

적합성은 독창성보다 중요하다. 평가자의 관점을 이해하고, 평가자가 빠르게 인지하고 이해하기에 적합한 디자인을 사용해야 한다. 즉, 적합성은 의도이고 독창성(심미성)은 결과가 돼야 한다.

어떤 사람이 독특해지려고 노력해서 독특해지는 것이 아니라 자신과 상황에 충실히 살 때 그만의 독특함이 드러나는 것처럼 디자인 역시 독창적이려고 노력해서 독창적인 디자인이 나오는 것이 아니라 적합성이라는 본질에 접근할 때 결과적으로 독창적인 작품이 탄생하는 것이다.

고객이나 평가자의 아이덴티티Identity 를 사용하라

적합성의 대상에서 최우선 순위는 언제나 평가자의 관점이다. 고객사가 아닌 제안사의 컬러를 메인 컬러로 사용하는 것에 익숙한 작성자들이 많았다.

하지만 고객은 제안사의 컬러에 관심이 없다. 고객 중심, 제안 내용(사업)이 반영된 컬러를 사용하는 것이 바람직하다.

그러나 고객 중심이라고 해서 무조건 고객의 컬러를 사용하는 것은 적합하지 않다. 전략적으로 자사의 아이덴티티나 상품 콘셉트를 녹여내야 하는 경우에는 관련 아이덴티티를 드러낼 수 있도록 디자인해야 한다.

또한 평가자의 소속, 연령, 배경 등에 따라 선호하는 취향이 다르므로 이를 파악한다. 예를 들어 속한 조직의 분위기에 따라 새롭고 파격적인 스타일 혹은 정형화된 스타일을 선호할 수 있다. 즉, 무조건적으로 어떤 이론이나 방법을 대입하는 것이 아니라 어느 것이 더 적합한가를 항상 고려해야 한다.

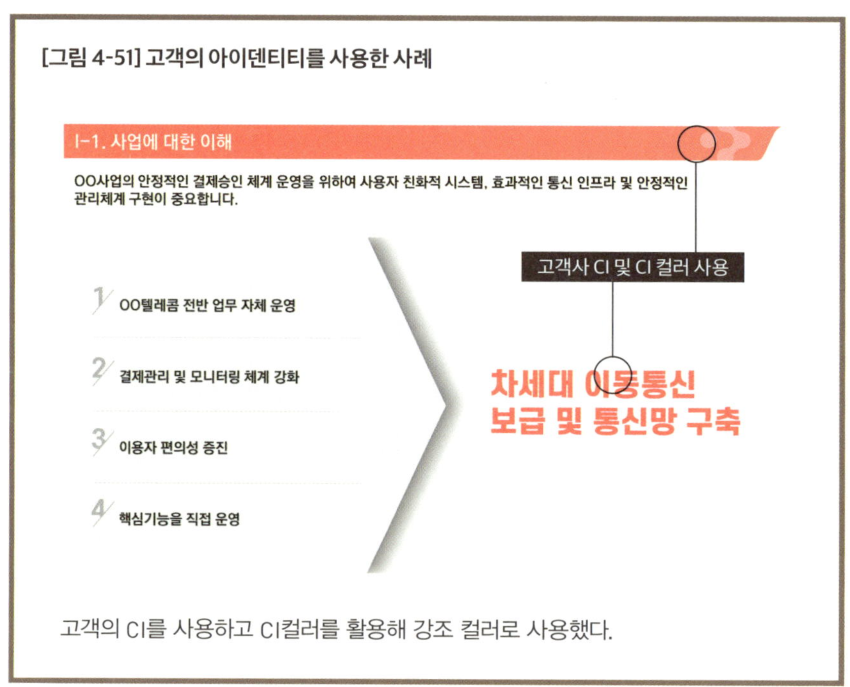

인지 방식에 적합한 법칙을 준수한다

(1) 시선 중력의 법칙 Reading Gravity Rule

PT 슬라이드는 위에서 아래로, 좌에서 우로 작성한다. 우리의 시선은 오랜 기간에 걸쳐서 이렇게 훈련돼왔기 때문에 이 원칙을 어긴 슬라이드를 보면 불편하거나 긴장하게 된다.

따라서 예외적으로 가운데 원이 있다거나 화살표가 아래에서 위로 그려
진다거나 하는 것은 강조의 역할을 할 수 있으나 이를 전 슬라이드에 걸쳐
사용했을 경우에는 평가자에게 불편함만 주게 된다.

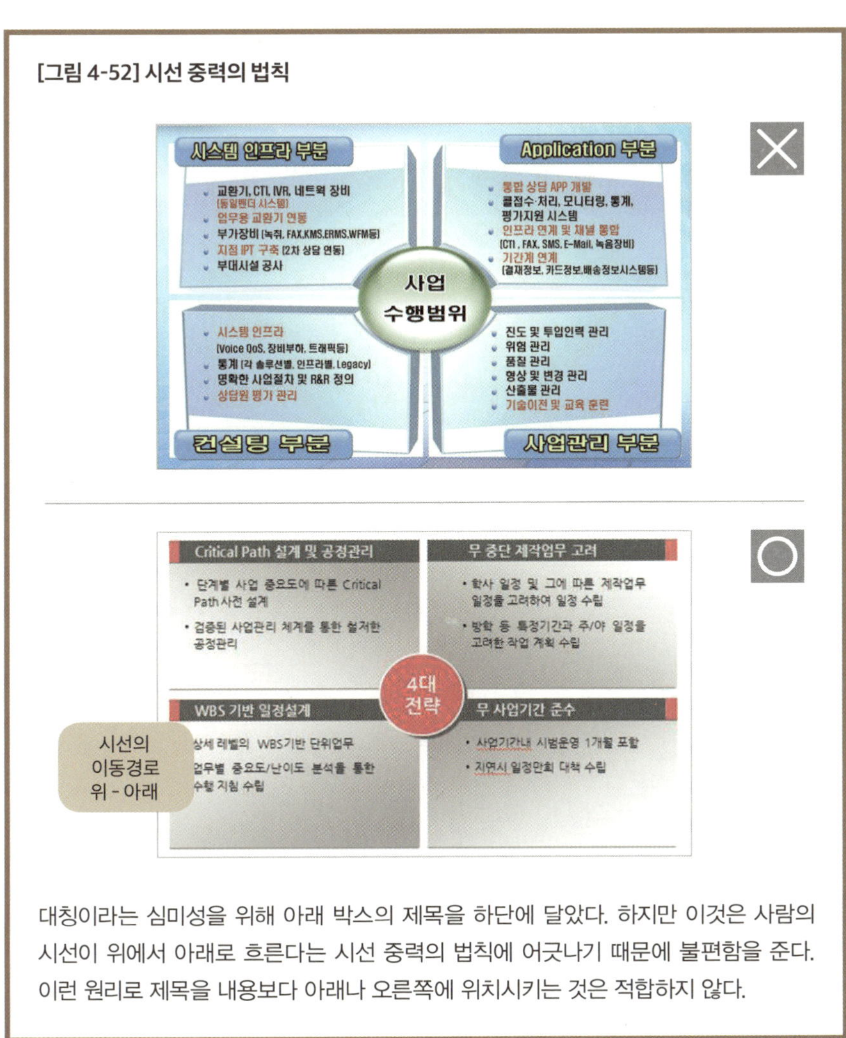

[그림 4-52] 시선 중력의 법칙

대칭이라는 심미성을 위해 아래 박스의 제목을 하단에 달았다. 하지만 이것은 사람의
시선이 위에서 아래로 흐른다는 시선 중력의 법칙에 어긋나기 때문에 불편함을 준다.
이런 원리로 제목을 내용보다 아래나 오른쪽에 위치시키는 것은 적합하지 않다.

(2) 좌뇌, 우뇌의 법칙

극장에서 자막은 왜 우측에 배치될까? 사람의 좌뇌는 언어·논리 등 분석적인 처리를 하고, 우뇌는 이미지·직관 등의 처리를 한다. 그런데 시각적 인식은 우측의 정보는 좌뇌로 투사되고 좌측의 정보는 우뇌로 투사되기에 이미지와 이미지에 대한 설명은 이를 고려해 배치해야 한다.

[표 4-1] 좌뇌와 우뇌의 정보처리 기능

구분	좌뇌	우뇌
처리 정보	언어, 논리 등 분석적 처리	이미지, 직관
시각적 인식 위치	우측	좌측

[그림 4-53] 좌뇌와 우뇌의 법칙

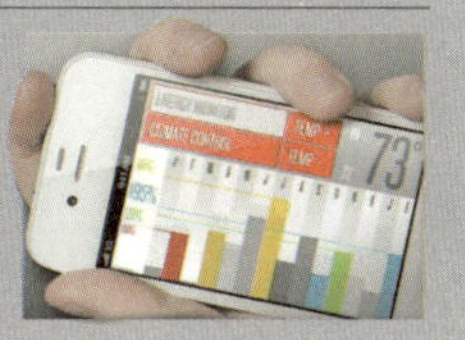

텍스트를 왼쪽에 이미지를 오른쪽에 위치시킨 슬라이드이다. 이것은 좌뇌와 우뇌의 법칙에 어긋나는 예시다.

좌뇌는 언어를 우뇌는 이미지를 인식한다. 그런데 좌뇌로 투사되는 것은 우측 시야의 정보이고 우뇌로 투사되는 것은 좌측 시야의 정보이다. 왼쪽에 이미지를 오른쪽에 텍스트를 배치하는 것이 인식하기에 더 편하다.

내용에 적합한 형태를 개발하라

제안 현장에서 많은 사람들이 기존의 템플릿과 포맷에 맞춰 내용을 작성하는 상황을 보게 된다. 예를 들어 전략이 4개가 돼야 하는데 하나가 모자라 무엇을 넣을지 고민하고 있는 경우이다. 이유는 템플릿이 4칸이기 때문이라는 것이다. 특히 작성자가 디자인까지 할 경우 다이어그램 등을 그리기 어려워하므로 다른 곳에서 디자이너들이 만들어놓은 템플릿 그대로 가져다 쓰고 그에 맞춰 내용을 작성하는 경우가 비일비재하다.

"형태는 기능을 따른다Form follow function"라는 말이 있다. 형태에 맞추어 내용을 만드는 것이 아니라 내용에 적합한 형태를 개발해야 한다. 적합한 형태를 개발하는 것에 대해서는 앞의 '의미의 시각화, 데이터의 시각화' 부분에서 자세히 다루었다.

[그림 4-54] 내용에 적합한 형태를 사용하라

전략 달성을 통한 고객만족 실현

세계 최고 수준의 품질 구현	2015년 12월 준공일정 준수
- 유사 프로젝트 실적 데이터 활용 - 유사 프로젝트 수행인력 투입 - 핵심기술 전문가 투입	- 공정 리스크의 사전분석 및 관리 방안 도출 - 자사의 공정관리 솔루션을 적용한 과학적 공정관리 - 2개 공구분할을 통한 동시진행
960일 무사고 현장 달성	대형 캔틸레버 품질 확보
- 핵심 안전관리지침 사전 배포 및 교육 - 비상시 대피 훈련 요령 및 재해 예방대책 수립 - 공구별 안전관리 담당자 배치	- 정밀한 Mock-up 수행 - 가설 Bent 계획은 구조기술사 승인 후 진행 - Digital 계측기를 활용한 시공정밀도 확보

AA 프로젝트의 성공적 완료를 통한 고객만족 실현

세계 최고 수준의 품질 구현	2015년 12월준공일정 준수	960일 무사고현장 달성
- 유사 프로젝트 실적 데이터 활용 - 유사 프로젝트 수행인력 투입 - 핵심기술 전문가 투입	- 공정 리스크의 사전분석 및 관리방안 도출 - 자사의 공정관리 솔루션을 적용한 과학적 공정관리 - 2개 공구분할을 통한 동시진행	- 핵심 안전관리지침 사전 배포 및 교육 - 비상시 대피 훈련 요령 및 재해예방 대책 수립 - 공구별 안전관리 담당자 배치

기존에 사용하던 박스가 4개인 위쪽 템플릿에 맞춰 쓰면 '세계 최고 수준의 품질 구현'과 '대형 캔틸레버 품질 확보' 간 MECE가 성립되지 않는 전략을 개발하는 등 내용을 형태에 맞추는 경우가 발생한다. 아래와 같이 전략을 먼저 적절하게 개발하고 이에 맞는 형태를 개발해야 한다.

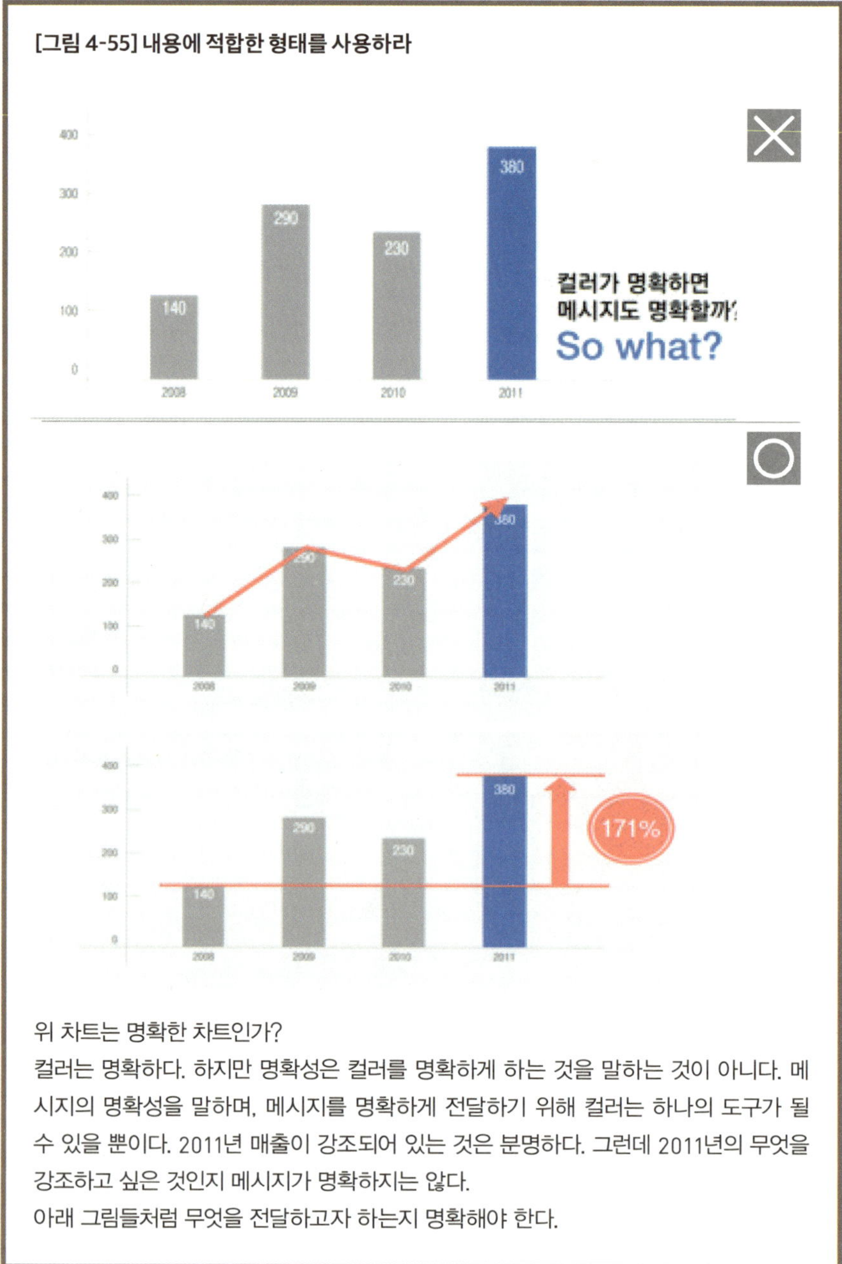

위 차트는 명확한 차트인가?

컬러는 명확하다. 하지만 명확성은 컬러를 명확하게 하는 것을 말하는 것이 아니다. 메시지의 명확성을 말하며, 메시지를 명확하게 전달하기 위해 컬러는 하나의 도구가 될 수 있을 뿐이다. 2011년 매출이 강조되어 있는 것은 분명하다. 그런데 2011년의 무엇을 강조하고 싶은 것인지 메시지가 명확하지는 않다.

아래 그림들처럼 무엇을 전달하고자 하는지 명확해야 한다.

4.3.3 명확성_{Clarity}

10초 법칙을 기억하라. 10초 이내에 평가자가 핵심 포인트를 감지하도록
해야 한다. 한눈에 명확하게 들어와야 할 것: 그래서 무엇을 나타내고자
하는가?

그래픽은 단순히 설득력 있는 메시지를 전달하는 역할을 넘어서 필요한
정보를 전달함으로써 독자를 설득한다. 메시지를 명확하게 전달하라.

차이의 명확성

명확성에서 중요한 또 한 가지는 차이의 명확성이다. 명확한 차이가 아니면
구별의 기능을 잃는다. 그뿐만 아니라 정리되지 않은 인상을 주기에 오히려
차이를 두지 않은 것보다 못할 수 있다.

개체의 크기, 폰트 및 폰트 크기, 간격 등 요소의 차이를 명확하게 사용
하라.

[그림 4-56] 크기의 차이

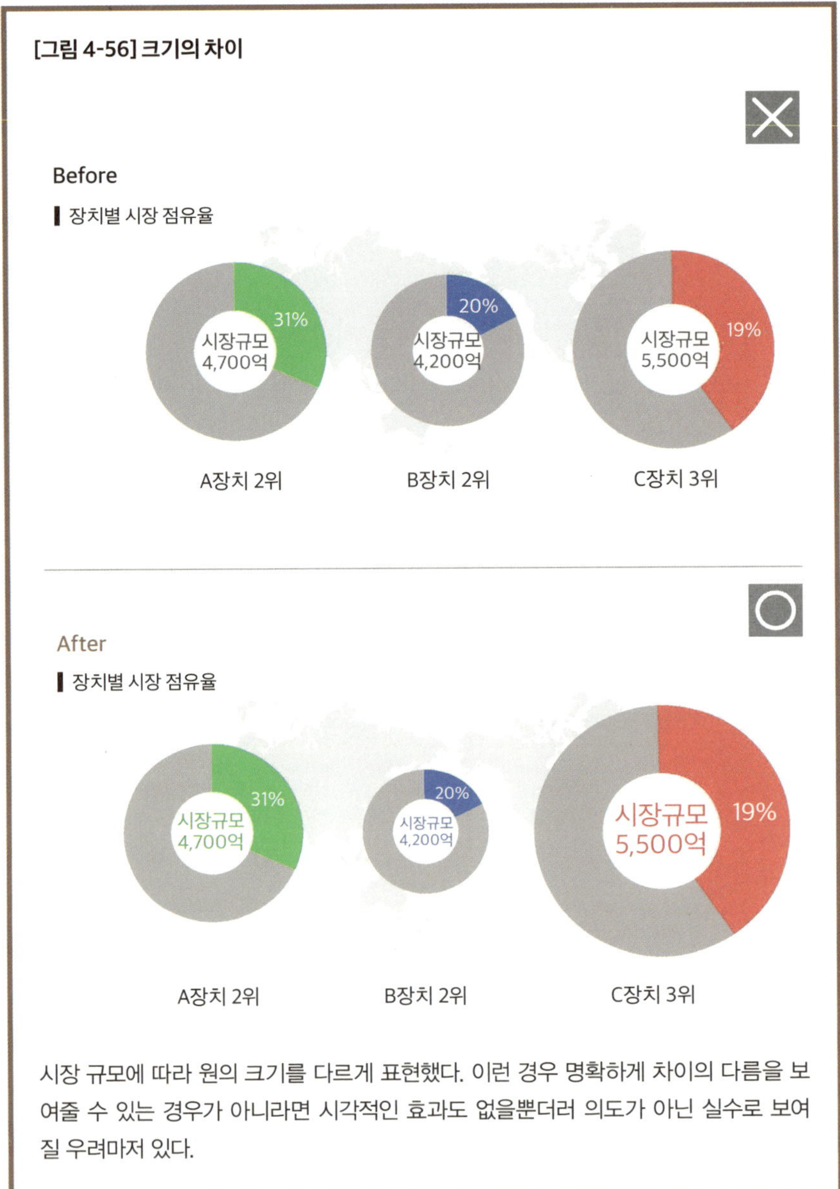

시장 규모에 따라 원의 크기를 다르게 표현했다. 이런 경우 명확하게 차이의 다름을 보여줄 수 있는 경우가 아니라면 시각적인 효과도 없을뿐더러 의도가 아닌 실수로 보여질 우려마저 있다.

[그림 4-57] 폰트 및 폰트 크기의 차이 1

윗 문장들은 뭔가 깔끔하지 않다는 것을 의식적이든 무의식적이든 느끼게 된다. 왜 그
럴까? 제목과 본문에서 애매하게 다른 폰트를 사용했기 때문이다.

같은 고딕 계열에서, 같은 명조 계열에서 굳이 다른 두 가지 폰트를 사용하는 것은 오
히려 정리되지 않은 인상을 준다. 이럴 경우 폰트를 같게 하거나 아니면 아예 다른 계열
(명조, 고딕, 손 글씨 등)을 사용해서 명확하게 차이를 두는 것이 바람직하다.

[그림 4-58] 폰트 및 폰트 크기의 차이 2

마찬가지로 폰트의 크기도 애매하게 차이를 두는 것은 구별의 효과가 없다. 명확한 크기 구분이 바람직하다.

[그림 4-59] 간격의 차이

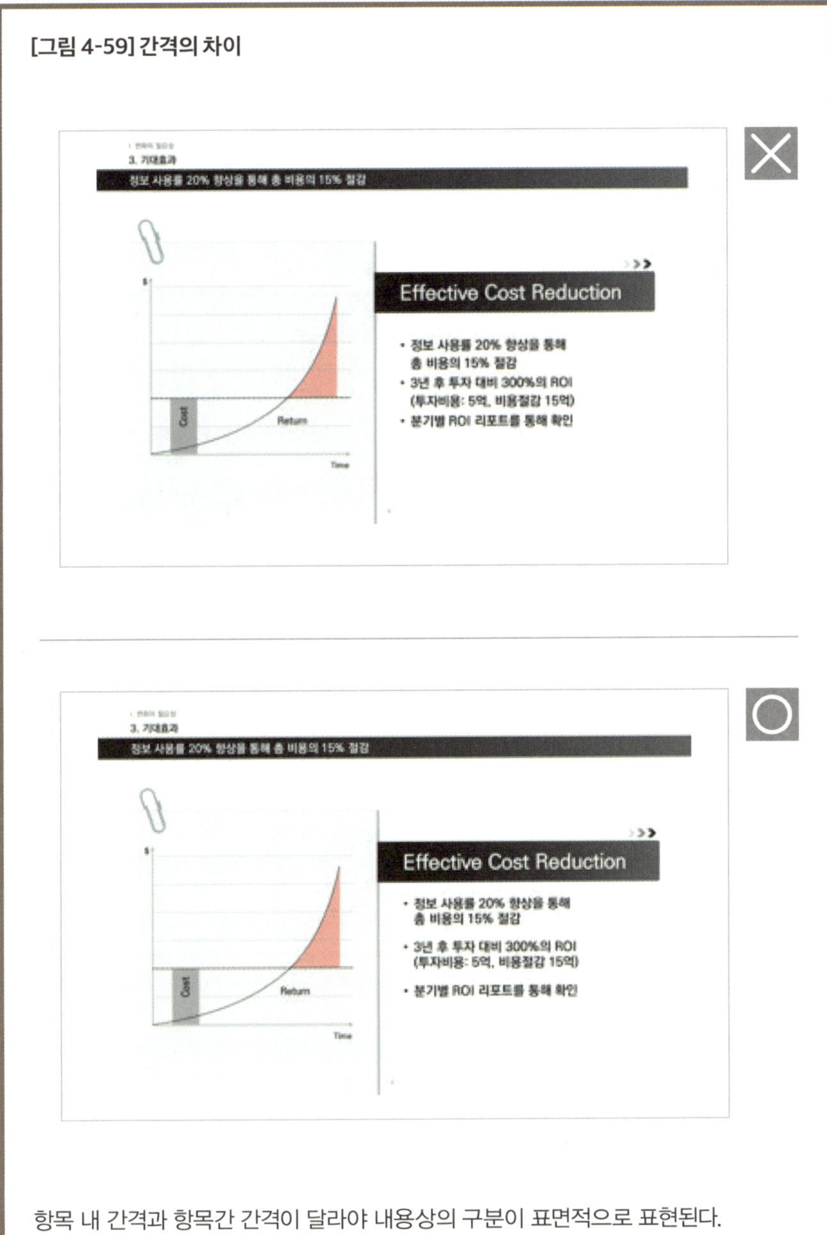

항목 내 간격과 항목간 간격이 달라야 내용상의 구분이 표면적으로 표현된다.

4.3.4 일관성Consistency

일관된 콘셉트는 스토리의 흐름을 타게 만든다.

일관된 비주얼은 그 자체로 내비게이터가 된다.

[그림 4-60] 일관된 콘셉트는 스토리의 흐름을 타게 만든다

패션이라는 일관된 콘셉트로 전체 구조를 잡고, 디테일한 설명까지 패션을 비유로 해서 전달한 예이다. 일관된 콘셉트로 청중은 전체적인 흐름을 부드럽게 따라갈 뿐 아니라, 시간이 지난 뒤에도 듣는 내내 한 가지 콘셉트로 전달된 부분이 강하게 각인될 수 있다.

[그림 4-61] 일관된 비주얼은 그 자체로 내비게이터가 된다

양이 많고 긴 제안에서 일관된 비주얼을 통해 청중에게 현재 위치 또는 진행 정도를 알려주는 것은 매우 중요하다.
위의 사례에서 청중은 크라프트지 배경이 나오면 지금은 세션의 시작, 하얀 배경이 나오면 이론, 회색 배경이 나오면 예시라는 것을 쉽게 인지할 수 있다.

일관성의 중요한 원리가 있다. 일관성은 무조건 같은 것이 아니라 통일과 변화의 조화라는 점이다. 이때 전체적으로 통일되고 특정 부분의 변화를 통

해 일관성을 유지할 수 있다.

중요한 것은 변화를 통해 일관성을 유지할 수 있는 부분이 있고, 변화를 주면 일관성이 깨지는 부분이 있는데 이를 주의해야 한다는 점이다.

[표 4-2] 변화의 효과

변화를 통해 일관성을 유지할 수 있는 부분	변화를 주면 일관성이 깨지는 부분
먼저 디자인 요소를 전체적으로 통일하고 요소의 어느 하나에 변화를 주는 것 · 형태 · 크기 · 방향 · 위치 · 색상 · 명도	환경에 해당하는 Concept와 Perspective는 변화를 주면 일관성이 깨진다. 환경을 바꾸는 것은 요소를 이질적으로 보이게 만든다. · 부드러운 인상을 콘셉트로 형태를 곡선, blur 처리하기로 했는데 갑자기 뾰족한 직선의 도형이 나오는 경우 · 입체 도형의 그림자를 오른쪽으로 하다가 갑자기 아래에 그림자를 둠으로써 Perspective의 한 가지인 빛의 위치를 바꾸는 경우

[그림 4-62] 형태의 변화로 일관성을 유지하는 사례

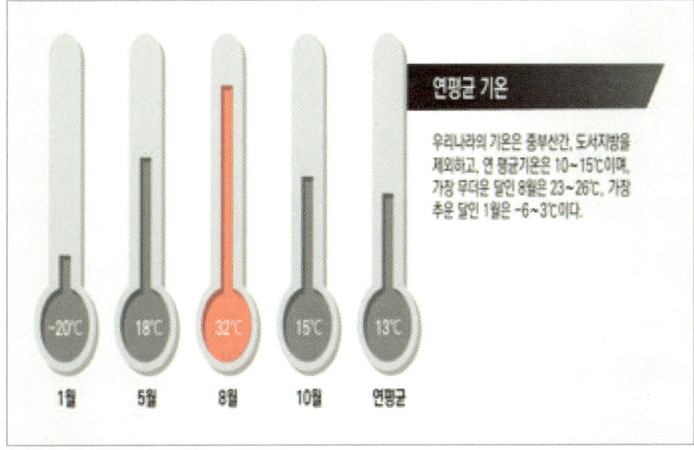

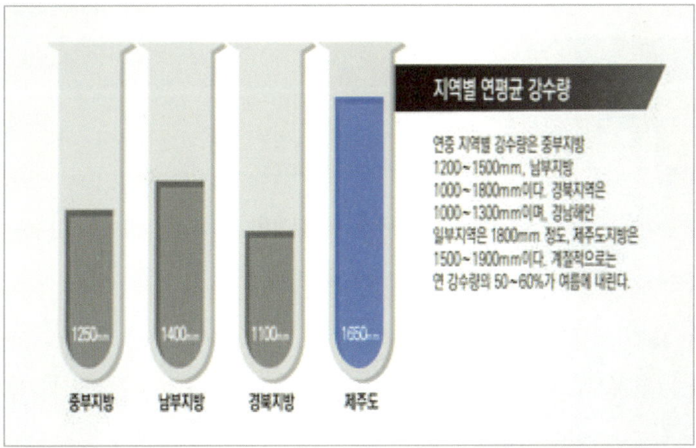

형태가 변화되어도 일관성이 유지된다.

[그림 4-63] 크기의 변화로 일관성을 유지하는 사례 2

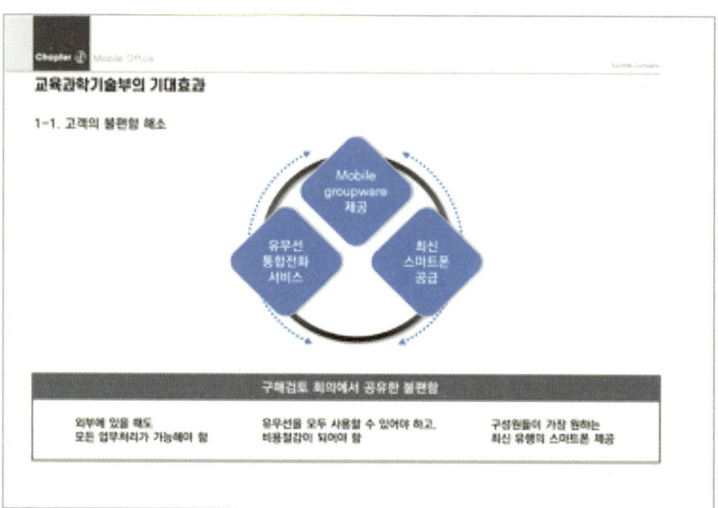

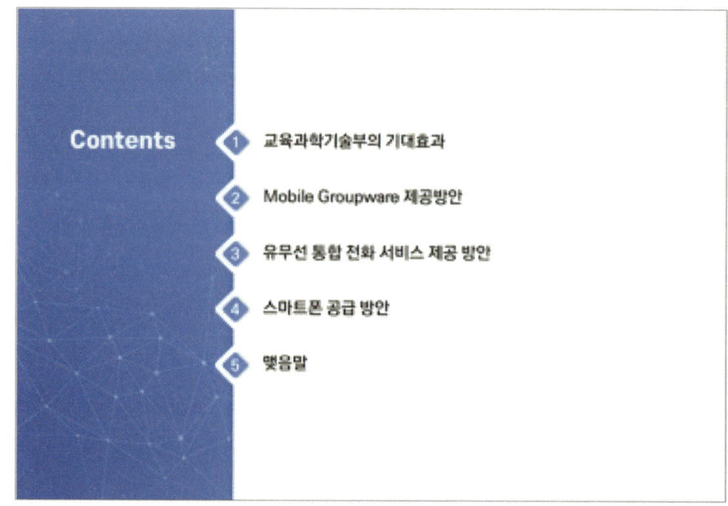

작은 삼각형의 패턴을 크게 빼내어도 일관성이 유지된다.

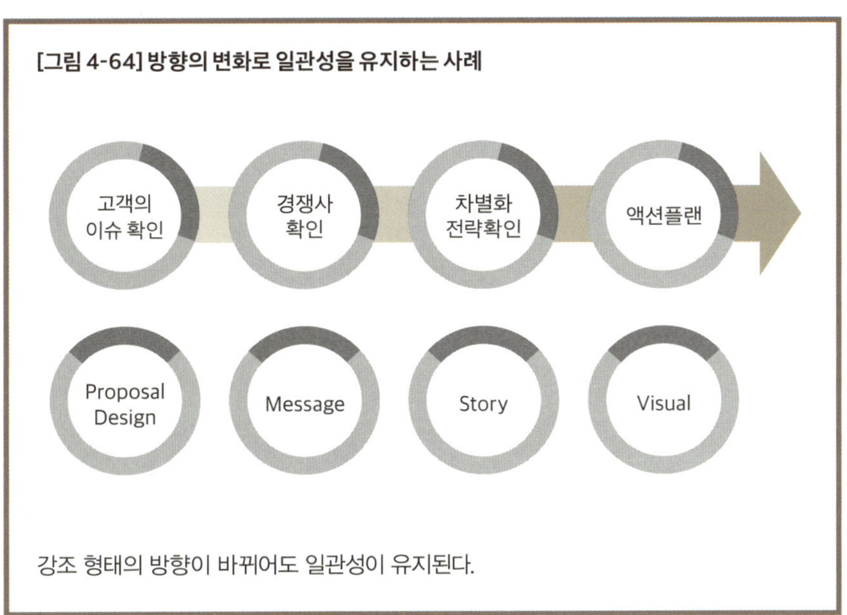

[그림 4-64] 방향의 변화로 일관성을 유지하는 사례
고객의
이슈 확인
경쟁사
확인
차별화
전략확인
액션플랜
Proposal
Design
Message
Story
Visual
강조 형태의 방향이 바뀌어도 일관성이 유지된다.

[그림 4-65] 위치의 변화로 일관성을 유지하는 사례 1

체크무늬의 위치가 바뀌어도 일관성이 유지된다.

[그림 4-66] 위치의 변화로 일관성을 유지하는 사례 2

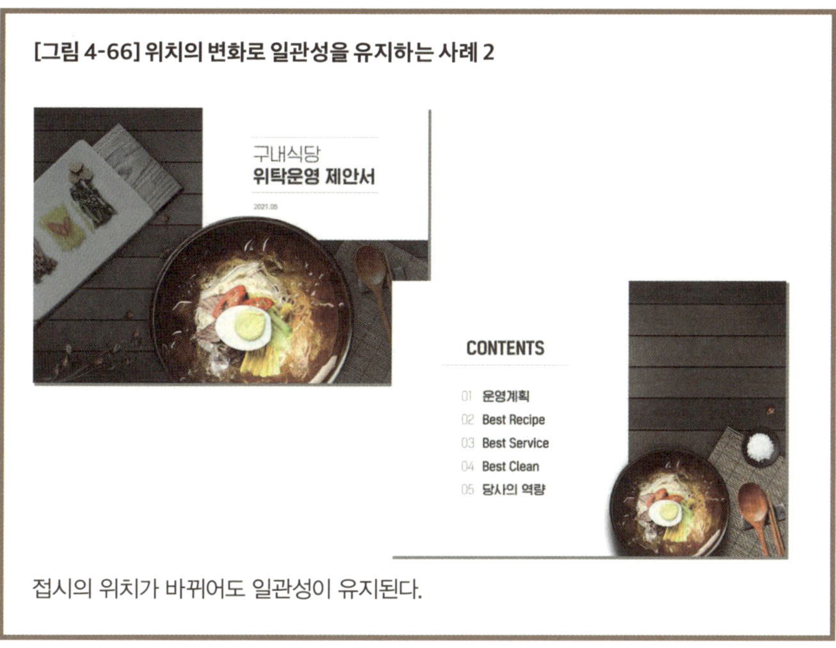

접시의 위치가 바뀌어도 일관성이 유지된다.

[그림 4-67] 색상의 변화로 일관성을 유지하는 사례

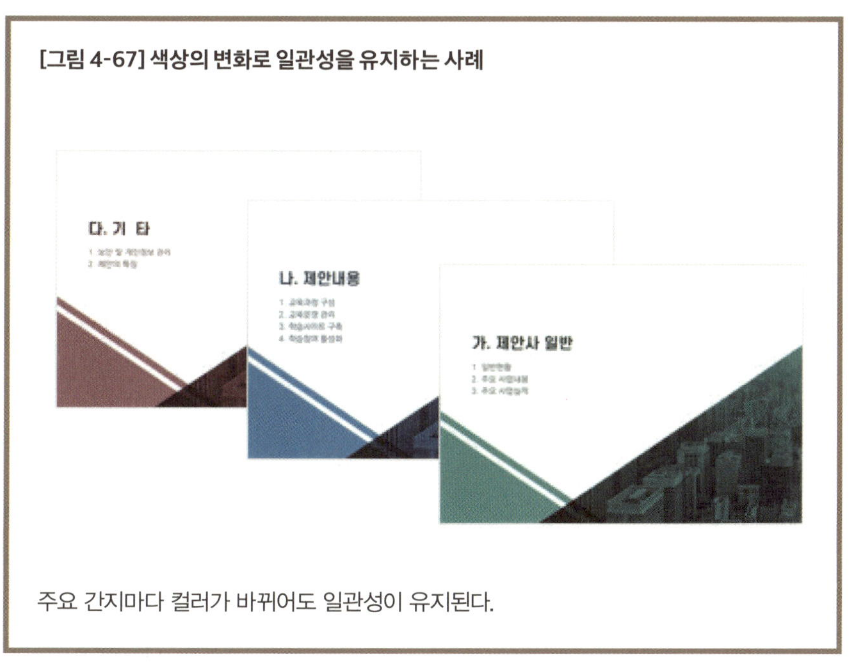

주요 간지마다 컬러가 바뀌어도 일관성이 유지된다.

[그림 4-68] 명도의 변화로 일관성을 유지하는 사례

표지에는 진한 명도를 쓰다 목차 부분에서 연한 명도로 바꾸어도 일관성이 유지된다.

4.3.5 단계성_{Hierarchy}

시각적 구조는 콘텐츠 구조를 반영해야 한다. 다른 내용은 다른 그래픽으로, 단계적 내용은 단계적 그래픽으로 표현해야 한다. 예를 들면 과일과 채소는 다르지만, 과일과 사과는 다른 것이 아니라 단계적이다. 그래픽도 마찬가지다. 다른 것이 있고 단계적인 것이 있다.

컬러도 마찬가지다. 다른 내용은 다른 컬러로, 단계적 내용은 단계적 컬러로 표현해야 한다. 단계적 컬러는 같은 컬러 내에서 명도(밝기)나 채도(선명하기)의 차이로 구분을 한다.

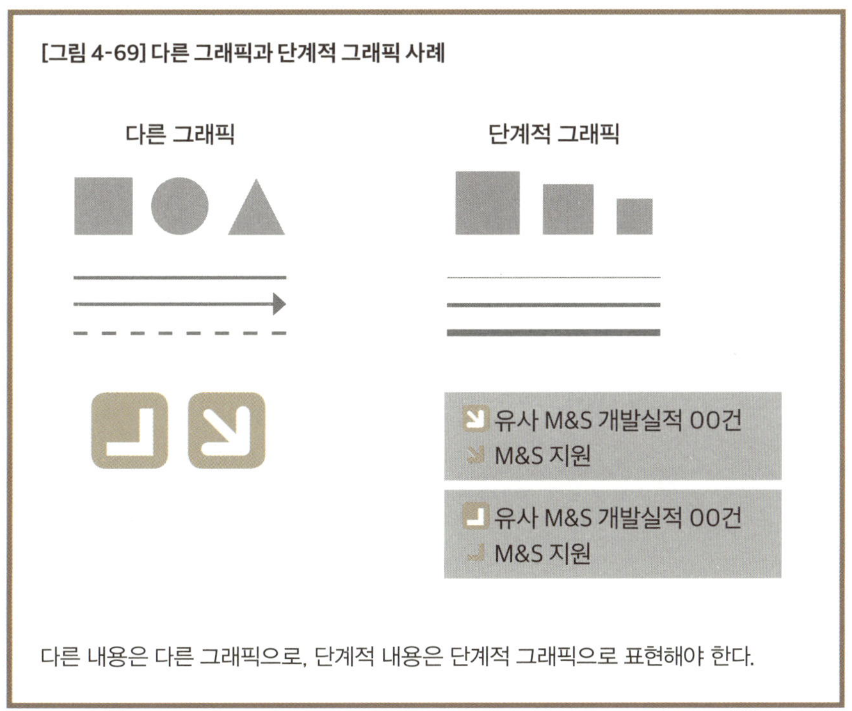

다른 내용은 다른 그래픽으로, 단계적 내용은 단계적 그래픽으로 표현해야 한다.

[그림 4-70] 다른 컬러와 단계적 컬러 사례

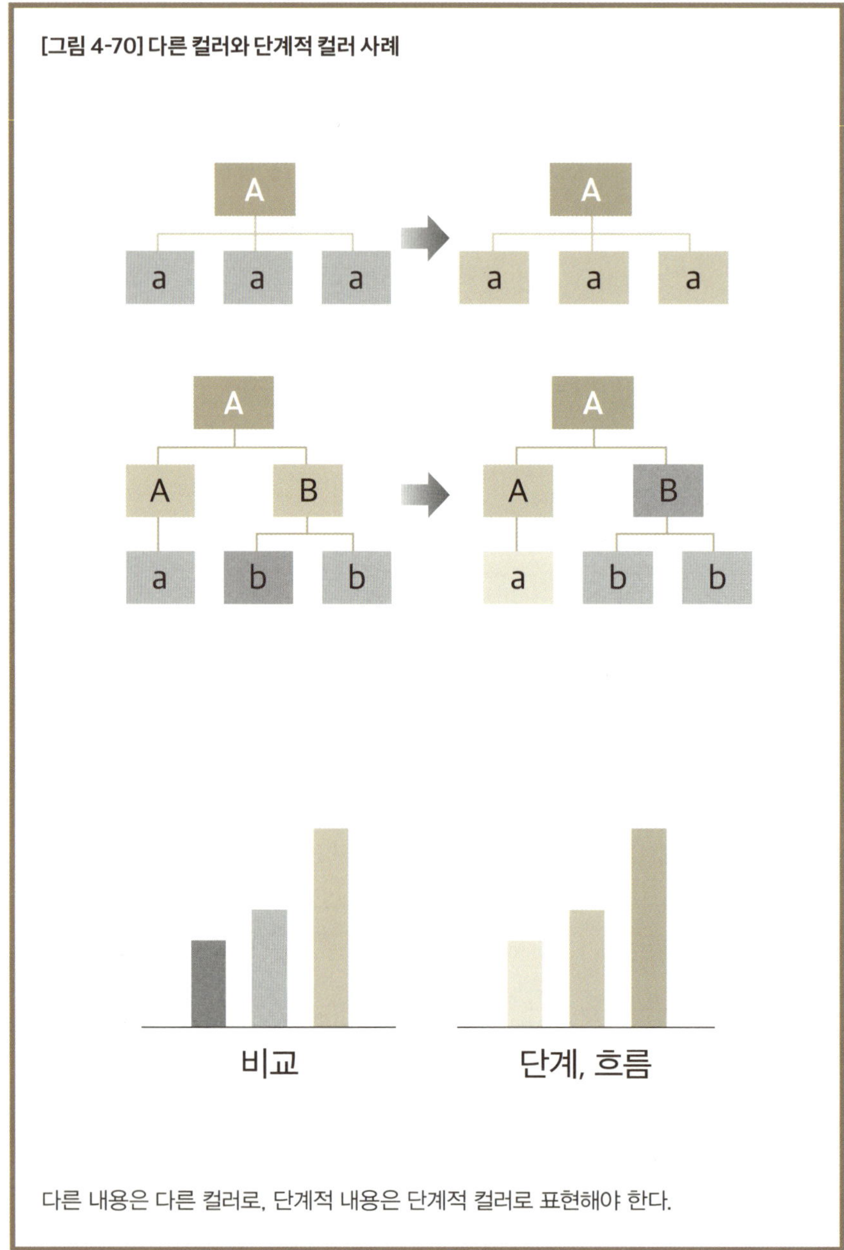

다른 내용은 다른 컬러로, 단계적 내용은 단계적 컬러로 표현해야 한다.

[그림 4-71] 내용의 구조를 컬러의 구조로

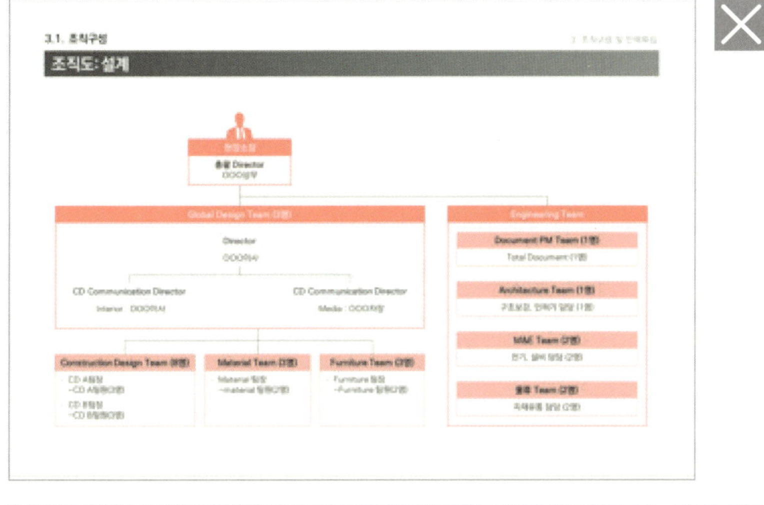

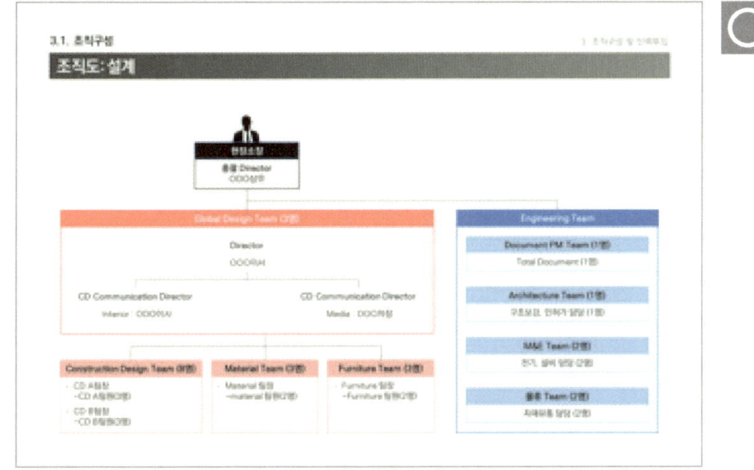

Color Grouping을 통해 다른 내용은 다른 컬러로, Color Hierarchy를 통해 단계적 내용은 단계적 컬러로 표현해야 한다.

4.3.6 단순성Simplicity

단순성에는 단순화와 최소화가 있다. 단순화는 복잡하지 않도록 하는 것이고, 최소화는 많지 않도록 하는 것이다. 단순화하지 않은 그래픽은 청중에게 스스로 정리하면서 보도록 만드는 것이고, 최소화하지 않은 그래픽은 청중에게 스스로 골라서 보도록 만드는 것이다.

또한 단순화하지 않았다면 청중에게 복합적인 메시지가 전달될 가능성이 높다. 목적한 내용을 왜곡 없이 명료하게 청중에게 전달하기 위해서는 단순성의 원리 적용이 중요하다. 이 원리 적용 중 제안 디자인에서 가장 많은 효과를 얻을 수 있는 것은 형태의 단순화, 컬러수의 최소화이다.

평면 vs. 입체

많은 사람이 더 멋있어 보인다는 이유로 입체를 선호하는 경향이 있다. 하지만 제안 디자인에서는 반드시 사용해야 하는 목적이 있는 3D 구현이 아닌 경우 복잡한 입체보다 단순한 평면이 사용하기에 더 적합하다.

왜냐하면 3차원 입체라 하더라도 사람의 눈은 평면적으로 받아들이고 (2차원으로 인식), 망막에 투영된 평면적 이미지를 뇌의 시각 피질이 다시 입체로 합성해서 인식(3차원으로 인식)하는 과정을 거치게 되기 때문이다. 즉, 사람은 평면 요소를 입체 요소보다 더 쉽고 편하게, 즉각적으로 의지한다는 뜻이다.

[그림 4-72] 이미지의 단순화 사례

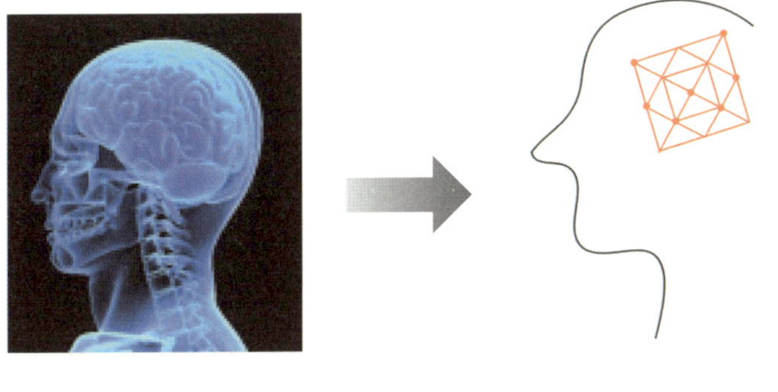

복잡한 그림이나 이미지에서 필요한 특징만을 남겨서 단순화한 그래픽이다.

[그림 4-73] 제안 디자인에서는 평면 사용이 더 적합하다

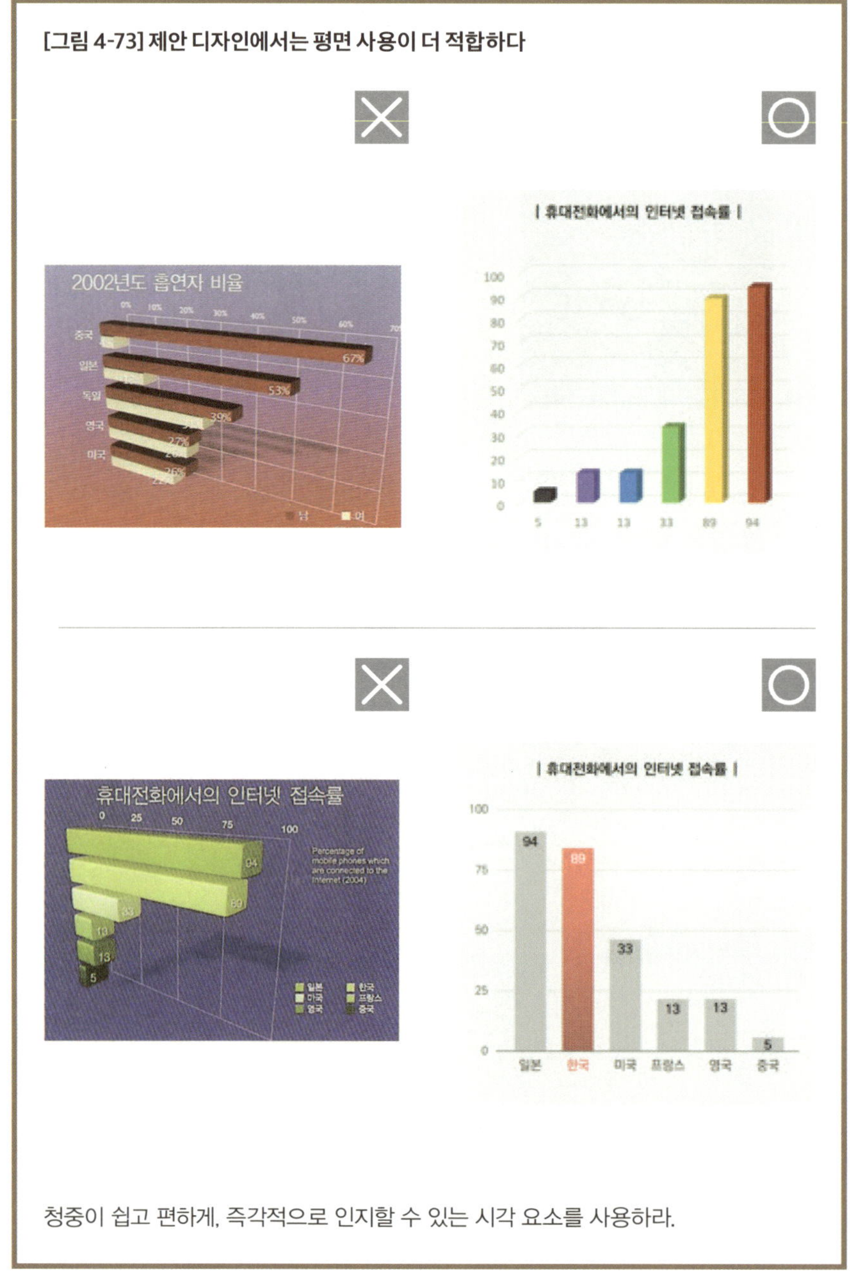

청중이 쉽고 편하게, 즉각적으로 인지할 수 있는 시각 요소를 사용하라.

컬러 수의 최소화

제안 프레젠테이션 슬라이드는 배경, 폰트, 그래픽 요소를 포함한 전체 컬러 중 유채색이 세 가지를 넘지 않도록 한다. 또한 중요하지 않은 부분의 컬러는 흑백 처리하고, 컬러 수는 최소화함으로써 강조할 메시지가 더 눈에 잘 들어오게 한다.

[그림 4-74] 다양한 컬러를 조정한 사례

흔히 지도에 다양한 색상을 사용한다. 그러나 내용을 보조하는 지도는 흑백으로 처리하고, 지도를 통해 전달하고자 하는 내용에 컬러를 사용하면 메시지가 더 부각된다.

[그림 4-75] 이미지를 재조정해 사용한 사례

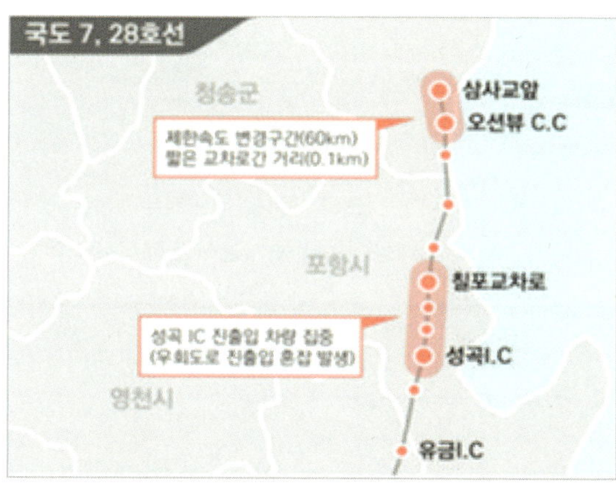

컬러가 복잡한 이미지를 사용하는 경우, 핵심 부분이 아니면 흑백으로 컬러 조정을 한 후 사용함으로써 강조 부분을 드러나게 할 수 있다.

[그림 4-76] 이미지에서 컬러를 추출해 사용한 사례

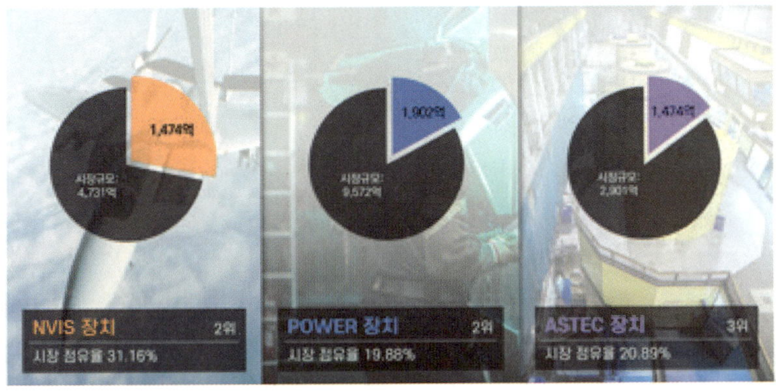

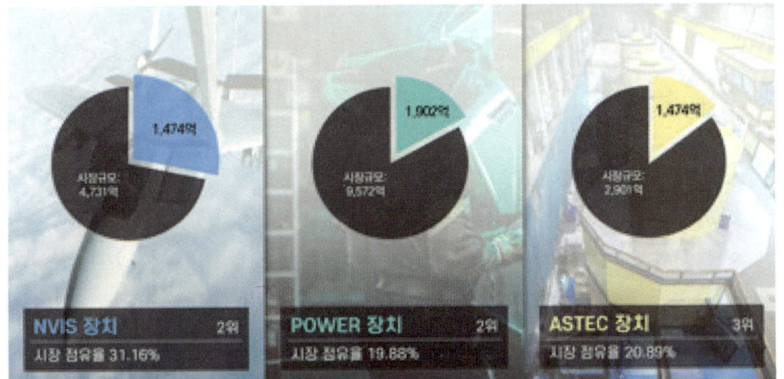

이미지의 컬러가 추출하기에 적합한 경우에는 이미지에서 컬러를 추출해서 사용함으로써 컬러 수를 최소화할 수 있다. 이 방법은 동시에 이미지의 콘셉트를 더 명확하게 전달할 수 있다는 이점도 있다.

4.3.7 배치_{Layout}

배치는 레이아웃_{Layout}이라는 말을 더 많이 사용하는데 다음 세 가지가 중요하다.

- 그리드: 줄을 잘 맞추어 배치해야 한다.
- 그룹핑: 비슷한 것끼리는 잘 묶어주어야 한다.
- 여백: 빈 공간도 중요하다.

그리드_{Grid}

(1) 그리드는 질서를 위한 기본 룰_{rule}이다

그리드를 맞추는 것은 편집의 기본이다. 슬라이드를 보았을 때 이유는 모르겠지만 뭔지 정리되지 않았던 느낌을 가져본 적이 있는가? 그리드가 없거나 너무 많은 것이 이유였을 수도 있다.

(2) 그리드를 최소화하라

줄 맞추기의 기준선이 적을수록 더 정리되어 보이기에 그리드에서 가장 중요한 것은 최소화이다. 너무 많은 그리드는 그리드의 의미를 잃는다. 박스 처리, 문단 정렬, 요소 간 그리드 통일로 그리드 수를 최소화해야 정리되어 인식이 잘 된다. 특히 제안 디자이너는 그리드를 습관이 될 때까지 의식적으로 인식하라.

[그림 4-77] 그리드를 최소화하라

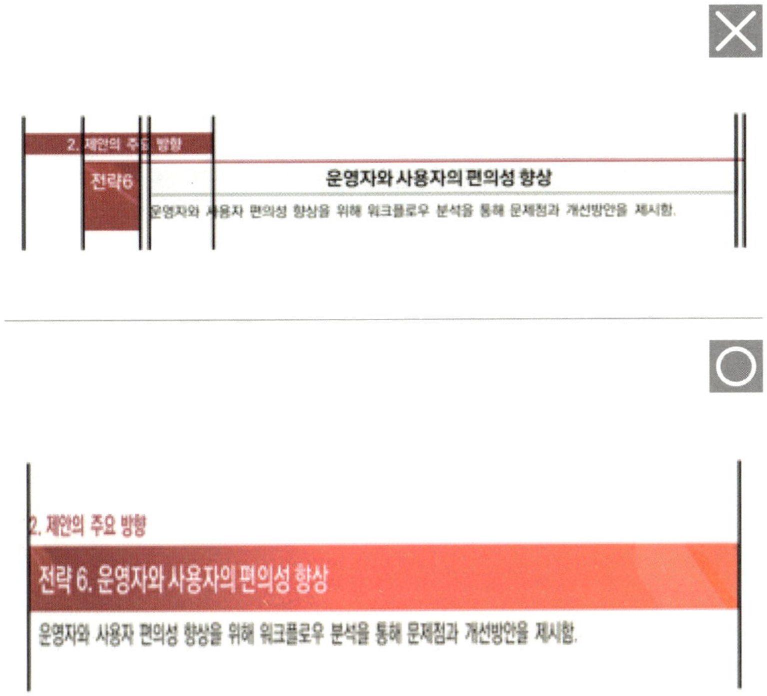

아래 제안서가 더 잘 정리되어 보인다. 아래 제안서의 그리드 수가 훨씬 적기 때문이다. 여러 겹의 박스 처리는 그리드 수를 늘린다. 하나의 요소가 추가될 때마다 새로운 그리드가 생긴다. 그리드 수가 늘어나지 않도록 기존의 그리드를 최대한 이용하라.

그룹핑_{Grouping}

그룹핑은 받아들여야 할 정보의 개수를 더 적게 인식하게 만든다. 같은 10개를 두 그룹으로 분류해서 주면 사람들은 2개로 인식하는 것이다. 그룹핑되지 않은 레이아웃은 분류되지 않은 정보와 같다.

그룹핑은 유사한 것끼리 묶는 단순한 것이 아니다. 내용상 위계, 변화 요소 등을 표현해야 한다.

그룹핑은 컬러, 간격, 선으로 구현할 수 있으나 제약이 없다면 선보다는 컬러, 간격을 사용하는 것이 바람직하다. 왜냐하면 선을 넣는 것은 또 다른 요소가 추가되는 것이고 또 다른 그리드가 추가되는 것이므로 정리를 위한 그룹핑이 오히려 더 지저분해질 수도 있기 때문이다.

[그림 4-78] 그룹핑 개념

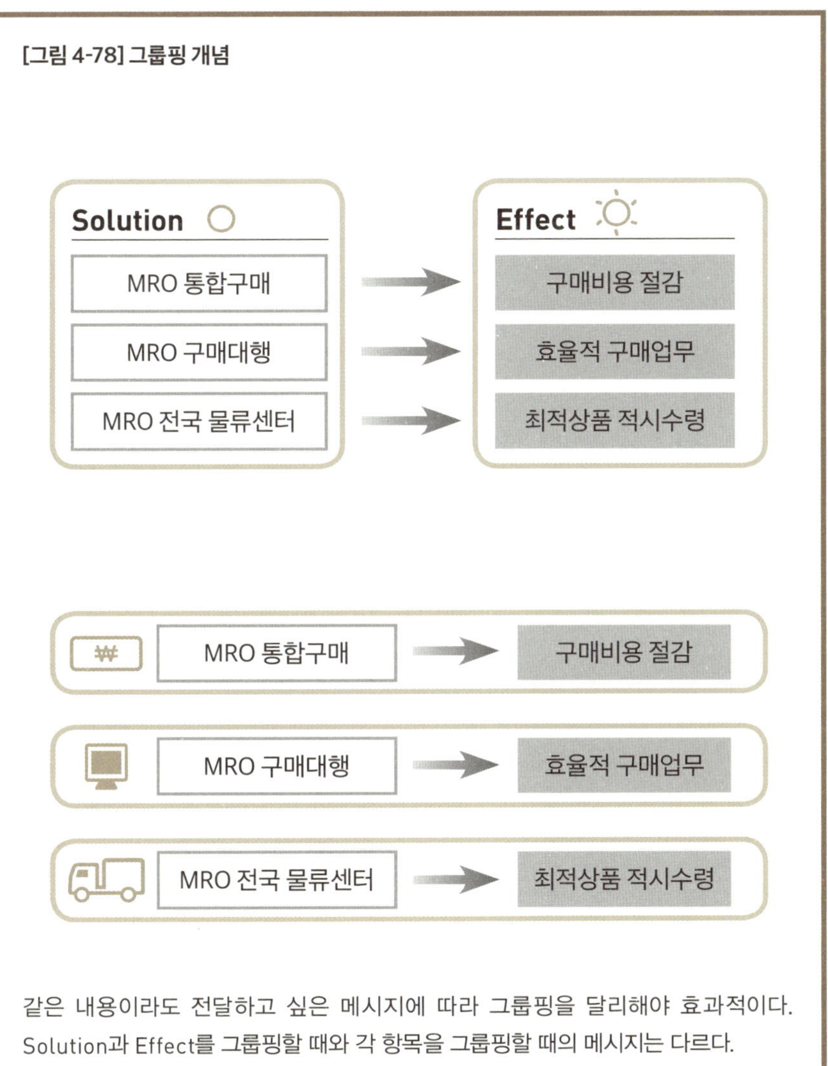

같은 내용이라도 전달하고 싶은 메시지에 따라 그룹핑을 달리해야 효과적이다.
Solution과 Effect를 그룹핑할 때와 각 항목을 그룹핑할 때의 메시지는 다르다.

[그림 4-79] 선으로 구분하기보다는 컬러, 간격을 사용하라

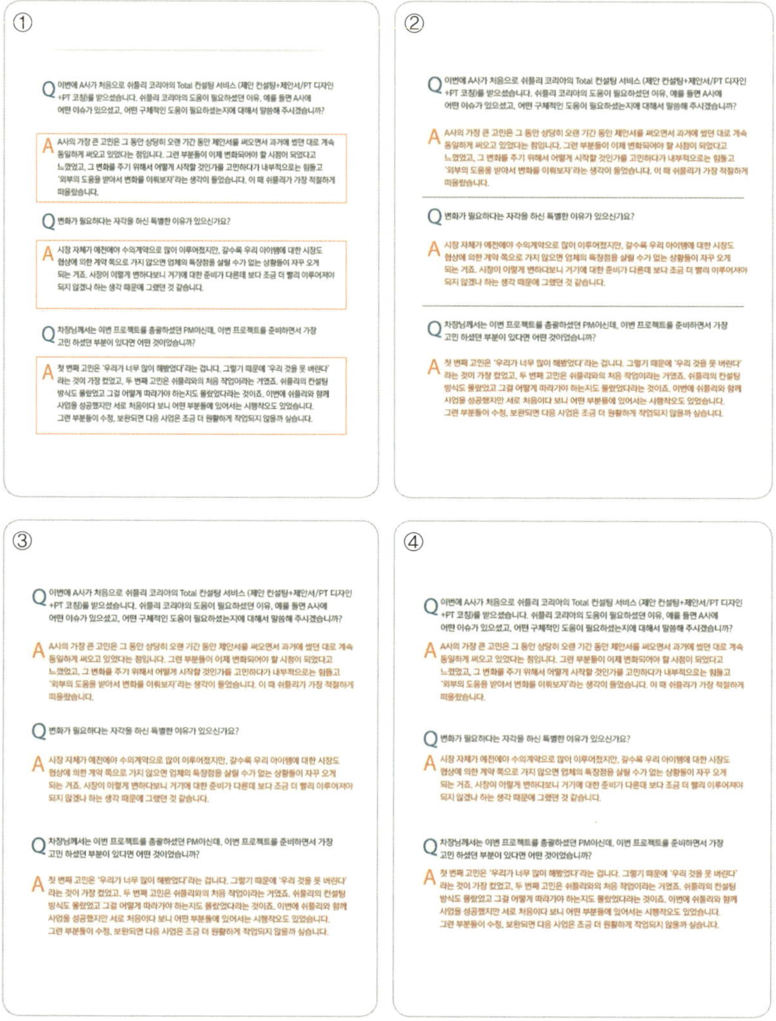

①

Q 이번에 A사가 처음으로 쉬플리 코리아의 Total 컨설팅 서비스 (제안 컨설팅+제안서/PT 디자인 +PT 코칭)을 받으셨습니다. 쉬플리 코리아의 도움이 필요하셨던 이유, 예를 들면 A사에 어떤 이슈가 있었고, 어떤 구체적인 도움이 필요하셨는지에 대해서 말씀해 주시겠습니까?

A A사의 가장 큰 고민은 그 동안 상당히 오랜 기간 동안 제안서를 써오면서 과거에 썼던 대로 계속 동일하게 써오고 있었다는 점입니다. 그런 부분들이 이제 변화되어야 할 시점이 되었다고 느꼈었고, 그 변화를 주기 위해서 어떻게 시작할 것인가를 고민하다가 내부적으로는 힘들고 '외부의 도움을 받아서 변화를 이뤄보자'라는 생각이 들었습니다. 이 때 쉬플리가 가장 적절하게 떠올랐습니다.

Q 변화가 필요하다는 자각을 하신 특별한 이유가 있으신가요?

A 시장 자체가 예전에야 수의계약으로 많이 이루어졌지만, 갈수록 우리 아이템에 대한 시장도 협상에 의한 계약 쪽으로 가지 않으면 업체의 특장점을 살릴 수가 없는 상황들이 자꾸 오게 되는 거죠. 시장이 이렇게 변하다보니 거기에 대한 준비가 다른데 보다 조금 더 빨리 이루어져야 되지 않겠나 하는 생각 때문에 그랬던 것 같습니다.

Q 차장님께서는 이번 프로젝트를 총괄하셨던 PM이신데, 이번 프로젝트를 준비하면서 가장 고민 하셨던 부분이 있다면 어떤 것이었습니까?

A 첫 번째 고민은 '우리가 너무 많이 해봤었다'라는 겁니다. 그렇기 때문에 '우리 것을 못 버린다'라는 것이 가장 컸었고, 두 번째 고민은 쉬플리와의 처음 작업이라는 거였죠. 쉬플리의 컨설팅 방식도 몰랐었고 그걸 어떻게 따라가야 하는지도 몰랐었다는 것이죠. 이번에 쉬플리와 함께 사업을 성공했지만 서로 처음이다 보니 어떤 부분들에 있어서는 시행착오도 있었습니다. 그런 부분들이 수정, 보완되면 다음 사업은 조금 더 원활하게 작업되지 않을까 싶습니다.

②

(①과 동일한 내용)

③

(①과 동일한 내용)

④

(①과 동일한 내용)

선을 사용한 위의 2개 사례보다 아래 2개 사례가, 특히 컬러와 간격을 모두 사용한 우측 하단의 사례가 가장 정리되고 정보가 적어 보인다는 것을 알 수 있다.

[그림 4-80] 명도나 채도를 조정해 그룹핑한 사례

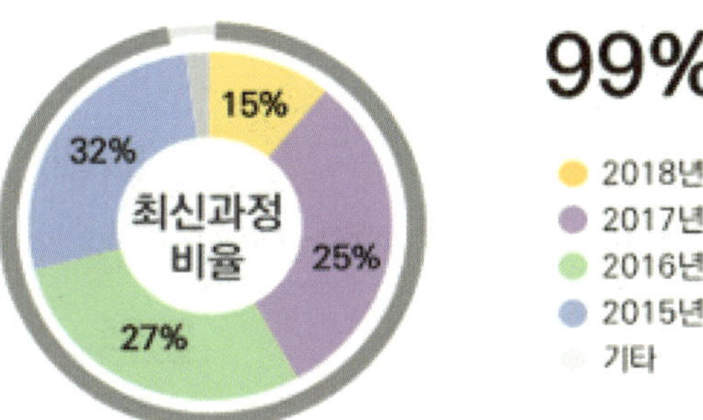

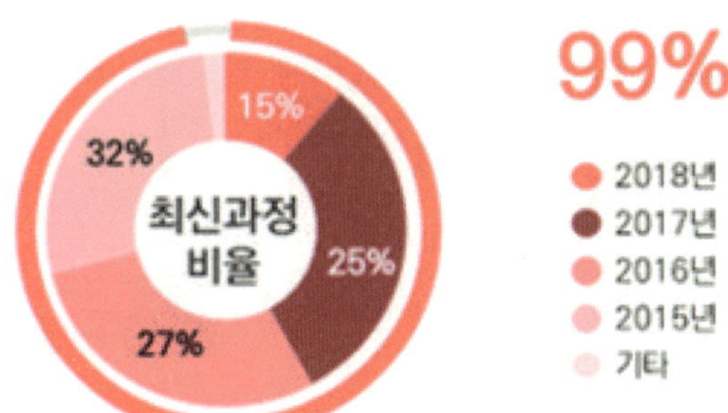

위 그래프는 2015년부터 2018년까지 각 연도별 개설된 교육 과정의 비율을 보여주고
자 하는 것이 아니라 현재 보유하고 있는 교육 과정 중 최근 4년 내 개발된 최신과정
비율이 99% 를 차지하고 있다는 내용이다. 연도별 비율을 모두 다 다른 컬러를 사용해
분산된 내용을 인지시키는 것 보다 같은 계열의 컬러에서 명도나 채도를 조정해서 전
달하고자 하는 메시지를 직관적으로 나타낼 수 있다.

여백Margin

많은 작성자가 여백 남기기를 두려워한다. 여백을 '못 채운 공간'이라고 생각하기 때문이다. 내용을 작성한 후 빈 곳이 있으면 내용을 더 채우거나 본래 목적하지 않았던 불필요한 디자인 요소들을 채워 넣어 메시지를 흐리고 집중력을 분산시키는 슬라이드 결과물을 제작한다. 하지만 균형 있게 잘 계획되고 의도된 여백은 내용에 대한 가독성과 집중도를 높이는 효과가 있다. 여백을 '의도된 공간'으로 활용하라.

[그림 4-81] 여백을 두는 것이 가독성과 집중도를 높인다 1

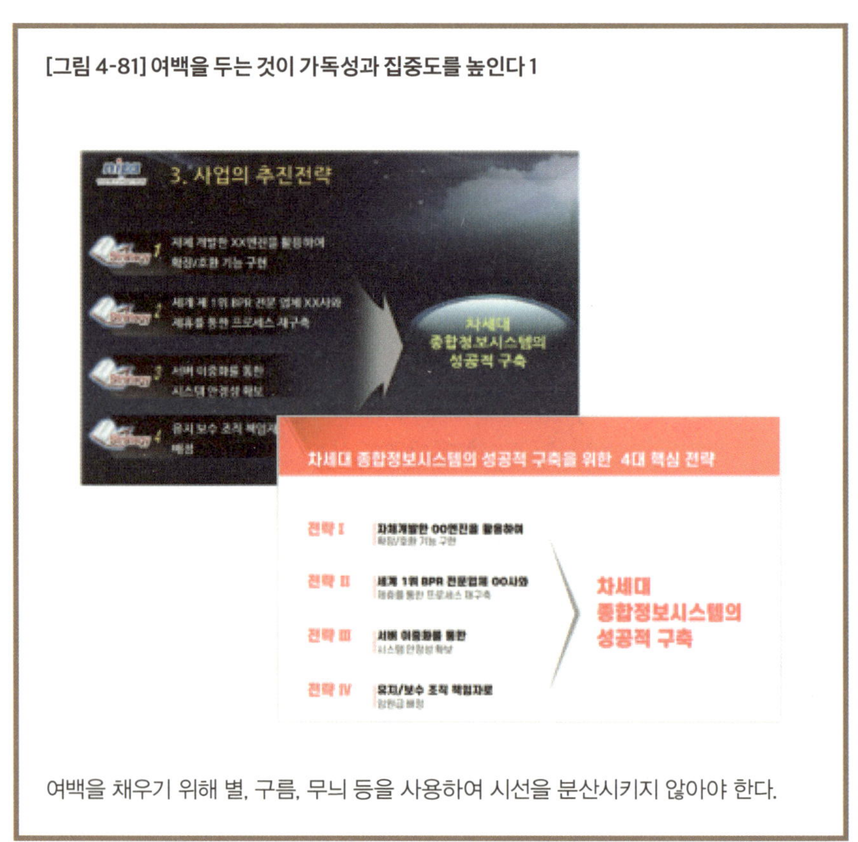

여백을 채우기 위해 별, 구름, 무늬 등을 사용하여 시선을 분산시키지 않아야 한다.

[그림 4-82] 여백을 두는 것이 가독성과 집중도를 높인다 2

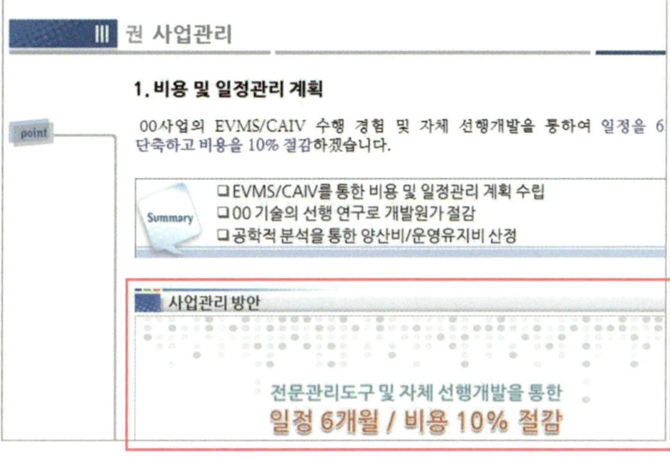

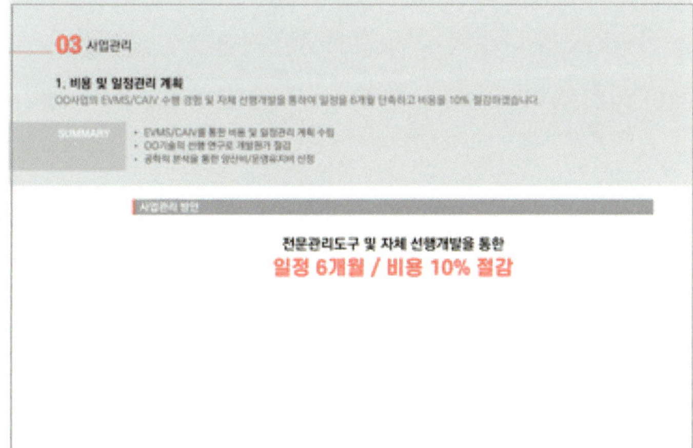

레이아웃의 여백, 다이어그램 내의 여백을 균형감 있게 잘 활용하라.

4.4

디자인 리뷰하기

제안 디자이너 또는 슬라이드 작성자는 한 번쯤 윗사람의 세세한 디자인 개선 요청을 반영하느라 다수의 수정을 진행한 경험이 있을 것이다. 그러나 결과물을 보면 이전 슬라이드와 크게 개선되어 보이지 않는다. 이유는 다음과 같다.

- 개인의 취향에 의거한 예쁜 디자인을 위해 개선 요청을 하기 때문이다.

  각 개인별 취향이 다르므로 기준과 정답이 없는 요청이며 개선 결과는 호불호로 갈리게 된다.

- 디자인 비전문가가 디자인을 micro management 하기 때문이다.

  원하는 결과물을 위해 무엇을 어떻게 변경해야 되는지 사실은 모르고 있으므로 이러한 리뷰를 그대로 반영하면 개선이 아닌 퇴보를 가져오는 경우가 많다.

- 명확하지 않은 리뷰를 하기 때문이다.

  멋있게 해달라, 눈에 확 띄게 해달라 같은 방식은 의미의 왜곡이 발생해 의도한 결과물이 나오지 않는 경우가 대부분이다.

따라서 내용 전문가가 하는 디자인 리뷰는 '취향'에 의거한 심미적 관점의 리뷰가 아닌 내용 전달, 평가자 성향 등 분명한 '근거'가 있는 리뷰가 돼야 하며 개선 요청은 실제 '방법'을 전달하지 말고 '의도'를 명확하게 전달해야 한다. 또한 디자이너는 내용 전문가가 '방법'적인 내용을 개선 요청하더라도 질문과 대화를 통해 실제 '의도'가 무엇인지 파악해 디자인 솔루션을 제시할 필요가 있다.

4.4.1 내용 중심, 평가자 중심의 디자인 리뷰 관점을 준수하라

디자인 리뷰는 앞에서 설명한 내용과 스크립트 리뷰처럼 단계별로 진행하는 것보다는 체크리스트에 의거해 진행하는 것이 효과적이다.

체크리스트

- 내용이 직관적으로 전달되는가? 오류는 없는가?
- 평가자의 성향이 강한 경우 편견을 유발할 만한 요소가 있는가?
- RFP상의 감점 요인에 해당하는 요소는 사용되지 않았는가?

4.4.2 개선 요청을 제대로 하라

앞에서 기술했듯이 디자인 비전문가와 전문가 간 혹은 디자인 비전문가 간에는 왜곡이 발생한다. 따라서 상호 간 제대로 된 개선 요청과 제대로 알아

듣고 상호 간의 요구를 명확히 하려는 노력과 대화가 필요하다. 특히 디자이너는 개선 요청의 이유를 질문하고 명확히 하여 이에 대한 전문가 수준의 대안을 제시하는 습관을 기르도록 한다. 몇몇 예를 들면 다음과 같다.

[표 4-3] 디자인 개선 요청 방법

잘못된 개선 요청	잘된 개선 요청	잘된 디자이너의 질문
이 페이지를 멋있게 해주세요.	이 페이지는 중요한 전략 부분입니다. 페이지 전체를 다른 페이지와 차별화해서 강조해주세요.	멋있게 하는 이유가 중요하기 때문인가요? 타 페이지에 대비해서 시각적으로 집중할 수 있도록 차별화되도록 해달라는 말씀이시죠?
이 사각형을 원으로 바꿔주세요.	이 다이어그램의 내용은 전체의 조화를 강조하는 내용이기 때문에 평가자들에게 부드러운 느낌으로 전달되게 하고 싶습니다.	원으로 바꾸는 이유가 부드러운 이미지가 필요하기 때문인가요, 아니면 의미적으로 원이 더 적합하기 때문인가요?

CHAPTER 05

프레젠테이션 발표

5.1

제안 프레젠테이션 발표의 이해

제안 프레젠테이션과 일반 비즈니스 프레젠테이션은 다르다. 제안 프레젠테이션은 철저하게 승부에 초점이 맞추어져 있어야 한다. 세련될 필요도 없고 심지어는 논리적일 필요도 없다. 궁극적으로 평가위원으로부터 좋은 점수를 이끌어내면 그것이 성공적인 제안 프레젠테이션이다. 세련미, 논리성 같은 것은 모두 이기기 위해 제한적으로 필요한 부분일 뿐이다. 제안의 명승부사가 되려면 리허설을 통해 체계적으로 고객의 점수를 확보해나가는 방법을 훈련해야 한다.

이기는 프레젠테이션의 마지막 승부처는 준비한 내용을 어떻게 전달하느냐이다. 내가 아무리 잘 준비된 내용과 슬라이드를 가지고 있더라도 발표자인 내가 어떻게 전달하느냐가 가장 중요하다. 왜냐하면 이 책에서 일관되게 강조하듯이 프레젠테이션의 주인공은 발표자이기 때문이다.

5.2

플랫폼 스킬

5.2.1 플랫폼 스킬의 중요성

플랫폼 스킬Platform Skill이라는 것은 무대 위에서 이루어지는 비언어적 행동을 통칭하는 것으로 다음과 같은 것이 있다.

- 표정
- 시선
- 자세Posture
- 제스처Gesture
- 움직임

- 옷차림
- 목소리
- 말하기 방식
- 슬라이드 사용 방식

이러한 비언어적 요인들은 효과라는 면에서 역할을 할 뿐만이 아니라 평가자에게 전달하는 내용에도 크게 영향을 미친다.

UCLA의 알버트 메라비언_{Albert Mehrabian} 교수는 메시지가 고객에게 어떻게 전달되는 지에 대해 알아내기 위한 연구를 실시했다. 그는 모든 언어적 메시지의 정서적 효과(호감도)가 다음과 같은 세 가지 경로를 통해 표현된다는 결론을 내렸다.

- 언어Verbal: 우리가 사용하는 말
- 음성Vocal: 말할 때 소리, 크기, 발음, 톤
- 시각(슬라이드): 제스처, 움직임, 표정 등

상대방에게 전달되는 메시지를 100%로 가정했을 때 정서적 공감(호감)을 이끌어내는 데 각 수단이 차지하는 비율은 어느 정도일 것이라고 생각하는가?

메라비언 교수의 연구는 다음과 같다.

- 언어: 7%
- 음성: 38%
- 시각 55%

비언어적 요소에는 목소리 등 청각적 요소(38%)와 외모, 제스처, 표정 등 시각적 요소(55%)로 이루어진다. 놀랍지 않은가? 우리가 어떤 사람에 대한 호감·비호감의 태도를 결정하는 데 말의 내용 자체는 7%의 영향력을 행사하고 있다는 것이다.

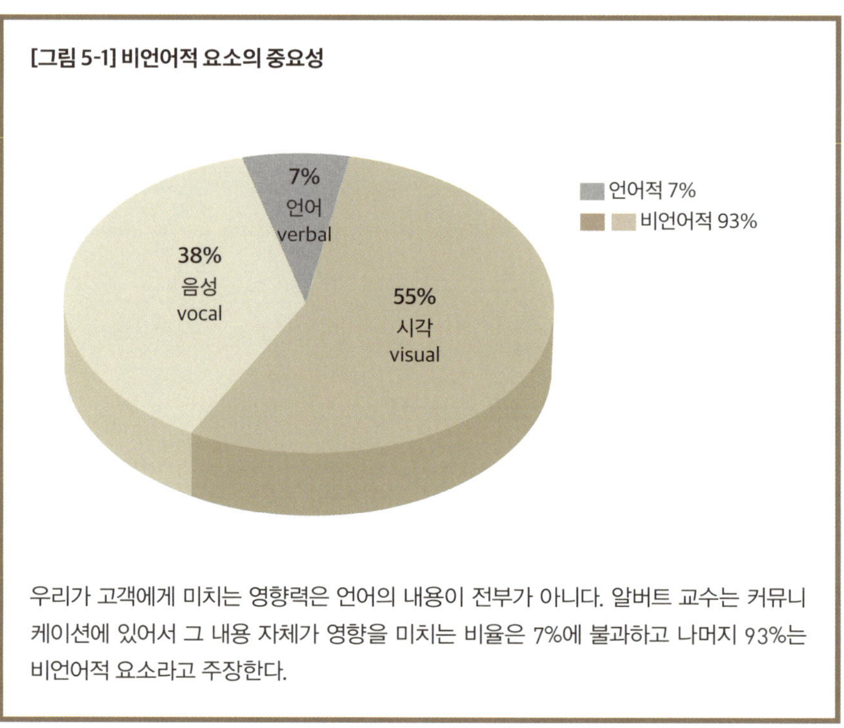

우리가 고객에게 미치는 영향력은 언어의 내용이 전부가 아니다. 알버트 교수는 커뮤니케이션에 있어서 그 내용 자체가 영향을 미치는 비율은 7%에 불과하고 나머지 93%는 비언어적 요소라고 주장한다.

언어적 내용Verbal message과 비언어적 내용Non verbal message 사이에 서로 차이가 있거나 모순이 존재한다면 비언어적 요소의 의미가 언어적 요소의 의미보다 우선적으로 고객에게 전달된다.

비언어적 요소들은 이렇게 기능할 수 있다.

- 언어적 메시지의 대체
- 언어적 메시지와의 모순
- 언어적 메시지의 강화

비언어적 메시지를 면밀히 검토해서 그것이 언어적 메시지를 분명히 강화하도록 만들어야 한다. 이렇게 두 메시지가 조화를 이루는 것을 '일치Congruence'라고 한다.

제안Proposal을 할 때는 두 가지 커뮤니케이션으로 평가자와 소통하는데 하나는 문서 커뮤니케이션(제안서), 다른 하나는 구두 커뮤니케이션(제안 발표)이다.

모든 커뮤니케이션이 그렇듯 아무리 좋은 전략과 좋은 자료로 발표를 한다 해도 발표자의 표현 방식에 따라 의도한 바가 제대로 전달되지 않을 수도 혹은 잘못 전달될 수도 있다. 그렇기에 제안 프레젠테이션에서 비언어적 요소(시각적·청각적 요소)은 매우 중요하다.

메라비언 교수의 연구처럼 언어적 요소 외적인 것들이 여러분을 평가하는 데 중요한 영향을 끼칠 수 있음을 명심하고 플랫폼 스킬을 익혀야 한다.

5.2.2 시각적 요소

표정과 인사

첫인상의 중요성을 모르는 사람은 없을 것이다. 여러분이 단상에 올라 발표를 할 때의 첫 이미지가 여러분의 인상을 결정하므로 딱딱하고 굳어 있는 표정의 발표자보다는 약간의 미소와 자신감, 그리고 여유가 느껴지는 표정의 발표자가 평가자에게 긍정적인 호감을 얻을 수 있다.

그렇다면 무대 위 발표자의 표정은 어때야 할까? 항상 활짝 웃고 있어야 할까? 정답은 No다.

당연히 프레젠테이션을 할 때 밝은 표정이 좋을 것이라고 생각하지만 진지한 제안 발표에서는 무작정 웃는 것이 좋은 것은 아니다. 제안 발표에서 발표자의 표정은 인사할 때와 마무리에는 살짝 미소를 지어 자신감과 긍정적인 모습을 보이고 발표 동안에는 진지한 표정으로 발표에 임하는 것이 좋다. 너무 웃으면서 말하면 평가하는 입장에서는 오히려 가벼워 보일 수 있음을 잊지 말자.

인사를 할 때도 당당하고 자신감 넘치는 목소리로 시작하는 것이 좋다. 긴장하다 보면 딱딱하게 굳어서 인사도 쉽지 않겠지만 "안녕하십니까? ○○ ○○사업 제안 발표를 맡은 ○○○입니다"라고 자신있게 말한다면 첫인상에서 좋은 점수를 받을 수 있을 것이다.

제안 프레젠테이션을 할 때 효과적인 인사 방법은 다음과 같다.

- 발을 모으고 손은 가볍게 주먹을 쥘 것
- 정면을 응시하고 2초 정도 정지
- 청중과 눈을 마주치고 큰 목소리로 인사
- 허리를 45도 정도 숙여 인사
- 밝은 표정으로 발표를 시작

시선 Eye Contact

평가자들과 시선을 교환한다는 것은 매우 어려운 일이다. 더군다나 우호적인 시선이 아닌 경우에는 더욱 심하다.

고객을 프레젠테이션 내용에 계속 주목하도록 만드는 가장 효과적인 방법 중 하나가 바로 아이콘택트이다. 누군가 자신의 눈을 똑바로 쳐다본다면 다른 생각을 하거나 졸 수가 없기 때문이다.

눈에 초점이 없으면,

- 청중들은 무시당하고 있다고 느낀다.
- 발표자가 불안하고 자신 없어 보인다.
- 신뢰감을 잃고, 정직하지 않은 사람처럼 보인다.

SHIPLEY TIP

전문가도 어려운 아이 콘택트

대학 다닐 때 일화이다. 철학과에 대중적인 책도 많이 쓰시고, 사회적으로 명성이 높은 교수님이 한 분 계셨는데 사실 그 과 학생들에게는 강의를 못 하기로 유명한 분이셨다. 기회가 있어서 그분 강의를 들어보니 몇 가지 고질적인 문제점이 있었다. 그중에 하나가 바로 아이 콘택트였다. 그분은 학생들과 눈을 전혀 못 맞추고, 수업 시간 내내 강의실 뒤에 있는 벽시계만 바라보고 있는 것이 아닌가?

나중에 알게 된 사연인즉 이렇다. 이분은 6·25 전쟁이 막 끝나고부터 대학교수가 되셨는데 그때는 매우 젊은 나이라 또래에 가까운 젊은 여성들을 바라보기가 많이 부담스러웠다고 한다. 그러자 동료 교수가 아이디어를 준 것이 강의실 뒤에 있는 시계를 바라보라는 것이었다. 그때 습관을 노교수가 된 지금에도 고치지 못하는 것이었다.

사람의 눈을 쳐다본다는 것은 부담스러운 일이므로 열심히 훈련할 필요가 있다

아이 콘택트의 중요성

오랫동안 많은 강의를 진행하면서 아이 콘택트의 중요성을 실감할 때가 많다. 강의장 구조나 인원수의 문제로 의식적으로 골고루 시선을 주려고 노력하지 않으면 시선 교환의 양이 그룹별로 차이가 날 때가 많다. 재미있는 현상은 바로 앞에서 시선을 편하게 많이 교환할 수 있었던 제1그룹은 시간이 지날수록 예외 없이 우등생이 돼가고, 멀리 있어서 상대적으로 시선으로부터 소외됐던 그룹은 사실 본인과 의지와는 상관없이 불량학생(?)이 된다. 불량학생이라서 뒤에 앉는 것이 아니라 뒤에 앉아 있다 보니 불량학생이 되는 모습을 나는 여러 번 발견했다.

아이 콘택트는 중요하다.

특히 한국에서 아이 콘택트가 정말로 중요한 이유는 평가자를 바라보면서 프레젠테이션을 진행하는 것 자체가 거의 대부분 프레젠테이션의 승부처이기 때문이다. 다시 말하면 대부분의 프레젠테이션(그 내용이 전문적·기술적일수록)에서 발표자는 슬라이드에 가득 찬 내용을 읽어 내려갈 뿐 평가자를 바라보면서 이를 설득하거나 잘 전달하려는 노력을 거의 하지 못하고 있기 때문이다.

아이 콘택트의 효과

* 피드백의 제공

평가자가 나의 주장에 어느 정도 동의하고 있는지 알 수 있다.

* 믿음과 신뢰감 구축

프레젠테이션은 논리적 설득만큼 정서적 신뢰감이 중요하다. 눈빛을 교환하면서 서로에게 부정적인 감정을 가지기는 매우 어렵다.

• 자신감의 증명

우리가 진실하고, 정직할 때 눈빛을 교환할 수 있다. 평가자를 분명하게 바라보는 것은 자신감의 반영이다.

효과적인 아이 콘택트의 방법에는 다음과 같은 것들이 있다.

(1) 가급적이면 많은 시간 청중을 바라보라(Touch - Turn - Talk)

당신이 유능한 발표자라면 몸이 평가를 향해 있는 시간이 대부분을 차지할 것이다. 설득력 없는 프레젠테이션의 가장 큰 특징은 발표자가 평가자를 쳐다보지 않고 슬라이드에 가득 찬 내용을 읽어 내려가는 데 바쁘다는 것이다.

프레젠테이션의 기본 원리는 슬라이드 내용을 순식간에 확인하고Touch, 빠르게 돌아서서Turn 주로 평가위원들을 바라보면서 이야기Talk해야 한다. 즉, 순식간에 Touch와 Turn을 하고, 대부분의 시간을 Talk를 하면서 진행해야 한다는 뜻이다.

(2) 가능한 모든 사람과 눈을 마주치려고 노력하라

시선을 균등하게 배분하고, 각 개인이 시선에서 소외되지 않도록 하라. 이것은 수주업의 특성을 이해하면 매우 중요하다. 수주업은 특정 개인이 의사결정을 하는 것이 아니라 집단적 합의를 거쳐 의사결정이 이루어지는 특성이 있어서 의사결정자Decision Maker 한 사람의 마음을 움직이면 성공하는 단순한 구조가 아니라는 점을 명심해야 한다. 오히려 골고루 여러 사람으로부터 좋은 평가를 받아서 반대자Vetoer를 최소화하는 것이 중요하다는 점을 이해하라.

시선 배분

눈만 탁구 치듯이 옮기지 말라. A그룹에서 B그룹으로 시선을 옮길 때는 눈뿐만 아니라 몸의 방향도 옮겨져야 하는 것이다.

아이 콘택트가 몸에 밸 때까지는 약간의 요령이 필요하다.

- 마음속으로 평가자들을 3~4개의 그룹으로 나눈다.
- 한 그룹에서 가장 호의적인 표정과 시선을 가진 사람을 한 명 정해서 주로 그 사람과 눈을 맞춘다.
- 그리고 다른 그룹으로 이동해 마찬가지로 가장 호의적인 한 명을 중심으로 눈을 맞춘다.
- 시선을 각 그룹에 골고루 배분하면서 이를 반복하다 보면 점점 시야의 범위가 자연스럽게 확장된다.

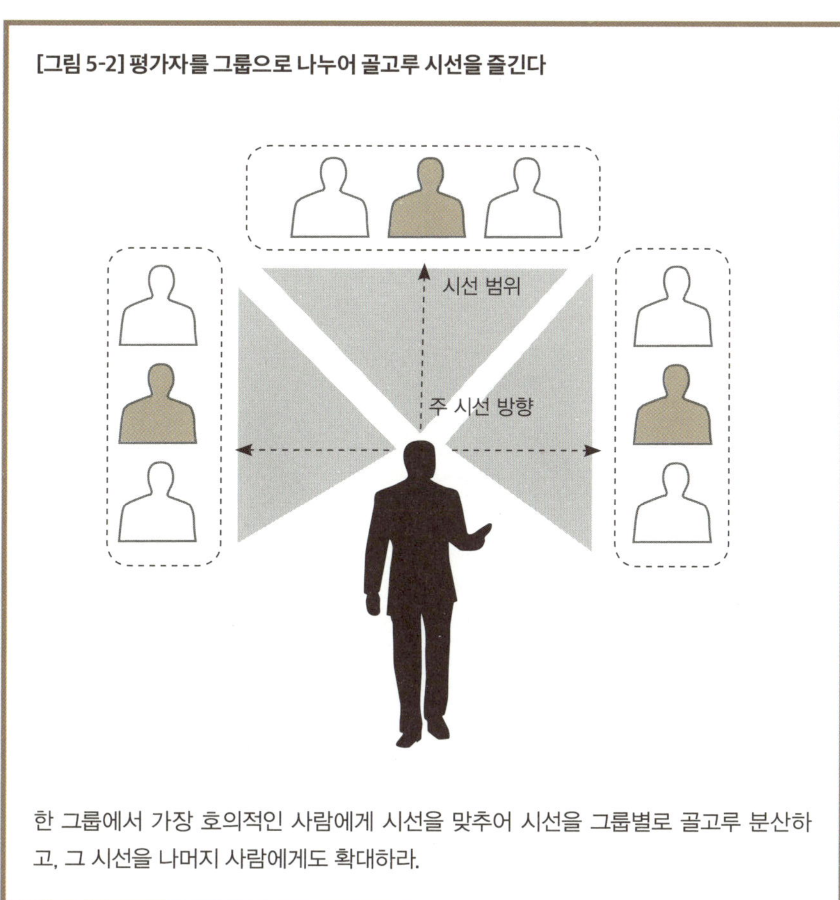

한 그룹에서 가장 호의적인 사람에게 시선을 맞추어 시선을 그룹별로 골고루 분산하고, 그 시선을 나머지 사람에게도 확대하라.

이 방법이 효과적인 이유는 모든 사람이 예외 없이 자신을 봐주기를 원하기 때문이다. 이 방법을 사용하면 발표 장소의 어떤 사람도 소외감 없이 여러분의 발표에 참여하게 된다.

또 하나 대체로 평가위원회에는 우호적인 세력과 적대적인 세력이 섞여 있는 경우가 많고, 발표장에 들어서면 순식간에 어떤 분이 우호적인지 표정만 봐도 알 수가 있기 때문이다. 이때 우호적인 사람과 눈을 맞추면서 프레젠테이션을 진행하면 자신감과 안정감이 커지면서 점점 사람들이 눈에 잘 들어오게 되므로 그때에 비로소 개개인에게 시선 배분을 확장하는 것이 현실적이고 효과적이다.

[그림 5-3] 시선을 옮길 때는 몸의 방향을 함께 옮긴다

아이 콘택트에 있어서 동서양의 차이

필자의 경험에 의하면 서구인(미국, 유럽의 대부분)들은 눈을 분명히 응시하는 것을 매우 중요하게 여긴다. 그리고 문화학자들에 의하면 대부분의 서구 국가들에 있어서 이 점은 공통된다고 한다. 그들에게 분명한 눈빛 교환은 정직한 자기를 노출하는 방법이면서 서로에게 신뢰를 보내는 기본적인 매너이다.

그런데 동양에서 아이 콘택트는 상황이 약간 다르다. 동양에서 눈을 분명히 응시하는 것은 불쾌감을 줄 때도 있고 대결의식을 조장할 때도 있어서 불편해하는 경우가 많다. 그래서 특정 개인에게 분명한 아이 콘택트를 할 때는 눈보다는 눈 밑에 인중 또는 입 정도를 보는 것이 좋다. 이는 서로에게 편안하고 호감을 주는 정도로 인식된다.

자세 Posture

당당한 자세를 보이는 발표자가 고객의 이목을 끈다. 자세는 발표자에 대한 고객의 판단에 중요한 영향을 미칠 수 있다.

다음과 같은 내용을 중심으로 내 자세에는 문제가 없는지 확인하자.

체크리스트

- 고정된 자세를 취하지는 않는가?
- 어딘가에 기대지는 않는가?
- 한쪽 다리로만 서 있지는 않는가?
- 몸을 흔들지는 않는가?
- 행동반경이 너무 좁지는 않는가?

당당한 발표자의 자세는 편안한 행동에서 나온다.

- 평소 걸음걸이로 편안하게 서 있고, 양다리에 힘을 주어 균형을 잡는다. 다리를 차렷할 때처럼 붙이거나 어깨 밖으로 나가게 과도하게 벌리면 안 된다는 뜻이다. 다리를 붙이면 경직된 군인처럼 보이고, 다리를 벌리면 건방 지게 보이므로 좋은 인상을 주는 데 실패한다. 다리를 어깨 안쪽에서 벌려 서 평소 서 있을 때처럼 반듯이 서라.

- 상체는 반듯하지만 너무 경직되지 않도록 주의해야 한다. 자세는 반듯 이 서면 된다. 몸을 흔들어서는 안 된다는 뜻과 함께 한쪽으로 기울여져 균 형이 깨져도 안 된다는 의미다. 실제 프레젠테이션을 훈련시켜보면 약 70% 의 비즈니스맨들이 이 두 가지 습관 중에 하나 이상을 가지고 있다.

- 편안하게 서 있기

양발의 엄지발가락에 힘을 약간 주는 기분으로 서라. 그러면 균등하게 힘이 가해져서 한쪽으로 균형이 무너지는 일이 없어진다. 또한 몸을 흔드는 습관이 있거나 흔들리는 사람들의 경우도 약간 힘을 주는 것을 의식하면 몸이 중심을 잡아서 그런 현상이 없어진다.

[그림 5-4] 나쁜 자세

몸이 한쪽으로 기울여져 균형이 깨진 경우   다리를 어깨 밖으로 과도하게 벌린 경우

[그림 5-5] 좋은 자세

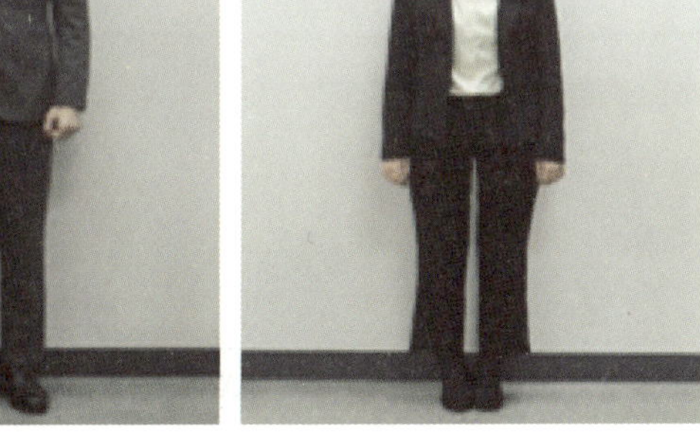

다리를 어깨 안쪽으로 벌리고 안정되게 선다

서투른 자세

발표자의 자세는 청중에게 전문성에 대한 신뢰를 제공한다. 발표자의 자세가 서투르면 청중은 발표자를 무능력하게 생각하고, 오히려 발표자를 염려하게 된다. 서투른 자세는 발표자와 평가자 모두를 불안하게 한다.

다음의 행동은 발표자의 서투른 자세를 나타내는 대표적인 사례로 각별한 주의가 요구된다.

- 스크린 안으로 들어가는 일
- 전선에 걸려 넘어지는 일, 자료나 마커펜 등을 떨어뜨리는 일
- 연단에 갇혀 있기

(1) 스크린 안으로 들어가는 일

스크린 안으로 자주 들어가는 이유는 몸의 일부가 스크린 안으로 들어가서 본인이 이 사실을 인지하지 못하는 경우이다. 물론 빔 프로젝트가 얼굴을 비추면 자신의 몸이 투사되고 있다는 사실을 인지하게 되지만 나머지 신체 부위는 이를 인지하지 못하므로 자주 일어나는 실수이다.

[그림 5-6] 스크린 안으로 들어간 경우

(2) 전선에 걸려 넘어지는 일, 자료나 마커펜 등을 떨어뜨리는 일 등

빔 프로젝트뿐만 아니라 전선을 고려해 동선을 확보하라. 자료나 마커펜 등을 가급적 최소화해 사용하라. 구태여 사용해야 할 경우에는 사용 후에 원래 위치에 바로 놓으라. 예를 들면 마커펜은 화이트보드 위에, 자료는 책상이나 연단에 바로 두고 언제든지 내가 자유롭게 제스처를 사용할 수 있도록 몸을 준비하라.

(3) 연단에 갇혀 있기

만약 연단을 나와서 발표할 수 있다면 그것 자체가 경쟁자와 큰 차이를 만든다. 연단은 감옥과 같다고 생각하라. 연단은 프레젠테이션 기본 원리인 정중동靜中動을 통한 다이내믹한 동작이 불가능하게 한다. 그 이유는 연단에 갇히면 발이 묶이고, 제스처를 사용한다 하더라도 이것이 평가자에게 잘 전달되지 않기 때문이다

SHIPLEY TIP

스크린 안에 들어가지 말라

일부 TV 드라마 영향으로 이를 자연스럽게 여기는 경우, 심지어는 멋있게 여기는 경우도 있는 것 같다. 그러나 TV 드라마의 경우 대부분은 기업 총수의 자녀가 '실장님'으로 등장해 프레젠테이션을 하는 경우로 멋있으면 되고, 꼭 이겨야 하는 경우가 아닐 때라는 점을 명심하라. 당신의 부모가 총수가 아니고, 당신이 실장님이 아니면 무엇보다도 수주하려면 스크린에 들어가지 말라!

제스처 Gesture (손 처리, 동선)

손 처리

청중들 앞에서 이야기를 할 때 가장 처리하기 어려운 신체가 어디인가? 아마 손이라는 의견에 다들 공감할 것이다. 무대 위에서 손은 신체의 90%에 해당한다. 손을 고정시키면 자신이 말하고자 하는 표현이 억제된다. 하지만 화려하거나 반복적으로 길게 하는 손 처리는 오히려 청중의 주의를 분산시키게 된다. 프레젠테이션을 할 때 손을 어떻게 처리하고 있는가?

- 손을 앞에 모으고 있거나 뒷짐을 지고 있지는 않은가?
- 팔짱을 끼거나 손을 주머니에 넣고 있지는 않은가?
- 반복적인 제스처는 없는가?

손을 앞에 모으고 있으면 어떤 느낌인가? 세미나 때 참가자들에게 이 질문을 하면 대체로 사람들은 긍정적으로 이야기한다. 겸손해 보인다. 편안해 보인다. 필자는 이 느낌에 동의하지만 손을 앞에 모으는 것에는 동의하지 않는다. 프레젠테이션은 겸양을 위한 자리가 아니다. 더더욱 제안 프레젠테이션은 전문가로서 자신감을 전달할 필요가 있다. 또 하나 한국 제안 경쟁에서 중요한 점은 모두 천편일률적으로 양손을 잡고, 시종일간 움직임 없이 이야기하고 있다는 사실이다. 손을 풀어라.

손 처리가 어려운 이유는 손은 발표자의 불안감을 반영하고 있기 때문이다. 통상 발표자들을 유심히 보면 그들의 경험이 적을수록, 긴장해 있을수록 손으로 무엇인가를 만지려고 한다는 점을 발견할 수 있다. 손으로 무엇인가를 만진다는 것은 불안감의 반영으로 무의식적으로 청중 역시 그 불안감을 공유하게 된다는 점에서 안정적인 손 처리가 중요하다.

손은 자신을 표현하는 가장 중요한 도구이다. 손을 사용할 때에는 과감하게 하고, 그렇지 않을 때는 바로 내려놓아야 효과적이다. 다양한 상황에 따라 손을 어떻게 처리해야 하는지 제스처를 개발하는 것도 효과적인 손의 처리를 위한 좋은 방법이다.

우선 우리가 만지는 것은 마이크, 마이크 줄, 펜, 마커 등 발표 장소 주위에 있는 물건들이다. 그러나 목적 이외에 손을 사용하면 손의 본래 목적(제스처)을 방기하게 되므로 상대적으로 상당히 손해이다.

SHIPLEY TIP

손을 자유롭게 하라

프레젠테이션에 있어서 당신의 손을 빼앗길수록 당신은 불리해진다. 전형적인 실수는 한 손에는 포인터를 다른 한 손에는 마이크를 들고 있는 경우이다. 이런 경우에는 내가 원하는 메시지를 내 몸으로 강조할 수 없게 된다.

필자는 제안 관련 강의를 하는 경우가 많은데 가급적 무선 마이크가 있는지를 반드시 확인한다. 그리고 무선 마이크가 없을 경우에는 육성으로 할 수 있는지를 확인한다. 그래서 가급적이면 내 손을 마이크에 뺏기지 않으려고 노력한다. 어떤 경우에는 100명이 넘는 청중이 있는 경우에도 목소리를 높여서 청중이 듣기에 불편하지 않는지 확인하고, 불편하지 않다면 육성을 사용해서 내 손의 활용도를 극대화한다. 중요한 노하우이다.

손을 재봉선에 놓는 것과 제스처는 두 개를 같이 사용해야 자연스럽다. 만약 제스처 없이 손을 재봉선에만 두고 PT를 진행한다면 아주 바보스러워 보일 것이다. 반대로 손 처리가 안 된 상태에서 더해지는 제스처는 산만함을 극대화시킬 것이다.

두 번째로, 발표자는 만질 것이 없으면 자신의 몸을 만진다. 그 대표적인 경우가 손을 맞잡거나 뒷짐을 짐으로써 손끼리 접촉하는 것이다. 또 남성들의 경우에 주머니에 손을 넣거나 심한 경우에는 주머니 속에 동전을 흔들기도 한다(이를 '징글벨'이라고 한다).

손 처리의 핵심은 손을 본래 목적 이외에는 사용하지 않는 것이다. 프레젠테이션 시에 손의 본래 목적은 제스처를 하는 것으로, 제스처할 때에만 사용하고, 사용하지 않는 경우 손을 바지 옆 재봉선에 내려놓는 것이 가장 이상적이다. 문제는 손을 전혀 사용하지 않으면 이 상태를 계속 유지하는 것이 바보 같아 보일 수 있다는 점이다. 그러므로 활발한 제스처를 하는 것이 가장 이상적인 손 처리 방법이다.

손을 재봉선에 내려놓는 경우의 이점

- 한국 제안 경쟁 시장에서는 이것 자체가 큰 차별화이다. 왜냐하면 모든 경쟁자가 손을 맞잡고 아무 움직임, 제스처 없이 지루한 설명을 이어나가고 있기 때문이다.
- 손을 내리면 제스처의 효과는 두 배가 된다. 왜냐하면 배에서 손을 맞잡고 있는 경우에 비교하면 허리 아래에서 손이 올라오는 경우에 그 효과가 배가 되기 때문이다.

[그림 5-7] 좋지 않은 손 처리

손을 과도하게 앞으로 모으면
소극적으로 보일 수 있다.

팔짱을 끼거나 뒷짐을 지는 자세는
거만해 보일 수 있다.

손가락은 최대한
사용하지 않는 것이 좋다.

평가자를 등지지 않도록 한다.

손을 주머니에 넣는 것은
무례해 보인다.

　자신의 강조 포인트에서 자연스럽게 손을 사용한다. 손을 통해 메시지를 강조하고 언어로 확인한다. 제스처 사용 시 주의해야 할 점은 반복 정도이다. 제스처가 지나치게 반복될 경우 메시지를 강조하는 것이 아니라 노이즈가 되어 오히려 메시지의 선명도를 떨어뜨린다. 제스처 사용을 훈련하기 전에 먼저 습관적으로 제스처를 사용하는 것을 없애야 한다.

　제스처를 할 때는 반드시 허리 위에서 한다. 허리 밑에 가지런히 있던 손이 올라옴으로써 프레젠테이션에 역동성을 제공하게 된다.

[그림 5-8] 좋은 손 처리

손을 사용하지 않을 경우는 재봉선에 내려놓는 것이 가장 이상적이다

[그림 5-9] 좋은 제스처

손을 허리 위까지 올려서 동작하면 프레젠테이션에 역동성을 제공한다.

내용에 맞게 슬라이드를 강조하는 동작은 메시지를 효과적으로 강조한다.

손 처리로 차별화하기 – 정중동靜中動

한국에서 우리가 가장 많이 취하는 자세는 무엇일까?

압도적으로 배 앞에서 손을 맞잡는 것이다. 특히 여성의 경우 손 처리를 앞으로 하는 것은 겸양의 자세를 보이고, 여러 가지 면에서 자연스러워 보인다. 특별히 나쁘지 않다는 점에서 필자는 동의한다.

그러나 제안 프레젠테이션의 핵심은 무엇인가? 그것은 경쟁자와 차별화하는 것이다. 따라서 남들이 하듯 할 것이냐, 아니면 좀 더 차별화된 무엇을 할 것이냐는 판단의 문제이다. 플랫폼 기술 중에서 가장 많이 차별화할 수 있는 부분이 자세이다.

차별화의 핵심은 두 가지다. 첫째는 손을 재봉선에 놓는 것이고, 둘째는 재봉선에 있던 손을 가슴까지 올려서 메시지를 강조하는 제스처를 하는 것이다.

손을 재봉선에 놓는 것과 제스처는 두 개를 같이 사용해도 자연스럽다. 만약 제스처 없이 손을 재봉선에만 두고 PT를 진행한다면 아주 바보스러워 보일 것이다. 반대로 손 처리가 안 된 상태에서 더해지는 제스처는 산만함을 극대화시킬 것이다.

의미에 맞는 제스처 사용하기

그렇다면 손을 사용해서 어떻게 더 효과적으로 내용을 전달 할 수 있을까? 제스처는 목적에 맞게 그리고 의미에 맞게 사용해야 한다.

몇몇의 발표자들은 무언가 제스처를 취해야 한다는 강박에 의미에 맞지도 않는 어색한 제스처를 취하게 되기도 하고, 제스처를 취하느라 정작 발표 내용에 집중을 못 하기도 한다. 제스처의 목적은 전달하는 내용의 의미가 더 강조되게 하는 것임을 잊지 말아야 한다.

① 손 전체를 사용해야 한다(손가락을 사용하지 않기).

② 내용에 알맞은 제스처야 한다.

③ 시선 방향과 일치하는 제스처를 취해야 한다.

④ 크고 확실하고 자신 있게 해야 효과적이다.

SHIPLEY TIP

베스트 프랙티스 연구 – 감동은 자세와 손 처리에서도 나온다

필자는 원래 리더십을 훈련시키는 일을 기업에서 오래했었다. 그래서 해외 선진 리더십 프로그램 훈련을 받기 위해 몇 차례 세미나에 참가한 경험이 있다.

CCLCenter for Creative Leadership이라는 리더십 전문기관 교육을 참가하러 플로리다 주에 있는 올란도 주변 소도시에 갔을 때 일이다.

진행자는 미국 대학의 여자 교수였다. 이 여교수는 5일 동안 세미나를 진행했는데 매우 집중력 있고 전달력 높은 강의를 진행했다. 내가 그 교수에게 집중할 수 있었던 이유는 충실한 내용 때문이기도 했지만 완벽한 그의 발표 스킬 때문이기도 했다. 그 여교수의 발표는 모든 면에서 완벽했는데 대표적인 것은 다음과 같다.

- 이유 없이 손을 맞잡지 않고, 편하게 내려놓는다.
- 제스처를 할 때는 빠르게 손을 사용하고, 그렇지 않을 때는 다시 내려놓는다.
- 다리를 붙이거나 꼬지 않고, 어깨 안쪽의 넓이로 편안하게 서 있는다.
- 메시지를 강조할 때는 청중 앞으로, 판서를 할 때는 뒤로. 심지어 강의장 왼쪽에 있는 시간과 오른쪽에 있는 시간의 균형을 맞추었다.

당신에게 훌륭한 메시지가 있다면 이를 멋진 그릇에 담아서 더욱 훌륭하게 전달하라.

[그림 5-10] 의미를 강조시켜주는 제스처 예시

예시) 저는 10년간의 경험을 바탕으로 준비된 사업자입니다.
이번 사업에 열정을 담겠습니다.

예시) 높은 수준의 보안을 보장했으나, 점점 업계 평판은 떨어졌습니다.
여러분, 가장 중요한 건 신뢰를 회복하는 것입니다.

예시) 기존에 하던 사업이 중단되면서 강력한 솔루션이 필요했습니다.
가장 강력한 3가지 솔루션을 소개해드리겠습니다.

움직임

사람의 지각에 관한 연구 결과 시선은 움직이는 물체에 집중되는 것으로 나타났다. 발표자의 움직임은 청중의 눈을 사로잡아 프레젠테이션에 참여시킬 뿐만 아니라 긴장감을 통제한다.

체크 사항

- 너무 한곳에 서 있지는 않는가?
- 청중과 너무 먼 거리를 유지하지는 않는가?
- 걷는 것이 아니라 몸을 흔드는 것은 아닌가?
- 너무 작은 범위 내에서만 움직이지는 않는가?

위의 질문들에 당신의 움직임이 해당된다면 당신은 청중과의 거리와 움직임의 범위를 조절하는 것을 연습해야 한다. 움직일 때에는 적어도 세 걸음 이상을 걷고, 움직임의 범위와 빈도를 넓히는 연습을 하자.

동선을 확보해 몸을 움직이는 것은 경쟁자와 차별화된 프레젠테이션을 하는 결정적인 요소이다.

움직임이 중요한 이유는 충분히 몸을 움직일 수 있는데도 그럴 수 있다는 발상을 못 하는 발표자가 대부분이기 때문이다. 필자는 많은 경우 강의나 자료 발표에 있어서 나는 하는데 왜 다른 발표자는 이런 발상을 못 할까 궁금해한 적이 있다. 추측건대 이분들이 상상력이 부족해서가 아니라 주눅이 들어서 생각을 못 하는 것 같다.

움직임이 중요한 또 다른 이유는 다이내믹하고 덜 지루한 프레젠테이션을 위해서는 세 가지 시각적 요소가 결합돼야 하는데 그것은 표정, 제스처, 움직임이다. 특히 움직임은 한자리에 서서 하는 표정이나 제스처에 비해 상대적으로 프레젠테이션을 매우 다이내믹하게 만든다.

움직일 때 주의 사항

- 산만하게 보여서는 안 된다

너무 잦은 움직임은 평가자들을 피곤하게 할 수 있다. 만약 20분 전후의 프레젠테이션이라면 1~2회 이동 정도로도 충분할 것이다. 또한 제자리에서 몸을 움직이는 것은 동적인 느낌을 주는 것이 아니라 산만함을 배가시킨다. 제자리에 서 있을 때에는 안정감 있게 서 있고, 움직일 때는 빠르고 정확히 움직여라.

- 충분히 속도감 있게 움직여야 한다

고개가 돌아갈 만큼 충분히 움직여서 자연스럽게 내용과 맥락의 변화를 평가자가 숙지할 수 있도록 하라.

- 내용과 연계돼야 한다

특정 내용을 분명히 강조할 때 또는 슬라이드를 강조해서 보여주고 싶을 때 등 특정 맥락에서 강조의 기법으로 사용하거나 질문을 받았을 때 관심의 표현으로 움직임을 사용해야 한다.

움직이는 방법

• 평가자의 고개 각도가 움직일 만큼 충분히 움직여라

만약 움직일 공간이 허락된다면 세 발 이상을 옮기라. 왜 세 발인가? 걸어보면 안다. 당산이 두 발 이하를 움직일 경우에는 변화보다는 불안하게 보일 수 있다. 또한 세 발 이상을 움직여야 청중의 시선이 변경되어 다이내믹한 분위기가 자연스럽게 연출된다.

• 동선을 사전에 계획하고 확보하라

무대를 다이내믹하게 활용하기 위해 프레젠테이션 시작 전에 이동할 동선을 마음속으로 결정하고, 이를 적극적으로 실행해야 한다.

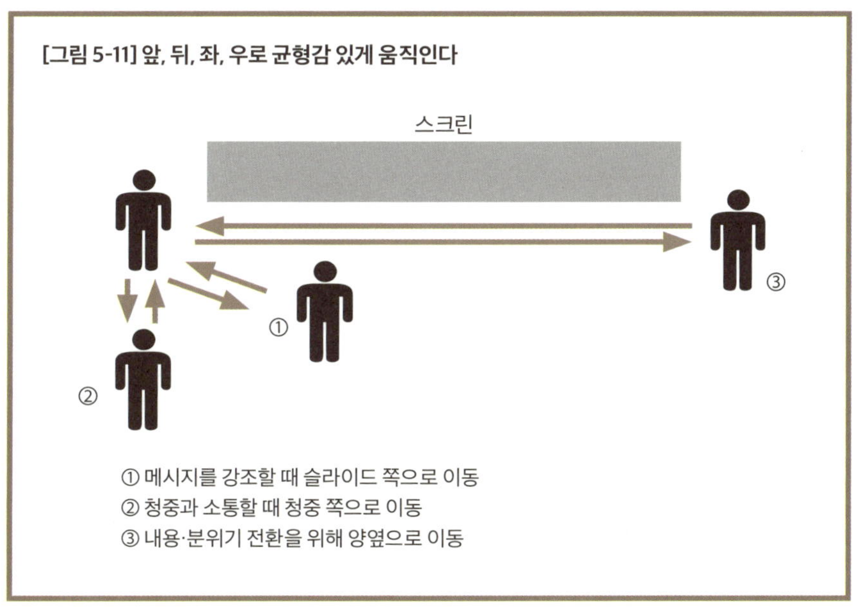

- 강조할 때는 앞뒤로, 내용 전환 시에는 좌우로 균형감 있게 움직여라

평가자가 질문하면 다가선다. 시각 자료를 함께 볼 때는 그쪽으로 걸음을 옮겨라. 핵심 메시지를 강조하거나 평가자와 커뮤니케이션을 시도할 때는 앞으로 이동하는 것이 효과적이다. 꼭 앞으로 이동하지 않아도 괜찮다. 한 발짝 앞으로 기울였다 돌아와도 충분히 효과적이다.

내용 전환 시에는 중간에 한두 번 왼쪽에서 오른쪽으로 빠르게 위치를 옮기는 것이 좋다. 좌우로 움직이면 무대 전체를 새롭게 구성하는 듯한 느낌을 받는다.

- 빠르고, 절도 있게 움직여라

빠른 걸음으로 움직이되 움직이는 순간에는 말하기를 자제하라. 말하기를 자제하는 것 자체가 평가자에게 긴장감을 주고, 그 긴장감을 활용해 핵심 메시지를 전달할 수 있다.

위의 그림처럼 발표자는 청중을 대상으로 삼각형의 동선을 그리며 이동하도록 한다.

(5) 포인터, 마이크 사용

포인터 사용법

포인터 사용의 목적은 특정 내용을 강조하기 위함이다. 그 때문에 가장 좋은 포인터 사용 방법은 본인에게 편한 손에 쥐고 핵심 슬라이드를 설명할 때만 강조 내용에 짧게 포인터를 비추는 것이다.

하지만 대부분의 발표자들은 익숙지 않은 제안 발표 현장에서 긴장한 상

태로 발표를 하므로 포인터 사용에 어려움을 겪는다.

많은 발표자가 중요한 포인트에만 사용하는 것이 아니라 거의 발표 내내 이리저리 레이저 포인터를 흔들면서 사용할 것이다.

붉은 레이저 빛이 왔다 갔다 하면 발표가 불안정하게 보이므로 보는 사람 (청중, 평가자)의 집중도도 저하되고 신경이 쓰이게 된다. 따라서 자신이 늘 사용하던 포인터를 사용하라. 왜냐하면 포인터마다 버튼과 기능이 모두 다르기 때문이다. 포인터 사용이 익숙지 않은 경우에는 가능한 포인터 사용을 최소화하는 것을 추천한다.

- 긴장감이 해소될 때까지는 포인트 사용을 자제한다.
- 그래 사용해야 할 경우에는 잠깐 포인팅Pointing한다.

포인트 사용에서 추천하는 기능은 '암전Blackout'이다. 가장 핵심적인 메시지를 강조할 때, 사람들이 슬라이드에서 눈을 떼고 발표자를 바라보아야 할 때 사용하는 기능이다. 이것은 슬라이드 쇼 중에 자판이 영어로 돼 있는 상태에서 B를 누르면 작동하는데 자판이 한글로 돼 있으면 암전 기능이 작동되지 않고 B가 찍힌다. 이런 경우를 없애기 위해서는 사전에 확인이 필요하겠지만 설령 그런 상황이 벌어지면 당황하지 말고, 자판의 한/영 버튼을 한 번 눌러주고 진행하면 된다.

마이크 사용법

- 무선 마이크를 사용해서 발표를 차별화한다. 무선 마이크를 사용하면 손과 발이 자유로워져서 경쟁자보다 다이내믹한 발표를 할 수 있다.

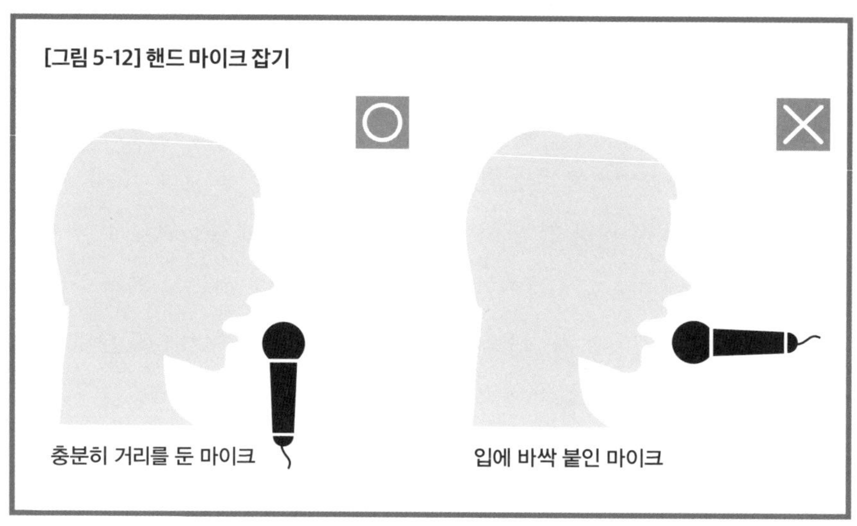

- 무선 마이크를 사용할 때는 필요한 경우에는 전지를 체크하거나 가급적 새것으로 교체한다.

• 유선 마이크를 사용해야 할 때는 선 처리에 주의한다. 특히 한쪽 손으로 선을 잡아가면서 이야기하는 경우가 없도록 주의한다. 다른 한 손으로 선을 잡는 이유는 앞에서도 이야기했듯이 손 처리를 어떻게 해야 할지 몰라서 무의식적으로 하는 경우이다.

• 핸드 마이크를 사용하는 경우에는 그림처럼 입에서 나오는 바람과 마이크의 방향이 일치하지 않도록 주의하라. 핸드 마이크는 바로 턱 밑에 두어서 바람 소리가 바로 들어가는 것을 피하라.

옷차림

다음의 다음 질문을 체크하면서 옷차림을 결정하라.

- 너무 사치스럽지 않은가?
- 너무 초라하지 않은가?
- 너무 캐주얼하지는 않은가?
- 단정한가?

프레젠터에게 옷차림은 첫인상을 결정하는 중요 요소이다. 청중과 어울리는, 전달하고자 하는 메시지와 부합하는, 그리고 회사의 이미지와 융합되는 옷차림을 갖추어야 한다.

청중과 어울리지 않는 복장(남성)

- 공장에서 하는 프레젠테이션에 금단추 싱글 양복은 어울리지 않는다.
- 대형 컨설팅 회사 프레젠테이션에 캐주얼 복장으로 간다.
- 공공발주 발표회에 캐주얼 복장이나 화려한 옷차림을 한다.

청중과 어울리지 않는 복장(여성)

- 지나치게 화려하거나 드러나는 복장(시스루 패션, 랩스커트, 지나치게 많은 레이스로 된 옷 등)은 어울리지 않는다.
- 묶지 않은 긴 머리
- 눈(아이 메이크업)과 입술(립 메이크업)이 모두 지나치게 진한 색상으로 된 메이크업

[그림 5-13] 청중과 어울리지 않는 복장은 피한다

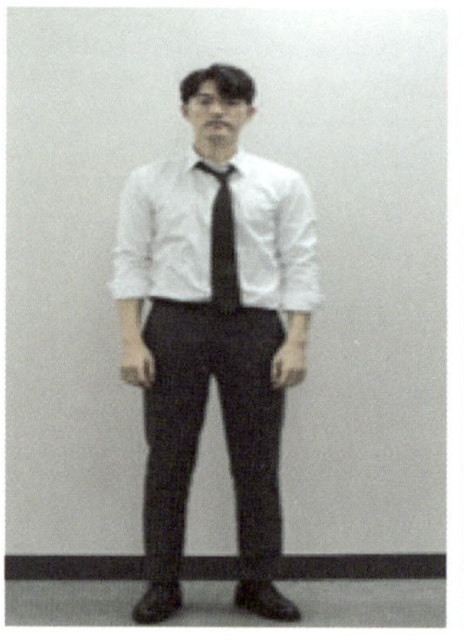

남성의 경우 자켓을 입는것이 좋고 넥타이는 비뚤어지지 않도록 한다.
여성의 경우 묶지 않은 긴머리, 화려한 패턴의 의상은 피하는 것이 좋다.

우선 청중과 어울리는 복장을 갖추는 것은 중요하다. 대체로 청중이 입는 수준과 동일하거나 약간 더 잘 갖추어 입는 정도가 호감을 준다. 더 캐주얼하거나 너무 갖추어 입은 경우에는 고객에게 반감을 준다.

두 번째로 메시지와 부합하는 옷차림을 하라. 자신이 고객에게 제공하는 솔루션과 강조하고 싶은 메시지와 부합하는 옷차림을 갖추어야 한다. 세 번째로 회사의 이미지와 융합되는 옷차림을 하라.

업종의 특성을 반영하라. 우리의 업종보다 더 중요한 것은 고객 업종과

SHIPLEY TIP

편리한 옷차림의 원칙

필자의 경우 청중 앞에 서는 횟수가 많고 오래돼서 옷을 선택하는 데 신경을 쓰지 않기 위해 자연스럽게 옷 선택의 기준을 갖게 됐다.

(1) 표준 옷차림(남색 양복, 흰색 와이셔츠, 노란색 넥타이)

특별한 변수가 없는 공식적인 프레젠테이션의 경우에는 표준 옷차림을 선택한다. 심리학자 들은 다양한 실험을 통해

– 남색 계통의 정장
– 흰색 와이셔츠
– 노란색 넥타이

가 비즈니스 성공률이 가장 높음을 증명하고 있다.

청중이 넥타이가 필수인 업종(예를 들면 대형 회계 컨설팅 회사)의 청중 앞에 설 때에도 이 옷차림이 적절하다.

(2) 세미 정장(싱글 양복, 색깔 있는 셔츠, 노타이)

장시간 프레젠테이션이나 강의를 해야 할 때 본인의 편의를 위해 입는다. 실제로 가장 선

호한다. 동일한 청중을 그다음 날 또 만날 때는 첫날은 대체로 정장, 둘째 날에는 세미 정장을 입는다.

(3) 세미 캐주얼
정장을 입으면 어색한 경우, 외부에서 진행하는 워크숍 성격의 프레젠테이션 등

고객의 특성이다. 고객 조직의 CEO가 항상 점퍼 차림으로 현장을 누비고 있다면 그에 맞추어 점퍼 차림으로 프레젠테이션을 준비하는 것은 어떤가?

일반적으로 복장을 잘 갖추어 입는 효과적인 방법은, 첫째로 자신의 선호도보다는 외부의 의견을 경청하는 것이다. 더군다나 복장은 거울이 없는 경우에 스스로 관찰이 불가능하므로 주관적인 판단을 할 때가 많다는 점을 명심하라.

두 번째 자신의 표준 옷차림을 정해놓고 특별한 변수가 없는 경우에는 그 표준 옷차림을 선택하라. 성인 남자의 경우 감청색이나 회색 계통의 양복에 흰색 와이셔츠를 받쳐 입고, 노란색이나 분홍색 계통의 밝은색 넥타이를 기본으로 하라. 여성의 경우 무릎 위 10cm 내외의 무채색 계열 원피스나 스커트 또는 정장 바지에 밝은 톤의 블라우스, 정장 상의를 기본으로 하라. 단정한 단발이나 커트, 긴 머리일 경우 아래로 단정히 묶는다. 구두는 옷과 같은 계열의 컬러로 하되 3~5cm 굽이 있는 것이 좋다. 여성성을 강조하는 옷차림보다는 프레젠테이션 메시지, 회사 이미지와 부합하면서 자신의 매력을 살릴 수 있는 복장을 하라.

5.2.3 잘 전달되게 말하기

목소리

프레젠테이션 발표자의 목소리는 청중(평가자)으로 하여금 신뢰감을 느끼게 해야 하고 그들을 설득을 해야 하므로 매우 중요하다. 좋은 목소리를 내기 위해서는 호흡, 발성, 발음 세 가지 기술을 고루 익혀야 한다.

그런데 타인이 듣는 나의 목소리와 내가 듣는 목소리는 전혀 다르기에 대개는 자기 목소리의 특징과 단점과 습성 등을 잘 모른다. 예를 들면 우리가 말을 할 때에는 말의 내용에 신경을 쓰므로 발음이 부정확하다는 점을 스스로 인지하기가 상당히 힘들다. 하지만 녹음을 통해 말의 내용이 아니라 자기 목소리의 발음, 발성에 집중하면 개선점을 쉽게 찾을 수 있다.

다음 사항에 주의한다면 말하기의 효과를 높일 수 있다.

체크 사항

- 사람들이 내 말을 듣는 데 어려움을 느끼지 않는가?
- 호흡은 적당한가?
- 너무 빠르거나 느리지 않는가?
- 말끝이 흐려지지 않는가?
- 억양은 단조롭지 않은가?

(1) 호흡과 발성

호흡은 우리의 말 전달력에 큰 영향을 준다. 숨을 잘 들이마셔야 프레젠테이션에서 원하는 대로 청각적인 요소를 조절할 수 있는데 호흡이 제대로 되지 않으면 발성도 발음도 무너지기 마련이다.

보통 호흡 하면 가슴으로 쉬는 흉식호흡과 배로 쉬는 복식호흡으로 나 뉜다. 대부분의 사람은 얕은 흉식호흡을 하면서 말하는데, 얕은 호흡으로 말하는 경우 평소에는 문제가 되지 않아도 긴장한 상태에서는 떨림이 그대 로 전달될 가능성이 높기 때문에 복식호흡을 활용하는 것이 좋다.

호흡의 경우에는 필자도 마라톤이나 명상을 통해 단련하고 있는 부분으 로 가장 노력을 많이 하는 부분이다. 호흡을 제대로 하면서 발성 스킬을 통 해 전달력을 높여야 한다.

발성에서 주의해야 할 사항은 성량과 톤이다. 성량은 목소리의 크기Volume 이고, 톤Tone은 목소리의 높이Pitch이다.

성량과 톤은 평상시 1:1 커뮤니케이션보다 한 단계 더 크고 높게 하는 것 이 원칙이다. 성량의 적정성을 가장 쉽게 확인하는 방법은 청중에게 잠깐 확인하는 것이다. 강의를 시작하거나 마이크를 부착했을 때 간단히 인사를 하고 나서 듣기에 편한지, 소리가 적지는 않은지 확인하라.

목소리를 작게 하다가 강조하고자 하는 부분에서 목소리를 키워라. 그리 고 놀랍게도 그 반대도 작동이 잘 된다. 큰 목소리로 이야기하다가 정말 중 요한 부분에서 낮은 목소리로 말하라.

톤은 목소리의 높이라서 남자와 여자의 경우가 다르다. 남자의 경우에는 미#, 여자의 경우에는 솔#이 가장 이상적이라고 한다. 이 음의 높이가 의미 하는 것은 일상적인 대화보다 한 단계 높은 톤으로 말하라는 것이다. 성량 과 마찬가지로 강조하고 싶은 내용에서 목소리의 톤을 높이거나 낮추어라. 핵심은 톤의 변화이다.

(2) 발음

프레젠테이션 발표 시에는 정확한 발음을 구사해야 한다. 발음이 정확하지 않으면 전달하는 내용이 명확하게 들리지 않는다. 그뿐만 아니라 발표자의 신뢰도가 떨어지게 된다. 그 때문에 평소에 잘 사용하지 않던 혀나 입술 등 조음기관을 풀어주고, 자음과 모음 발음에 유의해야 한다. 보통 평소에 말을 할 때는 입술과 혀를 잘 움직이지 않고 말하므로 부정확한 발음을 하게 되는 경우가 많다. 정확한 발음을 구사하기 위해서는 어색하겠지만 평소보다 입을 옆으로, 아래로 크게 벌리면서 혀의 위치를 정확하게 위치하도록 연습하는 것이 좋다.

위의 요령대로 입을 가로로 벌린 다음 아래 예시의 까다로운 문장을 연습하라.

> **발음 연습**
>
> - 들의 콩깍지는 깐 콩깍지인가, 안 깐 콩깍지인가?
> - 간장 공장 공장장은 강 공장장이고 된장 공장 공장장은 장 공장장이다.
> - 작년에 온 솥장수는 새 솥장수이고 금년에 온 솥장수는 헌 솥장수이다.
> - 상표 붙인 큰 깡통은 깐 깡통인가, 안 깐 깡통인가?
> - 신진 샹송가수의 신춘 샹송쇼.
> - 서울특별시 특허허가과 허가과장 허과장.
> - 저기 저 뜀틀이 내가 뛸 뜀틀인가 내가 안 뛸 뜀틀인가!
> - 앞집 팥죽은 붉은 팥 풋팥죽이고, 뒷집 콩죽은 해콩단콩 콩죽.
> - 우리집 깨죽은 검은깨 깨죽인데 사람들은 해콩 단콩 콩죽깨죽 죽 먹기를 싫어하더라.
> - 우리집 옆집 앞집 뒤창살은 홑겹창살이고 우리집 뒷집 앞집 옆창살은 겹홑창살이다.
> - 내가 그린 기린 그림은 긴 기린 그림이고 네가 그린 기린그림은 안 긴 기린 그림이다.
> - 저기 계신 저분이 박 법학박사이고 여기 계신 이분이 백 법학박사이시다.

주의해야 하는 발음

일상생활에서는 모든 발음을 명확하게 발음하지 않아도 의사소통에 전혀 문제가 되지 않는다. 그렇기에 대부분의 사람들이 평소에 발음에 크게 신경 쓰지 않는다. 하지만 제안 발표에서는 내용을 정확하게 전달하는 것이 중요하므로 편하게 발음하던 자음과 모음을 신경 써서 명확하게 발음할 필요가 있다.

유의해야 할 모음: '이중모음'

많은 사람들이 이중모음인 'ㅘ'와 'ㅝ' 발음을 정확히 하지 않는다.

'ㅘ'는 'ㅗ'와 'ㅓ'를 빠르게 연이어 발음해야 하고 'ㅝ' 또한 'ㅜ'와 'ㅓ'를 빠르게 연이어 발음해야 한다. 여기서 주의할 점은 'ㅗ'나 'ㅜ'의 경우 입술을 앞으로 쭉 내밀어 발음을 해야 하는데 조음기관을 충분히 활용하지 않다 보니 'ㅗ'와 'ㅜ'를 대충 발음하게 되어 '학원' 대신에 '학언', '과학' 대신에 '가학'으로 발음하게 되는 경우가 많다. 오, 아(천천히 정확하게)→ 오아(빠르게)→와 순으로 연습하면서 특히 입모양에 신경 써서 연습하는 것을 추천한다.

유의해야 할 자음: 'ㄴ,ㄹ,ㅅ,ㄱ'

자음의 경우 혀의 위치에 따라 소리가 바뀌기 때문에 혀의 위치를 신경 써서 발음하는 것이 좋다.

ㄴ: 한강(항강), 찬바람(참바람), 관광(강강)

ㄹ: 빨래(빨내), 홀로(홀노), 라이트(나이트)

ㅅ: 세수(테수), 시상(시상), 손해(톤해), 솥뚜껑(토뚜껑)

ㄱ: 대학살(대하쌀), 수백년(수뱅년), 학교(하꾜), 학년(항년)

표준발음법에 따르면 연음 현상에 따라(교체, 탈락, 축약, 첨가) 발음하는 것이 맞지만 명확한 내용 전달을 요하는 제안 발표에서는 받침을 모두 정확하게 발음하는 것을 추천한다.

발음 훈련

사실은 필자도 발음이 짧아서 실제로 들어보면 여간 불만족스럽지가 않다. 발음에 대한 콤플렉스도 있는 편인 것 같다. 그래서 나름 발음 훈련을 한다. 특히 아침 이른 시간에 예정된 조찬 강의나 사업 프레젠테이션에 초청된 경우에는 목소리도 안 나올 뿐 아니라 발음도 부정확해서 애를 먹는다.

그래서 언젠가부터 아침 일찍 스케줄이 있을 때는 가는 차속에서 혼자 소리 내어 입을 찢고 발음하는 연습을 한다. 이렇게 5분 정도만 하면 발음도 개선되고, 목도 풀릴 뿐 아니라 큰 목소리로 하면서 자신감도 향상되어 1거3득이 된다.

강조 기법

목소리에 강약을 가미하면 전달력과 집중도가 달라진다. 말을 잘하는 사람들을 보면 스피치가 다양하고 변화무쌍하다.

다양한 말 강조기법을 활용해서 내 말의 전달력을 높여보자.

(1) 톤을 바꾸라: 높은 음에서 낮은 음으로, 낮은 음에서 높은 음으로. 강조가 필요한 부분에서 평소 본인의 목소리 톤과 대비되는 톤으로 바꿔 말하라.

(2) 성량을 바꾸라: 높임 강조와 낮은 강조를 사용하라.

높임 강조는 다른 부분보다 강조하는 곳에 더 크게 힘을 주어 말하는 것이고, 낮은 강조는 오히려 음성을 작게 낮춰서 강조가 되게 하는 방법이다.

(3) 속도를 바꾸라: 빨리 말하다가 천천히, 천천히 말하다 빨리 말하라.

숫자나 인명, 지명, 연대 등 강조하고 싶은 부분에서 일부러 천천히 말을 하면 강조 효과가 난다. 반대로 천천히 말하다가 빨리 말하는 것 또한 그 부분에 집중하게 하는 효과를 준다.

또한 포즈 강조를 사용하면 조금 더 평가자의 집중도를 높일 수 있다. 포즈 강조는 중요한 강조 포인트를 말하기 전에 한 템포 숨을 쉬고 말하는 기법이다.

"제안사는, (한 템포 쉬고) 국내 유일의 ○○솔루션을 개발했으며 이번 ○○○사업에 (한 템포 쉬고) ○○○할 예정입니다."

⑷ 패턴을 바꾸라: 원리를 말했으면 예화를 들어라.

표준어에는 간간히 사투리 억양을 사용해도 좋다. 진지한 이야기 속에 유머를 양념으로 시도하라.

SHIPLEY TIP

강조해서 말하는 방법의 핵심은 변화 주기

고등학교 수업 시간에 열변을 토하는 선생님의 목소리에 졸다가 갑자기 속삭이는 목소리에 불안감을 느끼면서 졸음에서 깨어나 본 경험이 있는가?

스피치에 있어서 핵심은 변화이다. 당신 주변에 말을 감칠나게 잘하는 사람이 있다면 그 사람들의 공통적인 특징은 스피치가 다양하고 변화무상하다는 점이다.

영어로 말하기

영어 말하기의 기본 원리도 마찬가지다.

첫 번째, 발음을 분명히 또박또박 하는 것이다. 대신에 분명한 전달을 위해 구별이 필요한 발음, 예를 들면 R과 L, B와 V, Z와 J 정도는 명확히 구분해서 발음해야 한다.

주의할 점은 함부로 미국식 영어를 흉내 내서 지나치게 연음화된 발음을 하다 보면 오히려 잘 못 알아듣는다는 것이다. 내가 주로 만나는 비미국권 영어(호주, 뉴질랜드, 일본 등)에서는 이런 경우에 커뮤니케이션의 효율성이 떨어지는 경우를 자주 본다.

둘째는 원어민처럼 일부러 말을 빨리 하려고 하지 말라는 것이다. 때로 사람들은 본인의 유창한 영어 실력을 보여주려고 말을 빨리 하려고 노력하기도 한다. 그런데 필자의 경험에 의하면 이것 역시 부작용이 많다.

우선, 문장구조가 완벽하지 않는 경우에 말을 빨리 하면 영어를 모국어로 사용하는 분들이 듣기에 불편해하는 경우가 많다. 또, 빨리 말을 하면 우리가 영어를 모국어 수준으로 하는 것으로 착각해서 그들도 영어가 모국어인 사람들과 커뮤니케이션하듯이 대하게 되므로 우리가 상대의 의사 표현을 알아듣지 못할 가능성이 커진다.

셋째로, 질의응답이 진행될 때는 질문자의 질문을 재확인하고, 그 의도가 맞는지를 확인하는 것이 매우 중요하다. 영어로 발표 시에 자주 보는 장면은 청중의 질문을 임의로 해석해 신나게 대답한 이후에야 듣고 있던 청중이 질문을 잘못 이해한 것을 알게 되어 개입하는 것이다.

SHIPLEY TIP

나에게 사대주의적 사고는 없는가?

우리 회사는 대부분 모든 부서가 해외 조직(미국 본사 또는 호주의 아시아 지사)과 일을 하므로 영어가 필요하지 않는 사람은 거의 없다. 그렇다고 해서 영어를 잘하는 것을 입사의 중요한 기준으로 삼지는 않는다.

나는 영어는 비즈니스를 수행하는 데 큰 장애가 없을 정도만 되면 된다고 생각한다. 물론 나를 포함해서 우리 직원들이 그 수준이 안 되는 경우도 있지만, 나는 그래도 우리가 이렇게 비즈니스를 할 정도로 영어를 사용하는 것만 해도 대단한 일이라고 생각한다.

우리 해외 외국인 컨설턴트 중에 한국에 와서 영어로 강의를 시작할 때 본인이 한국말을 못하는 것에 대해 사과하는 분이 있는데 전적으로 타당하다고 생각한다. 쉬플리 코리아를 포함해 대부분의 직종에서 우리가 영어를 모국어처럼 유창하게 할 필요는 없다. 더군다나 서툰 영어 때문에 콤플렉스를 느낄 필요는 더더욱 없다.

나는 해외 지사 사람들과 회의를 할 때는 늘 비영어권인 나를 배려하지 않는 사람 옆에 가서 말 좀 천천히 하라고 협박에 가까운 농담을 한다. 또한 영어 자체는 체력같이 필요한 기초 능력이지 그것이 성과를 좌지우지하는 핵심능력이 아니다.

비즈니스맨들이여! 영어, 적당히 하자.

진짜 영어 실력 키우기

여러분이 알고 있는 가장 효과적인 발음 연습은 무엇인가?

필자는 소리 내서 읽는 것이라고 생각한다. 이것은 국어뿐만 아니라 영어도 정확히 일치한다. 외국인에게 좋은 영어 발음은 반드시 미국식 연음이 들어간 발음을 말하는 것이 아니다. 다만 우리에게 익숙할 뿐이다. 글로벌 회사에서 근무하고 있는 내 경험으로는 정확히 또박또박 발음하는 것이 영어권·비영어권 사람들과 커뮤니케이션에 있어서 가장 효과적이다. 그래서 소리 내어 또박또박 책을 읽는 것이 영어 잘하는 비결이라고 생각한다.

이것은 내가 국내 대학원에서 박사과정을 할 때 같이 공부한 후배의 경험을 산 것이다. 이 후배는 외국에 나가본 경험도 없었는데 그 당시에 정말 자유자재로 영어를 구사했으며 수업 시간에 발군의 실력을 발휘했는데 그때 그 요령을 물어보니 하루에 한 시간씩 책을 소리 내서 크게 읽었다는 것이다.

한국어든 영어든, 발음 개선에 가장 중요한 것은 소리 내어 책을 읽는 것이다.

연습: 발성 및 발음 연습

짝을 지어서 발성 연습을 자주 하라. 이것은 쉬플리에서 교육할 때 사용하는 방법이기도 하다.

- 바른 자세로 선다. 등을 곧게 펴고 가슴을 올리고 배는 힘을 주며 집어넣는다.
- 낮은 목소리 톤과 힘 있는 어조로 말한다. 강조를 위해 목소리 톤의 변화를 주기도 한다. 콧소리와 날카로운 목소리에 주의한다.

언어 습관

(1) 사투리

- 억양은 어쩔 수 없고, 잘못된 것도 아니다

억양을 극복하기는 불가능하다. 최근에는 특정 지방의 억양을 구사할 수 있다는 것이 단점이 아니라 장점으로 이해된다. 왜냐하면 유머를 구사할 경우 지방의 억양은 이를 전달하는 좋은 매체이기 때문이다. 그렇다고 해서 일부러 억양을 강조할 필요는 없다. 다만 서울 표준 억양을 사용해야 한다는 강박관념을 가질 필요는 없다는 뜻이다.

- 비표준어를 구사하는 것을 극복하라

억양은 어쩔 수 없으나 사투리 자체는 사용을 자제해야 하고, 표준어를 구사하는 훈련을 해야 한다. 사투리는 지방마다 뜻이 다를 수도 있고 의사 전달이 왜곡될 수 있으므로 사용하지 않는 것을 원칙으로 한다. 그러나 어느 경우나 유머를 사용하기 위해 예외적으로 사용할 수 있다. 일상적으로 사투리를 사용하는 것은 발표자를 비전문가로 인식하게 만든다.

(2) 반복 어구나 추임새

- 반복 어구는 대체로 반복해서 쓰이는 단어이고, 추임새는 사투리인 경우가 많다. 반복 어구나 추임새는 대체로 오랫동안 만들어진 언어 습관으로 스스로 알기도 어렵거니와 고치기는 더 어렵다.

• 우리 사무실에서 반복 어구나 추임새를 찾아봤더니 꽤 많다는 사실을 알게 됐다.

우리 직원들이 사용하는 것들을 추려보면
: 요컨대, 좌우지간, 거시기, 아까, 뭐냐면, 그러니까, 이제, 사실, 음

• 극복 방법
그런데 반복어구나 추임새를 극복하는 방법이 있다.

- 1단계: 본인이 반복하는 어구나 추임새를 정확히 파악한다.
  동료에게 피드백을 요청할 수도 있지만 녹화나 녹음이 가장 효과적이다.
- 2단계: 그 단어나 추임새가 나오려는 순간 숨을 쉰다.
- 3단계: 당분간 의식적으로 이를 반복한다.

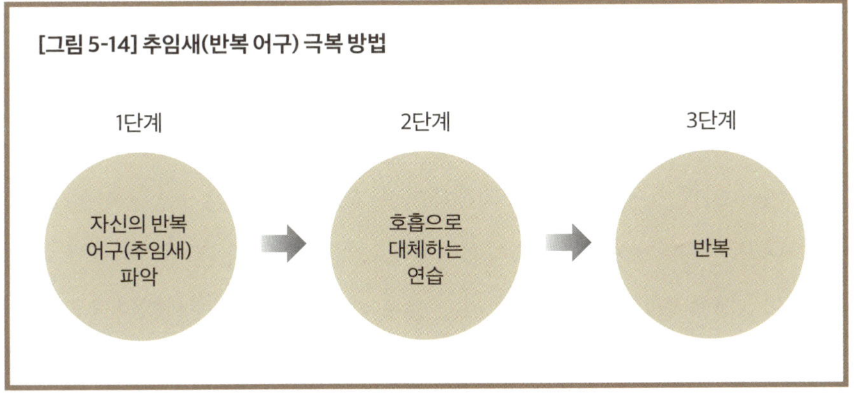

5.2.4 발표자 실전 스킬

발표자가 주인공이 되어 발표를 하라

고객의 반응과 커뮤니케이션에 초점을 맞추어라.

프레젠테이션은 암기한 내용을 일방적으로 쏟아내는 시간이 아니라 청중과의 커뮤니케이션 과정이다. 발표자의 의도대로 잘 설득되고 있는지 살펴보고, 확인하고, 이를 토대로 유연하게 진행한다. 예를 들어 기술적 이슈가 중요할 것으로 예상하고 실제 평가단을 만났는데, 기술 전문가가 갑자기 불참했다면 고객에게 필요한 기술적 이슈를 질의응답 시간에 질문하도록 유도하고, 발표 시간에는 그 내용을 생략하거나 최소화해야 한다. 이렇게 커뮤니케이션 중심의 융통성 있는 프레젠테이션을 하려면 자료에 의존해서 단지 슬라이드만 읽고 끝나는 발표가 아니라 발표자가 중심이 되어 청중과 커뮤니케이션하는 발표가 돼야 한다.

발표자가 중심인 발표는

- 발표자의 언어로 전달해야 한다.
- 슬라이드는 보조자료로 활용하라.

(1) 발표자의 언어로 전달하기

앞서 여러 차례 언급했듯이 프레젠테이션 발표자는 내레이션을 하는 사람이 아니라 커뮤니케이션 하는 사람이다. 그 때문에 딱딱한 내레이터가 아니라 자연스러운 발표를 하기 위해서는 발표자의 언어로 프레젠테이션을 이끌어가야 한다.

그런데 대부분의 발표자는 슬라이드의 내용을 텍스트 그대로 읽는 경우가 많다. 문서로 작성된 슬라이드를 그대로 읽다 보니 한자어, 명사형 표현 등 문어체를 그대로 읽게 되기도 하고 어려운 전문 용어를 계속 사용하게 된다. 또 슬라이드들을 연결하지 않고 각각의 슬라이드로 분리해서 설명하게 된다.

이렇게 발표한다면 자료에 의존하게 되어 지루할 뿐 아니라 융통성이라곤 하나도 없는 딱딱한 발표가 될 수 있다. 따라서 발표자의 언어로 스크립트를 재구성해서 발표해야 한다.

- 읽지 말고 풀어서 설명하라.

예시)

전략 1. 사용자 환경을 고려한 UI/UX 개발

전략 2. 경험 인력 투입으로 운영 안정성 보장

전략 3. 개발인력 조기 투입으로 사업 일정 준수

잘못된 예)

전략 1번은 사용자 환경을 고려한 UI/UX 개발이고,

전략 2번은 경험 인력 투입으로 운영 안정성 보장,

그리고 전략 3번은 개발인력 조기 투입으로 사업 일정 준수입니다.

좋은 예)

저희 전략 세 가지를 말씀드리겠습니다. 먼저 첫 번째 전략은 사용자들의 환경을 고려해서 UI/UX를 개발할 것입니다.

두 번째로는 지난 유지보수 사업에 투입된 경험 인력을 100% 투입해 이번 사업 운영의 안정성을 보장하겠습니다.

마지막으로 세 번째 전략으로는 개발 인력을 일정보다 앞서 투입시켜 사업 일정이 지연되지 않도록 하겠습니다.

• 문어체가 아닌 구어체로 전달하라

예시)

앞으로 3,000여 만 원의 보조금을 지원받아 입주 기업의 사업 활성화를 위한 투자 유치 프로그램 운영, 홍보 및 마케팅, 시제품 제작 등을 실시할 예정입니다.

앞으로 3,000여 만 원의 보조금을 지원받을 텐데요? 입주 기업의 사업 활성화를 위해 투자 유치 프로그램을 운영하고 홍보와 마케팅, 그리고 시제품 제작을 실시할 예정입니다.

• 브릿지멘트를 사용하라

다음은 인력 구성 방안입니다.

– 지금까지 저희 컨소시엄에 대한 간략한 소개를 드렸습니다. 이제부터는 각 파트별 주요 인력에 대한 설명드리겠습니다.

다음은 사례입니다.

– 네, 그렇다면 구체적인 사례를 한번 살펴보겠습니다.

(2) 슬라이드는 보조 자료로 활용하라

슬라이드가 아니라 당신과 당신의 메시지가 주인공임을 명심해야 한다. 그러므로 슬라이드는 전달하는 내용을 강시키는 보조도구로 사용돼야 한다. 그래서 슬라이드의 정식 이름은 시각 보조도구(슬라이드–aid)이다.

설득력 높은 시각 자료

대부분의 사람은 시각 자료 하면 노트북을 사용한 파워포인트 자료만을 생각하지만 사실은 다양한 시각 자료들이 있다.

어떤 시각 자료가 효과적일까?

가장 효과적인 시각자료는 발표자 자신(Presenter)이다. 두 번째로 효과적인 시각 자료는 실물이다. 그리고 그다음이 우리가 일반적으로 사용하는 시각 보조도구(슬라이드-aid)이다.

실물을 사용할 수 있으면 실물을 사용하라. 필자는 자동차 회사에 입사해서 엔진 구조를 어렵게 강의장에서 배운 적이 있었다. 약 4시간 정도 강의를 들었지만 그 생김은 사실 머리에 잘 들어오지 않았다. 그런데 오후 시간에 잠깐 실습장에서 5분 정도 실제를 보고 모두 이해하게 됐다. 그렇게 어렵게 강의장에서 설명할 필요가 없었던 것이다.

한때 프레젠테이션의 대가로 통했던 스티브 잡스의 발표를 보면 늘 가장 극적인 방법으로 실제 제품을 보여준다. 가장 인상적인 장면은 Mac air라는 노트북 발표장에서 노란 서류 봉투에서 노트북 컴퓨터를 꺼내서 보여줌으로써 소형화·경량화된 기술력을 가장 집약적으로 보여준 것이다.

더욱 중요한 것은 자기 자신이 가장 효과적인 시각 자료임을 이해하는 것이다. 사람들은 자신의 메시지를 강조하고 싶을 때 화면에 무엇을 띄울까를 고민하는데 이것이 상식이 주는 함정이다. 내가 가장 효과적인 시각 자료임을 이해하면 슬라이드에 의존하지 않고, 슬라이드를 사용하는 방식이 중요함을 공감할 수 있을 것이다.

슬라이드의 정식 이름은 시각 보조자료Visual-aid이다. 효과성으로 따지면 ① 발표자, ② 실물에 이어 ③ 슬라이드이다. 슬라이드는 기껏해야 넘버 3임을 잊지 말아라.

슬라이드의 사용(프레젠테이션)에서는 다음과 같은 점에 주의해야 한다.

- 참가자 모두가 화면을 볼 수 있는지 확인하라.
- 가능하다면 스크린을 고객 방향으로 45도 기울여라.
- 스크린의 옆쪽으로 서라.
- 가리키고, 돌아서고, 말하라(touch, turn, talk).

- 손짓을 할 때에는 화면에 더 가까운 쪽의 손을 사용하라.
- 필요한 모든 것이 준비됐는지 확인하라.
- 슬라이드를 사용해 동일한 환경에서 리허설하라.
- 가끔은 설명을 하고 슬라이드를 나중에 보여주는Verbal Graphic 기법으로 메시지를 강조하라
- 슬라이드 내에서 용어를 통일하라
- 복잡한 슬라이드는 요약을 해서 단순화하라.
- 슬라이드와 설명의 조화를 이루라.
  - 대부분 슬라이드를 보여주면서 동시에 설명하거나
  - 일부분에서 강조를 위해 슬라이드를 읽을 시간을 준 후에 설명할 수 있다.

위기 상황 대응 방법

위가 상황을 대응하는 가장 좋은 방법은 위험관리 매뉴얼을 만들고 사전에 준비를 하는 것이다.

제안 발표장에는 기본적으로는 발표장의 물리적인 환경부터 평가위원, 내용 변경 등 다양한 위기 상황이 도사리고 있다.

- 도착해보니 준비한 내용과 다른 요구사항이 생겼을 때
- 청중이 부정적으로 흐름을 주도하려 할 때
- 앞의 발표자가 길게 발표해 내 시간이 부족할 때
- 예상했던 청중의 구성이 아닐 때
- 빔 프로젝터, 컴퓨터 등 기자재에 에러가 발생했을 때

제안 발표는 생방송이다. 어떤 위기 상황에 처하게 될지는 아무도 모른다. 따라서 다양한 위기 상황을 예상해보고 시나리오를 짜서 준비를 해야

한다.

한 가지 꼭 기억해야 할 점은 어떤 위기 상황에서도 우리의 핵심 전략과 핵심 메시지는 놓치지 말고 전달하고 와야 한다는 것이다.

> **비상 상황을 준비하라**
>
> PT는 워낙 다양한 변수가 많다. 그렇기에 이러한 변수를 먼저 예상하고 대응책을 마련한 업체와 그렇지 않은 업체는 결정적인 순간에 차이가 발생한다.
>
> 앞서 소개한 초등학교 국정교과서 발행 사업자를 선정하는 사업에 참여한 한 출판사 대표님은 PT 발표장 사전답사에서 빔 프로젝터 등 장비에 문제가 많다는 것을 알게 됐다. 발주처에 장비 교체를 요청했으나 동일한 환경에서 진행하는 것이니 교체하기 어렵다는 답변을 들었다. 그래서 발표 도중 장비에 문제가 생겼을 경우를 포함한 예상 위험들을 식별하고 그에 대한 대응 방안을 준비해뒀다.
>
> 실제로 발표 도중에 빔 프로젝터가 꺼지는 문제가 발생했다. 미리 이러한 상황까지 대비해뒀던 대표님은 당황하지 않고 노트북을 들고 나가 자사의 전략을 침착하게 전달했다. 이러한 모습은 사업을 맡겨도 문제없이 잘 해낼 것이라는 정서적인 신뢰감을 형성했다. 결과적으로 기존 사업자인 경쟁사를 누르고 어려운 사업을 수주했다.

청중과 교감하기

래포^{Rapport} 형성

청중과 프레젠터가 같은 주제 또는 문제의식으로 이 자리에 모여 있음을 확인 해주는 촉매제를 공감대 또는 래포 형성이라고 한다.

래포 형성이 중요한 이유는 청중이 적절한 발표자가 적절한 내용을 안내해줄 것이라는 믿음을 갖음으로써 발표자에게 신뢰감을 갖기 때문이다.

래포 형성이 중요한 진짜 이유

래포 형성이 진짜 중요한 이유는 따로 있다. 발표자는 청중과 문제의식 또는 주제의 중요성을 공유하고, 이를 정서적으로 공감하게 되면 그때부터 충분히 청중과 같은 편에서 문제를 함께 해결하는 입장이 된다. 이는 발표자의 초기 긴장감을 가장 효과적으로 해결해주는 방법이다.

래포가 중요한 이후는 발표자인 여러분의 초기 긴장감을 해소해 바로 주제에 집중할 수 있게 해주기 때문이다.

래포 형성 사례

제안 관련 컨설팅을 하다 보면 일정 관리에서 실패해서 지는 것을 반복하는 경우가 많다. 이를 잘 설명하기 위해 다음과 같은 이야기를 해주고, 공감을 얻는다.

> "여러분도 경험이 있으시겠지만 제가 이틀 밤을 세우고 나서 제출일 새벽에 인쇄소에서 제안서 초판을 받아보니 그래픽이 있어야 할 곳에 그래픽은 없고 화살표와 함께 이곳에 그림 삽입이라고 돼 있는 것입니다. 밤을 며칠 새우고 나면 매우 상식적인 리뷰도 불가능해집니다. 일정을 잘 관리해서 '수정'에 충분한 시간을 확보하는 것이 제안서의 수주 가능성을 높여줍니다."

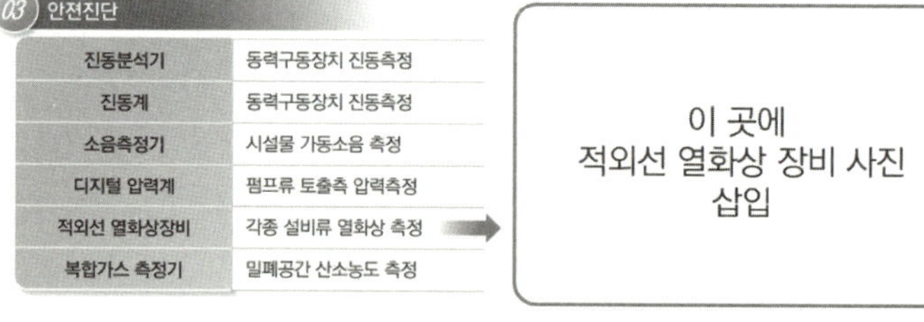

스토리텔링

청중은 나를 유식하게 해주는 정보도 좋아하지만 거기에 더해서 내가 감동하는 이야기를 들려주기를 원한다.

> ### 스토리텔링의 위력
>
> 이 질문에 당신은 대답할 수 있는가?
>
> - 독도의 주소는?
> - 독도는 울릉의 어느 쪽에 얼마만큼 떨어져 있는가?
>
> 정답은 경상북도 울릉군 남면도동 1번지, 울릉도 동남쪽 뱃길 따라 200리다. 필자뿐만 아니라 상당수 필자 세대는 쉽게 이 정답을 알 수 있을 것이다.
> 우리는 어떻게 이런 상세한 정보를 알게 됐을까? 그것은 〈독도는 우리 땅〉이라는 정광태 씨의 노래를 통해 우리에게 각인됐기 때문이다. 만약 우리가 이 정보를 지리 수업 시간에 들었다면 기억이나 할 수 있을까? 이것이 바로 스토리텔링의 비밀이다.
> 우리는 이 정보를 좌뇌로 받아들인 것이 아니라 이를 정서적 감흥이 있는 이야기로 함께 우뇌로 받아들인 것이다.

앞에서도 언급했지만, 좌뇌로 받아들인 정보에 비해서 우뇌로 받아들인 정보는 뇌량이라는 좌뇌와 우뇌를 연결하는 기관을 통해 좌뇌에 전달되며 이것의 파지율(장기기억 창고에 저장되는 비율로 학습이 일어났다는 것을 의미한다)은 6배 정도가 높은 것으로 보고되고 있다. 기억되는 기간과 강도가 6배 정도 강렬하다고 이해하면 될 것이다. 유머는 스토리를 만들어 주는 효과적인 방법 중의 하나이다. 유머로 푸는 스토리텔링은 즐거운 이야기다. 즐거운 이야기는 슬픈 이야기만큼 인간의 정서를 움직인다.

주의 집중

대체로 성인이 제대로 집중할 수 있는 시간은 매우 짧다는 연구 결과들이 많다. 일반적으로 학습 이론에서 정상적인 성인이 주의 집중할 수 있는 시간은 15분 정도라고 한다. 광고학 등의 연구 결과는 더 극단적으로 성인이 집중할 수 있는 시간은 불과 90초 정도에 불과하다고 한다.

중요한 메시지를 강조할 때는 청중의 주의 집중을 위해 분위기를 환기시킬 필요가 있고, 이때 가장 효과적인 방법 중의 하나가 유머 사용이다.

분위기 전환

유머는 분위기 전환에 있어서 효과적이다. 특히 지나치게 심각하거나 부정적이 될 때 간단한 유머는 순간적으로 사람들의 마음을 밝게 하거나 긍정적인 상태로 만든다.

필자의 경우 지나치게 부정적이거나 비본질적인 질문으로 전체 분위기를 어색하게 하는 평가자나 청중을 자주 만나게 된다. 그럴 때는 그 사람도 무안하지 않고, 전체 분위기도 전환할 수 있는 화법을 자주 사용한다.

- 이렇게 전문적인 내용까지 알고 계신 분들을 '국내'에서는 처음 만나봅니다.
- 오늘 뵙고 있는 여러분의 집중력은 제가 경험한 것 중에서는 '지구상에서는' 처음입니다.

유머의 원리

프레젠테이션 발표에서의 유머는 흔히들 생각하는 사람들을 웃게 하는 유머가 아니다. 진지한 제안 발표장에서 사람들을 웃기기는 쉽지 않다(한다고 해도 문제가 될 것이다). 프레젠테이션에서 유머란 진지한 제안 발표를 너무 딱딱하고 건조하지 않게 혹은 평가자들을 더 몰입할 수 있게 해주는 감초임을 기억하고 유머 사용의 원리를 이해하는 것이 중요하다.

연관성

프레젠테이션에서 유머 사용에서 중요한 것은 유머가 얼마만큼 자신이 전달하고자 하는 메시지와 잘 연결돼 설명력을 높이고, 공감대를 형성하느냐이다. 연관성이 없는 유머의 문제는 청중으로 하여금 불쾌감을 유발시키고, 청중과 공감대를 형성하는 데 도움을 주는 것이 아니라 오히려 반감을 갖게 한다는 점이다.

잠시성

짧은 시간을 활용하고, 바로 본론으로 돌아와야 한다. 주객이 전도되면 안 된다. 유머보다도 중요한 것은 당연히 주제에 대한 당신의 깊이 있는 이해, 진지성, 문제의식이다. 유머는 당신의 전문가로서의 문제의식이 더욱 효과적으로 전달되는 데 기여해야 한다는 점이다. 유머가 지나치거나 시간을 너무 오래 끌거나 해서 주객이 전도되면 유머는 당신이 전달하는 메시지의 중요성을 약화시킴으로써 당신의 전문성을 해치게 된다.

SHIPLEY TIP

주객이 전도되지 않게 하라

몇 년 전 어떤 교육에 참여했던 경험이 생각난다. 그 강사는 본론은 최소화하고, 주로 유머나 주제와 연관 없는 일상적인 내용으로 시간의 대부분을 할애했다. 압권은 점심시간 후에 본인이 다녀온 칼국수 식당에 대해 30분 넘게 이야기를 한 것이다. 그 강사는 그 행동이 청중을 덜 지루하게 하는 것이라고 생각한 배려였지만, 듣는 사람 입장에서는 그 과정에 참석한 것을 점점 더 후회하게 만드는 행동이었다. 그분은 오랫동안 교육을 하면서도 대부분의 수강생은 쉬러 오므로 잘 쉴 수 있도록 도와주어야 한다는 주장을 펼쳤다. 정작 학습을 하러 온 사람들에게 유머로 소비된 시간은 권리의 침해처럼 느껴진다. 유머의 콘텐츠는 반드시 메시지 전달의 효과를 높이기 위해 연관된 내용을 사용해야 한다. 이 교육에 참가했던 것은 끔찍한 경험이었다.

즉흥성

예정되고 준비된 유머라는 인상을 주면 그것 자체가 이미 신선함을 반감시킨다. 청중이 예측되지 못한 순간 또는 청중과의 커뮤니케이션 중에 즉흥적으로 하는 유머는 분위기를 환기시키고, 커뮤니케이션의 다이내믹한 순간을 제공한다.

질문 기법

나는 청중과 교감 중에 유머를 활용하려고 많이 노력하는 편이다.

- 쉬운 질문에 엉뚱하거나 부정적인 대답을 할 경우에 이를 즐겁게 소화하기 위해 "내가 처음 받아보는 정말로 창의적인 대답입니다. 감사합니다"라고 이야기한다. 이것은 두 가지 효과가 있는데 답이 아니라는 말을 불쾌하지 않게 간접적으로 말하면서도 상대의 개성을 존중해주는 효과도 있다.
- 강의를 할 때 정말로 중요한 기법은 '질문 기법'인데 질문 기법의 핵심은 청중이 부담 없이 반응하도록 하는 것이다. 질문에 대해 청중이 대답한다는 것은 조금 부담스러울 수 있다는 점을 이해하라. 갑자기 대답을 하는 것은 스스로 청중에게 노출되기 때문이다.

질문을 편하게 할 수 있도록 유도하는 방법 몇 가지를 소개하면 다음과 같다.

(1) 이 개념은 같은 개념인가요? 다른 개념인가요? (청중 잠시 침묵) 제가 물어보는 톤이 어떻습니까? 같아 보입니까? 달라 보입니까? (대부분의 경우 청중 중 한 명이 "다르니까 물어보시는 것 같은데요"라고 대답한다.)

(2) '예', '아니오'로 답해보세요. '예'는 제게 손바닥을 보여주시고, '아니오'는 제게 손등을 보여주세요. 물론 눈치가 보이거나 잘 모르겠으면 기권도 할 수 있습니다. 기권자는 손을 가운데로 세워주세요. (사람들은 가볍게 웃는다. 나도 청중도 유치한 농담이라는 것을 알지만 충분히 분위기를 환기시키는 효과 정도는 있다.)

유쾌성

유머는 유쾌해야 한다. 그러나 불쾌한 유머도 있다. 사실은 매우 많다. 다음 상황에 주의해야 한다.

- 청중을 소재로 사용하는 유머

청중을 소재로 유머를 할 수는 있으나 그 내용은 반드시 긍정적이고, 고상해야 한다. 청중의 약점이나 콤플렉스를 자극할 수 있는 유머는 매우 주의해야 한다.

청중을 소재로 한 유머는 위험하다

- 회장이 감옥에 있거나 송사에 휘말려 있는 기업의 사업설명회에 가서 "요즘 사업 잘 못하면 감옥 갑니다"라고 말하는 것은 매우 위험하다.

- 발표자의 주관적인 의견을 반영한 유머

발표자 스스로 가지고 있는 정치적 성향, 종교관, 지역적 편향에 기초한 유머, 더 나아가서 인종차별적 유머 또는 성차별적 유머는 반드시 그 반대편에 있는 사람의 불쾌감을 유발하므로 주의해야 한다.

가장 유쾌한 유머

필자의 경험으로 가장 편하고, 부담 없는 유머는 발표자 자신을 소재로 한 유머이다. 특히 발표자의 전문성이나 장점보다도 발표자가 했던 실수, 해프닝, 외모를 소재로 한 유머는 상당히 효과적이다.

- 사실은 쉬플리 컨설팅을 시작하기 전에는 저도 매번 실주를 했었습니다. 실주할 때마다 마신 소주가 1,000병은 족히 될 것 같습니다.
- (외모) 어떤 이는 저를 컨설팅 업계의 싸이라고 합니다.

또한 이런 유머는 청중을 불쾌하게 하지 않고, 발표자를 좀 더 친근하게 생각하게 한다는 점에서 유머의 원래 취지와 잘 맞는다.

3의 법칙Rule of three

3의 법칙은 단지 유머를 개발할 때뿐만 아니라 고객을 설득할 때나 스피치 방법론으로서 효과적인 방법이다.

만약 우리가 이야기를 두 가지 정도로 정리하면 너무 단순하거나 가치 없는 정보로 들리고, 네 가지 이상으로 정리하면 이를 받아들이는 데 어려움을 느낀다. 말로 하는 대화Verbal Communcation에서는 말하려는 포인트가 세 개가 넘어 가면 청중은 어려움을 느낀다는 점을 명심하자.

유머를 개발할 때 대체로 세 가지 상황이나 세 가지 인물을 가정하면 가장 효과적이다. 보통 이 법칙에서 처음 두 가지 포인트는 기대를 부풀게 만들고, 마지막 포인트에서 유머를 구사한다.

> **3의 법칙 사례**
>
> 지하철에서 세 사람의 남자가 각자 자기 와이프에 대해 말하는 대화를 들을 기회가 있었다. 첫 번째 사람은 "내 와이프는 내가 그렇게 기품 있게 보인데. 내가 외교관처럼 보인다고 그러네." 그러자 두 번째 남자는 "내 와이프는 나처럼 유식한 사람은 처음이라고 하는데." 이 말을 듣던 마지막 남자도 이야기했다. "내 와이프는 내가 집에서 일하는 것을 정말 좋아하는 것 같아요. 사무실에 못 나가서 재택근무를 할 때면 우체부나 세탁소 아저씨가 올 때마다 '남편이 집에 있어요'라고 소리친다니까요."
>
> — 제임스 흄즈James C . Humes, 《More Podium Humor》 25쪽에서 일부 인용

프레젠테이션 유머Podium Humor 실전

실감 나게 차별화된 서비스를 강조한다

24시간 긴급 상황 시 A/S가 가능합니다.

오늘 발표를 위해 걸어와 보니 본사는 귀사와 같은 마포구에 걸어서 10분, 차로 2분 거리에 위치해 있습니다. 어떤 상황에서도 귀사의 시스템에 문제가 있으면 24시간, 365일 30분 내에 문제를 조치할 수 있습니다.

유명 인사를 사용해 신뢰도를 높인다

이 아파트에는 대법관이 살고 있습니다. 대법관이 살고 있는 아파트에 함께 살면 어떤 도움이 될까 생각해보신 적 있으세요. 돈 떼일 염려는 없겠지요?

5.3

질의응답 세션 훈련

5.3.1 질의응답의 중요성

질의응답은 프레젠테이션보다 평가의 영향력 측면에서 더 중요하다. 왜냐하면 정확하게 답변을 잘하면 평가자들에게 큰 신뢰를 얻을 수도 있지만, 부적절한 답변은 고객의 신뢰도를 결정적으로 떨어뜨리기 때문이다. 즉, 질의응답은 평가자 입장에서는 제안서나 프레젠테이션보다도 훨씬 변별력이 높은 장치다.

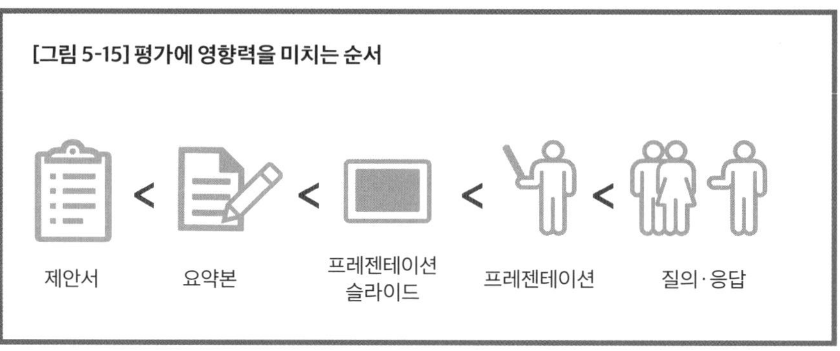

질의응답이 중요한 이유는 경쟁사와 우리를 차별화할 수 있는 다음과 같은 기회이기 때문이다.

- 중요한 메시지를 다시 강조한다.
- 고객들이 메시지를 명확히 이해하도록 도와준다.
- 우리의 솔루션이 니즈에 부합한다는 것을 평가자가 확인한다.

따라서 질의응답을 하고 나면 우리가 경쟁자에 비해 얼마만큼 성공적으로 차별화했느냐에 따라 프레젠테이션의 성공 여부를 가늠할 수 있다.

특히 평가자가 질문하는 이유 혹은 의도를 파악하고, 그에 대응하는 답변을 한다면 더욱 성공적인 질의응답이 될 것이다.

평가자의 질문 의도

- 분명치 않은 점을 명확히 하고 싶다.
- 추가 정보를 얻고 싶다.
- 자기 견해를 피력하고 싶다.

- 생각을 확인하고 싶다.

- 단지 두드러져 보이고 싶다.

5.3.2 질문을 유도하거나 예상하고, 준비하라

질문을 유도하라

우리의 차별화 요소에 대해 말할 기회를 갖기 위해 평가자들의 궁금증을 노골적으로, 또는 암묵적으로 유발시키거나 이슈화해 질문을 유도한다. 예를 들어 프레젠테이션을 할 때 1, 2, 3, 5번을 설명하고 4번은 시간 관계상 생략하겠다고 하면 평가자는 질의응답 시간에 반드시 4번 이슈에 대해 질문할 것이다. 이때 준비한 슬라이드를 보여주면서 답변하면 보다 효과적으로 메시지를 전달할 수 있다.

특히 중요한 것은 평가자가 질문한 내용의 답이 들어 있는 슬라이드를 빠르고 자연스럽게 화면에 띄우는 것이다.

질문에 대한 답을 띄워라

- 슬라이드 페이지와 제목을 리스트로 만들어라.
- 컴퓨터 오퍼레이터는 평가자가 질문을 하면 해당 질문에 명확히 일치한 답이나 관련 자료를 제목 리스트에서 빠르게 찾아라.
- 약간의 시간이 필요하다면 질문의 내용을 확인하라(3S를 활용한 질문의 응답 방법 참조).
- 슬라이드를 확인하고 구두로 대답하라.

[그림 5-16] Q&A 항목 리스트 작성 예시

답변할 담당자를 사전에 결정하고 함께 연습한다

번호	주제	Q	장/약	A	슬라이트 no /or 말로 답변	응답자
1	음질	이 서버를 중국산 제품입니까?	약점	네 맞습니다. 그러나 서버를 선택할 때 중요한 것은 서버 음질의 국제 인증 여부와 음질 테스트 결과입니다. 그런 측면에서 저희는 세 국가의 제품을 비교하였고, 성능이 가장 우수한 이 제품을 선택하였습니다.	12page / or 말로 답변	음질자료 PL ±100 부장
2						

[응답의 주체 설정]
1. 본 사업 관리자(PM)
2. 본 사업 관리자 PM(총론) → 전문가 PL 등(세부 정보)
   - 응답자 사전 결정 필요
   - 응답의 주체를 넘길 때, "자세한 설명은 기반체계 전문가가 하겠습니다" 언급

질문을 예상하고 준비하라

경쟁자의 입장에서 우리를 어떻게 공략하려고 할 것인가를 예상하고 적극적으로 준비한다. 또 반대로 경쟁자가 자신의 차별화 포인트를 어떻게 강조할 것인지 예상하고, 이를 질의응답 시간에 어떻게 공략할 것인지도 생각한다. 또한 고객이 가장 염려하는 이번 프로젝트의 이슈들과 관련해 예상 질문이 무엇이 있을 것인지 생각해서 준비하라.

질의응답 준비할 때의 범주

- 경쟁사의 차별화 요소

- 우리의 차별화 요소

- 이번 프로젝트의 위험 요소(기술 측면, 비용 측면, 일정 측면, 관리 측면)

- 우리 조직과 제안 내용의 약점

- 이번 프로젝트에서 중점 추진할 사항

- 고객의 관심 사항

- 발주자별 관심사를 패턴 분석해 목록화한다

발주자 조직별로 질문을 모아서 패턴을 분석해보면 주로 하는 질문이 어떤 '범주'인지 도출할 수 있다. 또한 공공사업의 조달 입찰 등 관계자−교수가 섞인 평가위원 구성의 경우에는 평소에 평가자 풀의 관심 사항, 전공 분야, 관련 논문 등을 분석해놓으면 발표일 이전에 평가자를 알게 됐을 경우, 관심사에 대해 질문이 나올 가능성에 대비할 수 있다. 또는 답변도 좀 더 평가자의 관심사에 맞게 할 수 있다.

[그림 5-17] 발주자별 관심사를 분석해 예상 질문을 작성하고 대비하기

[입찰자별로 공통 질문을 하는 발주자, 건설 분야의 경우]

기존 질문 사례 패턴 분석

1. 책임자로서 프로젝트의 중점관리 사항에 대한 질문
 • 응용 패턴 1) 복안, 철학, 주요 리스크 관리방안, 프로젝트 중점 운영방안은?
 • 응용 패턴 2) 개인의 경험 및 실적과 연계하여 설명하시오.
2. 기술에 대한 질문
 • 관리 분야별 중점 관리방안: 공사비, 공정, 품질
 • 프로젝트 리스크를 지정하고, 이에 대한 세부 대안 질문
 • 공사 난이도가 높은 기술을 지정하고, 이에 대한 관리방안 질문
3. 업계나 사회적인 이슈가 되고 있는 사항에 대한 관리방안 질문
 • 친환경 기술, 에너지 절감, 운영성 확보

예상 질문 만들기

1. 책임자로서 큰 프로젝트의 주요 리스크 관리방안을 개인의 실적과 연계하여
   설명하십시오.

2. 본 사업은 공사비가 유사시설 대비 부족한데, 공사비 내 최적 품질 확보방안을
   제시할 수 있습니까?

3. 아파트가 준공 후에도 친환경을 유지할 수 있게 하기 위한 시공 시 중점 사항
   은 무엇입니까?

5.3.3 답변을 구조화하라

• 주요 답변은 모범답안을 D/B화해 재사용한다

자주 나오는 질문이나 자사의 솔루션에 대한 답변들은 회사 차원에서 검증된 모범답안을 문서화해 재사용하면 작성 시간을 줄일 수 있다.

3S 기법을 활용해 답변을 구조화하라

답변을 잘 구조화하면 동일한 내용이 전달된다고 하더라도 평가자는 훨씬 더 발표자를 신뢰하게 된다. 왜냐하면 더 논리적이고 준비된 모습으로 보이기 때문이다.

3S

① 결론을 먼저 이야기하라State.

② 사실을 통해 대답을 입증하라Suppor.

③ 요약하라Summarize.

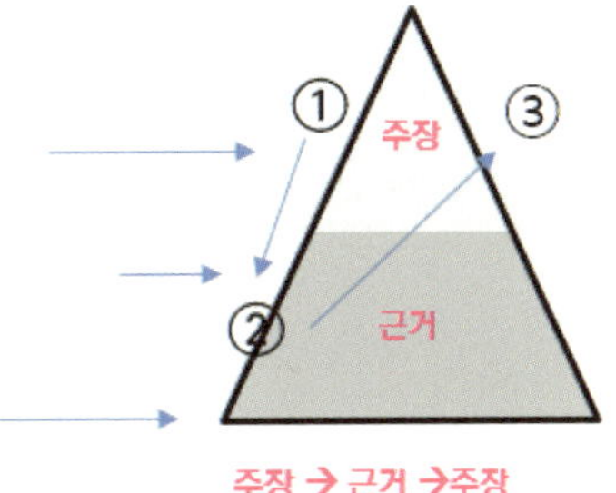

결론부터 말하고 근거로 입증, 그리고 다시 요약하는 3s 구조의 답변은 짧고 간결하면서 논리적인 답변을 할 수 있다는 장점이 있다.

보통 P-R-E-P이라는 구조로도 설명하는데 원리는 같다.

Point-결론(주장) → Reason-이유, 근거 → Example-사례 → point(요약)

> **(질문)**
>
> 발표자께서는 우리가 국제적 수준의 안전벨트 의무 착용법을 제정해야 한다고 생각하십니까?
>
> **(잘못된 답변)**
>
> 음, 질문자께서도 아시겠지만 이것은 논쟁의 여지가 있는 문제입니다. 많은 파장을 일으킬 수 있는 문제이지요. 얼마 전 발표된 몇몇 중요한 통계를 보면 질문하신 내용과 관련되는 부분이 나와 있습니다. 하지만 우선 이 문제가 처음 발생했을 때로 거슬러 올라가 봅시다. 어떤 사람들은 안전벨트가 처음 만들어진 것이….
>
> **(좋은 답변)**
>
> 네, 저는 찬성입니다State.
>
> 우선 안전벨트의 역사와 새로 발표된 통계에 대해 말씀드리겠습니다Support.
>
> 예, 저는 이런 이유들 때문에 우리가 국제적 수준의 안전벨트 의무 착용법을 제정해야 한다고 생각합니다Summary.

5.3.4 Vips 기법을 활용해 메시지를 강조하라

핵심 포인트Very Important Points(이하 Vips)를 사전에 정해서 적대적이거나, 난해하거나, 비본질적인 질문을 받았을 때 이 포인트를 강조하는 기회로 삼는다.

VIPs 기법 활용법

- 평가자들에게 전달하고 싶은 핵심 메시지(주로 차별화 요소)를 사전에 준비한다.
- 명확하고 단순하게 하며, 전문 용어를 피한다.

- 최대 20초를 넘지 않도록 한다.
- 긍정적이고 낙관적인 관점에서 이야기한다.

중요한 요점 Vips이란

- 제안사의 관점을 뒷받침해주며 고객에게 전달하고자 하는 중심 개념
- Executive Summary: 명백하고 간결하며 이해가 용이함
- 긍정적이며 낙천적인 용어로 이루어진 문구(상황에 적절한 경우)

Vips를 활용하는 기술

- 처음부터 자주 전달한다. Vips를 말할 수 있는 적절한 질문이 나올 때까지 기다리지 않는다. 질문이 무엇이든 간에 일단 그 Vips부터 얘기한다.
- 어떤 답변을 한 이후에 일종의 '연결어'를 사용해 Vips를 언급한다. '연결어'의 예시는 다음과 같다.

"실제로 가장 중요한 점은…"

"한 번 더 강조하자면…"

"…라는 것을 명심하는 것이 중요합니다"

"하지만 …라는 점을 보면"

"다시 한 번 말씀드리자면…"

- 적대적이거나 부정적인 질문에 대해 Vips를 적극 활용한다. 답변을 할 때 부정적인 용어의 사용에도 요점을 활용한다. 다음과 같은 답변 구조가 바람직하다.

짧고 직접적인 부정 + 연결어 + VIP

요점 + 부정 + 다른 VIP

VIP만을 강조

- 질문이 긍정적이라면 기본적인 대답을 할 때 질문의 문구를 다시 말하라. 질문이 부정적이라면 여러분의 비언어적 메시지 사용을 자제하라.
- "그것에 대해서는 드릴 말씀이 없습니다" 하는 식의 답변은 피한다. 대답을 거부해야 하는 상황이라면 왜 그에 대해 답변을 하는 것이 부적절한지를 설명한다. '부적절한'이라는 용어를 사용해 설명한다.

(질문)

이 서버는 중국산 제품입니까?

(답변)

네, 맞습니다. 그러나 서버를 선택할 때 중요한 것은 서버 품질의 국제 인증 여부와 품질 테스트 결과입니다. 그런 측면에서 저희는 세 국가의 제품을 비교했고, 성능이 가장 우수한 이 제품을 선택했습니다.

5.3.5 적대적인, 난해한 질문에 대응하라

적대적인 질문에 응대할 때 목적은 질문자 설득이 아니다. 노골적으로 적대적인 질문을 만났을 때 발표자의 목적은 그 질문자의 부정적 영향력을 최소화하는 것이다.

따라서 이럴 때 대응의 목표는 그 평가자와의 시간을 '짧게' 갖는 것이다.
시간을 최소화하는 것이다.

- 적대적인 질문에 대응하기
  - 목적: 해당 질문자의 부정적 영향력 최소화
  - 목표: 해당 질문자와 시간을 짧게

- 논쟁하지 말라. 논쟁은 논의 시간을 길게 하는데, 시간이 길어질수록 더 불리
  하다. 또한 이겨도 손해, 져도 손해라는 점을 명심하라.

- 명확한 답을 제시할 수 없을 때는 VIPs 기법을 사용한다.

- 대답에 대한 만족 여부를 묻는 확인은 하지 않는 것이 좋다. 적대적인 평가자
  가 우리 대답에 만족스러워할 리가 없으므로 부정적 메시지만 반복될 뿐이다.

- 해서는 안 되는 답변:
  "그래서요?"
  "그것은 문제가 되지 않습니다."
  "정상적인 사람이라면 그 말을 믿지 않을 테니까요."

- 현학적 평가자에 대응하기: 필자는 국내 최초로 제안 컨설팅을 도입한 사람
  으로 알려져 조달청 평가 등 많은 다양한 평가에 참여하고 있는데 평가를 하
  다 보면 의외로 많은 현학적 평가자를 만난다.

- 현학적 평가자들의 유형

  - 습관적인 사람. 대학교수나 일류 컨설팅 회사 컨설턴트들

  - 그 프로젝트와 이해관계가 있는 사람. 발주자 측에 자신의 전문성을 어필하
    는 것이 필요한 사람

- 현학적 평가자가 질문을 했을 때는

  - 그 박학다식함을 인정하라. 특히 그 지식의 중요성과 의미를 인정하라.

  - 설명을 부분적으로 하거나 못 한다 하더라도 당황하지 말라.

  - 지식이 부족함을 인정해도 좋다. 왜냐하면 그 질문은 평가를 목적으로 한
    것이 아니기 때문이다.

하찮은 질문에 대응하기

(1) 본인은 중요한데 발표자에게 하찮게 보일 때

하찮은 질문 취급하지 말고, 다른 질문과 동등하게 훈련받은 3S를 사용해
질문에 정식으로 응대하라.

(2) 정말 하찮은 질문을 할 때

평가자 스스로도 알면서 하찮은 질문을 하는 이유는 진짜로 지루한 경우
이다. 이런 경우에는 오히려 가볍게 처리하고, 깊이 있게 응대해서 분위기를
더 지겹게 하는 것을 오히려 조심해야 한다. 때로는 유머를 사용하는 것이
적절할 때도 있다.

Yes but 기법

질문자의 의견이 나와 다른 경우 기분 상하게 하지 않고 이야기할 수 있는 방법으로, 먼저 질문자에 이야기에 경청했음을 알리는 대답을 먼저 하고 그다음 주장하고자 하는 바에 대해 친절하게 설명해주는 기법을 말한다. 예를 들어 질문자가 "아까 이번 사업에서는 경험 인력 투입이 중요한 이슈라고 말씀하셨는데 이번 사업에서는 인력보다는 관리 능력이 더 중요할 것 같은데요?"라고 반박하는 질문을 할 때 "아 (아니) 그렇지만 난이도가 높은 사업이기 때문에 경험인력을 투입하지 않으면 예상되는 리스크가 매우 많습니다"라고 부정적인 반응을 보이는 것보다는 "아! 네Yes, 그렇게 생각하실 수도 있습니다. 하지만but, 저희가 기존 사업을 운영하며 분석해본 결과로는 경험 인력이 투입돼야 관리적인 측면에서도 리스크가 적었습니다"라고 답변하는 것이 훨씬 효과적이다.

질문자도 사람임을 잊지 말자!

사례 - 질문에 대응하기

필자가 리더십 컨설팅 회사를 운영할 때 모 공기업의 교육 프로그램 개발 컨설팅 의뢰를 받아서 프레젠테이션에 참여한 적이 있다.

천안 모처의 연수원에서 오후 2시에 진행된 이 프레젠테이션은 역시 다른 경우와 마찬가지로 조용하고, 약간 지루하게 진행되고 있었다.

프레젠테이션을 마치고, 모 교육학 교수가 상당히 전문적이지만 주제와 크게 연관되지는 않은 질문을 했다.

– 교수: 커크 패트릭 5단계 평가 모델은 어떻게 적용됩니까?

– 필자: 커크 패트릭 씨가 이번 프로젝트에 참여하기는 어렵고요(큰 웃음). 평가 모델은 3단계까지 적용할 계획입니다. (미리 준비한 슬라이드를 보여주면서) 구체적인 실행계획은 다음과 같습니다.

큰 웃음이 터진 이유는, 그 외국인은 기업 교육 평가 모델을 확립한 꽤 유명한 사람으로 대체로 그 업계의 사람들은 이름 정도는 알기 때문에 이번 프로젝트에 참여하지 못한다는 유머에 웃을 수 있었다.

5.3.6 본인이 답변할 수 없을 때는 이를 수용하라

본인이 답변할 수 없는 질문일 경우 정확하지 않은 답변을 하여 위기 모면을 시도하는 경우가 있다. 그러나 평가자들은 여러 명이며 바보가 아니다.

평가자 중 잘못된 답변이라는 것을 아는 사람이 있을 것이며, 잘못됐다고 이야기할 경우 다른 평가자들에게도 영향을 주고, 이미지도 훼손되기 때문에 정확하지 않은 답변을 하는 것은 절대 지양해야 한다.

답변할 수 없는 질문은 자신의 전문 분야가 아니거나 아직 검토하지 못한 상황이기 때문에 지금은 답변하기 어렵다고 솔직히 인정해야 한다. 그리고 배석한 사람 중에 대답할 수 있는 사람에게 대신 답변하기를 요청하거나 평가자에게 양해를 구하는 것이 좋다. 이마저도 어려울 경우에는 본사에 들어가 바로 검토해서 답변을 드리겠다고 양해를 구하고, 바로 실행하는 것이 좋다.

SHIPLEY TIP

성공적인 질문 대응

평가자로서 입찰 현장에서 본 가장 많은 '폭망 사례'는 동문서답이다. 그리고 의외로 굉장히 많다. 발표자가 긴장하고 있기 때문이다. 평가자가 어려운 질문을 할 때, 즉

- 분위기를 압도해야 할 때
- 난해한 질문을 할 때
- 여러 개 질문을 난사할 때

어떻게 대응할까?

그 기법은 ① 질문 확인, ①~④ 3S 기법, ⑤ 답 확인이다.

① (질문 확인) 비용 절감에 대해 물으셨습니까?

② State 네, 30% 할 수 있습니다.

③ Support 저희는 지난 5년 동안 25개 기업에서 평균 32% 비용 절감 효과를 거두었고 그 데이터는 제안서 ○○쪽을 참조해주십시오.

④ Summary 그 결과 귀사에 30% 비용 절감을 보장합니다.

⑤ (답 확인) 답이 되셨을까요?

5.3.7 반드시 질의응답 리허설을 하라

현장은 예상하지 못한 돌발 상황이 많은 지뢰밭이다. 특히 질의응답은 다양한 평가자들의 관심사와 의문, 궁금증을 짧은 시간 내에 해소해야 한다. 답변을 계획하기만 하면 실제 질문을 받았을 때 답변에 적정한 시간인 1~2분 / 1문제 내에 효과적인 답변을 하기가 어렵다.

- 질문의 초점을 맞추는 방법에 대해 학습한다.
  - 한 번에 한 가지 질문에만 대답한다.
  - 질문의 모든 내용을 끝까지 주의 깊게 들어라.
  - 질문자에 집중하고 바라보라.
  - 질문자 쪽으로 자세를 기울여라.
  - 시선을 질문자의 눈에 고정하라.
  - 능동적으로 질문을 청취하라.
  - 질문을 중간에 끊지 말라.
  - 내용(단어)을 듣고 질문의 의도(궁극적인 질문의 목적)에 초점을 맞추어라.

- 30초 이내에 답변을 생각한 후 체계적으로 대답한다.

질문이 완료된 후 바로 답변을 해야 한다는 강박관념을 가질 필요는 없다. 준비했던 질문이거나, 또는 질문이 주어지는 동안 답변을 정리해 곧바로 대답하면 매우 능숙해 보이겠지만 그렇지 못했을 경우에는 양해를 구하고 30초 이내에 빠르게 답변을 머릿속으로 정리한 후 명확히 대답하는 것이 효과적이다.

5.4

무대 공포

5.4.1 무대 공포 Stage Fright 의 원천

사람들이 세상에서 가장 두려워하는 것은 무엇일까? 영국의 《선데이타임즈 The Sunday Times》에서 실시한 여론조사 결과, 사람들은 '죽음(6위)'이나 '통증(5위)' 보다 '높은 곳(2위)'이나 '곤충(3위)'을 훨씬 두려워하는 것으로 나타났다.

1. 무대	6. 병(통증)
2. 높은곳	7. 죽음
3. 곤충(벌레), 병원균	8. 비행
4. 재정 문제	9. 외로움
5. 깊은 물	10. 개

– 영국 《선데이타임즈》에서 인용

하지만 더 놀라운 사실은 사람들이 가장 두려워하는 것 1위는 '사람들 앞에서 이야기하는 것(무대 공포)'이라는 점이다.

심리학자들은 무대 공포가 원시시대에 우리의 조상들이 맹수에 노출됐을 때 보이는 육체적·심리적 반응과 매우 유사한 것으로 보고 이를 긍정적으로 소화하면 최고의 성과를 낼 수 있다고 말한다. 맹수에 노출돼 도망갈 때 초인적인 힘을 발휘하는 것처럼 적정 수준의 스트레스는 최고의 성과를 내게 한다.

스트레스로 인해 우리가 느끼는 신체의 변화(도피 증후군)는 인류를 유지시켜온 메커니즘 중의 하나이다. 이 메커니즘은 위협을 인지하는 신체의 반응이며 진화를 통해 발달된 기본적인 생리 반응 중의 하나이다.

스트레스의 생리적 측면

우리가 위협을 느끼면 일부 생리적 변화가 일어난다.

- 근육 긴장도 증가
- 호흡 속도, 심박수 및 혈압 상승
- 소화불량
- 방광 근육의 이완
- 체온 저하
- 동공 팽창
- 아드레날린 분비 증가
- 혈류로의 기타 화학물질 유입

이러한 생리적 변화는 모두 우리의 신체가 물리적 위협에 대비하기 위한 것이다. 하지만 최근 100여 년간 현대의 인간이 경험하는 스트레스 대부분은 그 원인이 신체적 위협이 아닌 환경적 요인에 기인한 것들이었다.

스트레스의 이로운 점

신체에서 일어나는 생리적 변화에 대처하려면 먼저 다음과 같은 질문에 대해 생각해보아야 한다. 스트레스는 언제나 해로운 것일까?

대답은 No이다. 그리고 어떤 경우에는 오히려 스트레스가 도움이 된다. 즉, 업무를 역동적으로 수행하는 힘의 원천이 된다. [그림 5-18]을 보면 다음을 알 수 있다.

- 프레젠테이션 스트레스는 정상이다.
- 스트레스는 흥분 상태와 유사하다.
- 스트레스는 최상의 업무 수행에 도움이 된다.
- 스트레스는 기본적 에너지다.

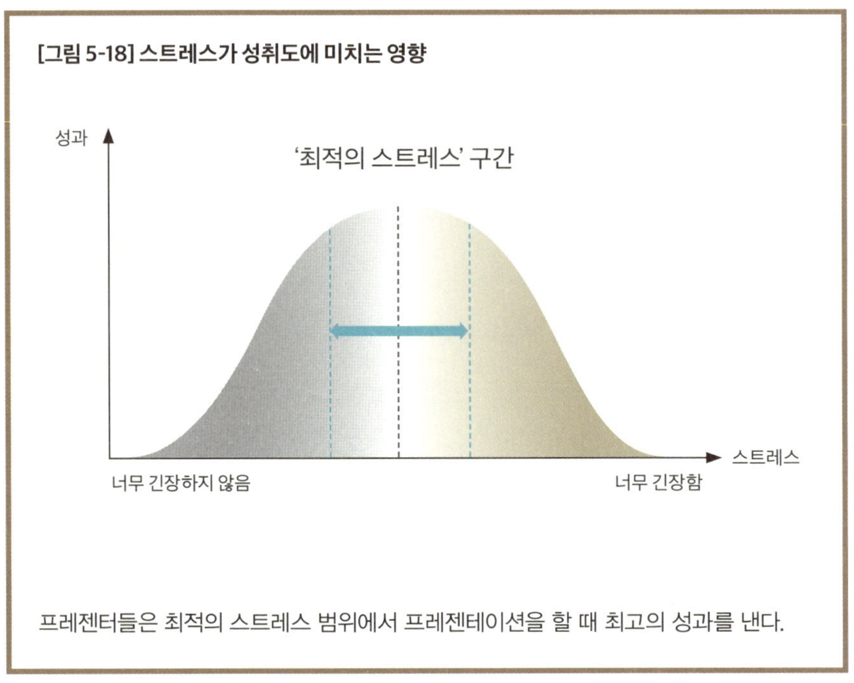

프레젠터들은 최적의 스트레스 범위에서 프레젠테이션을 할 때 최고의 성과를 낸다.

그림에서 보면 스트레스가 나쁜 것이 아니라 스트레스(긴장감)가 너무 없거나 너무 많아서 통제 범위를 벗어났을 때 최고의 성과를 내는 데 실패한다는 사실을 알 수 있다.

그러므로 최대 성취도 영역에 다다르기 위해서는

- 스트레스의 긍정적인 측면에 대한 인식을 새롭게 하고,
- 장기적 관점과 단기적 관점에서 스트레스에 대한 조절 기법을 익혀야 한다.
- 따라서 지나치게 높은 수준의 스트레스를 어떻게 극복(장기적 관점의 스트레스 관리)하고, 무대에서 스트레스 관리(단기적 관점의 스트레스 관리)를 하는 것이 효과적인지 알아보자.

5.4.2 장기적 관점의 스트레스 관리를 위한 연습과 리허설

스트레스를 감소시키는 가장 효과적인 방법은 많은 고민과 완벽한 준비다. 연습과 리허설은 스트레스를 줄여주는 중요한 방법이다. 효과적인 연습과 리허설은 고객 앞에서도 훌륭하게 프레젠테이션을 수행하는 자신의 능력에 관한 자신감을 증대시킨다. 그러므로 프레젠테이션을 준비할 때 연습과 리허설에 충분한 시간을 할애해야 한다는 것을 분명히 이해하라.

프레젠테이션의 시작, 본론, 마무리 부분을 따로 연습해 개별 부분에 대해 자신감이 생기면 전체 프레젠테이션을 수행하되 가능하면 고객을 앞에 두고 연습한다.

> **SHIPLEY TIP**
>
> **스트레스·흥분 증상 확인**
>
> 고객 앞에서 프레젠테이션을 하기 전에 자신이 느끼는 '신경과민·스트레스·흥분'에 관한 특별한 증상 목록을 작성한다. 정신적 증상(예: 부정적인 생각)과 신체적 증상(예: 어깨의 긴장)을 구분한다.
>
> | 신체적 증상 | 정신적 증상 |
> | --- | --- |
> | | |
> | | |
> | | |
> | | |
>
> 여러분이 제일 처음 느끼는 증상에 밑줄을 친다. 그 증상이 중점적으로 극복해야 할 증상이므로 그것을 관리하는 법을 배워라. 스트레스를 관리하지 못하면 더 극복하기 힘들어질 것이다.

5.4.3 단기적 관점의 스트레스 관리 방법

심리적 스트레스 관리

아무리 준비가 완벽하고, 많은 리허설을 했다고 하더라도 당일 느끼는 심리적 스트레스가 없을 수는 없다. 이 스트레스를 극복하기 위해 다음과 같이 하라.

(1) 발표자 자신이 아닌 메시지에 집중하라

우리가 긴장하는 것은 상대의 눈에 비쳐지는 나를 의식하기 때문이다. 그것은 늘 나에게 불편함을 준다. 그런 의미에서 알프레드 D. 수자Alfred D. Souza의 시, 〈사랑하라 한 번도 상처받지 않은 것처럼〉은 삶을 살아가는 통찰뿐 아니라 모든 세상과의 만남에서 우리가 성공하는 원리를 가르쳐주고 있다. 이것은 프레젠테이션의 긴장감을 극복하는 근원적인 원리이기도 하다.

사랑하라, 한 번도 상처받지 않은 것처럼.

춤추라, 아무도 바라보고 있지 않은 것처럼.

사랑하라, 한 번도 상처받지 않은 것처럼.

노래하라, 아무도 듣고 있지 않은 것처럼.

일하라, 돈이 필요하지 않은 것처럼.

살라, 오늘이 마지막 날인 것처럼.

Do Dance , like nobody is watching you.

Do Love , like you never get hurt.

Do sing , like nobody is listening to you.

Do work , like you don't need money.

Do live , like your day is your last.

– 알프레드 D. 수자

세상과의 만남에서 우리가 성공하는 원리를 가르쳐주고 있다. 이것은 프레젠테이션의 긴장감을 극복하는 근원적인 원리이기도 하다.

우리가 진심으로 메시지에 집중하고, 이를 잘 전달하는 것에만 에너지를 모은다면 남의 눈을 의식하며 가지게 됐던 과다한 긴장감은 자연스럽게 사라질 것이다.

(2) 필요한 것은 탁월함_{Excellence}이지 완벽함_{Perfection}이 아니다

이 말은 두 가지 뜻이 내포돼 있다.

- 실수 없이 완벽하려 하지 말라.
- 멋지게 성공하려고 하라.

긴장감은 탁월하게 잘 하는 것과 실수하지 않는 것을 동일시하는 지점에서 생겨난다. 우리는 실수하지 않을 수 없다. 그러나 그것이 실패를 의미하는 것은 아니다.

(3) 자신의 성공과 편안한 모습을 상상하라

자신에 대한 긍정적인 상상력을 통해서 정말로 긍정적이 된다. 긍정적인 기대가 현실에서 긍정적인 결과를 가져오는 심리적인 현상을 심리학자들은 피그말리온 효과Pygmalion Effect라고 부른다.

(4) 고객이 자신의 편이라고 믿어라

평가자 중에는 사실 내게 우호적인 사람과 그렇지 않은 사람이 섞여 있다. 그들을 '대체로' 내게 우호적이라고 가정하라. 그래야 그들로부터 우호적인 분위기를 이끌어낼 수 있다.

(5) 프레젠테이션 시작 이전에 잠시 정신적 휴식 시간을 가져라

중요하거나 큰 프로젝트일수록 마음의 여유를 가지고, 침착하게 천천히 시작해야 한다. 바쁜 마음으로 서둘러서 시작하면 초기의 긴장감을 해소할 기회도 없이 프레젠테이션이 진행된다. 초기의 긴장감을 해소하지 못한 채 진행되는 프레젠테이션은 대체로 발표자의 긴장감과 불편함이 계속 전달된다.

(6) 자신에 대해 긍정적인 측면을 계속 상기시켜라

어떤 프로젝트, 어떤 발표자이든 장점과 단점을 가지고 있다. 전략을 수립하고, 슬라이드를 작성할 때는 이를 객관화 시켜서 보려는 노력이 필요하지만

프레젠테이션을 시작할 때는 자신의 긍정적인 부분을 강조해 자신감 있게
프레젠테이션 하게 하라.

(7) 질문이나 평가자의 의견을 긍정적으로 해석하라

역시 긍정적인 분위기와 자신감을 위해 가급적 평가자의 입장을 긍정적으
로 해석하면서 커뮤니케이션하라.

피그말리온 효과 Pygmalion Effect

피그말리온 효과는 무언가에 대한 사람의 믿음, 기대, 예측이 실제로 일어나는 경향을 말
한다. 1964년 미국의 교육심리학자 로버트 로젠탈에 의해 실험됐다.

(중략)

교육 현장에서의 실험은 1964년 봄, 샌프란시스코의 초등학교에서 하버드식 돌발성 학습
능력 예측 테스트라는 보통의 지능 테스트를 했다. 학급 담임에게는 앞으로 수개월간 성
적이 오르는 학생을 산출하기 위한 조사라고 설명했다. 그러나 실제 조사에는 아무런 의
미가 없었고, 실험 시행자는 조사의 결과와 관계없이 무작위로 뽑은 아동의 명부를 학생
담임에게 보여주고, 명부에 기재된 아동이 앞으로 수개월간 성적이 향상될 학생이라고 알
려주었다. 그 후 학급 담임은 아이들의 성적이 향상될 것이라는 기대를 품었고, 확실히 그
아이들의 성적은 향상됐다. 학급 담임이 아이들에 한 기대가 성적 향상의 원인이었다고
생각할 수 있다. 게다가 아이들도 기대를 의식했기 때문에 성적이 향상된 것이라고 생각
할 수 있다. (Rosenthal, R. & Jacobson, L. (1968), "Pygmalion in the classroom",
Holt , Rinehart & Winston)

피그말리온이라는 명칭은 그리스 신화 속의 피그말리온 왕에서 유래됐다. 피그말리온 왕
은 자신이 조각한 여성상을 진심으로 사랑하게 됐고, 이를 지켜본 미의 여신 아프로디테
가 그의 소원을 들어주어 조각상을 인간으로 만들었다. 이 이야기는 그리스 신화를 수록
한 고대 로마의 오비디우스의 《변신이야기》 제10권에 수록돼 있다.

— 〈위키백과〉에서 발췌

신체적 스트레스 관리

발표일에 신체적 스트레스를 극복하기 위한 방법은 다음과 같다. 너무 간단한 것이지만 잊지 않고 하는 것이 중요하다.

- 심호흡을 한다.
- 스트레칭을 통해 근육을 이완시킨다.
- 카페인 섭취를 피한다.
- 짧은 산책을 한다.

상황 통제를 통한 무대 스트레스 관리

(1) 미리 도착하라

가능하다면 충분히 미리 도착하는 것이 중요하다. 미리 도착해서 준비를 완벽하게 하면 심리적으로 안정되면서 자신감이 커진다. 미리 도착해서 얻는 이점은 많다.

- 현장에서 최종 리허설을 한다.
- 동선을 체크하고 기자재를 준비한다.
- 관련자 또는 평가자를 미리 만날 수 있다.

(2) 가능하다면 평가자를 미리 만나 공감대를 형성한다

평가자 또는 청중을 미리 만나서 인사를 교환하게 되면 심리적 안정감이 커진다. 평가자를 만나면 되도록 서로의 공감대를 형성하고 긍정적인 관계를 맺어라.

평가자를 미리 만나서 공감대Rapport를 형성하는 것은 평가자로 하여금 발표자에 대한 호감을 갖게 한다. 그런데 실제 필자가 발표를 하면서 깨닫게 된 것은 공감대 형성이 중요한 진짜 이유는 발표자가 마음이 편안해져서 안정감 있는 발표를 의도대로 할 수 있기 때문이라는 점이다.

사실 미리 얼굴을 보는 것 자체만으로도 공감대 형성은 엄청나다. 공감대를 형성하는 기본 원리는 평가자와 발표자가 공통점을 확인하는 과정을 통해서 호감을 갖는 것이다.

서로 공유하면 좋은 것으로는

- 주제에 대한 관심
- 문제의식
- 관련 조직에 대한 이해

등이 있다.

또 하나 알아야 할 것은 서로 공유하려고 시도하는 것이 위험한 경우도 있다. 그 분야로는

- 고향, 종교 등 개인적 영역
- 사람 특히, 평가위원 지인

등이 있다. 무리하게 이런 부분을 공유하려고 하면 오히려 평가자에게 거부감을 줄 수 있다.

(3) 가능하다면 현장에서 최종 리허설을 하라

프레젠테이션은 머릿속에서 생각했던 상황과 반드시 차이가 있기 마련이다. 이 차이점은 때로 발표자를 당황하게 만든다. 현장에서 사전에 리허설을 해봄으로써 발표장 및 무대 크기, 프레젠터와 청중 간의 거리, 화면 크기, 단상 위치 등을 확인해 사전에 준비할 수 있다.

5.5

리허설

5.5.1 리허설의 중요성

리허설은 다음과 같은 이유 때문에 중요하다.

- 객관화된 내 모습을 알아야 발전한다.
- 내 모습을 객관화하지 않으면 나를 개선할 수 없다.
- 리허설을 하지 않으면 돌발변수에 대응할 수 없다.
- 생각보다 많은 돌발변수들이 있다. 컴퓨터가 작동을 멈춘다든가, 전선에 걸려 넘어질 뻔한다든가… 이런 상황들은 거듭되는 훈련을 통해 돌발변수에서 통제할 수 있는 상수로 바뀌어나간다. 즉, 내가 연습을 한 번 더 할수록 돌발변수는 실제로 줄어든다고 생각하면 된다.
- 긴장감을 조절하는 가장 효과적인 방법은 리허설의 반복이다.
- 긴장감을 100% 줄이는 방법은 없다. 긴장감이 0%가 되는 것은 바람직하지

도 않다. 그러나 지나친 긴장감은 발표 자체를 망칠 수 있으므로 이를 극복하는 것은 항상 중요한 과제이다.

긴장감을 줄이는 다양한 방법이 있지만 가장 효과적인 방법은 적절한 준비와 리허설이다. 반복되는 준비와 리허설을 통해 점점 자신감은 커져가고, 발표 시간이 가까워짐에 따라 커져가는 긴장감과 상쇄되면 적절한 긴장감을 유지한다. 잘 준비된 프레젠테이션과 적절한 긴장감, 이것은 필수적인 성공의 조건이다.

5.5.2 리허설 시간을 확보하라

실패하는 프레젠테이션에는 반드시 일정 관리의 실패가 있다. 대체로 일정 관리에 실패한 경우를 보면 다음과 같다. 일정 관리 실패는 이미 제안서 작성부터 시작되어 제안서를 제출할 때쯤에는 며칠 밤을 꼬박 새운 후라 다음 주에 있을 프레젠테이션을 준비할 여력이 없다. 어찌어찌 제안서를 제출하고, 하루 이틀 휴식을 취하고 돌아오면 이미 발표 자료를 만들기에도 물리적 시간이 부족한 경우가 대부분이다.

그 결과 발표 전날 새벽까지 자료 작성에 시간을 모두 쏟아붓고, 정작 그 내용을 숙지할 시간은 없게 된다. 내용을 숙지할 시간이 없을수록 모든 내용을 슬라이드에 표현해야만 한다. 내용이 많아질수록 발표자는 보고 읽을 수 있기 때문에 슬라이드가 평가위원을 위한 시각 자료가 아니라 발표자 자신이 읽으면서 발표할 수 있도록 만드는 원고가 돼버린다.

결국 내용을 숙지하지 못한 발표자는 깨알같이 상세하게 써진 글씨를 읽어 내려가며 지루한 프레젠테이션을 진행한다. 대체로 기술적·전문적 내용일수록 이런 경향이 많아져서 경쟁자 역시 이런 식으로 최악의 프레젠테이션을 하고도 사업을 수주하는 경우가 있다.

놀라운 것은 많은 기술 제안의 경우 이런 방법으로도 사업 수주에 성공한다는 것이다. 왜냐하면 경쟁자도 비슷한 수준의 발표를 하고 있으므로 차별화되지 못한 프레젠테이션 속에서 엇비슷한 발표를 듣는 평가자들의 선택의 폭은 제한될 수밖에 없기 때문이다. 이런 상황이 반복되다 보면 자신의 발표 자료와 프레젠테이션에 대한 진지한 문제의식을 갖기 어렵게 된다.

이기는 제안은 반대로 일정 관리가 되는 제안이다. 그 핵심은 프레젠테이션 준비를 빨리 시작하는 것이다. 빨리 시작하는 기준은 객관적인 숫자로 며칠 전에 준비하는 것이 아니다. 사업의 성격에 따라 다르겠지만 경쟁자보다 먼저 준비를 시작하는 것이 핵심이다.

리허설에서 가장 중요한 것은 시간을 확보하는 일이다. 리허설을 충분히 못하는 이유는 대체로 시간이 부족하기 때문이다. 리허설 시간을 확보하기 위해 다음 사항을 인지하라.

슬라이드 작성 시간을 제한하라

프레젠테이션에 자신이 없을수록 사람들은 슬라이드 작성에 의존한다. 자신을 믿지 못하기 때문이다. 그러나 슬라이드가 주인공이 아니라 발표자가 주인공이라는 점을 잊지 말자. 완벽해야 할 것은 슬라이드가 아니라 발표이다.

> **SHIPLEY TIP**
>
> ### 나는 완벽한 슬라이드를 본 적이 없다
>
> 나는 컨설팅 업계에서 수십 년간 잔뼈가 굵은 사람이지만 단 한 번도 내가(또는 우리 팀이) 작성한 슬라이드가 완벽한 것을 본 적이 없다. 늘 진행하다 보면 아쉬운 점이 나오고, 오타도 나오고, 잘못된 내용도 나온다. 그러나 내가 노력하는 것은 그 오류에 마음을 빼앗기지 않는 것이다.
>
> 우리가 해야 할 것은 '완벽한' 프레젠테이션이 아니라 '탁월한' 프레젠테이션이다. 탁월한 프레젠테이션을 하는 데 완벽한 슬라이드가 필요한 것은 아니다.

슬라이드의 설득력이 아니라 프레젠테이션의 설득력을 향상시켜라

프레젠테이션에서 가장 신경 써야 하는 것은 내가 전달하는 메시지의 설득력이다. 슬라이드는 메시지의 설득력을 높이는 보조 수단이다. 발표자의 설득력을 높이는 것으로는 슬라이드 이외에 여러 보조 도구들이 있다. 특히 가장 효과적인 도구는 발표자 자신이라는 점을 분명히 이해해야 한다. 제스처, 목소리 톤, 열정, 태도를 통해 설득력을 높여라.

5.5.3 단계별 리허설 방법

효과적인 리허설을 하기 위해서는 다음 3단계 리허설을 기억하자.

- 1단계: 스크립트 리허설
- 2단계: 동료 리뷰 받기 Peer Feedback

- 3단계: 실제 훈련

1단계: 스크립트 리허설 – 소리 내서 혼자 읽기

1단계 리허설은 발표자 혼자 스크립트를 읽으면서 전체적인 맥락을 이해하고 익히는 단계이다. 스크립트 리허설을 할 때에는 첫 문장과 끝 문장은 기계적으로 암기해야 한다. 본론에 들어서면 전체적인 맥락 속에서 키워드가 빠지지 않도록 반복적으로 읽어서 전체 내용이 머릿속에서 잘 정리되도록 한다. 내용이 많거나 구조가 복잡한 경우에는 프레젠테이션의 시작, 본론, 마무리 부분을 따로 연습해 개별 부분에 대해 자신감이 생기면 전체 내용을 한 번에 연습한다.

팁을 주자면 파워포인트 기능 중 모아보기 기능을 이용하거나 여러 슬라이드 인쇄 기능을 이용해 인쇄하면 전체 슬라이드를 한눈에 펼쳐 보며 연습하는 것이 좋다.

1단계에서 가장 중요한 것은 전체 내용 중 가장 강조해야 하는 중요한 핵심 내용을 파악하고 익히는 것이다. 머릿속으로만 생각하고 있던 내용들을 직접 말로 뱉으면서 강조 포인트를 숙지해야 한다.

또한 스크립트 리허설 단계에서 시간을 대체적으로 맞출 수 있는지 스크립트의 분량을 점검할 수 있다. 프레젠테이션의 실제 시간은 슬라이드의 숫자에 의해 결정되는 것이 아니라 프레젠터의 입에서 나오는 말, 즉 스크립트의 양에 의해 결정된다는 점을 명심하라.

프레젠테이션의 시간관리

- 시간은 지나친 것보다 약간 남는 것이 좋다.
- 슬라이드의 양이 아니라 발표 스크립트의 양에 의해 시간의 분량이 결정된다.
- 시간은 실제 사용량의 90%를 넘지 않도록 하라. 과도한 프레젠테이션보다는 핵심이 분명한 프레젠테이션이 더 강한 인상과 여운을 남긴다. 시간에 쫓기는 프레젠테이션은 내가 강조하고자 하는 내용을 충분히 강조할 수 없다. 강조에는 여백(침묵)이 필요한데 시간에 쫓기는 사람은 '침묵 기법'을 사용할 수 없기 때문이다.

2단계: 동료 리뷰 받기 Peer Feedback

(1) 피드백을 수행할 인재를 찾는다

주변에 피드백을 해줄 수 있는 사람을 찾아라. 피드백을 해줄 수 있는 사람은 세 가지 조건을 갖추어야 한다.

- 고객을 이해한다

고객 또는 평가위원을 이해하는 사람이 피드백해야 한다. 일반적인 프레젠테이션에 대한 이해와 상식을 가지고, 제안 프레젠테이션을 다루는 것은 위험하다. 특히 리더십이 자신이 보고를 받을 때의 태도와 관점으로 제안 프레젠테이션에 대한 피드백을 하는 것은 큰 오류를 범할 수 있다.

• 솔루션을 이해한다

솔루션이 중요한 것은 고객의 니즈와 적합성을 이해해야 하기 때문이다. 고객을 잘 알고 있다고 하더라도 솔루션에 대한 이해가 없으면 솔루션의 니즈에 대한 적합성을 따져서 전문적인 내용을 피드백 해줄 수 있다.

• 실제 프레젠테이션 경험이 있다

경험이 없는 사람들은 이상적인 상황만을 요구한다. 그러나 이에 대한 대안을 제시하지 못하는 경우가 허다하다.

[그림 5-19] 프레젠테이션 평가 시트

	평가 기술	1	2	3	4	5	평가 근거
	내용/전달/비주얼						
충실도	고객 니즈의 표현 여부						
전략적 초점	솔루션과 고객의 효용 표현 여부						
	차별화 전략의 명확성						
메시지 전달	서론에서 관심 유도, 동기부여, 개관 여부						
	본론 내용의 논리성, 설득력						
	본론 내용의 리뷰, 재동기 부여, 마무리						
	슬라이드가 간결하여 알아보기 쉬운가						
디자인 및 그래픽	디자인과 스토리라인 콘셉트의 조화						
	그래픽의 핵심 차별화 요소 전달력						
	흥미와 설득력						
	플랫폼 스킬						
어조와 태도	자신감 있고 열정적인 어조						
	시선 처리와 손동작						
	내용 숙지 후 고객을 보며 진행						
	말하는 속도와 발음의 명확성						
	발표 내용의 길이가 적절한가						
질의 응답	간결하고 명확한 답변						
	질문에 대한 적절한 대응 (보조 슬라이드 준비 여부, 성실성 여부)						
전체적 진행	신뢰감을 주기에 충분한 발표 내용과 논조						
	고객 관점의 진행과 태도						
	시간관리와 진행능력						
총계(100점 만점) 점수:							

고객 조직 출신의 피드백이 항상 맞는 것은 아니다

군 사업이나 대형 IT 사업을 하다 보면 과거 고객 조직 출신 구성원의 피드백을 맹신하다가 낭패를 볼 수 있다.

고객 조직 출신 피드백의 문제점은 대안이 없는 경우도 있다. 프레젠테이션을 할 때 평가위원이 지루하다, 제안서를 자세히 볼 시간이 없다 등등. 그러나 이들은 솔루션 또는 커뮤니케이션(제안서 또는 프레젠테이션) 전문가가 아니므로 이에 대한 대안을 제시하기 어렵다.

예를 들면 어떤 군 출신의 제안 멤버는 프레젠테이션에 붉은 계통을 사용하지 않는 것은 불문율이라며 군은 '녹색' 계통을 선호한다는 주장을 했다. 어찌 들으면 맞는 말 같지만 그 결과 얻게 된 것은 군부대에서 군인들이 만든 것 같은 슬라이드였다. 제안 프레젠테이션의 본질은 경쟁자와 차별화되는 것이다. 차별화란 경쟁자와 구별되면서 효과적으로 강조하는 것이라는 원리를 모른 채 '대중추수적'인 판단을 한 결과인 것이다. '대중추수적'인 판단을 하면 '대중'이 된다는 점을 명심하라.

두 번째 문제점은 구매자가 솔루션 전문가는 아니라는 점이다. 자동차를 오래 탔다고 해서 자동차 전문가가 아닌 것과 같은 이치다. 필자가 몇 십 년간 자동차를 타면서 얻은 지식보다도 자동차 회사에 몸담았던 1년 동안 자동차를 팔기 위해 노력해서 얻었던 지식이 훨씬 전문적이었다.

세 번째 문제점은 그분들이 아는 조직은 과거의 조직이지 현재의 조직이 아니라는 점이다. 그래서 영업 대표들이 제대로 활동한 결과 얻게 된 현재 시점의 정보가 과거 정보에 의해 가려지는 경우도 있을 수 있다. 이는 마치 해외에 이민 가신 분들이 아는 한국에 대한 지식과 경험이 본인이 이 나라를 떠났을 때에 멈추어 있는 것과 같은 이치다.

과거 고객 조직 출신은 평가 프로세스나 평가의 세부 항목에 대한 명확한 이해를 전달하거나 고객 조직의 정보를 체계적으로 판매 조직의 지적 자산으로 이전하는 영업 활동을 해야 하는데 이를 넘어서서 제안서나 제안 프레젠테이션에 의견을 지나치게 제시해서 배가 산으로 가는 경우가 종종 있다. 이런 현상은 대규모 제안서 작업에 참여해본 사람이라면 대부분 경험했을 의외로 일반적인 상황이다. 그 이유는 체계적인 영업 활동이나 평가 프로세스에 대한 문서화 작업은 매우 전문적인 과정으로 상당한 훈련이 필요하기 때문이다.

(2) 피드백을 어떻게 받을지 정한다

피드백을 받는 것은 중요하면서도 가장 주의해야 할 대목이다. 왜냐하면 '비전문가의 다양한 관점'의 피드백은 프레젠터의 리허설에 대한 집중력을 떨어뜨릴 뿐 아니라 그렇지 않아도 연습 시간이 부족한 프레젠터의 시간을 소비한다.

단언컨대 비효과적인 피드백은 하지 않는 것이 훨씬 효과적이다. 효과적인 피드백이 되기 위해서는 피드백 제공자의 자기 역할의 이해가 매우 중요하다. 특히 피드백 제공자가 리더일수록, 프로젝트의 규모가 크고 중요할수록 혼돈스러운 피드백은 효과적인 리허설을 막는 결정적인 이유가 된다.

• 구두Verbal Feedback로 하지 말고 문서Written Feedback로 하라

피드백을 문서로 해야 하는 첫 번째 이유는 위에서 말했듯이 다양한 의견이 있더라도 프레젠터에게는 정리된 단일한 입장이 제공돼야 하기 때문이다. 두 번째 이유는 말로 할 때와 문서로 할 때 피드백 제공자의 책임감은 차원이 다르기 때문이다. 문서로 할 때 피드백 제공자는 좀 더 책임감 있는 피드백을 하게 되므로 실제 프레젠터에게 도움이 될 가능성이 높다.

(3) 시각화 연습을 동시에 진행한다

이 단계에서는 시각화(제스처, 시각 자료 등)를 연습한다. 시각 자료는 발표자의 메시지를 효과적으로 지원, 강조해야 하므로 이것이 의도대로 작동하는지를 이 단계에서 검토하는 것이 필요하다.

(4) 발표하는 모습을 촬영해서 객관적으로 리뷰하라

자신의 모습을 객관적으로 이해한다. 무엇보다 자신의 모습, 목소리, 얼굴 표정은 자신의 예상과 다르다는 것을 인식해야 한다. 가장 효과적인 자기 인식은 비디오 촬영을 통해 스스로 확인하는 것이다.

내 모습을 객관화하는 가장 효과적인 방법 – 녹화

필자는 처음 녹화당했던(?) 프레젠테이션을 잊지 못한다. 그때는 아직 휴대폰이 대중화되기 전이라 VHS 테이프를 집에 가지고 갔는데 가족들이 있어서 볼 수가 없었다. 마침내 가족들이 잠들고 나서야 조용히 테이프를 틀었는데 사실 꽤 충격적이었다. 우선 내 기대와는 많이 다른 외모는 그렇다 치더라도 어쩌면 그렇게 혀는 짧고, 발음은 부정확하고, 목소리는 어리숙하던지… 5분을 보지 못하고 꺼버렸던 기억이 난다.

아마도 그 테이프가 없었다면 나는 평생 실제 내 모습과 내가 아는 내 모습의 큰 괴리 속에서 오늘도 대중 앞에 서 있을 것이다.

3단계: 실제 훈련

- 동일한 물리적 환경을 재현한다.
- 위기 상황에 대비한다.
- 청중은 평가자의 역할에 충실한다.
- 질의응답에 대비한다.
- 팀 프레젠테이션을 훈련한다.

(1) 동일한 물리적 환경을 재현한다

실제 장소에서 할 수 있으면 가장 이상적이다. 대부분의 경우 그럴 수 없으므로 사내에서 유사한 장소에서 유사한 세팅을 연출해 진행하라. 컴퓨터, 빔 프로젝터, 포인터 등 모든 장비를 실제 환경에서 사용할 것들로 모두 준비하라.

이렇게 하는 이유는 실제 환경에서 있을 수 있는 불확실한 상황을 모두 미리 경험해봄으로써 심리적·실제적 대안을 갖고 당황하지 않기 위함이다.

(2) 청중은 평가자의 역할에 충실한다

가장 중요한 환경은 인적 환경이다. 예상되는 평가위원의 태도와 질문에 충실하게 평가자의 역할을 할 것을 요청하라.

(3) 팀 프레젠테이션을 훈련한다

팀 프레젠테이션은 발표 자체를 분야별 전문가가 나누어 하는 경우와 질의응답 시간에 해당 질문에 대해 대답하는 것으로 나뉜다. 어떤 상황이든 발표를 주도하는 주 사업체의 발표자와 분야별 전문가들의 역할 분담이 중요하다.

주발표자와 분야별 전문가의 역할 분담

- 주발표자가 전체 내용을 잘 꿰고 있어서 핵심 질문에 막힘없이 대답하는 것이 평가자의 신뢰감 확보에 좋다.
- 그럼에도 주 발표자는 모든 내용을 다 알고 있어야 한다는 강박관념에 시달릴 필요는 없다. 핵심 내용을 놓치지 않으면 된다. 세부적이고 전문적인 내용은 분야별 전문가에게 기회를 주라.
- 가장 이상적인 것은 핵심 내용을 발표자가 이야기하고, 그 구체적인 자료나 증거를 분야별 전문가가 제시하는 것이다.

(4) 위기 상황_{Hot Seat}에 대비한다

위기 상황의 대부분은 적대적 질문을 어떻게 처리할 것인가에 대한 것으로
질문의 성격에 따라서 대응 방식이 달라져야 한다.

(5) 질의응답에 대비한다

질의응답 대비의 중요성은 아무리 강조해도 지나치지 않기에 다음 장에서
따로 다루었다.

- 예상 질문을 준비하라.
- 적대적 질문에 대응할 전략을 미리 결정하라.
- 응답에 필요한 슬라이드를 미리 준비하라.
- 응답할 때 해당 슬라이드를 보여주는 훈련을 오퍼레이터와 연습하라.

5.5.4 발표자의 강점을 극대화하라

쉬플리가 코칭했던 어떤 발표자는 매우 내성적이고 말을 많이 더듬었다. 프
로젝트를 하면서 보니 이분이 프레젠테이션은 매우 어려워했지만, 자신의
분야에 대한 전문성과 기술에 대한 이해는 매우 뛰어나다는 점을 알게 됐
다. 나는 그분을 코칭하는 컨설턴트에게 통상 필요하다고 느껴지는 프레젠
테이션 스킬(아이 콘택트, 제스처, 자세, 음성 등등)을 훈련하지 말라고 요청했다.
대신에 그분이 자신이 생각하고 있는 아이디어를 끝까지 포기하지 않고 이
야기하게 하고, 이것이 청중에게 전달이 되는지만을 체크해달라고 했다. 왜

냐하면 발표 자체를 어려워하는 분에게 제스처와 발음에 대한 이야기들은 잘 받아들여지지 않을뿐더러 오히려 자신의 장점(전문성)을 잘 살려야 할 기회에 진짜 중요한 장점을 발휘하지 못하게 하는 결과를 낳기 때문이다.

이 코칭의 목표는 그분의 전문성과 진정성이 투박하고 지루하더라도 여과 없이 평가자에게 전달되는 것이었다. 결과적으로 그는 이겼다.

프레젠테이션은 제안서와 달리 '논리적으로 설득적'이기만 하면 되는 것이 아니라 평가위원들이 '감성적으로도 신뢰'할 수 있도록 해야 한다.

5.5.5 개선 사항은 최소화하라

너무 많은 부분을 개선하려고 하면 효과적이지도 않고, 사기도 떨어진다. 여러 가지 피드백 의견 중에서 개선해야 할 것과 이번에는 그대로 진행해야 할 것을 반드시 구분하라.

특히 슬라이드를 한없이 개선하는 어리석음을 범해서는 안 된다. 슬라이드는 프로젝트가 중요할 경우 3일 전, 아무리 작은 프로젝트라고 하더라도 1일 전부터는 수정하지 않는다. 불완전한 부분은 발표자가 스크립트로 커버한다. 그래야만 발표자가 슬라이드의 순서와 내용을 명확히 숙지해서 프레젠테이션에 자신감을 가질 수 있다.

5.5.6. 반복하라

가장 중요한 것은 실제 연습을 여러 번 하는 것이다. 고객은 우리 조직과 솔루션의 전문성을 확인하고, 신뢰하고 싶어 한다. 이를 위해서는 우선 메시지를 분명히 전달하는 것이 필요하고, 그러려면 많은 연습이 필요하다.

연습이 필요한 또 하나의 이유는 연습을 통해 프레젠테이션에서 느끼는 높은 긴장감(무대 공포)을 대부분 극복할 수 있기 때문이다. 누구나 대중 앞에 서면 긴장하지만, 발표 준비를 잘할수록 이 감정은 생산적이고 창조적인 긴장감Creative Tension이 된다. 그것은 훈련이 잘 된 병사가 전투를 준비하는 마음처럼 사기를 높여줄 수 있다.

리허설을 반복하는 원리는 실제 프레젠테이션이 다가올수록 실제 프레젠테이션 환경과 동일하게 조금씩 연습의 긴장감을 높여가는 것이다.

훈련과 반복이 성공을 부른다

(1) 실전과 동일하게 훈련하라

실전처럼 해야 실력이 향상된다. 실제 장면과 동일한 수준의 긴장감을 경험하면 실제 장면에서도 긴장감에 익숙해져서 잘 통제할 수 있고, 위기 상황에 대한 대처방안을 미리 훈련할 수 있다.

그러므로 가능하면 실제 공간, 아니면 유사 공간에서 훈련하고 실제 기자재, 마이크 등을 활용한다. 실제 평가위원과 유사한 청중 앞에서 연습하는 것도 큰 도움이 된다.

리허설 요약

- 전체가 아닌 부분별로 연습한다.

- 소리를 내어 연습한다.

- 비디오촬영을 하며 연습하고 스스로 모니터링한다.

- 실제 프레젠테이션이 진행될 장소에서 연습한다.

- 시각 보조도구의 사용도 함께 연습한다.

- 몇 명의 동료 대상으로 리허설을 진행해 평가받는다.

- 상사 앞에서 리허설을 진행해 평가받는다.

- 실제 프레젠테이션에서 자신감 있는 태도를 유지하기 위해 연습에서도 자신감 있게 행동한다.

5.5.7 다양한 무대를 경험하라

프레젠테이션의 원리를 이해했으면 유사한 경험을 반복할수록 프레젠테이션 기술이 향상된다. 더 자주 그리고 더욱 다양한 환경에서 프레젠테이션을 할수록 부담감은 낮아지고, 프레젠테이션의 완성도는 증가하게 된다. 다음과 같은 환경에 스스로를 자주 노출시켜라.

- 일대일 대화
- 고객사 혹은 직장 내에서의 회의
- 말하기·사교모임

- 시민단체에서의 프레젠테이션

- 업무상의 프레젠테이션

SHIPLEY TIP

원리를 이해했으면 당신의 실력은 출격 횟수에 비례한다

필자의 골프 실력은 최악이다. 클럽을 손에 쥔 것은 10년이 넘었지만 이미 '안정된 잘못된 자세' 때문이다. 어느 날 골프 코치에게 상의를 드렸더니 나같이 오랜 시간 잘못된 자세가 몸에 밴 사람은 오늘 처음 배운 사람보다 5배 정도 어렵다는 고언을 들었다.

세상의 모든 이치가 그렇겠다는 생각이 든다. 그래서 원리를 알고 연습을 해야 한다. 원리를 이해하지 못하고 연습을 하면 연습이 원리의 이해를 막는다. 지금도 기업 현장에 가보면 프레젠테이션의 기본 원리를 모른 채 많은 경험을 해버려 이제 그 경험이 새로운 학습을 막는 악순환을 수도 없이 보게 된다. 이제 당신은 비행기 조종술을 모두 익힌 조종사이다. 필요한 것은 충분한 비행 경험이다. 더 이상 책상에서 매뉴얼을 익히지 말고, 비행기와 함께 비행시간을 늘려라. 이것이 이 책을 읽고, 출격 준비가 된 독자들에게 내가 가장 강력하게 권하고 싶은 이야기다.

5.6

비대면 PT

2020년 코로나 19로 인해 많은 기관과 기업들은 입찰 평가에 비대면 평가를 도입했다. 특히 공공조달의 경우 2020년 기획재정부에서 제안서 평가는 '온라인 평가로 전환하고 조달청의 e-발주시스템을 활용하라'는 지침에 따라 대부분의 평가가 온라인으로 진행되기도 했다. 이미 많은 기업이 zoom, webex, teams 등의 화상회의 플랫폼을 도입하고 입찰, 제안 평가뿐 아니라 일반 실무 회의에서도 활발하게 활용 중에 있는 만큼 앞으로 비대면 PT의 비중은 점차 커질 것이다.

공공입찰의 경우 일반적으로는 공공기관에서 지정한 화상회의 플랫폼을 사용해 실시간 온라인 PT를 진행하지만 규모가 작은 사업의 경우에는 발표하는 모습을 카메라로 촬영해 동영상으로 제출하라는 경우도 있다.

또한 국가 지원 사업에서는 평가자는 한 공간에 모여 있고 발표자는 다른 공간에서 PT를 하고 카메라로 촬영해 실시간으로 송출하는 경우도 있다.

발주처마다 그리고 사업마다 평가 환경과 프로세스가 상이하기 때문에 해당 목차에서는 2020년 조달청의 e-발주시스템을 기준으로 설명하도록 하겠다.

5.6.1 온라인 PT vs. 오프라인 PT

온라인 PT와 오프라인 PT의 차이점은 무엇이 있을까? 발표 방식, 발표자 역량, Q&A, 평가 관점에서 다음 네 가지 차이점이 있다.

[표 5-1] 온라인 평가와 오프라인 평가

	온라인 평가	오프라인 평가
발표	슬라이드를 화면에 띄워놓고 화상 프로그램을 통해 발표자가 설명을 한다.	스크린에 발표 자료를 띄워놓고 무대에서 발표자가 설명을 한다.
Q&A	채팅창이나 게시판에 질문이 올라오면 관리자가 취합해서 질문을 공유하고 발표자가 질문 순서에 따라 답변을 한다.	실시간으로 평가자가 질문하고 발표자가 대답하는 방식으로 진행된다.
평가	발표가 끝난 후 평가를 진행한다.	PT를 들으면서 평가할 수 있다.

[그림 5-20] 온라인 평가 화면

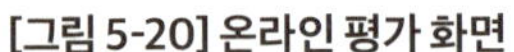

❶ 발표 자료를 큰 화면으로 띄워서 진행되며 평가자들은 자유롭게 페이지를 넘겨가며 자료를 확인 할 수 있다.

❷ 발표자의 모습은 평가 화면에 아주 작게 나오기 때문에 실질적으로 평가 시간 동안 평가자에게 잘 노출되지 않는다. 평가자의 사업에 따라 비공개로 진행되기도 한다.

5.6.2 온라인 PT시 발표자 주의 사항(온라인 PT 대비하기)

(1) Q&A가 더 중요하다

비대면 PT를 하게 되면 스크립트를 보며 발표할 수도 있으므로 발표 도중 말문이 막히거나, 시간을 놓치거나, 혹은 무대 공포증으로 인해 발표를 망치는 일은 거의 없어졌다. 즉, 발표 자체의 변별력은 줄어든 것이다. 그 때문에

Q&A가 더 중요해졌다.

실제 제안 발표 현장에서 Q&A는 수주의 승패를 가르는 중요한 역할을 한다. 제안사의 사업에 대한 이해와 자신감 혹은 얼마나 준비가 됐는지 등에 대한 확신을 줄 수 있는 자리이기 때문이다. 그러나 온라인 PT를 진행하게 되면 대면 PT 현장처럼 생생하게 감정을 전달하기가 어렵다.

또한 대면 PT는 일반적으로 업체 직원이 3~5명 정도 동반 참석이 가능하다. 질문에 대한 답을 PM(발표자)이 혼자 다 해야 하는 경우도 있지만 참석자 중 내용을 더 잘 아는 담당자가 답변을 대신하기도 한다. 그러나 온라인 PT는 마이크를 돌려 쓰기 어렵고 카메라에 대답하는 사람이 잡혀야 하므로 여러 사람이 질문에 대응하는 것이 쉽지 않다. 그 때문에 발표자가 거의 모든 질문에 대한 답을 해야 하므로 질의응답 준비를 더욱 철저히 해야 한다.

비대면 PT Q&A를 준비할 때 가장 중요한 것은 실전연습이다.

실전 환경처럼 예상 질문을 미리 준비하고 제안팀이 평가자가 되어 발표자에게 동시에 여러 질문을 던져서 답변하는 Q&A 실전연습을 꼭 해야 한다. 많은 기업이 제안 PT를 준비할 때 예상 질문 리스트는 준비하지만 실제 질문을 하고 답변을 해보는 연습은 잘 하지 않는다.

아무리 열심히 예상 질문 리스트를 만들고 답변을 준비해도 실제 갑작스런 질문에 대답하는 연습을 하지 않으면 당황해서 준비한 답변을 못 하는 경우가 많다. 특히 온라인 PT의 경우 혼자서 모든 답변을 해야 하므로 모든 질문에 막힘없이 답변할 수 있도록 발표자가 제안 내용을 잘 숙지하고 답변하는 연습을 꼭 해야 한다.

(2) 발표자의 청각적 역량(음성 역량)이 중요하다

대면 PT에서는 발표자가 평가자와 시각적인 커뮤니케이션을 할 수 있었다. 평가자가 집중하고 있는지, 긍정적으로 생각하고 있는지 확인할 수 있었고 평가자와 눈 맞춤을 하며 몸짓, 손짓, 표정으로 간접적인 설득을 할 수 있었다.

대면 PT와 달리 온라인 PT에서는 평가자와 시각적 커뮤니케이션을 할 수 없으므로 발표자의 목소리로만 승부를 봐야 한다.

목소리에 변화를 줘야 한다

온라인 PT에서 발표자가 10~30분간의 PT 동안 평가자를 집중시킬 수 있는 방법은 발표자의 목소리뿐이다. 평가자를 집중시키기 위해 단락별로 그리고 강조할 내용에 따라 목소리에 변화를 줘야 한다.

먼저 오프닝에서는 자신감 넘치는 목소리로 청중을 압도해야 한다. 첫인상이 그 사람의 이미지를 결정하는 것처럼 발표의 첫 부분에서 자신감 넘치는 목소리로 사업에 대한 자신감을 보여줘야 한다.

반면 클로징에서는 목소리에 감정을 담아 평가자를 설득해야 한다. 제안사의 노력과 사업 수주에 대한 의지를 담아 진정성 있는 목소리를 내야 한다. 어렵지만 이때는 어느 정도의 연기력도 필요하다.

마지막으로 본문에서는 자사 전략과 솔루션(핵심 차별화 요소를) 경쟁사와 비교해 명확하게 전달할 수 있어야 하므로 5.2.2에 설명한 다섯 가지 강조 기법을 최대한 활용해 내용이 기억에 남도록 하는 것이 좋다.

말로 발표를 리드해야 한다

온라인 PT에서는 설명하고 있는 부분이나 강조해야 하는 부분을 손으로 가리키거나 포인터를 활용할 수가 없다. 물론 종종 온라인 발표 프로그램의 마우스, 포인터 기능을 활용할 수는 있지만 긴장된 상태에서 내용에 따라 페이지를 넘기는 것도 어려운 상황에서 마우스까지 사용하기는 쉽지 않다. 그 때문에 말로 리드해야 한다.

예를 들면 첫 단락 발표가 끝나면 "지금까지 A에 대해 말씀드렸습니다. 지금부터는 B에 대해 말씀드리겠습니다"라고 진행을 해야 한다. 또한 슬라이드 내에서도 "왼쪽에 보시는 표처럼 지난해 상반기에 수요가 급격히 증가했습니다", "오른쪽 상단의 사진은 실제 제안사의 RND 센터입니다"라는 설명을 말로 해줘서 평가자들이 어디를 설명하고 있는지 알 수 있도록 해야 한다.

발표자는 자료의 내용이 익숙하고 어디를 설명하고 있는지 머릿속에 있지만 자료를 처음 보는 평가자는 내용을 찾아가면서 들어야 하기 때문에 발표자가 말로 리드해야 한다는 사실을 잊지 말아야 한다.

내용 전달력을 높여야 한다

온라인 PT에서는 기기를 통해 음성이 전달되므로 발표자의 명확한 발음과 발성이 더 중요해졌다. 발표자가 좋은 마이크와 스피커를 준비했다 하더라도 평가자의 노트북이나 스피커의 성능이 좋지 않으면 음질이 떨어져 전달하는 내용이 잘 안 들릴 수 있다.

따라서 발표자는 대면 PT를 할 때보다 더욱 정확하게 발음해서 말을 해야 하고 또렷한 목소리를 내는 것이 좋다. 5.2.2에 나오는 명확한 발음 연습을 참고해 대면 발표보다 더욱 신경 써서 발음 연습을 하도록 하자.

(3) 사전 세팅을 철저히 해야 한다

발주처별로 온라인 PT를 진행하는 방식도, 프로그램도 다 다르다. 그 때문에 온라인 PT 경험이 많지 않은 발표자의 경우 온라인 PT 실전 환경에서 당황하거나 프로그램을 다루는 데 어려움을 겪을 가능성이 높다. 그러므로 사전에 기기 세팅을 제대로 해두고 프로그램을 숙지해야 한다.

먼저 온라인 PT에서 필요한 기기는 카메라, 마이크, 조명, 듀얼 모니터 등이 있다. 카메라는 노트북에 탑재된 카메라를 쓸 수도 있지만 대형 모니터를 활용하는 경우 정면에서 촬영이 가능한 카메라가 필요하다. 마이크 또한 노트북에 탑재된 것은 음질이 좋지 않으므로 성능이 좋은 마이크를 따로 구매해 사용하는 것을 추천한다(많은 유튜버들이 비싼 마이크와 카메라를 사용하는 데는 다 이유가 있다!).

발표 환경에 대한 작은 팁을 전달하자면 회의실에서 PT를 할 경우 소음이 전달되지 않도록 주변 회의실도 사전에 통제할 것을 추천한다. 또한 일반 회의실의 벽이나 화이트보드를 배경으로 두고 PT를 하게 되는 경우가 많은데 하얀색 벽을 등지고 촬영을 한다면 하얀 배경 때문에 발표자가 어둡게 나와 잘 안 보일 수 있으니 하얀색 벽은 주의하는 것이 좋다. 이런 것들은 사전에 세팅하지 않으면 알 수 없으므로 최소 발표 3일 전에는 미리 준비해야 한다.

(4) 여러 조력자들과 함께 리허설을 준비해야 한다

온라인 PT를 진행할 때는 대면 PT보다 조력자가 더 많이 필요하다. 발표자가 발표를 하는 동안 주변에서 시간 체크, 페이지 넘기기, 기기 확인 등 지원을 많이 해줘야 하기 때문이다. 발표자만 혼자 발표 연습을 하는 것이 아니라 조력자들과 함께 실전 리허설을 준비해야 한다.

발표 연습을 할 때는 줌, 웨벡스 등의 일반 화상회의 프로그램을 활용해서 연습하는 것도 좋지만 실제 발주처에서 사용하는 프로그램으로 실전연습을 할 것을 추천한다. 프로그램별로 사용 방식이 다르므로 발주처에서 사용하는 프로그램을 미리 확인한 후 해당 프로그램으로 연습해봐야 한다.

무엇보다 중요한 것은 제안팀이 한곳에 모여서 연습하는 것보다는 실제 평가자처럼 다른 공간에 일부 인원을 배치해 온라인으로 발표 리뷰를 해야 한다는 점이다. 같은 공간에서 연습하면 실제 음성이 들리므로 내용 전달이 더 잘 되기 때문이다. 다른 공간에서 발표자의 목소리를 스피커를 통해 들었을 때 실제 평가자가 느끼는 대로 테스트를 해볼 수 있다.

(5) 강조점이 명확한 슬라이드를 만들어라.

온라인 PT에서 평가자들은 PDF 뷰어의 분할 화면을 통해 목차, 평가 기준, 요구 사항 항목에 따라 업체별 제안 내용을 동시에 비교할 수 있다. 비교평가가 더 쉬워진 만큼 우리의 솔루션과 핵심 차별화 요소 등을 더욱 강조해서 슬라이드를 만들어야 한다.

자주 이기는
프레젠테이션

1판 1쇄 발행 2021년 12월 24일

지은이 쉬플리세일즈컨설팅팀
펴낸이 조영탁

펴낸곳 행복한북클럽
주소 서울시 구로구 디지털로26길 5, 에이스하이엔드타워 1차 818호
전화 02-6220-3962
팩스 02-6442-3962
이메일 book@hunet.co.kr

마케팅 김정원
디자인 제이알컴

ISBN 979-11-89969-61-5 14320
      979-11-89969-60-8 14320(세트)